J. KRISHNAMURTI

DIÁLOGOS SOBRE A VIDA

Tradução de
HUGO VELOSO

EDITORA CULTRIX
SÃO PAULO

Título do original inglês:
COMMENTARIES ON LIVING
third series
from the Notebooks
of
J. Krishnamurti
(edited by D. Rajagopal)

1.ª edição: maio de 1965
2.ª edição: outubro de 1972
3.ª edição: outubro de 1975
4.ª edição: março de 1981
5.ª edição: maio de 1985

MCMLXXXV

EDITORA CULTRIX
Rua Dr. Mário Vicente, 374, fone 63-3141, 04270 São Paulo, SP,
pela INSTITUIÇÃO CULTURAL KRISHNAMURTI
Av. Presidente Vargas, 418, sala 1109, Rio de Janeiro, RJ

Impresso nas oficinas
da EDITORA PENSAMENTO.

ÍNDICE

PÁG.

O PENSAMENTO COMEÇA COM CONCLUSÕES?

DEPARAVA-SE, na outra margem do lago, a beleza das colinas e, mais além, os cumes nevados das montanhas. Chovera o dia todo, mas naquele momento, como por milagre, o céu ficara subitamente limpo e todas as coisas se tornavam vivas, festivas, serenas. Ostentavam as flores, intensamente, seu tom amarelo, sua tonalidade vermelha, de púrpura profunda e, sobre elas, as gotas de chuva pareciam pedras preciosas. Tarde encantadora, luminosa e esplêndida. Saía gente para as ruas e, à beira do lago, brincavam e riam crianças. Em meio a esse animado movimento, era tudo maravilhosamente belo, e uma grande paz penetrava todas as coisas.

Estávamos sentados, muitos de nós, no longo banco fronteiro ao lago. Um homem falava tão alto que era impossível deixar de ouvir o que dizia a seu vizinho. "Numa tarde como esta, eu gostaria de estar longe de todo êste barulho e confusão, porém meu emprego me prende aqui, muito a contragosto." Certas pessoas alimentavam os cisnes, os patos e algumas gaivotas desgarradas. Os cisnes eram de imaculada alvura e mui graciosos. Não se via, na superfície das águas, uma ruga sequer, e os morros, do outro lado, pareciam quase negros; mas as altas montanhas, além dos morros, resplendiam ao sol poente e as brilhantes nuvens, por detrás delas, pareciam cheias de vitalidade e paixão.

"Não estou certo de que vos entendo bem", começou meu visitante, "quando dizeis que o saber deve ser posto de parte, para se compreender a verdade." Era um homem de meia-idade, muito viajado e lido. Passara cerca de um ano num mosteiro, disse, e viajara o mundo inteiro, de porto em porto, trabalhando a bordo de navios, economizando dinheiro e acumulando saber. "Não me refiro ao saber livresco", prosseguiu, "mas àquele saber que os homens entesouraram, mas não confiaram ao papel, àquela misteriosa tradição que transcende todos os pergaminhos e livros sagrados. Andei-me entretendo com ocultismo, porém essa coisa sempre se me afigurou estúpida e superficial. Um bom microscópio tem muito mais utilidade do que a clarividência de um homem que percebe coisas hiperfísicas. Li alguns dos grandes historiadores, suas teorias e visões, mas... Com um intelecto de primeira ordem e a capacidade de acumular saber, pode um homem fazer imenso bem. Sei que isso é fora de moda, mas sinto-me invadir de uma compulsão para reformar o mundo, e o saber é minha paixão. Sempre fui, a muitos respeitos, um homem apaixonado, e agora sinto-me dominado por essa sede de saber. Há dias, estive lendo umas coisas ditas por vós e fiquei intrigado; e, porque dissestes ser necessário nos libertarmos do saber, resolvi procurar-vos — não para seguir-vos, porém para investigar."

Seguir outro homem, por mais ilustrado ou nobre que êle seja, é erguer uma barreira à compreensão, não achais?

"Nesse caso, podemos conversar livremente e com mútuo respeito.

Se me permitis perguntar, que entendeis por "saber"?

"Sim, esta é uma pergunta adequada, para começarmos. Saber é tudo o que o homem aprendeu pela experiência; é o que juntou pelo estudo, através de séculos de lutas e dores, nas várias esferas de atividades tanto científicas como psicológicas. Assim como a maioria dos historiadores interpreta a História conforme o seu saber e suas próprias tendências, assim também um simples estudioso como eu pode traduzir o seu saber em ação — "boa" ou "má". Embora neste momento não estejamos tratando da ação, ela está inevitavelmente ligada ao saber, que é tudo o que o homem aprendeu, pelo pensar, pelo meditar, pelo sofrer. É vasto o saber humano; ele não está apenas nos livros, porém existe tanto na consciência individual de cada homem como na consciência coletiva ou racial. A ilustração científica e médica tem suas raízes, principalmente, na consciência do homem ocidental, assim como na consciência do homem oriental está arraigada a sensibilidade maior para as coisas não mundanas. Tudo isso é saber, que não só abarca o já conhecido, mas também tudo o que se vai descobrindo, dia por dia. O saber é um processo adicional, imorredouro, infindável e, por conseguinte, bem pode ser a imortalidade a que aspira o homem. Assim sendo, não posso compreender porque dizeis que todo o saber deve ser posto de parte para que haja compreensão da verdade."

A divisão entre o saber e a compreensão é artificial, não tem existência real; mas, para estarmos livres dessa divisão — o que significa perceber a diferença entre as duas coisas — precisamos descobrir qual é a forma mais elevada do pensar, pois, do contrário, haverá confusão.

O pensar começa com uma conclusão? Pensar é movimento de conclusão para conclusão? Existe pensar, quando o pensar é positivo? A mais elevada forma do pensar não é negativa? O saber não é, todo ele, uma acumulação de definições, conclusões e asserções positivas? O pensar positivo, que se baseia na experiência, é sempre produto do passado, e esse pensar nunca descobrirá nada novo.

"Estais dizendo que o saber está sempre no passado, e que o pensamento, uma vez que se origina no passado, deve inevitavelmente turvar a percepção daquilo que se pode chamar "A Verdade". Entretanto, sem o passado, como memória, não poderíamos reconhecer este objeto que se convencionou chamar "cadeira". A palavra "cadeira" reflete uma conclusão alcançada por consenso geral, e toda possibilidade de comunicação entre as pessoas estaria acabada, se não fossem tidas como verdadeiras tais conclusões. O nosso pensar se baseia, pela maior parte, em conclusões, em tradições, nas experiências de outrem, e a vida se tornaria impossível sem as mais óbvias e inevitáveis dessas conclusões. Ora, não entendeis que devemos abandonar todas as conclusões, todas as memórias e tradições?"

Os caminhos da tradição conduzem, de modo inevitável à mediocridade, e a mente que está aprisionada na tradição não pode perceber o que é verdadeiro. A tradição pode ser de apenas um dia ou pode remontar a um milênio atrás. É claro que seria absurdo um engenheiro pôr de parte os seus conhecimentos de engenharia, adquiridos pela experiência de milhares de outros; e se procurássemos livrar-nos da lembrança do lugar onde moramos, isso apenas indicaria um estado neurótico. Mas a acumulação de fatos não conduz à compreensão da vida. O saber é uma coisa, e outra coisa é a compreensão. O saber não conduz à compreensão; mas a compreensão pode enriquecer o saber, e o saber pode completar a compreensão.

"O saber é essencial e não deve ser desprezado. Não fora ele, não existiriam a moderna cirurgia e tantas outras maravilhas."

Não estamos atacando nem defendendo o saber, porém procurando compreender o problema total. O saber é apenas uma parte da vida, não a totalidade, e quando essa parte assume absoluta preponderância, como hoje ameaça assumir, a vida se torna então superficial, monótona rotina, a que o homem procura fugir por meio de diversões e superstições de toda ordem, com desastrosas conseqüências. O mero saber, por mais amplo e mais inteligentemente organizado que seja, não resolverá nossos problemas humanos; presumir que o fará é abrir a porta à frustração e ao sofrimento. Necessitamos de algo muito mais profundo. Pode-se saber que o ódio é uma coisa fútil, mas livrar-se do ódio é coisa muito diferente. O amor não depende do saber.

Voltando ao que antes dissemos, o pensar positivo não é pensar, absolutamente; é mera "continuidade modificada" do que *já foi* pensado. A forma externa poderá variar, de vez em quando, conforme as compulsões e pressões, porém a essência do pensar positivo é sempre a tradição. O pensar positivo é processo de ajustamento e a mente que se ajusta nunca se achará num estado de descobrimento.

"Mas, pode-se repudiar o pensamento positivo? Ele não é necessário, num certo nível da existência humana?"

Certamente, mas não é bem esta a questão. Estamos averiguando se o saber pode tornar-se um obstáculo à compreensão da verdade. Em certos setores de nossa existência o saber é essencial, pois, se não fosse ele, teríamos de começar tudo de novo. Isso é bastante simples e claro. Mas o saber acumulado, por mais vasto que seja, nos ajudará a compreender a verdade?

"Que é a Verdade? É um terreno comum que todos podem pisar, ou é uma experiência subjetiva, individual?"

A Verdade, qualquer que seja o nome que lhe dermos, deve ser sempre nova, viva; mas as palavras "nova" e "viva" só estão aqui empregadas para significar um estado que não é estático, morto, que não é um ponto fixo na mente humana. A Verdade precisa ser descoberta de novo a cada momento — não é uma experiência que se pode repetir; ela não tem continuidade, é um estado atemporal. A divisão entre a multiplicidade e a unidade deve deixar de existir para que possa existir a Verdade. Não é um estado para alcançar, nem um ponto para o qual a mente poderá evolver, crescer. Se se concebe a Verdade como coisa que se deve ganhar, então, o cultivo do saber e a acumulação de lembranças se tornam necessários, originando o *guru* (1) e o seguidor, o homem que sabe e o homem que não sabe.

"Sois então contra os *gurus* e os seguidores?"

Não se trata de ser contra alguma coisa, mas, sim, de perceber que o ajustamento, que implica desejo de segurança com os temores a ele inerentes, impede a experiência do atemporal.

"Parece que compreendo o que quereis dizer. Mas não achais dificílimo renunciarmos a tudo o que acumulamos? Isso é realmente possível?"

Renunciar para ganhar não é renúncia nenhuma. Perceber o falso como falso, o verdadeiro no falso, e perceber o verdadeiro como verdadeiro — é o que liberta a mente.

---

(1) Instrutor espiritual. (N. do T.)

AUTOCONHECIMENTO OU AUTO-HIPNOSE?

CHOVERA a noite inteira e quase toda a manhã, e o sol se punha, agora, atrás de densas nuvens escuras. Céu incolor, mas os aromas da terra ensopada pela chuva invadiam o ar. Os sapos coaxavam pela noite afora, com rítmica persistência, mas pela madrugada silenciavam. Prolongadas chuvas escureceram os troncos das árvores e as folhas, lavadas da poeira do verão, dentro em pouco adquiririam novo viço e verdor. As relvas também iam tornar-se mais verdes, os arbustos não tardariam a florescer, e tudo estaria em festa. Como fora benvinda a chuva, depois de tantos dias quentes e poeirentos! As montanhas, além dos morros, não pareciam muito distantes e a brisa que de lá soprava era fresca e pura. Ia haver mais trabalho, mais comida, e a fome se tornaria coisa do passado.

Uma daquelas águias grandes, avermelhadas, descrevia grandes círculos no céu, flutuando na brisa, sem um bater de asas. Centenas de pessoas, montadas em bicicletas, retornavam aos lares após um longo dia de escritório. Alguns conversavam, pedalando, porém quase todos iam em silêncio e evidentemente cansados. Parara um numeroso grupo e, com as bicicletas encostadas ao corpo, discutiam animadamente sobre um assunto qualquer, enquanto na vizinhança um policial, com ar fatigado, os observava. À esquina, havia um grande edifício em construção. Na estrada, semeada de poças d'água pardacenta, os carros que passavam esparrinhavam água suja que produzia manchas escuras nas roupas dos pedestres. Um dos ciclistas se deteve para comprar um cigarro, de um vendedor, e continuou seu caminho.

Um meninote caminhava tendo sobre a cabeça uma velha lata de querosene, que continha um líquido qualquer. Estivera talvez trabalhando no novo edifício em construção. Tinha olhos luzentes e no rosto uma expressão extraordinariamente jovial; era esbelto, mas de forte compleição, e sua pele muito morena, tostada pelo sol. Trajava uma camisa e uma tanga, ambas de cor de terra, empardecidas pelo longo uso. A cabeça era bem formada, e seu andar tinha certo ar de arrogância — de menino que trabalha como homem grande. Ao deixar para trás a multidão, pôs-se a cantar e, subitamente, toda a atmosfera se transformou. Sua voz era regular, voz de menino, vibrante e estridente; mas a cantiga tinha ritmo e provavelmente ele estaria marcando o compasso com as mãos, se uma delas não estivesse segurando a lata de querosene no alto da cabeça. Estava cônscio de que alguém o seguia, mas ia tão alegre que não sentia susto, e era evidente que não dava nenhuma atenção à peculiar mudança que se operara na atmosfera. O ar estava cheio de bênçãos, impregnado de amor que se estendia sobre todas as coisas, de uma suavidade simples, não calculada, uma bondade sempre em florescimento.

Súbito, o pequeno calou-se e dirigiu-se para uma choupana meio arruinada, um pouco recuada da estrada. A chuva não tardaria a recomeçar.

Disse meu visitante que ocupara um cargo público suficientemente satisfatório e como tivera uma educação de primeira ordem, tanto no país como no estrangeiro, poderia ter subido bastante. Era casado, acrescentou, e tinha dois filhos. A vida corria-lhe bastante amena e com garantido êxito; possuía a casa em que moravam e havia constituído uma reserva de dinheiro para a educação dos filhos. Sabia o Sânscrito e revelava-se conhecedor da tradição religiosa. As coisas iam satisfatoriamente, declarou; mas aconteceu que, certa manhã, despertando muito cedo, banhou-se e preparou-se para a meditação, antes de a família e os vizinhos despertarem. Embora tivesse dormido bem, foi-lhe impossível meditar; e repentinamente viu-se empolgado de irresistível desejo de passar o resto da vida em meditação. Não havia hesitar ou duvidar: dedicaria os seus restantes anos de vida a descobrir o que fosse possível descobrir por meio da meditação; e anunciou à esposa e aos filhos, que estavam no colégio, que ia tornar-se *sannyasi*. (1) Seus colegas de repartição ficaram surpresos ao ouvir sua decisão, mas aprovaram-lhe o pedido de demissão; e poucos dias depois, ele deixava o lar para nunca mais voltar.

Isso acontecera, prosseguiu, havia vinte anos. Disciplinara-se rigorosamente, mas isso lhe fora difícil, depois da vida confortável do passado, e muito tempo lhe custou aprender a controlar completamente os seus pensamentos e as próprias paixões. Entretanto, começou, afinal, a ter visões do Buda, do Cristo e de Krishna, visões de fascinante beleza, e durante dias seguidos ele permanecia como em estado de transe, dilatando sempre mais os limites de sua mente e coração, de todo engolfado naquele amor, naquela devoção ao Supremo. Tudo que o cercava — os aldeões, os animais, a vegetação — era intensamente vivo, radiante de vitalidade e beleza. Tinham-lhe sido precisos todos aqueles anos para tocar a orla do Infinito, disse, e ele se admirava de ter sobrevivido a tanta coisa.

---

(1) Monge que fez os votos finais de renúncia conforme os ritos hinduístas. (N. do T.)

"Tenho numerosos discípulos e seguidores, como é inevitável neste país", continuou dizendo,"e um deles sugeriu-me assistir a uma conferência que íeis pronunciar nesta cidade, onde por acaso me achava havia alguns dias. Mais para agradar a ele do que para ouvir o orador, fui assistir à conferência, e fiquei muito impressionado com a resposta que destes a uma pergunta sobre a meditação. Dissestes, então, que, sem autoconhecimento, que é em si meditação, toda meditação é um processo de auto-hipnose, projeção de nosso próprio pensamento e desejo. Tenho estado a refletir no assunto, e venho agora conversar sobre ele.

"Vejo que é perfeitamente verdadeiro o que dizeis, e foi para mim um choque tremendo perceber que estive preso na rede das imagens e projeções de minha própria mente. Percebo agora, muito profundamente, o que era a minha meditação. Durante vinte anos eu vivera fechado num jardim de delícias por mim mesmo cultivado; as personagens, as visões, procediam de minha especial cultura e de tudo o que eu havia desejado, estudado e absorvido. Compreendo agora o significado do que estive fazendo, e estou mais do que aterrado por ter perdido tantos e preciosos anos."

Ficamos algum tempo em silêncio.

"Que devo fazer agora?", continuou ele, pouco depois. "Haverá alguma saída da prisão que construí para mim mesmo? Vejo que a meditação, que há poucos dias ainda me parecia de tanta e magnificente significação, me conduziu a um beco sem saída. Agora, por muito que o deseje, já não posso voltar àquela automistificação e auto-incitamento. Quero romper esses véus da ilusão para alcançar o que não é engendrado pela mente. Não fazeis idéia da crise que atravessei nestes últimos dois dias! A estrutura por mim edificada com tanto carinho e trabalho, durante todo um período de vinte e cinco anos, nada mais significa para mim, e parece-me que tenho de recomeçar tudo de novo. Por onde começar?"

Não é provável que não seja necessário nenhum recomeço, porém, apenas, um percebimento do falso como falso, que é o começo da compreensão? Recomeçando, poderíeis ser colhido por outra ilusão, de diferente maneira, talvez. O que nos cega é o desejo de atingirmos um fim, um resultado; mas, se percebêssemos que o resultado que desejamos está ainda encerrado na esfera egocêntrica, não haveria então nenhuma idéia de alcançar algo. Perceber o falso como falso, e o verdadeiro como verdadeiro, é sabedoria.

"Mas estarei percebendo realmente que tudo o que estive fazendo nestes últimos vinte e cinco anos é falso? Estarei verdadeiramente cônscio de tudo o que estava implicado naquilo que eu pensava ser meditação?"

A ânsia de experiência é o começo da ilusão. Como agora percebeis, vossas visões eram, tão-só, uma *projeção* de vosso próprio fundo, de vosso condicionamento, e eram essas *projeções* que estáveis experimentando. Isso, por certo, não é meditação. O começo da meditação é a compreensão do fundo, do "eu", e, sem essa compreensão, o que se costuma chamar meditação, por mais aprazível ou doloroso que seja, é uma simples forma de auto-hipnose. Praticastes autodomínio, controle do pensamento, e vos concentrastes em fomentar a experiência. Isso é ocupação egocêntrica, e não meditação; e perceber que isso não é meditação é o começo da meditação. O percebimento da verdade no falso liberta a mente do falso. A libertação do falso não resulta do desejo de a alcançarmos; ela nos vem quando à mente já não interessa o êxito, a consecução de um fim. Toda busca tem de cessar, e... só então haverá possibilidade de surgir na existência aquilo que não tem nome.

"Não quero mais enganar a mim mesmo."

Existe automistificação sempre que há qualquer espécie de ansiedade ou apego: apego a um preconceito, uma experiência, um sistema de pensamento. Consciente ou inconscientemente, está o experimentador a buscar permanentemente uma experiência maior, mais profunda, mais ampla; e, enquanto existir experimentador, de uma ou de outra forma tem de haver mistificação.

"E isso exige tempo e paciência, não?"

O tempo e a paciência poderão ser necessários para se alcançar um alvo. Um homem ambicioso, no sentido mundano ou noutro sentido, necessita de tempo para realizar seus objetivos. A mente é produto do tempo, e todo pensamento resulta dele; e o pensamento, no esforço que faz para libertar-se do tempo, só pode agravar a sua escravização ao tempo. Só existe o tempo, quando, psicologicamente, há um intervalo entre *o que é* e *o que deveria ser* — o ideal, o alvo. Estar cônscio da falsidade dessa maneira de pensar é estar livre dela; e isso não exige nenhum esforço ou exercício. A compreensão é imediata; não depende do tempo.

"A meditação a que me estive entregando só pode ter significação quando a percebemos como falsa, e penso que a reconheço como falsa. Mas..."

Por favor, não façais agora a inevitável pergunta sobre o que deverá tomar o seu lugar, etc. Caindo o falso, vem a libertação que permite o aparecimento do que não é falso. Não se pode procurar o verdadeiro por meio do falso; o falso não é um degrau para o verdadeiro. Não pode haver comparação entre o falso e o verdadeiro; a violência e o amor não podem ser comparados. A violência tem de desaparecer, para que apareça o amor. A cessação da violência não depende do tempo. O percebimento do falso como falso é o fim do falso. Deixai vazia a mente; não a deixeis repleta das coisas que ela mesma cria. Então, só existe meditação, e não um meditador meditando.

"Andei ocupado a respeito do meditador, da entidade que busca, que goza, que experimenta. Eu vivia como prisioneiro num aprazível jardim por mim mesmo criado. Vejo agora a falsidade de tudo isso — vagamente, ainda, mas já a percebo."

A FUGA AO QUE É

JARDIM BEM bonito, com verdes gramados, franqueados ao público, floridos arbustos, e todo rodeado de árvores frondosas. Da estrada à margem vinham freqüentemente sons de vozes, principalmente de tarde, à hora em que as pessoas regressavam aos lares. Fora isso, era muito tranqüilo o jardim. A grama era regada pela manhã e à tarde; e nessas horas percorriam-na bandos de passarinhos à cata de minhocas. Tão absorvidos ficavam nessa busca, que não temiam aproximar-se de quem estivesse sob a árvore. Dois pássaros auriverdes, de cauda retangular, da qual sobressaía uma pena longa e delicada, vinham com toda a regularidade pousar entre as roseiras. Tinham exatamente a mesma cor das folhas tenras, o que os tornava quase invisíveis. Cabeça achatada, olhos longos e estreitos, bicos escuros. Baixavam às vezes em vôo curvo, rente ao solo, para apanhar um inseto, e retornavam ao ramo balouçante de uma roseira. Era uma coisa deleitável de ver, plena de liberdade e beleza. A gente não podia acercar-se deles, de tão tímidos; mas, se a pessoa se aquietava sob a árvore, podia apreciá-los nos seus folguedos, o sol a brilhar-lhes nas asas transparentes, cor de ouro.

Não raro, um grande mangusto emergia das moitas espessas, seu focinho vermelho a farejar o ar, os olhos vivos observando cada movimento em derredor. No primeiro dia, pareceu muito perturbado ao notar uma pessoa sentada debaixo da árvore, mas logo habituou-se à presença humana. Atravessava o jardim de ponta a ponta, sem pressa, arrastando a longa cauda. Às vezes caminhava beirando a orla da grama, por perto das moitas, e então mostrava-se muito mais atento, o focinho tremulante. Um dia saiu a família toda, o grande mangusto à frente, seguido da companheira, menor do que ele, e atrás dois filhotes, todos alinhados em fila. Estes últimos paravam aqui e ali, para brincar; mas, quando a mãe notava que não iam imediatamente atrás e voltava energicamente a cabeça, davam uma corrida e entravam de novo em fórma.

Ao luar, o jardim se tornava um lugar encantado, as árvores imóveis e silenciosas, projetando na grama e nos quietos arbustos sombras longas e escuras. Após muito bulício e vozerio, os passarinhos se acomodavam para a noite, entre a folhagem escura. Quase já não se via ninguém na estrada, mas ocasionalmente podia-se ouvir, ao longe, uma cantiga ou as notas de uma flauta, tocada por alguém que se dirigia para a aldeia. Afora isso, o jardim era todo quietude, cheio de suaves murmúrios. Nem uma folha se movia, e as árvores davam forma ao nevoento e prateado céu.

A imaginação é incompatível com a meditação; ela deve ser posta de parte, completamente, porque, senhoreada pela imaginação, a mente só pode gerar ilusões. Cumpre a mente estar clara, imóvel, e nessa luminosa claridade se revela o atemporal.

Era um homem já muito idoso, de barbas brancas, e seu corpo magro estava escassamente coberto pelo manto côr de açafrão do *sannyasi*. Suave nos modos e no falar, mas os olhos estavam cheios de melancolia, a melancolia que acompanha a busca vã. Aos quinze anos de idade deixara a família e renunciara ao mundo, e por muitos anos peregrinara por toda a Índia, visitando *ashramas*, estudando, meditando, buscando incansavelmente. Por algum tempo vivera no *ashrama* do líder político-religioso que tão esforçadamente lutara pela libertação da Índia, e passara também uma temporada em outro, no sul, onde se entoavam suavíssimos cantos. No salão onde um santo vivia mergulhado em silêncio, também ele demorara, entre muitos outros, em silenciosa busca. Havia *ashramas* na costa oriental e na costa ocidental, nos quais ele estivera, sondando, indagando, investigando, juntamente com outros. No extremo norte, entre as neves e nas gélidas cavernas, também estivera; e havia meditado ao som das águas do rio sagrado. Vivendo entre ascetas, sofrera fisicamente e fizera longas peregrinações aos templos sagrados. Bem versado no Sânscrito, sentia muito deleite cantando em suas caminhadas de lugar em lugar.

"Venho buscando Deus de todas as maneiras possíveis, desde os quinze anos de idade, mas ainda não O encontrei, e já passo dos setenta. Vim ter convosco, como já fui ter com muitos outros, na esperança de achar Deus. Tenho de encontrá-lo antes de morrer — a não ser que, em verdade, Ele seja apenas um dos muitos mitos inventados pelo homem."

Se permitis perguntar, senhor, achais que se pode descobrir o Imensurável, procurando-o? Seguindo diferentes caminhos, praticando disciplinas e torturando-se mediante o sacrifício e a dedicação, descobrirá o Eterno aquele que o procura? Por certo, senhor, se o Eterno existe ou não, isso é irrelevante, e a verdade a esse respeito poderá ser descoberta mais tarde; mas, o importante é compreendermos porque buscamos, e o que é que buscamos. Porque buscamos?

"Eu busco porque, sem Deus, a vida pouco significa. Procuro-O porque sinto tristeza e dor. Procuro-O porque desejo a paz. Procuro-O porque Ele é o permanente, o imutável. Ele é ordem, beleza, bondade, e por essa razão O procuro."

Quer dizer, em nossa agonia ante o impermanente, perseguimos, cheios de esperanças, o que chamamos "o permanente". O motivo de nossa busca é encontrar conforto no ideal do permanente, ideal nascido da impermanência, da dor da mutação constante. O ideal é irreal, mas a dor é real; entretanto, não parecemos compreender o fato — a dor — apegando-nos ao ideal, à esperança de um estado sem dor. Assim se criou em nós o estado dual do fato e do ideal, com seu interminável conflito entre o que *é* e o que *deveria ser*. O motivo de nossa busca é o desejo de fugir à impermanência, ao sofrimento, para aquilo que a mente chama o estado de permanência, o eterno, a bem-aventurança. Mas esse próprio pensamento é impermanente pois nasceu do sofrimento. O oposto, por mais que o glorifiquemos, contém a semente de seu próprio oposto. Nossa busca, por conseguinte, nada mais é do que um impulso para fugirmos do que *é*.

"Quereis dizer que devemos deixar de buscar?"

Se damos inteira atenção à compreensão do que *é*, a busca pode ser completamente desnecessária. Quando a mente está livre do sofrimento, que necessidade há de procurar a felicidade?

"E pode a mente libertar-se do sofrimento?"

Concluir que ela pode ou não pode libertar-se é pôr fim a toda investigação e compreensão. Temos de aplicar toda a nossa atenção à compreensão do sofrimento, e isso não é possível quando estamos procurando fugir do sofrimento, ou quando nossa mente está ocupada em buscar-lhe a causa. Necessita-se de atenção completa, sem secretos interesses. Quando a mente já não busca, já não cria conflito com seus desejos e anseios, só então, no silêncio da compreensão, pode tornar-se existente o Imensurável.

PODE-SE SABER O QUE É BOM PARA O POVO?

ÉRAMOS VÁRIAS pessoas na sala. Dois dos visitantes haviam passado muitos anos na prisão por motivos políticos; tinham sofrido e feito sacrifícios para conquistar a liberdade de sua pátria, e se tornaram famosos. Seus nomes figuravam nos jornais freqüentemente e, conquanto fossem modestos, brilhava-lhes ainda nos olhos a peculiar arrogância dos que preencheram seus objetivos e conquistaram a fama. Muito lidos, falavam com a facilidade adquirida com o falar em público. Outro, homem corpulento, de olhar penetrante, era um político cheio de planos e ambições de progresso pessoal. Estivera também no cárcere, por iguais razões, mas ocupava agora um cargo de influência e seu olhar era firme e voluntarioso: tinha o poder de manejar idéias e homens. Lá estava outro que havia renunciado aos bens mundanos e cujo maior desejo era fazer bem aos outros. Homem ilustrado, cheio de citações adequadas, com um sorriso genuinamente amável e agradável, vivia viajando pelo país, pregando, persuadindo, jejuando. Estavam ainda presentes mais três ou quatro pessoas que também aspiravam a galgar, na esfera política ou espiritual, os degraus da popularidade ou da humildade.

"Não compreendo", começou um deles, "por que tanto vos opondes à ação. Viver é ação; sem ação, a vida é processo de estagnação. Necessitamos de homens de ação dedicados, para podermos reformar as condições sociais e religiosas deste desgraçado país. Certamente, não vos opondes à reforma: a que os donos de muitas terras cedam voluntàriamente uma parte de suas propriedades aos sem terra; à educação do camponês; ao progresso das aldeias; à abolição das castas, etc."

Qualquer reforma, por mais necessária que pareça, só cria a necessidade de novas reformas, e isso é um nunca acabar. O essencial é que se realize uma revolução no pensar humano, e não uma reforma de remendos. Sem a fundamental transformação da mente e do coração do homem, a reforma apenas o põe a dormir, ajudando-o a continuar satisfeito. Isto é bastante óbvio, não?

"Quereis dizer que não devemos promover reformas?" — perguntou outro, com surpreendente veemência.

"Parece que não o estais compreendendo corretamente", atalhou um dos homens mais idosos. "Ele quer dizer que nenhuma reforma produzirá a transformação total do homem. De fato, a reforma impede a transformação total, uma vez que torna o homem inativo mediante uma temporária satisfação. Pela multiplicação dessas reformas agradáveis, estareis lentamente narcotizando o vosso semelhante com o pô-lo contentado."

"Mas, se nos limitamos estritamente a uma reforma essencial — a voluntária distribuição de terras aos que não as possuem, por exemplo — isso, uma vez levado a efeito, não será de benéficos resultados?"

Pode-se separar uma parte do campo total da existência? Podemos isolar essa parte, concentrar-nos nela, sem atingirmos o restante do campo?

"Mas o que planejamos é exatamente atingir todo o campo da existência. Depois de completarmos uma reforma, lançar-nos-emos noutra."

A totalidade da vida pode ser compreendida pela parte? Ou é necessário, em primeiro lugar, perceber e compreender o todo, para que se possa então examinar as partes e remodelá-las em harmonia com o todo? Sem se compreender o todo, a mera concentração na parte só pode gerar mais confusão e sofrimentos.

"Quereis dizer", perguntou o homem veemente, "que não devemos agir nem promover reformas, sem primeiro estudarmos o processo total da existência?"

"Isso é absurdo, naturalmente", interveio o político. "Não temos tempo para investigar o inteiro significado da vida. Isso deve ficar para os sonhadores, os *gurus*, os filósofos. *Nós* temos de tratar dos problemas da existência de cada dia; temos de agir, de legislar, de governar, e introduzir ordem no caos. O que nos interessa é a construção de represas, a irrigação dos campos, o fomento da agricultura; interessam-nos o comércio, a economia, as relações internacionais. Já nos contentaremos se pudermos levar avante o nosso trabalho, dia por dia, sem termos de enfrentar calamidades de maior vulto. Somos homens práticos, em cargos de responsabilidade e temos de agir o melhor que pudermos, para o bem do povo."

Se é permitido perguntar, como sabeis o que é bom para o povo? Vós pressupondes muitas coisas. Começais com certas conclusões, e quando se começa com uma conclusão, quer própria, quer de outro, está acabado todo o pensar. A complacente suposição de que vós sabeis e os outros não sabem conduz a aflições maiores do que a aflição dos que só podem tomar uma refeição por dia; porque é a vaidade das conclusões que causa a exploração do homem. Em nossa ânsia de agir para o bem dos outros, parece que praticamos muitos malefícios.

"Alguns de nós pensam que sabem *realmente* o que é bom para o povo e o país", explicou o político. "A oposição, naturalmente, também pensa que *sabe;* mas a oposição, para nossa felicidade, não é muito forte nesta terra e, assim, venceremos e poderemos experimentar o que consideramos bom e benéfico."

Todo partido sabe, ou julga saber, o que é bom para o povo. Mas o que é verdadeiramente bom não cria antagonismo, nem aqui nem lá fora; promoverá, isto sim, a união entre os homens; o que é verdadeiramente bom atenderá aos interesses do homem total, e não a um certo benefício superficial, de que poderão resultar maiores calamidades e sofrimentos; porá fim à divisão criada pelo nacionalismo e pela religião organizada. Mas é tão fácil achar o que é *bom?*

"Se formos levar em consideração *tudo* o que diz respeito ao que é bom, não chegaremos a parte alguma; não poderemos agir. As necessidades imediatas exigem ação imediata, ainda que tal ação possa dar margem a alguma confusão", replicou o político. "Não nos sobra tempo para especular, filosofar. Muitos de nós trabalhamos desde o alvorecer até altas horas da noite, e não temos tempo para considerar o significado pleno de cada um dos atos que temos de executar. Verdadeiramente, não podemos dar-nos ao luxo de profundas lucubrações, e deixamos a outros esse prazer."

"Senhor, pareceis sugerir", disse um dos que até então tinham permanecido calados, "que antes de executarmos o que consideramos um ato bom, devemos penetrar completamente o significado desse ato, porquanto, embora aparentemente benéfico, poderá ele produzir no futuro maiores sofrimentos. Mas é possível uma tão profunda penetração de nossas próprias ações? No momento da ação podemos julgar que temos essa penetração, para mais tarde descobrirmos nossa própria cegueira."

No momento da ação, estamos cheios de entusiasmo, de ímpeto, deixamo-nos arrebatar por uma idéia ou pela personalidade e o ardor de um líder. Todos os líderes, do mais brutal dos tiranos ao mais religioso dos políticos, declaram que estão agindo para o bem do homem, e todos eles estão conduzindo o homem à morte; todavia, rendemo-nos à sua influência e os seguimos. Vós, senhor, nunca fostes influenciado por um desses líderes? Esse líder talvez já tenha morrido, mas pensais e agis de acordo com os seus princípios, suas fórmulas, seu padrão de vida; ou — quem sabe? — podeis estar sob a influência de um líder mais moderno. Assim é que passamos de um líder para outro, abandonando-os quando nos convém ou quando surge outro líder melhor, com a mais grandiosa promessa de algo "bom". Em nosso entusiasmo, arrastamos outros para a rede de nossas convicções, que nela permanecem presos, enquanto nos passamos para outros líderes e outras convicções. Mas o que é *bom* é livre de influência, compulsão e conveniência, e todo ato que não seja bom, nesse sentido, só poderá gerar confusão e sofrimentos.

"Acho que todos podemos confessar-nos culpados de nos deixarmos influenciar por algum líder, direta ou indiretamente", concordou o que por último falara, mas o nosso problema é este: Reconhecendo que recebemos muitos benefícios da sociedade e mui pouco lhe retribuímos, e vendo tanto sofrimento por toda parte, sentimo-nos com certa responsabilidade perante a sociedade, com o dever de fazer algo para aliviar esse infinito sofrer. Alguns de nós, entretanto, vendo-nos algo desorientados, seguimos alguma personalidade forte. Sua vida de dedicação, sua evidente sinceridade, seus relevantes atos e idéias, influenciam-nos sobremodo e, de diferentes maneiras, nos tornamos seus seguidores; sob sua influência, logo nos vemos empenhados na ação, seja em prol da libertação do país, seja pela melhoria das condições sociais. A aceitação da autoridade é uma tendência inata de todos nós, e dessa aceitação resulta a ação. O que nos estais dizendo é tão contrário a tudo a que estamos acostumados, que não nos deixa uma medida para julgar e agir. Espero compreendais a nossa dificuldade."

É certo, senhor, que qualquer ato baseado na autoridade de um livro, por mais sagrado que este seja, ou na autoridade de uma pessoa, por mais nobre e piedosa, é um ato impensado, que inevitavelmente produzirá confusão e sofrimento. Neste e noutros países, o líder extrai sua autoridade da interpretação dos chamados livros sagrados, de onde tira abundantes citações; ou de suas próprias experiências, condicionadas pelo passado; ou de sua vida de austeridade, que também se baseia no padrão de escritos religiosos. Assim, a vida do líder ou guia está tão escravizada à autoridade como a vida do seguidor; ambos são escravos do livro e da experiência ou saber de outro. Com essa formação é que desejais reformar o mundo. É isso possível? Ou deveis pôr de parte toda essa perspectiva autoritária, hierárquica da vida, para vos abeirardes de nossos numerosos problemas com uma mente ardorosa? O viver e a ação não estão separados; constituem um processo de mútua relação, um processo unitário; mas vós os separastes, não é verdade? Considerais o viver de cada dia, com seus pensamentos e atos, como coisa diferente da ação que irá transformar o mundo.

"Mais uma vez, tendes razão", prosseguiu o que por último falara, "mas como poderemos sacudir esse jugo da autoridade e da tradição, voluntária e prazerosamente aceita desde a infância? Isso faz parte de nossa tradição imemorial, e vós chegais e dizeis que devemos pôr tudo de parte e só confiar em nós mesmos! Pelo que tenho lido e ouvido, afirmais que o próprio *Atman* é impermanente. Podeis ver, pois, a razão por que estamos confusos."

Não é provável que nunca investigastes realmente a norma de vida segundo a autoridade? O pôr em dúvida a autoridade já é pôr fim à autoridade. Não há método ou sistema que possibilite à mente livrar-se da autoridade e da tradição; se houvesse, tal sistema se tornaria então o fator predominante.

Por que aceitais a autoridade, no sentido mais profundo dessa palavra? Aceitais a autoridade — tal como o faz o *guru* — porque desejais segurança, certeza, porque desejais conforto, bom êxito, alcançar "a outra margem". Vós e o *guru* sois adoradores do bom êxito, ambos impelidos pela ambição. Onde há ambição, não há amor; e a ação, sem amor, não tem significação.

"Intelectualmente, percebo ser verdadeiro o que dizeis; porém, interiormente, emocionalmente, não percebo a sua autenticidade."

Não há compreensão intelectual; ou compreendemos ou não compreendemos. Essa divisão de nós mesmos em compartimentos estanques é outro dos nossos absurdos. É melhor reconhecer que não compreendemos do que sustentar que há compreensão intelectual, pois esta só gera arrogância e o conflito que a nós mesmos infligimos.

"Já tomamos muito de vosso tempo, mas esperamos nos permitais voltar."

"DESEJO DESCOBRIR A FONTE DA ALEGRIA"

O SOL DECLINAVA nos morros, a cidade, no fulgor da tarde, parecia em chamas, com o céu pleno de luz e esplendor. Naquela hora crepuscular, as crianças gritavam e brincavam; ainda faltava muito tempo para o jantar. Ao longe, badalava discordante um sino de igreja, e da mesquita vizinha uma voz chamava à oração vespertina. Regressavam os papagaios das matas e campos adjacentes para as frondosas árvores que orlavam a estrada, fazendo tremenda bulha, antes de se acomodarem para a noite. A eles se juntavam os corvos com seus estridentes crocitos, e outros pássaros havia, todos a ralharem entre si, barulhentamente. Naquele distante subúrbio, os sons do tráfego eram abafados pela vozearia da passarada; mas, com o descer das sombras foram-se todos tornando mais quietos e, poucos minutos após, estavam em silêncio e prontos para a noite.

Um homem aproximou-se com o que parecia uma grossa corda enrolada ao pescoço, segurando-lhe uma das pontas. Sob uma árvore, onde uma lâmpada elétrica pendente do alto projetava no chão retalhos de luz, tagarelava e ria um grupo de pessoas. O homem da corda encaminhou-se para o grupo, depositando no chão a sua carga. Ouviram-se gritos assustados, pondo-se todos a correr; é que a "corda" era uma enorme naja, que começou a silvar e a agitar o capelo. Rindo-se, ele a impelia com os pés descalços e, pouco depois, tomou-a nas mãos, segurando-a exatamente atrás da cabeça. As presas naturalmente tinham sido retiradas; mas, apesar de inofensiva, a serpente fazia medo. O indivíduo convidou-me a pô-la ao redor do pescoço, mas deu-se por satisfeito quando a afaguei com as mãos. Era escamosa e fria, de músculos fortes, ondulantes, e olhos pretos e fixos, pois as serpentes não têm pálpebras. Demos juntos algumas passadas, e a naja ao redor do pescoço do homem não se quietava um instante, toda movimento.

A iluminação das ruas ofuscava a luz das estrelas, porém Marte brilhava, vermelho e claro. Um mendigo caminhava, com passos lentos e cansados, mal podendo locomover-se. Estava coberto de andrajos, os pés embrulhados em retalhos de lona, atados com cordéis. Empunhava um longo bastão e ia falando sozinho, sem nos dar um olhar ao passarmos por ele. Mais adiante, na mesma rua, havia um hotel elegante e caro, e, defronte, estacionavam carros de variadas marcas.

Jovem professor de universidade, algo nervoso, de voz muito aguda e olhos brilhantes, contou-me que fizera uma longa viagem para fazer-me uma pergunta, para ele de suma importância.

"Tenho conhecido alegrias de vária espécie: as alegrias do amor conjugal, as alegrias da boa saúde, do interesse, as alegrias do bom companheirismo. Como professor de Literatura, leio muito e os livros me deleitam. Mas verifiquei que todas as alegrias são de natureza fugidia; da mais insignificante à maior, todas passam com o tempo. Nada do que toco parece ter permanência, e mesmo a Literatura, o maior amor de minha vida, já começa a negar-me sua perene alegria. Sinto que deve haver uma fonte permanente da alegria; porém, embora a tenha procurado intensamente, ainda não logrei encontrá-la."

A busca é um fenômeno extremamente ilusório, não achais? Insatisfeitos com o presente, buscamos algo transcendente. Atormentados pelo presente, sondamos o futuro ou o passado; e tudo o que encontramos vem absorver-se no presente. Nunca nos detemos para investigar o inteiro conteúdo do presente, empenhados que sempre estamos em perseguir os sonhos do futuro; ou, dentre as memórias mortas do passado, selecionamos as que consideramos mais valiosas e insuflamos-lhe vida. Permanecemos apegados ao que se foi, ou o rejeitamos pelo amanhã, obscurecendo-se assim o presente, que fica sendo uma simples passagem, que devemos transpor o mais rápido possível.

"Quer esteja no passado, quer no futuro, eu desejo achar a fonte da alegria", continuou ele. "Vós sabeis o que quero dizer, senhor. Já não busco os objetos de onde provém alegria — idéias, livros, pessoas, belezas naturais — porém a própria fonte da alegria, além de toda transitoriedade. Se não acharmos aquela fonte, ficaremos eternamente sujeitos à agonia do impermanente."

Não achais, senhor, que precisamos compreender o significado da palavra "busca"? Do contrário, nos desentenderemos. Por que existe esse impulso para buscar, essa ânsia de encontrar, essa compulsão para alcançar? Se pudermos descobrir o motivo e perceber o que ele representa, talvez compreendamos o significado da busca.

"Meu motivo é simples e direto: Desejo descobrir a fonte permanente da alegria porque toda alegria que conheci foi passageira. O que me impele a buscar é a dor de nada haver permanente. Desejo fugir à dor da incerteza e acho que isso nada tem de anormal. Todo aquele que reflete deve estar em busca desta mesma alegria. Outros poderão dar-lhe nome diferente — Deus, a Verdade, bem-aventurança, liberdade, *Moksha,* etc. — mas, essencialmente, trata-se da mesma coisa."

Vendo-se na dor da impermanência, a mente é impelida a buscar o permanente, sob qualquer nome que seja; e essa própria ânsia do permanente cria o permanente, o oposto do que *é*. Isso, por conseguinte, não é busca, porém, simplesmente, desejo de encontrar a confortante satisfação do permanente. Quando a mente se torna cônscia de achar-se num estado de fluidez, começa a construir o oposto desse estado, envolvendo-se, assim, no conflito da dualidade; e, então, desejando fugir a esse conflito, sai no encalço de outro oposto. A mente, pois, está atada à roda dos opostos.

"Estou bem cônscio desse processo reacionário da mente, tal como o explicais; mas, não se deve buscar em circunstância alguma? A vida se tornaria uma coisa bem insignificante se não houvesse o descobrir."

Pode-se descobrir algo novo por meio de busca? O novo não é oposto do velho, antítese do que *é*. Se o novo é *projeção* do velho, nesse caso é uma continuação modificada do velho. O reconhecimento se baseia sempre no passado, e o que é reconhecível não é novo. A busca surge da dor do presente, e por conseguinte o que se busca já é coisa conhecida. Vós buscais conforto, e provavelmente o encontrareis; mas esse conforto será também transitório, porque a própria ânsia de achá-lo é impermanente. Todo desejo — de alegria, de Deus ou seja o que for — é transitório.

"Quereis dizer, se bem vos entendo, que minha busca é produto do desejo e, sendo o desejo transitório, a busca é de todo vã?"

Se perceberdes a verdade disto, então a própria transitoriedade das coisas é alegria.

"Como perceber essa verdade?"

Não há "como", não há método. O método produz a idéia do permanente. Enquanto a mente desejar chegar, ganhar, alcançar, estará em conflito. Conflito é insensibilidade. Só a mente sensível pode perceber o verdadeiro. A busca nasce do conflito, e, cessando o conflito, já não é necessário buscar. Há, então, felicidade suprema.

PRAZER, HÁBITO E AUSTERIDADE

A ESTRADA se estendia para o sul da cidade barulhenta e extensa, com suas aparentemente intermináveis fileiras de novos edifícios. Estava repleta de ônibus, automóveis, carros de bois, e centenas de ciclistas que regressavam a casa, dos escritórios, fatigados, após um longo dia de trabalho rotineiro e desinteressante. Muitos paravam para comprar hortaliças murchas em alguma feira à margem da estrada. Ao atravessarmos os subúrbios, começaram a aparecer, de ambos os lados da estrada, árvores muito verdes, recentemente lavadas pelas copiosas chuvas. O sol se deitava à nossa direita, uma grande bola de ouro suspensa acima dos morros distantes. Entre as árvores havia muitas cabras e cabritos a correrem uns atrás dos outros. A estrada descrevia uma curva, passando por uma torre do século XI, que se erguia, vermelha e altaneira, entre ruínas hindus e mongólicas. Semeados aqui e ali, encontravam-se túmulos antigos, e um esplêndido arco em ruínas testemunhava uma glória de tempos longínquos.

O carro parou, e pusemo-nos a caminhar pela estrada. Um grupo de camponesas voltava do trabalho nos campos; após o longo e laborioso dia, iam cantando uma cantiga alegre. Naquele tranqüilo recanto rural, as vozes eram claras, sonorosas e alegres. Ao nos aproximarmos, calaram-se, acanhadas, mas continuaram a cantiga depois de passarmos.

A luz vespertina difundia-se pelos morros suavemente ondulantes, e as árvores se desenhavam escuras contra o céu. Sobre enorme e saliente rochedo viam-se as ameias arruinadas de antiga fortaleza. Uma extraordinária beleza se estendia por sobre a terra; sentíamo-la de todos os lados, penetrando todos os recantos e invadindo os recessos profundos de nosso coração e nossa mente. Só existe amor, não amor divino e amor humano; o amor é indivisível. Voou silenciosa uma grande coruja, cortando a lua, e um grupo de aldeões alfabetizados iam falando muito alto, a deliberar sobre se ir ou não ao cinema, na cidade. Rudes e petulantes, tomavam a metade da estrada. Era muito agradável o suave luar, e no chão espalhavam-se sombras leves e precisamente delineadas. Um caminhão veio rodando pela estrada, com estrépito e buzinando ameaçador; mas logo passou e desapareceu, restituindo aos campos a beleza da noite e sua infinita solidão.

Era um homem moço, ainda pelos trinta, de aspecto sadio e sisudo, que exercia certo cargo público. Não tinha muita aversão a seu trabalho, disse, e bem consideradas as coisas, seu ordenado era satisfatório e o futuro promissor. Casado, tinha um filho de quatro anos, que desejara trazer consigo, mas a mãe se opusera firmemente, alegando que iria causar incômodo.

"Assisti a algumas de vossas conferências", declarou, "e, se me permitis, desejo fazer-vos uma pergunta. Contraí certos hábitos inconvenientes, que muito me perturbam e, por isso desejo livrar-me deles. Há meses venho lutando para livrar-me desses hábitos, mas sem resultado. Que devo fazer?"

Consideremos os hábitos em si, sem os dividirmos em bons e maus. O cultivo de um hábito, ainda que bom e respeitável, só pode embotar a mente. Que se entende por hábito? Pensemos bem nisso, sem dependermos de meras definições.

"Um hábito é ato que se repete freqüentemente."

O hábito é uma tendência da ação em certa direção, sendo seus efeitos agradáveis ou desagradáveis, e podendo operar consciente ou inconscientemente, refletida ou irrefletidamente. É isso?

"Sim, senhor, exatamente."

Certas pessoas sentem necessidade de tomar café de manhã e, se não o tomam, têm dores de cabeça. O corpo pode não ter tido necessidade disso, no princípio, porém, gradualmente, se habituou ao sabor agradável e aos efeitos estimulantes do café, e, então, quando se vê privado dele, sofre.

"Mas café é uma necessidade?"

Que entendeis por "necessidade"?

"Bons alimentos são necessários para se gozar saúde."

Sem dúvida; mas o paladar se acostuma com um alimento de certa qualidade ou sabor, e então o corpo sente ânsia quando se vê privado desse alimento a que se habituou. Essa exigência de uma certa qualidade de alimento indica, não é verdade? — que se formou um hábito, hábito baseado no prazer e na lembrança desse prazer.

"Mas, como quebrar um hábito agradável? É relativamente fácil quebrar um hábito desagradável, mas meu problema é: como quebrar os hábitos agradáveis?"

Como disse, não estamos considerando os hábitos agradáveis e desagradáveis, nem a maneira de nos libertarmos deles, porém, sim, estamos procurando compreender o hábito em si. Vemos que o hábito está formado quando há prazer e a exigência de continuação desse prazer. O hábito se baseia no prazer e na lembrança dele. Uma experiência a princípio desagradável pode tornar-se, gradualmente, um hábito agradável e "necessário".

Ora, penetremos mais na matéria. Qual é o vosso problema?

"Entre outros, o prazer sexual se me tornou um hábito irresistível, avassalador. Tenho tentado controlá-lo, disciplinando-me contra ele, submetendo-me a regimes alimentares, praticando exercícios vários, etc. Mas, apesar de toda a minha resistência, o hábito persiste."

Provavelmente não tendes na vida outra "válvula de escape", outro interesse a impelir-vos. Talvez, sem o perceberdes, estejais enfastiado de vosso trabalho; e a religião, para vós, pode ser monótono ritual, conjunto de dogmas e crenças sem significação. Se, interiormente, vos vedes contrariado, frustrado, o sexo se torna vossa única possibilidade de descarga. O estar interiormente vigilante, o pensar de maneira nova a respeito de vosso trabalho e dos absurdos da sociedade, o descobrir por vós mesmo o verdadeiro significado da religião — isso é que libertará a mente da escravidão a um hábito.

"Já senti interesse pela religião e pela literatura, porém agora não tenho mais vagares para essas coisas, porque o trabalho me toma todo o tempo. Não me sinto verdadeiramente infeliz nele, porém compreendo que o ganho do sustento não é tudo e bem pode ser que se, como dizeis, eu encontrar tempo para interesses mais vastos e mais profundos, isso me ajude a quebrar o hábito que me está afligindo."

Como dissemos, o hábito é a repetição de um ato agradável, causada pelas memórias e imagens estimulantes evocadas pela mente. As secreções glandulares e seus resultados — como, por exemplo, a fome — não constituem um hábito, sendo o processo normal do organismo físico; mas, quando a mente, estimulada por pensamentos e imagens, cede ao desejo de sensação, então, por certo, está iniciada a formação do hábito. O alimento é necessário, mas a exigência de um dado sabor, no alimento, já se baseia em hábito. Encontrando prazer em certos pensamentos e atos, sutis ou grosseiros, a mente exige sua continuação, criando-se assim o hábito. Um ato que sempre se repete, como o escovar os dentes pela manhã, se torna hábito quando não se lhe dá mais atenção. A atenção liberta a mente do hábito.

"Quereis dizer que devemos livrar-nos de todos os prazeres?"

Não, senhor. Não estamos tratando de livrar-nos de coisa alguma nem de adquirirmos coisa alguma; estamos tratando de compreender o inteiro significado do hábito; e temos de compreender, igualmente, os problemas do prazer. Muitos *sannyasis* e santos têm-se negado o prazer, têm-se torturado e forçado a mente a resistir, a tornar-se insensível ao prazer sob qualquer forma. É um prazer contemplar a beleza de uma árvore, de uma nuvem, do luar sobre as águas, ou de um ser humano; e negar-se esse prazer é negar a beleza.

Por outro lado, há pessoas que repelem o feio e se apegam ao belo. Querem permanecer no belo jardim que construíram, isolar-se dos barulhos, exalações e brutalidades existentes além dos muros de seu jardim. Muitas vezes o conseguem: mas não podemos isolar-nos do feio e apegar-nos ao belo, sem nos tornarmos embotados, insensíveis. Precisamos ser sensíveis à tristeza e à alegria, em vez de evitarmos uma e buscarmos a outra. A vida é ao mesmo tempo morte e amor. Amar é ser vulnerável, sensível, e o hábito produz insensibilidade; ele destrói o amor.

"Estou começando a sentir a beleza do que estais dizendo. Tornei-me, é verdade, deliberadamente insensível e estúpido. Eu gostava de ir passear à floresta, de ouvir os pássaros, observar na rua os rostos das pessoas, e percebo agora o que permiti ao hábito fazer de mim. Mas, que é amor?"

O amor não é mero prazer, produto da memória, é um estado de intensa vulnerabilidade e beleza, que nos é negado quando a mente edifica muralhas de atividade egocêntrica. O amor é vida e é também morte. Negar a morte e apegar-se à vida é negar o amor.

"Estou começando, verdadeiramente, a ter um discernimento claro de tudo isso e de mim mesmo. Sem amor, a vida se torna mecânica e dominada pelo hábito. O trabalho que executo no escritório é, em grande parte, mecânico, e também o são, com efeito, as restantes coisas de minha vida; estou preso a uma roda de rotina e tédio. Estive dormindo e tenho de despertar agora."

O próprio percebimento de que estivestes dormindo já é um estado vigilante; não há necessidade de volição. Agora, profundemos a questão. Não há beleza sem austeridade, há?

"Isso não compreendo, senhor."

A austeridade não consiste em nenhum ato ou símbolo exterior: usar tanga ou o hábito monástico, tomar uma só refeição ao dia, ou viver vida de eremita. Essa simplicidade disciplinada, por mais rigorosa que seja, não é austeridade; é mera ostentação exterior sem uma realidade interior. Austeridade é a simplicidade da íntima solidão. Simplicidade de uma mente purificada de todo conflito, livre das chamas do desejo, mesmo o desejo de coisas sublimes. Sem essa austeridade, não pode existir amor; e a beleza vem do amor.

"NÃO QUEREIS INGRESSAR EM NOSSA SOCIEDADE PROTETORA DOS ANIMAIS?"

O SOL BRILHAVA muito claro e do mar soprava fresca viração. Era ainda muito cedo; poucos passantes se viam na rua e o tráfego intenso ainda não começara. Felizmente, não ia ser um dia quente; mas por toda a parte havia poeira fina e penetrante, pois não chovera durante o longo e cálido verão. No parque, pequeno e bem tratado, espessa camada de poeira cobria as árvores, e por entre as moitas corria um fresco regato, descido de um lago situado nas montanhas distantes. Aprazia o estar sentado num banco, à beira do regato, em recanto tranqüilo e cheio de sombra. Mais tarde, no correr do dia, o parque ia encher-se de crianças acompanhadas de suas amas, e de empregados em escritórios. O som das águas a correrem entre as moitas deleitava, e bandos de passarinhos esvoaçavam à margem do regato, banhando-se e chalrando felizes. Por entre as moitas, majestosos e sem medo, passeavam grandes pavões. Em tanques de água límpida e profunda nadavam grandes peixes dourados e as crianças vinham diariamente vê-los e dar-lhes comida, e contemplar com deleite os numerosos cisnes brancos que nadavam num tanque raso.

Saindo do pequeno parque, rodamos por uma estrada cheia de barulho e poeira, até o sopé de uma colina rochosa, e, galgando a pé uma subida íngreme, fomos ter a um portão que dava acesso aos sagrados recintos de antigo templo. A oeste descortinava-se uma grande extensão de mar azul, famosa pela histórica batalha naval que lá se travara, e a leste estendiam-se as colinas, áridas e agrestes, no ar outonal, porém cheias de silêncio e memórias felizes. Ao norte, avultavam as montanhas mais altas, dominando as colinas e o vale quente. O templo antigo, no alto do rochedo, estava em ruínas, destruído pela brutal violência do homem. Suas colunas de mármore, quebradas, lavadas pelas chuvas de muitos séculos, pareciam quase transparentes — leves, evanescentes, majestosas. O templo era ainda uma perfeição, digna de tocar e admirar em silêncio. Uma florzinha amarela, nascida numa fenda ao pé de esplêndida coluna, fulgia na claridade matinal. Estar sentado à sombra de uma daquelas colunas, contemplando os montes silenciosos e o mar distante, era experimentar algo superior a todas as concepções da mente.

Certa manhã, galgando o rochedo, encontramos grande ajuntamento de gente ao redor do templo. Viam-se enormes câmaras cinematográficas, projetores e outros petrechos, todos a exibir a marca registrada de conhecida empresa cinematográfica, e cadeiras verdes, com nomes impressos em seus encostos de lona. Pelo chão, espalhavam-se fios elétricos: — diretores e técnicos gritavam uns para os outros, e os atores principais estavam sendo caracterizados, com a ajuda afobada do pessoal do guarda-roupa. Dois homens trajados de sacerdotes ortodoxos, esperavam a chamada, e mulheres de vestidos alegres tagarelavam, dando risadinhas. Rodava-se uma película!

Estávamos sentados numa pequena sala e, através da janela aberta, a grama, cintilando ao sol matutino, projetava suave reflexo verde no teto caiado. Ostentando jóias valiosas, calçada de bem feitas sandálias de salto alto, e trajando suntuoso *sari*, explicou ela que era uma das principais participantes de uma sociedade dedicada à proteção dos animais. O homem tratava com horrenda crueldade os animais, espancando-os, deformando-lhes as caudas, aguilhoando-os com varas providas de um prego na ponta, e a outros respeitos infligindo-lhes indescritíveis maus tratos. Urgia protegê-los, por lei, e para esse fim era necessário despertar a opinião pública, tão indiferente a esse respeito, por meio de propaganda, etc.

"Vim perguntar-vos se quereis colaborar nesta meritória obra. Outras preeminentes figuras públicas já nos têm oferecido ajuda e seria justo aderirdes a nós."

Quereis dizer que devo ingressar em vossa sociedade?

"Seria uma grande ajuda, se o fizésseis. Quereis fazê-lo?"

Julgais que as organizações contra a crueldade do homem farão nascer o amor? Pela legislação é possível fazer nascer a fraternidade entre os homens?

"Se não trabalhamos para o bem, de que outra maneira fazê-lo surgir? O bem não vem à existência mediante nosso retraimento da sociedade; pelo contrário, todos temos de cooperar, do mais alto ao mais insignificante de nós, para produzi-lo."

É claro que devemos cooperar; isso é mais do que natural. Mas cooperação não significa seguir um plano traçado pelo governo, pelo líder de dado partido ou grupo, ou por outra autoridade qualquer. Trabalhar em conjunto, por medo ou por avidez de recompensas, não é cooperação. A cooperação vem, natural e espontaneamente, quando amamos o que fazemos; a cooperação é então um deleite. Mas, para se amar, é necessário, primeiramente, pôr de parte a ambição, a avidez e a inveja. Não achais?

"O acabar com a ambição pessoal levará séculos, e nesse entretempo os animais continuarão sofrendo."

Não há "entretempo", só há *agora*. Desejais que o homem ame os animais e o seu semelhante, não é assim? Desejais pôr fim à crueldade, não no futuro, porém agora. Se se pensa em termos de futuro, o amor não tem realidade. Se permitis perguntar, qual é o correto início de uma ação: o amor ou a capacidade de organizar?

"Por que separais as duas coisas?"

A pergunta que acabo de fazer implica separação? Se a ação resulta do perceber a necessidade de um certo trabalho e de se ter a capacidade de organizá-lo, tal ação tomará uma direção completamente diferente da que tomará a ação resultante do amor, no qual existe também a capacidade de organizar. Quando a ação nasce da frustração, ou do desejo de poder, essa ação, por mais excelente que seja, em si, produzirá efeitos geradores de confusão e sofrimentos. A ação do amor não é fragmentária, contraditória ou separativa; seu efeito é total, integral.

"Por que suscitais esta questão? Vim perguntar-vos se quereis ajudar-nos em nosso trabalho, e estais pondo em questão as fontes da ação. Para que isso?"

Se permitis, pergunto-vos qual é a fonte de vosso interesse em instituir uma organização para socorrer os animais? Por que tanta atividade a esse respeito?

"Acho que isso é bastante óbvio. Vejo os pobres animais serem tratados horrivelmente, e desejo contribuir, pela legislação e outros meios, para pôr fim a tamanha crueldade. Não sei se tenho outro motivo além desse. Talvez o tenha."

Não vos parece importante descobri-lo? Tereis então a possibilidade de ajudar aos animais e ao homem num sentido mais amplo e mais profundo. Estais organizando esse movimento pelo desejo de vos tornardes pessoa importante, de preencherdes vossa ambição ou de fugirdes a algum sentimento de frustração?

"Sois sério demais. Quereis aprofundar as raízes das coisas, não é verdade? Posso também ser franca. Em certo sentido, sou muito ambiciosa. Desejo tornar-me conhecida como reformadora; quero ter sucesso na vida e não ser uma pobre fracassada. Todo o mundo luta para galgar os degraus do sucesso e da fama; penso que isso é normal no homem. Por que lhe fazeis objeção?"

Não estou fazendo nenhuma objeção. Estou apenas mostrando que vosso *móvel* não é realmente o de socorrer os animais, uma vez que os estais utilizando para vosso próprio engrandecimento — e é exatamente o que está fazendo o condutor do carro de bois. Ele o faz de maneira cruel, brutal, enquanto vós e os outros o fazeis de maneira mais solerte, mais sutil — e a diferença é só esta. Não estais pondo um freio à crueldade, quando os vossos esforços nesse sentido só visam à vossa própria vantagem. Se, socorrendo os animais, não encontrásseis o preenchimento de vossa ambição, um meio de fuga à vossa frustração e vossos pesares, procuraríeis outro meio de preenchimento. Tudo isso indica — não é verdade? — que só estais interessada nos animais porque isso é um meio de auferirdes vantagens pessoais.

"Mas todo o, mundo está fazendo a mesma coisa, desta ou daquela maneira, não é verdade? E por que não o devo fazer?"

Naturalmente, é isso o que está fazendo a maioria das pessoas. Do mais preeminente político ao mero cabo eleitoral de província, do mais alto prelado ao simples vigário de freguesia, do maior reformador ao azafamado assistente social — cada um se está servindo da pátria, dos pobres, do nome de Deus, como meio de realizar suas próprias idéias, esperanças, Utopias. *Ele*, o que assim procede, é o centro de tudo; para ele, o poder e a glória, mas em nome do povo, em nome de coisas sagradas, em nome dos oprimidos. Por esta razão é que existe tamanha e tão terrível confusão neste mundo. Não são essas as pessoas que trarão a paz ao mundo, que deterão a exploração, que acabarão com a crueldade. Pelo contrário, tornam-se responsáveis por confusão e sofrimentos piores ainda.

"Estou percebendo bem a verdade do que estais dizendo; mas há prazer no exercer o poder, e eu, como outros, não resisto a isso."

Não podemos deixar os outros fora de nossa discussão? Quando vos comparais com outros, fazei-o para justificar ou condenar vossos próprios atos e, assim, de modo nenhum estais pensando. Estais-vos defendendo, tomando posição, e por essa maneira não chegaremos a parte alguma.

Agora, como ente humano cônscio da significação de tudo o que estivemos considerando nesta manhã, não sentis que se pode tomar uma diferente atitude em relação à crueldade, à ambição humana, etc.?

"Senhor, ouvi de meu pai muitas referências à vossa pessoa e vim procurar-vos, em parte por curiosidade e em parte por pensar que vos interessaria aderir ao nosso movimento, se eu fosse suficientemente persuasiva. Mas vejo que estava enganada.

"Posso perguntar-vos: Como poderei esquecer a mim mesma, exterior e interiormente, e amar realmente? Afinal, sendo brâmane e tudo mais, tenho na massa do sangue a vida religiosa; entretanto, já me distanciei tanto do sentimento religioso, que não vejo possibilidade de a ele retornar. Que devo fazer? Talvez eu não esteja fazendo esta pergunta com toda a seriedade, e é provável que continue a viver a mesma vida superficial; mas não podeis dizer-me algo que se instale em mim como uma semente e possa germinar, mesmo contra a minha vontade?"

A vida religiosa não depende de nenhum ressurgimento do sentimento religioso; não se pode insuflar vida no que é passado e morto. Deixai sepultado o passado, não tenteis ressuscitá-lo. Ficai cônscia de que só estais interessada em vós mesma e que vossas atividades são egocêntricas. Não vos disfarceis, não mintais a vós mesma. Mantende-vos cônscia do fato — que sois ambiciosa, que buscais poder, posição, prestígio, que desejais ser pessoa importante. Não o justifiqueis perante vós própria ou outra pessoa. Sede simples e direta, em relação ao que sois. Então o amor poderá vir sem ser chamado, sem ser procurado. Só o amor pode expurgar as atividades solertes procedentes dos ocultos recessos da mente. O amor é a única porta de saída da confusão e do sofrimento humanos, e não as eficientes organizações que o homem cria.

"Mas como pode um só indivíduo, ainda que conheça o amor, influir no curso dos acontecimentos, prescindindo de organização e ação coletiva? A extinção da crueldade requer a cooperação de um grande número de pessoas. Como realizá-la?"

Se sentirdes realmente que o amor é a única e verdadeira fonte de ação, manifestareis a outros os vossos sentimentos e formareis um pequeno grupo de pessoas de idêntico sentir. Esses poucos poderão tornar-se muitos, mas não é esse o vosso verdadeiro interesse. O que vos interessa é só o amor e sua ação total. Só essa ação total, por parte de cada indivíduo, fará nascer um mundo completamente diferente do atual.

CONDICIONAMENTO E ÂNSIA DE LIBERTAÇÃO

Foi um passeio encantador. O caminho, partindo da casa, percorria o vinhal; as uvas começavam a amadurecer, exuberantes, polpudas, e delas se ia extrair grande quantidade de vinho tinto. O vinhal era bem tratado e mondado. Vinha a seguir a plantação de fumo, cultivada com todo o esmero, comprida e larga. Depois das chuvas, as plantas começavam a dar flores encarnadas, formosas e limpas. O leve aroma que delas se desprendia, de fumo fresco, tão diferente do cheiro nauseante do fumo queimado, se tornaria mais forte quando o sol esquentasse. Os longos caules das flores iam ser cortados, dentre em pouco, a fim de permitir às folhas de tabaco, pálidas, de um verde-prateado e já bastante grandes, se tornarem maiores ainda e mais viçosas para a colheita. Seriam então apanhadas, classificadas, atadas a longos cordéis e suspensas no longo edifício existente atrás da casa, a fim de secarem por igual, onde o sol as não atingisse e corresse livremente a aragem noturna. Ainda trabalhavam, ali, homens com bois, cavando sulcos entre as longas e retas fileiras de plantas, a fim de exterminar as ervas daninhas. O solo tinha sido amanhado com desvelo e fartamente adubado, de modo que nele podiam crescer, tão viçosas como as plantas, as ervas daninhas; mas não se viam vestígios delas após tantas semanas.

O caminho continuava, atravessando um pomar de diferentes tipos de pessegueiros, pereiras, ameixeiras, e outras árvores, todas carregadas de frutas a amadurecer. À noite enchia o ar um suave aroma, e de dia o zumbir de miríades de abelhas. Ultrapassando o pomar, o caminho descia uma longa escosta, no fundo da qual se estendiam espessas e protetoras matas. Ali, o solo, atapetado das folhas mortas de muitos verões, era macio ao pisar. Sob as árvores era bem agradável, pois o sol quase não tinha possibilidade de atravessar a densa folhagem; a terra, sempre úmida e exuberante de seiva, emitia suave olor. Havia cogumelos em quantidade, quase todos da variedade venenosa. Aqui e ali se achavam também variedades comestíveis, mas era necessário procurar; eram mais retraídos, quase sempre ocultos debaixo de uma folha da mesma cor. Os camponeses vinham cedo colhê-los, para vendê-los ou para seu consumo próprio.

Naquelas matas, que se estendiam por muitas milhas, pelas ondulantes colinas, quase não existiam pássaros. Nelas reinava grande tranqüilidade. Nem a mais leve aragem agitava as folhas das árvores. Mas, ali havia sempre um certo movimento, e esse movimento fazia parte do imenso silêncio, parecendo acrescentar mais alguma coisa à tranqüilidade da mente. As árvores, os insetos, as vistosas samambaias, não eram coisas separadas, algo exteriormente percebido; faziam parte daquela interna e externa serenidade. Mesmo o estrondo abafado do trem que passava a distância, estava contido naquela quietude. Era completa a ausência de resistência, e o ladrar de um cão, insistente e penetrante, parecia intensificar aquela paz.

Além das matas via-se o rio, belo, curvilíneo. Não era largo ou imponente e dava, a olhos penetrantes, espaço suficiente para ver pessoas na margem oposta. Ao longo de ambas às margens havia árvores, na maioria choupos, altos e majestosos, suas folhas tremuiando à brisa. As águas correntes eram profundas e límpidas. Coisa bela de ver, tão viva, tão rica! Um pescador solitário, sentado num banquinho, tinha ao lado um cesto de mantimentos e sobre os joelhos um jornal aberto. O rio inspirava paz e bem-estar, mesmo quando o peixe evitava o anzol. Ali, ele permaneceria sempre, embora viessem mais guerras e os homens devessem morrer; ali ficaria, para nutrir a terra e os homens. Muito longe avultavam as montanhas cobertas de neves, e, nas tardes claras, quando o sol baixava sobre elas, seus picos altaneiros pareciam nuvens luminosas.

Éramos três ou quatro na sala, e do outro lado da janela estendia-se um amplo e cintilante gramado. Céu de um pálido azul, cortado de nuvens pesadas, semelhando vagalhões.

"É realmente possível", perguntou o homem, "a mente libertar-se de seu condicionamento? Se é, qual o estado da mente que se descondicionou? Há vários anos ouço vossas palestras e muito tenho refletido sobre o assunto; entretanto, minha mente não parece capaz de libertar-se das idéias e tradições inculcadas na meninice. Sei que estou condicionado como qualquer outro. Desde pequenos, ensinam-nos a ajustar-nos; ensinam-nos com brutalidade, ou com afeição e delicadas sugestões — até esse ajustamento se tornar instintivo e a mente ter medo da insegurança do desajustamento.

"Tenho uma amiga que foi criada em meio católico", prosseguiu, "onde naturalmente se lhe falava de pecado, inferno, das confortantes alegrias celestiais, e tudo o mais. Depois de atingir a maturidade e após muita reflexão, ela repeliu essa estrutura católica de seu pensar; entretanto, até hoje, já a meio da vida, ela se sente influenciada pela idéia do inferno com seus contagiantes temores. Embora, superficialmente, minha educação tenha sido diferente, também eu, tal qual ela, tenho medo de não me ajustar. Percebo quanto é absurdo uma pessoa ajustar-se, mas não posso livrar-me disso; e ainda que pudesse, provavelmente eu iria fazer a mesma coisa de outra maneira, quer dizer, ajustar-me a novo padrão."

"Eu também tenho esse problema", acudiu uma das senhoras, "percebo muito claramente as muitas maneiras pelas quais estou acorrentada pela tradição; mas posso libertar-me de meus grilhões atuais, sem me deixar prender por outros? Há pessoas que se vêem impelidas a passar de uma organização religiosa para outra, que estão sempre a buscar e nunca satisfeitas; e quando, afinal, *se acham* satisfeitas, tornam-se insuportáveis. A mesma coisa provavelmente acontecerá comigo, se eu tentar libertar-me de meu atual condicionamento: sem o saber, serei arrastada para outro padrão de vida."

"O fato", continuou o homem, "é que em geral nunca refletimos muito profundamente sobre como a nossa mente foi moldada, quase inteiramente, pela sociedade e a cultura em que fomos criados. Inconscientes de nosso condicionamento, prosseguimos lutando, realizando, ou sendo frustrados, dentro do padrão de uma certa sociedade. Tal é a sina de quase todos nós, inclusive os líderes políticos e religiosos. Talvez para minha infelicidade, depois de ouvir várias de vossas palestras, começou a tortura da dúvida. Durante algum tempo, não pensei muito profundamente no assunto, porém, repentinamente, vejo que começo a encará-lo a sério. Tenho experimentado e estou agora cônscio de muitas coisas que ocorrem em mim, e cuja existência nunca tinha notado. Se posso continuar, sem que os outros achem que estou falando demais, gostaria de entrar um pouco mais nesta questão do condicionamento."

Depois de todos os outros assegurarem que estavam também profundamente interessados na matéria, ele prosseguiu:

"Após ouvir e ler quase tudo o que tendes dito, percebi quanto estou condicionado; e percebi, igualmente, que precisamos estar livres de condicionamento — não apenas do condicionamento da mente superficial, senão também do condicionamento do inconsciente. Percebi a absoluta necessidade disso. Mas o que realmente está sucedendo é o seguinte: o condicionamento que recebi em minha juventude continua existente, ao mesmo tempo que existe um forte desejo de me descondicionar. Por conseguinte, minha mente se vê colhida nesse conflito entre o condicionamento que percebo e a ânsia de me livrar dele. Esta é, neste momento, a minha verdadeira situação. Como devo proceder, partindo daí?"

A ânsia da mente de libertar-se de seu condicionamento não põe a funcionar outro padrão de resistência e condicionamento? Tendo-vos tornado cônscio do padrão ou molde dentro do qual crescestes, desejais livrar-vos dele; mas esse desejo de ser livre não condicionará de novo a mente, de maneira diversa? O padrão antigo vos manda ajustar-vos à autoridade, e estais agora desenvolvendo outro padrão, que vos manda *não* ajustar-vos; tendes, assim, dois padrões em conflito. Enquanto existir essa contradição interior, novos condicionamentos serão criados.

"Sei que o velho padrão é coisa absurda e morta, e que é necessária a libertação dele, porque, do contrário, minha mente continuará pelo mesmo e estúpido caminho."

Examinemos o assunto com paciência. O velho padrão vos mandava ajustar-vos e, por várias razões — medo à insegurança, etc. — vos tendes ajustado. Agora, por motivos de diferente espécie, mas nos quais ainda existe o medo e o desejo de segurança, sentis que *não* deveis ajustar-vos. Não é isso?

"Sim, é mais ou menos isso. Mas o antigo padrão é estúpido, e preciso livrar-me dessa estupidez."

Posso advertir, senhor, que não estais *escutando?* Insistis em afirmar que o padrão velho é mau e que necessitais de um novo. Mas o problema não é, absolutamente, ter um padrão novo.

"É meu problema, senhor."

De fato? Assim o pensais, mas vejamos. Tende a bondade de não seguir vossos próprios pensamentos acerca do problema, e limitai-vos a escutar, está bem?

"Tentá-lo-ei."

Nós nos ajustamos, instintivamente, por várias razões: por apego, por medo, pelo desejo de recompensas, etc. Essa é a primeira reação de cada um. Chega então alguém e nos diz que devemos ser livres de condicionamento e nasce então o impulso para *não* nos ajustarmos. Compreendeis?

"Sim, senhor, está claro."

Ora, há alguma diferença essencial entre o desejo de ajustar-se e a ânsia de libertação do ajustamento?

"Aparentemente deveria haver, mas em verdade não o sei. Que dizeis, senhor?"

Não se trata de eu vos dizer algo e vós o aceitardes. Não deveis descobrir por vós mesmos se há alguma diferença fundamental entre os dois desejos aparentemente opostos?

"Como posso verificá-lo?"

Se não condenardes um, nem seguirdes ansiosamente o outro. Qual o estado da mente que anseia libertar-se do ajustamento, e o repele? Por favor, não respondais; *senti,* experimentai realmente esse estado. As palavras são necessárias para a comunicação, mas a palavra não representa a verdadeira experiência. A menos que experimenteis verdadeiramente e compreendais esse estado, os vossos esforços para serdes livre só facilitarão a formação de outros padrões. Não é assim?

"Não entendo bem."

Ora, se não acabamos definitivamente com o mecanismo que produz padrões, que molda, em sentido positivo ou negativo, continuaremos num padrão de condicionamento modificado.

"Compreendo-o verbalmente, mas, em verdade, *não o sinto.*"

Para o homem faminto, a mera descrição de um alimento nada vale; ele deseja comer.

Há a ânsia de ajustamento, e ânsia de libertação. Por diferentes que pareçam, esses dois impulsos não são fundamentalmente idênticos? E se são fundamentalmente idênticos, nesse caso vosso esforço de libertação é vão, porque só ficareis mudando de um padrão para outro, indefinidamente. Não há condicionamento nobre ou condicionamento melhor; todo condicionamento envolve sofrimento. O desejo de ser ou de não ser gera condicionamento, e é esse desejo que importa compreender.

O VAZIO INTERIOR

Ela transportava um grande cesto à cabeça, seguro por uma das mãos; devia ser muito pesado, porém o peso não lhe alterava a graça do andar. Mantinha perfeito equilíbrio, seu andar era fácil e rítmico. Cingiam-lhe os braços braceletes de metal, a tilintar ligeiramente, e os pés estavam calçados de sandálias já muito usadas. Seu *sari* estava roto e sujo, de tão usado. De ordinário ela saía com várias companheiras, mas naquela manhã ia sozinha pela estrada irregular. O sol ainda não havia esquentado e, muito alto, no céu azul, alguns abutres voavam em amplos círculos, sem um bater de asas. Ao lado da estrada, corria silencioso o rio. Manhã muito tranqüila, e aquela mulher solitária, com o grande cesto à cabeça, aparentava o foco de toda beleza e graça; tudo parecia apontar para ela e aceitá-la como parte de seu próprio ser. Não era uma entidade separada, porém uma parte de vós e de mim e daquele tamarindeiro. Ela não caminhava à minha frente, porém *eu* caminhava com aquele cesto à cabeça. Não era ilusão, identificação pensada, desejada, cultivada — pois isso seria indescritivelmente anormal, porém uma experiência natural e imediata. Os poucos passos que nos separavam sumiram-se; tempo, memória, e a vasta distância que o pensamento cria, tinham desaparecido totalmente. Só existia aquela mulher, e não eu a olhá-la. E havia muito que andar até à cidade, onde ela ia vender o conteúdo de seu cesto. Ao entardecer, voltaria por aquela estrada, atravessando a pequena ponte de bambu para chegar à sua aldeia, e reaparecendo no dia seguinte, com o cesto cheio.

Era um homem sisudo, já não moço, porém de sorriso agradável e aparência sadia. Sentado no chão, de pernas cruzadas, explicava em Inglês algo hesitante — o que o embaraçava um pouco — que estudara no colégio e se bacharelara em Artes, porém estava havia tanto tempo sem falar o idioma, que quase já tinha esquecido. Lera muito da literatura sânscrita, e palavras sânscritas lhe afloravam aos lábios a todo momento. Viera, disse, para fazer várias perguntas a respeito do vazio interior, do vazio espiritual. Começou então a cantar em Sânscrito, e logo a sala se encheu de profundas ressonâncias, puras e penetrantes. Continuou cantando por algum tempo, e era deleitável ouvi-lo. O rosto se lhe iluminava, da significação que dava às palavras e do amor que sentia pelo conteúdo de cada palavra. Era um homem completamente isento de artifícios e muito sisudo para atitudes teatrais.

"Deu-me muita alegria cantar esses *slokas,* (1) aqui, na vossa presença. Eles têm para mim sublime significação e beleza; neles tenho meditado por muitos anos e sempre me foram uma fonte orientadora e confortante. Exercitei-me para não me deixar emocionar facilmente, mas esses *slokas* trazem-me lágrimas aos olhos. O próprio som das palavras, com seu opulento significado, enche-me o coração, e a vida deixa de ser tormentosa e desgraçada. Como todo ser humano, conheci o sofrimento; conheci a morte e as dores da vida. Tive uma esposa que morreu antes de eu deixar os confortos do lar paterno, e hoje conheço a significação da pobreza voluntária. Estou-lhe contando isso apenas como explicação. Não sou homem frustrado, solitário, ou coisa semelhante. Meu coração se deleita com muitas coisas; mas meu pai sempre me falava a respeito de vossas palestras, e um dos meus amigos instou comigo que viesse ver-vos; por isso, aqui estou.

"Desejo consultar-vos a respeito do vazio infinito", prosseguiu. "Tenho um sentimento desse vazio e penso ter-lhe atingido as fronteiras, mais de uma vez, em minhas peregrinações e meditações." Citou então um *sloka,* para explicar e fundamentar sua experiência.

---

(1) *slokas:* versos épicos da literatura sânscrita (N. do T.)

Se permitis ponderar, a autoridade de outro, por maior que seja, não constitui prova da verdade de vossa experiência. A verdade não necessita de provas por meio de ação e tampouco depende de qualquer autoridade; ponhamos, portanto, de parte tudo quanto é autoridade e tradição e tratemos de descobrir por nós mesmos a verdade relativa a esta questão.

"Isso me seria dificílimo, porque estou todo entranhado de tradição — não de tradição mundana, porém dos ensinos do *Gita*, do *Upanishads*, (1) etc. Seria correto eu abandonar tudo isso? Não seria ingratidão de minha parte?"

Aqui não se trata, de modo nenhum, nem de gratidão nem de ingratidão; estamos interessados em descobrir a verdade ou a falsidade desse vazio de que falastes. Se seguirdes o caminho da autoridade e da tradição, que é conhecimento, só experimentareis o que desejais experimentar, ajudado pela autoridade e pela tradição. Isso não será descobrimento; será coisa já conhecida, que se reconhece e experimenta. A autoridade e a tradição podem estar erradas, ser uma confortadora ilusão. Para descobrir se é verdadeiro ou falso esse vazio, se ele existe ou é mera invenção da mente, esta deve estar livre da rede da autoridade e da tradição.

"Pode a mente libertar-se dessa rede?"

A mente não pode libertar-se porque todo esforço de sua parte, para libertar-se, tecerá uma outra rede em que ficará presa de novo. A liberdade não é um oposto; ser livre não significa estar livre *de* alguma coisa, não é um estado isento de grilhões. A ânsia de libertação forja seus próprios grilhões. A liberdade é um "estado" não resultante do desejo de ser livre. Quando a mente compreende isto e percebe a falsidade da autoridade e da tradição, só então definha e morre o falso.

"Pode ser que minhas leituras e reflexões nelas baseadas me tenham induzido a sentir certas coisas; mas, independente de tudo isso, desde menino eu sinto vagamente, como em sonho, a existência desse vazio. Sempre existiu como que uma sugestão dele, um nostálgico sentimento dele; e, tornando-me mais velho, minhas leituras dos vários livros religiosos vieram fortalecer-me esse sentimento, dando-lhe mais vitalidade e sentido. Mas começo a perceber o que quereis dizer. Tenho-me apoiado quase exclusivamente na descrição das experiências alheias, constantes das Escrituras Sagradas. Dessa dependência posso livrar-me, pois percebo agora a necessidade disso; mas posso fazer ressurgir aquele sentimento original, não contaminado, de algo que transcende todas as palavras?"

---

(1) A filosofia sagrada do hinduísmo. (N. do T.)

O que ressurge não é o vivo e novo; é lembrança, coisa morta, e não se pode insuflar vida nos mortos. Reviver lembranças e delas viver é tornar-se escravo de estímulos, e a mente que depende de estímulos, conscientes ou inconscientes, se tornará, inevitavelmente, embotada e insensível. Revivescência é perpetuação da confusão; apelar para o passado morto, num momento de crise vital, é buscar um padrão de vida enraizado na decomposição. O que experimentastes em menino, ou mesmo ontem, passou-se e acabou-se; e se ficais apegado ao passado, impedis a vivificante experiência do novo.

"Como deveis perceber, senhor, tenho sério interesse nisso, e tornou-se-me uma necessidade urgente compreender e *viver* esse vazio. Que devo fazer?"

Precisamos esvaziar a nossa mente do conhecido; todos os conhecimentos que acumulamos têm de cessar, de perder toda influência sobre a mente viva. O conhecimento é sempre do passado, é o processo mesmo do passado, e desse processo a mente precisa ficar livre. O reconhecimento faz parte do processo do conhecimento, não é verdade?

"Como assim?"

Para reconhecerdes uma coisa, precisais tê-la conhecido e experimentado antes, e essa experiência está guardada na memória como conhecimento. O reconhecimento procede sempre do passado. Podeis ter experimentado, outrora, esse vazio, e por o terdes experimentado uma vez, ansiais agora por ele. A experiência original apareceu sem a terdes buscado; mas agora a buscais, e a coisa que estais buscando não é o vazio, porém a renovação de uma velha lembrança. Para que ela surja de novo, é preciso que toda lembrança, todo conhecimento dela, desapareça. Toda busca para encontrá-la deve cessar, porque a busca se baseia no desejo de experiência.

"Quereis dizer, realmente, que não devo buscá-la? Isso parece incrível!"

O móvel da busca é de maior importância do que a própria busca. O *móvel* influi na busca, guiando-a e moldando-a. O motivo de vossa busca é o desejo de experimentar o incognoscível, conhecer a bem-aventurança de sua imensidão. Esse desejo fez nascer o experimentador ansioso de experiência. O experimentador está em busca de uma experiência maior, mais ampla e significativa. Uma vez que todas as outras experiências perderam o seu sabor, o experimentador anseia agora pelo vazio; temos assim o experimentador e a coisa que deseja experimentar. Começa assim o conflito entre os dois, entre "o que busca" e "o objeto da busca".

"Isso eu compreendo muito bem, pois é o estado em que me encontro. Percebo agora que estou preso numa rede que eu mesmo teci."

Tal como o está todo aquele que busca, e não apenas quem busca a verdade, Deus, o vazio, etc. Todo homem ambicioso ou cúpido, em busca de poder, posição, prestígio, todo idealista, todo idólatra do Estado, todo construtor de uma perfeita Utopia — todos estão presos na mesma rede. Mas, se compreenderdes definitivamente o total significado da busca, continuareis a buscar o vazio?

"Percebo o significado intrínseco de vossa pergunta, e já detive a minha busca."

Se assim é, qual é então o estado da mente que já não busca?

"Não sei; tudo se tornou tão novo para mim, que terei de me concentrar e observar. Podeis conceder-me alguns minutos para continuarmos?"

Após uma pausa, ele prosseguiu.

"Percebo como isso é extraordinariamente sutil; como é difícil impedir o aparecimento do experimentador, do observador. Parece quase impossível evitar que o pensamento crie o pensador; mas enquanto existir pensador, um experimentador, tem de haver, evidentemente, separação da coisa que se experimenta, e conflito com ela. E vós perguntais: "Qual é o estado da mente quando não há mais conflito?"

Existe conflito quando o desejo assume a forma de experimentador e se põe a buscar o que deseja experimentar: porque aquilo que se vai experimentar é também criado pelo desejo.

"Peço-vos ter paciência comigo e dar-me tempo para compreender o que estais dizendo. O desejo não só cria o experimentador, o observador, mas também o que se vai experimentar, observar. O desejo, portanto, é a causa da separação entre o experimentador e a coisa que se vai experimentar, e essa separação é que sustenta o conflito. Perguntais agora qual o estado da mente que já não está em conflito, que já não é impelida pelo desejo. Mas pode-se responder a esta pergunta sem haver um observador a observar a experiência da ausência de desejo?"

Quando vos tornais cônscio de vossa humildade, ela não desaparece? Existe virtude quando deliberadamente praticamos a virtude? Esse praticar torna mais forte a atividade egocêntrica, a qual põe termo à virtude. No momento em que estamos cônscios de ser felizes, deixamos de o ser. Qual o estado da mente não envolvida no conflito do desejo? A ânsia de descobrir faz parte do desejo que fez nascer o experimentador e a coisa que se vai experimentar, não é verdade?

"Sim, é. Vossa pergunta foi para mim uma armadilha, mas sou-vos grato por a terdes feito. Estou percebendo melhor as complexas sutilezas do desejo."

Não foi armadilha, não, porém antes uma pergunta natural e inevitável, que vós mesmo teríeis de fazer-vos, no decurso de vossa investigação. Se a mente não estiver sobremodo vigilante, lúcida, não tardará a prender-se de novo na rede de seu próprio desejo.

"Uma última pergunta: É realmente possível a mente libertar-se por inteiro do desejo de experiência, o qual sustenta a separação entre o experimentador e a coisa que deseja experimentar?"

Descobri-o, senhor. Quando a mente está de todo livre dessa estrutura do desejo, é ela, então, diferente do vazio?

O PROBLEMA DA BUSCA

AMANHECIA um dia claro e límpido, e o turbulento mar descansava, afagando docemente a alvíssima praia. Quase não se percebia movimento naquela amplidão d'água, tão azul que parecia tingida artificialmente. Havia no mar uma centelha de vida, alegria. Mais azul que o céu azul, o velho mar era todo júbilo. Na semana anterior, suas águas tinham estado violentas e ameaçadoras, com fortes correntes que podiam arrastar uma pessoa para longe; agora, porém, estavam quase quietas, mal se lhes notando um movimento. O vento se exaurira, depois de soprar com força dias seguidos, e não havia sequer viração. A fumaça de um navio que passava ao longe subia verticalmente para o céu sem nuvens. Tudo estava tão quieto que se podia ouvir, a muitas milhas de distância, o barulho de um trem que se aproximava, beirando os baixos penhascos que dominavam o mar. O surdo rumorejar foi crescendo até se tornar barulho atroador, e pouco depois a terra tremia, ao passar, ao alto, o longo trem de carga — uma centena de vagões de aço, puxados por nova e possante máquina *diesel*. O maquinista, sorrindo, acenou-nos com a mão. Em poucos instantes, o trem desaparecia e de novo reinava tranqüilidade à beira-mar. Algumas milhas para o norte, divisavam-se filas de palmeiras, caprichosamente plantadas, e verdes gramados, no ponto em que a cidade alcançava a orla do mar; mas aqui havia muita tranqüilidade. Centenas de gaivotas pousavam na praia. Uma delas tinha evidentemente uma asa partida, mantendo-se separada das outras, a asa pendente a um lado; mais adiante, uma gaivota morta, meio coberta de areia trazida pelo vento. Aproximava-se um grande cão, muito belo ao sol, e todo o bando de aves alçou vôo para o mar, descrevendo vasto semicírculo e tornando a descer sobre a praia, a alguma distância atrás do cão. Com um grito assustado, a gaivota estropiada correu para a água, arrastando a asa; o cão a notou, porém, sem dar-lhe atenção, continuou seu caminho, perseguindo os pequenos caranguejos que surgiam das areias molhadas.

Funcionário de escritório, tinha ele aspecto grave e sisudo, olhos brilhantes e sérios, sorriso fácil. Os preços subiram, disse, e a vida se tinha tornado tão cara que era difícil viver com o que se ganhava. Embora bastante jovem ainda, pois andava pelos trinta, mostrava-se ansioso a respeito do futuro, pois tinha responsabilidades — não tinha filhos, explicou, porém esposa e sua velha mãe para sustentar.

"Que finalidade tem a vida, esta existência monótona, rotineira?", perguntou repentinamente. "Sempre estive procurando alguma coisa: um emprego, ao concluir os estudos; prazeres, em companhia de minha esposa; a criação de um mundo melhor, aderindo ao Partido Comunista — que, seja dito de passagem, logo abandonei, pois não passa de mera religião organizada, como outra qualquer; e agora, busco a Deus. Por índole, não sou pessimista, mas as coisas da vida me tornaram triste. Vivemos buscando, buscando, e ao que parece nunca achamos nada. Li os livros que a maioria das pessoas instruídas lêem, porém o estímulo intelectual logo se torna fatigante. Eu preciso *achar*, e minha vida já começa a encurtar. Desejo falar-vos com toda seriedade, pois sinto que talvez possais ajudar-me na busca."

Vamos examinar com vagar e paciência esse movimento denominado "busca"? Há os que dizem que buscaram e acharam, e, satisfeitos com o que acharam, sentem-se recompensados. Vós dizeis que buscais. Sabeis porque buscais e o que buscais?

"Como quase todos os outros, tenho procurado muitas coisas, e a maioria delas já ficou para trás; mas, como doença incurável, a busca prossegue."

Antes de examinarmos a questão relativa ao que buscamos, averigüemos o que entendemos por "buscar". Qual o estado da mente que busca?

"É um estado de esforço, em que a mente procura afastar-se de uma situação penosa ou de conflito, para uma situação agradável, confortante."

Ela está realmente buscando? O que a mente busca, achará, mas o que achar será sua própria projeção. Há busca verdadeira, se a busca é produto de um motivo? Toda busca deve ter um motivo, ou existe busca sem motivo algum? Pode a mente existir sem esse movimento de busca? A busca, como a conhecemos, será apenas um outro meio pelo qual a mente foge de si mesma? Se é, que a está impelindo à fuga? Sem se compreender todo o conteúdo da mente que busca, tem a busca muito pouca significação.

"Senhor, tudo isso me parece difícil demais. Podeis simplificá-lo?"

Comecemos pelo "processo" que conhecemos. Por que buscais, e que buscais?

"Cada um busca tantas coisas: felicidade, segurança, conforto, permanência, Deus, uma sociedade que não viva em guerra perene consigo mesma, etc."

O estado em que realmente vos achais e o fim que estais buscando são ambos criações da mente, não é exato?

"Por favor, senhor, não o façais tão difícil. Sei que sofro e desejo encontrar uma saída desse estado, desejo passar a um estado isento de sofrimento."

Mas o fim que estais buscando é ainda projeção de uma mente que não deseja ser perturbada, não é? Essa coisa, esse fim, pode não existir, pode ser um mito.

"Se é mito, deve haver então outra coisa que seja real, e isso eu preciso achar."

Nós estamos procurando compreender o inteiro significado da busca, e não como encontrar o real, não é assim? Podemos chegar a essa compreensão daqui a pouco. Por ora, o que nos interessa é o que se entende quando dizemos que estamos buscando. Investiguemos, portanto, todo o conteúdo dessa palavra.

Sentindo-vos infeliz, buscais a felicidade, não é certo? Um homem busca sua felicidade no poder, na posição, no prestígio; outro a busca na riqueza ou no saber; outro, em Deus; outro, no Estado ideal, na perfeita Utopia, etc. Assim como o homem ambicioso, no sentido mundano, segue o caminho de seu preenchimento — caminho semeado de crueldades, frustrações, medo, disfarçados talvez debaixo de palavras melífluas — assim também estais buscando com o fim de preencherdes o vosso desejo, ainda que de coisas as mais sublimes; e quando já conheceis o fim que buscais, isto é busca?

"Mas, senhor, Deus ou a bem-aventurança não podem ser conhecidos de antemão; temos de procurá-los."

Como podeis procurar uma coisa que não conheceis? Vós sabeis, ou pelo menos julgais saber, o que é Deus, e o sabeis de acordo com vosso condicionamento ou vossa experiência baseada nesse condicionamento; assim, depois de formulardes o que é Deus, saís a "descobrir" essa coisa que vossa mente projetou. Isso, muito evidentemente, não é a verdadeira busca; estais apenas no encalço de algo que já conheceis. Não há busca quando *sabeis*, porque saber é processo de reconhecimento, e o reconhecimento é ação do passado, do conhecido.

"Mas eu estou verdadeiramente buscando Deus, qualquer que seja o nome que lhe dêem.

Vós estais buscando Deus, como outros buscam a felicidade mediante a bebida, a conquista do poder, etc. Todos esses são motivos bem conhecidos e bem firmados em nosso espírito. O motivo produz o fim desejado. Mas, há busca quando existe motivo?

"Parece-me que estou começando a compreender o que dizeis. Peço-vos continuar, senhor."

Se tendes verdadeiro empenho, no momento em que percebeis que nenhuma busca existe em todo esse padrão da chamada busca, abandonais tal padrão. Porém, a causa da busca subsiste. Podeis abandonar o padrão A — isto é, a busca da coisa projetada pela mente — e passar ao padrão B — isto é, a idéia de que não deveis seguir o padrão A; e se não for o padrão B, será o padrão C ou N ou Z. Em seu íntimo, vossa mente não compreendeu o problema relativo ao buscar e, por isso, se movimenta de um padrão para outro, de um ideal para outro, de um *guru* ou líder para outro. Está sempre a mover-se dentro do padrão do conhecido.

Ora, pode a mente permanecer sem buscar? *Existe* a mente — a entidade que busca — quando não existe esse movimento de busca? A mente passa de um movimento de busca para outro, sempre a tatear, sempre a procurar, sempre presa na rede da experiência. Esse movimento é sempre dirigido para o *mais*: mais estímulo, mais experiência, saber mais amplo e mais profundo. A entidade que busca está sempre projetando a coisa que quer alcançar. A mente continua a buscar depois de conhecer todo o processo de buscar? E quando a mente não está buscando, existe experimentador para experimentar?

"Que quereis dizer com a palavra experimentador?"

Enquanto existir uma entidade a buscar e uma coisa a ser buscada, tem de existir o experimentador, aquele que reconhece e que constitui o núcleo do movimento mental egocêntrico. Desse centro se originam todas as atividades, nobres ou ignóbeis: desejo de riquezas e poder, compulsão a contentar-se com o que *é*, impulso a buscar Deus, a promover reformas, etc.

"Percebo interiormente a verdade do que estais dizendo. Vejo que me estive aplicando ao problema incorretamente."

Significa isso que agora vos ides aplicar "corretamente"? Ou estais cônscio de que *qualquer* maneira de vos aplicardes ao problema, seja "correta", seja "incorreta", é atividade egocêntrica que, de forma sutil ou grosseira, torna mais forte o experimentador?

"Como é ardilosa a nossa mente, como é ágil e sutil em seu movimento de autoconservação! Estou-o percebendo com toda a clareza."

Quando a mente detém a busca por ter compreendido o total significado da busca, não cairão por si as limitações que ela a si própria impôs? E ela não se torna então o Imensurável, o Desconhecido?

A REVOLUÇÃO PSICOLÓGICA

HOUVE UM rebuliço antes da partida do trem. Os longos vagões cheios de gente e de fumaça, cada rosto escondido atrás dum jornal; mas, felizmente, ainda encontramos lugares vagos. Era um trem elétrico, e pouco depois de partirmos já ia além dos subúrbios, ganhando velocidade através dos campos, e ultrapassando automóveis e ônibus que transitavam pela rodovia paralela à via férrea. Bela região, com verdes e ondulantes colinas e antigas cidades históricas. Sol brando, pois ainda estávamos no início da primavera e as árvores começavam a ostentar flores encarnadas e brancas. Toda aquela região campestre apresentava-se verde, fresca, juvenil, com folhas tenras a cintilar e a dançar ao sol. Dia celestial, porém o carro ia cheio de gente cansada e o ar estava espesso de fumo de tabaco. Do outro lado da passagem ia uma menina ao lado da mãe, que lhe explicava que não se deve olhar fixamente para as pessoas estranhas; mas a criança não lhe deu atenção e, passados momentos, sorrimos um para o outro. Daí por diante ela se sentiu à vontade, levantando freqüentemente os olhos para ver se estava sendo olhada e sorrindo toda vez que nossos olhares se encontravam. Pouco depois adormeceu, toda encolhida no banco, e a mãe a cobriu com uma capa.

Como deve ser delicioso caminhar por aquela senda, pelo campo, em meio a tanta beleza e claridade! Gente acenava-nos ao passarmos com estrépito ao longo da bem pavimentada estrada. Bois brancos, grandes, puxavam lentamente carros cheios de estrume e alguns dos carreiros pareciam cantar, pois abriam a boca, e em seus rostos se podia ver que se estavam deliciando com o ar fresco da manhã. Havia homens e mulheres nos campos, cavando, plantando, e semeando.

Fui andando pela longa passagem entre os bancos, para a parte dianteira do trem. Depois de atravessar o carro-restaurante e a cozinha, abri uma porta e entrei no carro de bagagens. Ninguém me deteve. As numerosas peças de bagagem estavam bem arrumadas em prateleiras, as etiquetas agitando-se ao vento. Transpus outra porta e encontrei os dois maquinistas, em sua cabina, rodeada de janelas grandes e amplas, que permitiam uma vista desimpedida de toda aquela encantadora região. Defronte ao painel de medidores, um dos homens manejava a alavanca de controle da corrente. O outro, que ia observando a estrada e fumando tranqüilamente, ofereceu-me o seu lugar, sentando-se num banco logo atrás de mim. Insistiu comigo que ficasse sentado ali e começou a fazer-me um sem-número de perguntas. De vez em quando, em meio ao interrogatório, apontava-me castelos no alto de colinas, uns em ruínas, outros ainda bem conservados. Explicou-me o que significavam as brilhantes luzes vermelhas e verdes e consultava o relógio a cada estação, para ver se estávamos no horário. Fazíamos entre 100 e 110 quilômetros, pelas curvas e subidas suaves, pelas pontes e longas retas; mas nunca ultrapassávamos os 110 quilômetros. "Se tivésseis saltado na estação por onde acabamos de passar", disse, "poderíeis ter ido à cidade que tem o nome de famoso santo." Com grande ruído por sobre os desvios, passávamos a toda velocidade por estações com nomes que vinham de tempos muito antigos. Corríamos agora pela margem de um lago azul, nevoento, e mal se podiam ver as cidades do lado oposto. Nessa área se travara famosa batalha, de cujo desfecho havia dependido o destino de todo um povo. Dentro em pouco, deixando o lago para trás, começamos a subir, saindo do vale e, contornando as colinas, ultrapassamos os olivais e bosques de ciprestes, entrando numa região mais agreste. O homem atrás de mim anunciou-me o nome do rio barrento, ao passarmos por ele; parecia um rio tão pequeno e tão manso, para nome tão ilustre! O outro homem, que durante toda a viagem de duas horas e meia, só uma ou duas vezes tirara a mão da alavanca, desculpou-se em nome de ambos por não saber falar inglês. "Mas que importa", acrescentou "já que compreendeis a nossa bela língua?"

Chegamos agora aos subúrbios da grande cidade e o céu azul se turvava de fumaça.

Éramos várias pessoas naquela sala, com vista para o belo lago, e havia muita tranqüilidade, embora os passarinhos estivessem alegremente barulhentos. No grupo havia um homem corpulento, sadio e vigoroso, de olhar penetrante porém bondoso, e falar lento, decidido. Como estava ansioso por falar, os demais permaneciam em silêncio, só intervindo quando lhes parecia necessário.

"Ando há muitos anos na política e, deveras, trabalhei sinceramente pelo que considerava bom para o nosso país. Mas isso não significa que eu não ambicionasse o poder. Eu o *ambicionava*: por ele, lutei contra outros e, como talvez o saibais, alcancei-o. Ouvi-vos pela primeira vez há muitos anos e, embora algumas das coisas que dissestes me tivessem calado no espírito, toda a vossa atitude perante a vida só me interessou momentaneamente; nunca lançou em mim raízes profundas. Entretanto, no passar de tantos anos de lutas e dissabores, algo me veio amadurecendo e ultimamente tenho assistido, sempre que possível, às vossas palestras e debates. Percebo agora que o que dizeis é a única solução para nossos confusos problemas. Viajei toda a Europa e América, e houve tempo em que me pareceu que da Rússia viria a almejada solução. Fui membro militante do Partido Comunista e, com boas e sérias intenções, cooperei com seus líderes político-religiosos. Mas agora estou desistindo de tudo. Tudo se tornou corrupto e improfícuo, embora em certos sentidos se tenham realizado progressos satisfatórios. Depois de muito pensar nesses assuntos, desejo agora reexaminar tudo e estou disposto a acolher algo novo e claro."

Para examinar, não devemos começar com uma conclusão, lealdade a um partido ou tendência; não deve haver desejo de sucesso, nem exigência de ação imediata. Se uma pessoa está envolvida em qualquer dessas coisas, torna-se completamente impossível a verdadeira investigação. Para tornar a examinar todo o problema da vida, deve a mente estar despojada de todo motivo pessoal, de qualquer sentimento de frustração, da busca de poder, para o próprio indivíduo ou para um grupo, o que vem a dar no mesmo. Não achais, senhor?

"Por favor, não me chameis "senhor". Essa é naturalmente a única maneira de se examinar ou compreender alguma coisa; mas não sei se sou capaz disso."

A capacidade aparece com a aplicação direta e imediata. Para examinarmos os numerosos e complexos problemas da existência, devemos começar sem estarmos comprometidos com nenhuma filosofia, nenhuma ideologia, nenhum sistema de pensamento ou padrão de ação. A capacidade de compreender não depende do tempo; é um percebimento imediato, não é?

"Se percebo que uma coisa é venenosa, não é problema evitá-la; não a toco, simplesmente. Analogamente, se percebo que qualquer espécie de conclusão impede o exame completo dos problemas da vida, então todas as conclusões, pessoais e coletivas, caem por si; não preciso lutar para livrar-me delas. É isso?"

Sim; mas uma exposição clara de um fato não é o próprio fato, o fato real. Estar realmente livre das conclusões é coisa muito diferente. Ao percebermos que uma tendência, de qualquer espécie, impede o exame completo, podemos começar a examinar sem tendência. Mas a mente, por força do hábito, tende a recair na autoridade, na tradição, profundamente arraigada; e estar tão cônscio dessa tendência, que ela não possa interferir no processo da investigação, é também necessário. Assim entendido, podemos continuar?

Pois bem. Qual a necessidade fundamental do homem?

"Alimento, roupa, morada; mas o promover uma distribuição eqüitativa dessas necessidades básicas se torna um problema, porque o homem é por natureza ganancioso e exclusivista."

Quereis dizer que a sociedade o estimula e educa para ser o que ele é? Ora, uma sociedade de outra espécie poderá, pela legislação e outros métodos compulsórios, forçar o homem a não ser cobiçoso e egoísta; mas isso apenas faz levantar-se uma contra-reação e temos, assim, um conflito entre o indivíduo e o ideal estabelecido pelo Estado ou por poderoso grupo político-religioso. É necessário promover a distribuição eqüitativa de roupas, alimentos e teto, criar uma organização social completamente diferente, não achais? Mas as nacionalidades separadas e seus governos soberanos, os blocos de potências, as estruturas econômicas antagônicas e também o sistema de castas e as religiões organizadas — cada um proclama que o seu sistema é o único e verdadeiro sistema. Tudo isso precisa desaparecer, e tal significa que tem de desaparecer, de todo, a atitude hierárquica, autoritária, perante a vida.

"Percebo que esta é a única revolução real."

É uma completa revolução psicológica, e essa revolução é essencial para que o homem, em todo o mundo, não se veja privado das fundamentais necessidades físicas. A Terra é nossa, não é inglesa, nem russa, nem americana, nem pertence a nenhum grupo ideológico. Somos entes humanos, e não hindus, budistas, cristãos ou muçulmanos. Todas essas divisões devem desaparecer, inclusive a mais nova delas, a comunista, para que possamos edificar uma estrutura econômico-social totalmente diferente. Isso tem de começar por vós e por mim.

"Posso, atuando politicamente, concorrer para essa revolução?"

Se permitis perguntar, que quereis significar com o dizer "atuar politicamente"? A ação política, de qualquer natureza que seja, está separada da ação total do homem, ou faz parte dela?

"Por ação política entendo ação no nível governamental: ação legislativa, econômica, administrativa, etc.".

Ora, sem dúvida, se a ação política está separada da ação total do homem, se não leva em consideração o seu ser integral, tanto seu estado psicológico como seu estado físico, então ela é nociva, causadora de mais confusão e sofrimentos; e é isso exatamente que está acontecendo no mundo atual. Não pode o homem, que tem tantos problemas, atuar como ente humano completo, e não como entidade política, separado de seu estado psicológico ou "espiritual"? Uma árvore não é só a raiz, porque é também o tronco, o ramo, a folha, a flor. Toda ação que não seja geral, total, levará inevitavelmente ao sofrimento. Só há ação humana total, e *não* ação política, religiosa, ou indiana. A ação separativa, fragmentária, produz sempre conflito, interior e exteriormente.

"E isso significa que a ação política é impossível, não é?"

De modo nenhum. A ação total, que tudo abrange, naturalmente não exclui a atividade política, educativa ou religiosa. Essas não são atividades separadas, pois fazem parte do processo unitário, que se expressará em diferentes sentidos. O importante é esse processo unitário, e não uma ação política separada, por mais benéfica que seja na aparência.

"Parece que estou percebendo o que quereis dizer. Se tenho essa compreensão total do homem, de mim mesmo, minha atenção poderá aplicar-se em diferentes sentidos, conforme as necessidades, mas minhas ações estarão sempre em relação direta com o todo. A ação separada, dividida, começo a percebê-lo, só pode dar resultados caóticos. E se o percebo, não como político, porém como ente humano, minha perspectiva da vida muda completamente; já não pertenço a nenhum país, nenhum partido, nenhuma religião. Preciso conhecer Deus, como preciso de comida, de roupa e de morada; mas, se procuro uma coisa separadamente das outras, esta busca levará a desastres e confusão de toda ordem. Sim, percebo que assim é. A política, a religião e a educação estão intimamente relacionadas entre si.

"Muito bem, senhor. Já não sou político, com uma dada tendência política em minha ação. Como ente humano, e não como comunista, hinduísta ou cristão, desejo educar meu filho. Podemos considerar este problema?"

A vida e a ação integradas é educação. A integração não se produz mediante ajustamento a um padrão, seja meu, seja de outro. Ela se produz pela compreensão das muitas influências que assaltam a mente; pelo percebimento delas, sem se deixar prender por elas. Os pais e a sociedade estão condicionando os jovens, mediante sugestões, desejos e compulsões, sutis, tácitos, e a constante reiteração de certos dogmas e crenças. Ajudar a criança a perceber todas essas influências e seu significado interior, psicológico, ajudá-la a compreender a índole da autoridade, e a não se deixar apanhar na rede da sociedade — isso é educação.

A educação não é simples questão de ensinar uma técnica que habilitará o jovem a obter emprego; ela deve tratar de ajudá-lo a descobrir o que ele gosta de fazer. Esse amor ao que se faz não pode existir quando se busca sucesso, fama ou poderio; e ajudar a criança a compreender isso, é educação.

Autoconhecimento é educação. Na educação não há mestre nem discípulo: só há aprender. O educador está aprendendo, tal como o educando. A liberdade não tem começo nem fim; compreendê-lo é educação.

Cada um desses pontos tem de ser cuidadosamente considerado e falta-nos tempo para entrarmos em muitos pormenores.

"Penso que compreendo, de modo geral, o que entendeis por educação. Mas onde estão os homens que irão educar dessa nova maneira? Esses educadores não existem."

Durante quantos anos dissestes que trabalhastes politicamente?

"Foram tantos que nem gosto de lembrar-me. Devem ter sido mais de vinte anos."

Por certo, para educar o educador é necessário trabalho tão árduo como o que desenvolvestes na política — só que essa é uma tarefa muito mais penosa, que exige profunda penetração psicológica. Infelizmente, ninguém parece preocupar-se com a educação correta, porém ela é de importância muito maior do que qualquer outro fator isolado, no operar uma fundamental transformação social.

"Os mais de nós, principalmente os políticos, tanto nos preocupamos com resultados imediatos, que só pensamos a "curto prazo", e não temos uma visão de longo alcance das coisas.

"Ora, permitis mais uma pergunta? Em tudo isso de que estivemos falando, onde entra a questão da hereditariedade?"

Que quereis dizer com hereditariedade? Referis-vos à herança de bens materiais ou à herança psicológica?

"Eu tinha em mente a herança de bens. A dizer a verdade, nunca refleti a respeito da outra."

A herança psicológica é tão condicionadora como a herança de bens; ambas limitam e prendem a mente em determinado padrão social, que impede a transformação fundamental da sociedade. Se nosso interesse é criar uma cultura completamente nova, cultura não baseada na ambição, na aquisição, nesse caso a herança psicológica é um obstáculo.

"Que entendeis exatamente por "herança psicológica?"

A impressão do passado na mente juvenil; o condicionamento consciente e inconsciente do estudante, para obedecer, ajustar-se. Os comunistas estão fazendo isso com muita eficiência, em nossos dias, como os católicos o fizeram por muitas gerações. Outras seitas religiosas também o estão fazendo, embora não tão resoluta e eficazmente. Os pais e a sociedade estão moldando a mentalidade das crianças por meio de tradições, crenças, dogmas, conclusões, opiniões, e essa herança psicológica impede o advento de uma nova ordem social.

"Percebo-o; mas é quase uma impossibilidade acabar com essa espécie de herança, não achais?"

Se percebeis realmente a necessidade de acabar com essa espécie de herança, não dareis então a máxima atenção ao estabelecimento da educação correta para vosso filho?

"Ora, estamos em geral tão engolfados em nossas preocupações e temores, que não nos aprofundamos em tais questões, se é que delas nos ocupamos. Somos uma geração insincera e fútil. A herança de propriedades é outro problema difícil. Todos desejamos ser donos de alguma coisa, um terreno, por pequeno que seja, ou outro ente humano; e se esse não é o nosso desejo, desejamos ter ideologias ou crenças próprias. Somos incorrigíveis em nossa ânsia de posses."

Mas, quando percebeis muito profundamente que a herança de bens é tão destrutiva como a herança psicológica, começareis a ajudar os vossos filhos a ser livres de ambas as formas de herança. Educá-los-eis para serem completamente auto-suficientes, não dependerem de favores, nem vossos nem de outros, para amarem seu trabalho e terem confiança na própria capacidade de trabalhar sem ambição, sem adoração do êxito; ensiná-los-eis a criar o sentimento de responsabilidade cooperativa, e, portanto, a saber quando *não* cooperar. Então não haverá mais necessidade de vossos filhos herdarem vossos bens. Eles serão entes humanos livres desde o começo, e não escravos, nem da família, nem da sociedade.

"Isso me parece um ideal irrealizável."

Não é ideal nenhum; não é uma coisa que se alcançará no reino de fadas de uma Utopia distante. A compreensão existe agora, e não no futuro. Compreender é agir. A compreensão não vem primeiro, e a ação depois; ação e compreensão são inseparáveis. No mesmo instante em que vemos uma cobra, há ação. Se se percebe a verdade de tudo o que estamos dizendo nesta manhã, a ação é então inerente a esse percebimento. Mas de tal maneira estamos emaranhados nas palavras, nas estimulantes coisas do intelecto, que tanto as palavras como o intelecto se tornam um obstáculo à ação. A chamada compreensão intelectual consiste apenas em ouvir explicações verbais, ou em ouvir idéias, e tal compreensão é tão sem importância como a simples descrição de um alimento a quem tem fome. Ou compreendemos ou não compreendemos. A compreensão é um processo total, não separado da ação, não resultante do tempo.

NÃO HÁ PENSADOR, SÓ HÁ PENSAR CONDICIONADO

As CHUVAS tinham lavado os ares, dissipara-se o nevoeiro, e o céu estava límpido e intensamente azul. Desenhavam-se sombras precisas e profundas, e do alto da colina subia verticalmente uma coluna de fumaça. Estavam queimando qualquer coisa, lá em cima, e podiam-se ouvir as vozes das pessoas. A casinha, situada numa encosta, era bem abrigada e circundada por um jardim tratado com zelo e amor. Mas, naquela manhã, ela fazia parte da totalidade da existência e o muro que rodeava o jardim parecia completamente desnecessário. Sobre ele se estendiam trepadeiras, escondendo-lhe as pedras, mas aqui e ali elas se mostravam, bonitas, lavadas por muitas chuvas, revestidas de limo verde-pardo. Além do muro havia um pequeno trecho de terreno inculto, mas aquela charneca de certa maneira fazia parte do jardim. Do portão do jardim, um caminho levava à aldeia, onde havia uma velha igreja em ruínas, com um cemitério nos fundos. Poucos freqüentavam a igreja, mesmo aos domingos, e pela maior parte eram velhos os que lá entravam; mas durante a semana ninguém lá ia, pois na aldeia havia coisas mais divertidas. Uma pequena locomotiva *diesel*, puxando dois vagões de cor creme e vermelha, ia duas vezes ao dia à cidade maior. O trem corria quase sempre repleto de gente alegre e gárrula. Além da aldeia, outro caminho, à direita, galgava suavemente o morro. Naquele caminho encontrava-se ocasionalmente um camponês, transportando alguma coisa e resmungando um cumprimento ao passar por nós. Do outro lado do morro, o caminho levava a uma mata espessa, jamais penetrada pelo sol; e passar da resplendente luz solar para as frescas sombras da mata era como que uma secreta delícia. Ninguém transitaria por ali, e a mata estava sempre deserta. O verde-escuro da densa folhagem tonificava os olhos e o espírito. Imperava completo silêncio. Não soprava sequer uma aragem; nem uma folha se movia, e sentia-se aquela estranha quietude dos lugares desertos. Um cachorro latiu ao longe e uma corça de cor fulva atravessou o caminho tranqüilamente.

Era um senhor de certa idade, piedoso, ansioso de compreensão e felicidade. Explicou que há muitos anos andava visitando um certo instrutor, no norte do país, para ouvir suas interpretações das Escrituras e agora voltava ao seio da família, no sul.

"Disse-me um amigo que estáveis realizando uma série de palestras aqui, e deixei-me ficar, para assistir a elas. Estive ouvindo muito atentamente tudo o que estivestes dizendo e já sei o que pensais a respeito de guias e autoridades. Não estou inteiramente de acordo convosco, porque nós, entes humanos, necessitamos da ajuda daqueles que no-la podem dar, e o fato de uma pessoa aceitar fervorosamente tal ajuda, não faz dela um seguidor."

Sem dúvida nenhuma, o desejo de ser guiado leva ao ajustamento, e a mente que se ajusta é incapaz de encontrar o verdadeiro.

"Mas eu não me estou ajustando. Não sou crédulo, nem sigo cegamente; pelo contrário, faço bom uso de meu intelecto, e ponho em discussão tudo o que diz aquele instrutor que costumo visitar."

Procurar as luzes de outrem, sem autoconhecimento, é seguir cegamente. Todo seguir é cego.

"Não me considero capaz de penetrar as camadas mais profundas do ego, e por isso busco ajuda. Se venho procurar-vos, em busca de ajuda, isso não faz de mim vosso seguidor."

Se permitis ponderar, senhor, o erigir de uma autoridade é coisa muito complexa. O seguir outra pessoa é apenas o efeito de uma causa mais profunda, e se se não compreende essa causa, muito pouco significa o seguirmos ou não seguirmos alguém, exteriormente. O desejo de chegar, alcançar a outra margem, é o começo da busca humana. Ansiamos pelo sucesso, a permanência, o conforto, o amor, um estado permanente de paz, e a menos que a mente esteja livre desse desejo, sempre se há de seguir, direta ou indiretamente. O seguir é, tão-só, um sintoma de profunda ânsia de segurança.

"Eu desejo alcançar a outra margem" — como o dizeis — "e estou disposto a tomar qualquer barco que me transporte para o outro lado do rio. Para mim, o barco não é importante, mas a outra margem é."

Não é a outra margem que é importante, porém o rio e a margem onde estais. O rio é a vida, o viver de cada dia, com suas extraordinárias belezas, suas alegrias e deleites, e também sua fealdade, suas dores e tristezas. A vida é um vasto complexo de todas essas coisas, não uma simples passagem que devemos percorrer de certa maneira, e isso deveis compreender, em vez de fitardes os olhos na outra margem. Vós *sois* esta vida de inveja, violência, amor passageiro, ambição, frustração, medo; e sois também a ânsia de fugir de tudo isso para o que chamais a outra margem, o permanente, a alma, o *Atman,* Deus, etc. Sem compreensão desta vida, sem se estar livre da inveja, com seus prazeres e penares, a outra margem não é mais que um mito, uma ilusão, um ideal inventado pela mente medrosa em busca de segurança. Precisam lançar-se alicerces adequados, senão o edifício, por mais imponente que seja, não permanecerá de pé.

"Eu já estou aterrado, e vós me aumentais o medo em vez de mo tirardes. Meu amigo me disse que não sois fácil de compreender, e estou percebendo a razão por que não o sois. Mas eu me considero seriamente interessado e desejo algo mais que pura ilusão. Estou de pleno acordo em que é necessário lançar os alicerces adequados, mas, perceber por si mesmo o que é verdadeiro e o que é falso, é outra questão."

De modo nenhum, meu senhor. O conflito da inveja, com seus prazeres e dores, gera inevitavelmente confusão, tanto exterior como interiormente. Só quando se está livre dessa confusão, pode a mente descobrir o que é verdadeiro. Todas as atividades de uma mente confusa só podem gerar confusão maior.

"Como ficar livre da confusão?"

O "como" implica uma libertação gradual; mas a confusão não pode ser dissipada parte por parte, deixando-se confuso o restante da mente, porque a parte em que foi dissipada a confusão não tarda a tornar-se de novo confusa. A questão de como dissipar a confusão só pode surgir quando a mente continua interessada na outra margem. Não percebeis o significado pleno da ganância, ou da violência, ou do que quer que seja; só desejais ficar livre dela, para alcançardes outra coisa. Se vosso interesse estivesse todo concentrado na inveja e nos sofrimentos dela decorrentes, nunca perguntaríeis como livrar-vos dela. A compreensão da inveja é ação total, ao passo que o "como" implica uma gradual conquista da liberdade, e tal ação resulta da confusão.

"Que entendeis por ação total?"

Para se compreender a ação total, temos de examinar a divisão entre o pensador e seu pensamento.

"Acima do pensador e de seu pensamento, não existe um observador? Eu sinto que existe. Em certo momento abençoado, experimentei esse estado."

Essas experiências resultam de uma mente moldada pela tradição, por milhares de influências. As visões religiosas de um cristão serão completamente diferentes das do hinduísta ou do maometano, já que todas estão baseadas, essencialmente, no especial condicionamento mental de cada um. O critério da verdade não é a experiência, porém o estado em que já não existe experimentador nem experiência.

"Quereis referir-vos ao estado de *samadhi?*"

Não, senhor. Com o emprego dessa palavra estais meramente citando a descrição da experiência alheia.

"Mas não existe nenhum observador, muito acima do pensador e seu pensamento? Eu sinto muito claramente que ele existe."

Começar com uma conclusão põe fim ao pensar, não achais?

"Mas isso não é uma conclusão, senhor. Eu sei, eu senti a sua verdade."

Quem diz que sabe, não sabe. O que sabeis ou sentis ser verdadeiro é coisa que vos foi ensinada; outro, diferentemente ensinado pela sua sociedade, seu meio cultural, garantirá com igual confiança que seu saber e sua experiência lhe indicam a inexistência de um observador supremo. Tanto o outro como vós, o crente e o incréu, estão na mesma categoria, não achais? Ambos começais com uma conclusão e com experiências baseadas em vosso condicionamento, não é verdade?

"Assim formulado, pode parecer que não tenho razão; mas, ainda não estou convencido."

Não estou tentando mostrar-vos que não tendes razão, nem convencer-vos de coisa alguma; estou apenas apontando certas coisas que deveis examinar.

"Depois de muito ler e estudar, eu imaginava ter chegado a uma conclusão, nesta questão do "observador" e da "coisa observada". A mim me parece que, assim como o olho percebe a flor, e a mente observa através do olho, assim também, atrás da mente, deve existir uma entidade que toma conhecimento de todo o processo, isto é, da mente, do olho, e da flor."

Investiguemos sem presunção, sem pressa, nem dogmatismo. Como surge o pensar? Há percepção, contato, sensação e, em seguida o pensamento, baseado na memória, diz: "Aquilo é uma rosa." O pensamento cria o pensador; é o processo pensante que dá nascimento ao pensador. Primeiro vem o pensamento, depois o pensador, e não inversamente. Se não percebemos isso como um fato, seremos levados a confusões de toda ordem.

"Mas existe uma divisão, um intervalo, estreito ou largo, entre o pensador e seu pensamento; e isso não indica que o pensador surgiu em primeiro lugar?"

Vejamos. Percebendo-se como impermanente, inseguro, e desejando permanência e segurança, o pensamento faz nascer o pensador e, depois, trata de alçar o pensador a níveis cada vez mais altos de permanência. Por isso, parece existir um intervalo intransponível entre o observador e a coisa observada; mas esse processo está todo, ainda, nos domínios do pensamento, não é verdade?

"Quereis dizer, senhor, que o observador não tem realidade, que é tão impermanente como o pensamento? Custa-me crê-lo."

Podeis chamá-lo alma, "Atman", ou como quiserdes, mas o observador continua a ser produto do pensamento. Enquanto o pensamento, de alguma maneira, está relacionado com o observador, ou o observador está controlando, moldando o pensamento, continua ele, o observador, na esfera do pensamento, dentro do processo do tempo.

"Como reluta a minha mente em admitir isso! Entretanto, malgrado o meu próprio sentir, começo a perceber que isso é um fato; e se é um fato, só há então processo de pensamento, e nenhum pensador."

Não é isso mesmo? O pensamento gerou o observador, o pensador, o censor, consciente ou inconsciente, que está sempre julgando, condenando, comparando. É esse observador que sempre está em conflito com seus pensamentos, sempre fazendo esforços para guiá-los.

"Por favor, ide um pouco mais devagar; desejo verdadeiramente achar meu caminho. Estais apontando, não é verdade? — que todo esforço, nobre ou ignóbil, resulta dessa divisão artificial, ilusória, entre o pensador e seus pensamentos. Mas quereis também eliminar o esforço? Não é necessário esforço para toda e qualquer transformação?"

Examinaremos isso mais adiante. Já vimos que só há pensamento, o qual construiu o pensador, o observador, o censor, o controlador. Entre o observador e o objeto observado, existe o conflito gerado pelo esfôrço que um faz para dominar ou pelo menos modificar o outro. Esse esforço é vão, e nunca pode produzir transformação fundamental do pensamento, porque o pensador, o censor, faz parte, também, daquilo que deseja modificar. Uma parte da mente não pode de modo nenhum transformar outra parte, que é apenas a continuação dela própria. Um desejo pode, e muitas vezes consegue, dominar outro desejo. Mas o desejo predominante gera mais outro desejo, o qual por sua vez se torna vencedor ou vencido e põe-se assim em movimento o conflito da dualidade. Esse processo é infinito.

"Está-me parecendo que quereis dizer que só pela eliminação do conflito existe a possibilidade de transformação fundamental. Não percebo bem isso. Tereis a bondade de estender-vos um pouco mais a esse respeito?"

O pensador e seu pensamento constituem um processo unitário, nenhum dos dois tem continuidade independente; o observador e o objeto observado são inseparáveis. Todas as qualidades do observador estão contidas no seu pensar; não havendo pensar, não há observador nem pensador. Isso é um fato, não achais?

"Sim, até aí compreendo."

Se a compreensão é apenas verbal, intelectual, pouco significa. É necessária experiência real do pensador e seu pensamento como unidade, integração dos dois. Só há então processo de pensamento.

"Que entendeis por "processo de pensamento?"

A direção em que foi posto o pensamento: pessoal ou impessoalmente, individual ou coletivamente, religiosa ou mundanamente, no sentido hinduísta, budista ou muçulmano, etc. Não há pensador muçulmano, mas, tão-só, pensar a que foi dado condicionamento muçulmano. O pensar resulta de seu próprio condicionamento. O processo ou maneira de pensar deve criar conflito, inevitavelmente, e quando se faz esforço para dominar esse conflito, por vários meios, esse esforço cria outras formas de resistência e conflito.

"Isso está claro, pelo menos assim me parece."

Essa maneira de pensar deve cessar completamente, porquanto gera confusão e sofrimentos. Não há maneira de pensar melhor ou mais nobre. Todo pensar é condicionado.

"Parece que quereis dizer que só depois de cessar o pensamento pode haver transformação radical. Mas, isso é exato?"

O pensamento é condicionado. A mente, que é o depósito de experiências, lembranças, das quais se origina o pensamento, é, ela própria, condicionada; e todo movimento da mente, em qualquer direção, produz seus resultados peculiares e limitados. Quando a mente faz esforço para transformar-se, o que consegue é apenas construir outro padrão, talvez diferente, mas sempre um padrão. Todo esforço mental para libertar-se é um prolongamento do pensamento; esse esforço poderá situar-se num nível mais alto, mas continua dentro de seu próprio círculo, o círculo do pensamento, do tempo.

"Sim, senhor. Começo a compreender. Tende a bondade de continuar."

Todo movimento, de qualquer espécie que seja, por parte da mente, só pode fortalecer a continuidade do pensamento com seus propósitos invejosos, ambiciosos, ávidos. Quando a mente se torna perfeitamente cônscia desse fato, assim como se torna cônscia da presença de uma serpente venenosa, vereis que o movimento do pensamento cessa, então. Só há então uma revolução total, e não a continuação do antigo estado, sob forma modificada. Esse estado é indescritível; quem o descreve não o conhece.

"Tenho realmente a impressão de ter compreendido, não simplesmente as vossas palavras, porém o total significado dos vossos dizeres. Se realmente o compreendi, isso se revelará em minha vida de cada dia."

"POR QUE É QUE ISSO DEVIA ACONTECER-NOS?"

OUVIU-SE forte estampido. Eram quatro e meia da manhã e muito escuro ainda. Faltava uma hora ou mais para o romper do dia. No arvoredo, as aves ainda dormiam, e o forte estrondo não lhes perturbou o sono, mas logo que começasse a clarear, iniciariam seus chilreios e zangas. Havia uma neblina baixa, mas as estrelas brilhavam muito claras. À primeira explosão sucederam várias outras, ao longe; houve um intervalo de silêncio, e logo começaram a estourar fogos de artifício de todos os lados. Despontava o dia festivo. Naquela manhã, os pássaros não prolongaram como de costume sua chalreada, mas, abreviando-a dispersaram-se rapidamente, pois eram aterradores os estouros; mas, quando fosse chegando a noite, tornariam a reunir-se nas mesmas árvores para, ruidosamente, darem conta uns aos outros das suas aventuras do dia. O sol começava a tocar os cimos das árvores, que resplendiam, banhadas de suave luz; belas, em sua quietude, elas davam forma ao céu. Coberta de orvalho estava a rosa solitária do jardim. Embora já cheia dos barulhos dos fogos, a cidade ia despertando lenta e calmamente, pois era um dos grandes feriados do ano; ia haver muita festança e alegria, e permuta de presentes, entre pobres e ricos.

Ao escurecer daquele dia, o povo começou a reunir-se na margem do rio. Depositavam cuidadosamente sobre a água pequenos pires de barro queimado, contendo óleo e um pavio aceso. Iam recitar uma prece e em seguida soltar os pires a vogar rio abaixo. Em pouco, viam-se milhares desses pontos luminosos sobre a água escura e tranqüila. Um espetáculo extraordinário o que ofereciam aqueles rostos extáticos, clareados pelas pequenas chamas e a mágica iluminação do rio. O céu com suas miríades de estrelas contemplava aquele rio de luz, e a terra estava silenciosa em seu amor ao homem.

Éramos cinco, naquela sala clara de sol: um homem acompanhado da esposa, mais outros dois. Todos moços ainda. A senhora parecia triste e acabrunhada, e o marido grave, pouco dado a sorrisos. Os dois jovens permaneceram sentados, em modesto silêncio, cedendo aos outros a palavra, mas com certeza iriam falar no momento oportuno e quando seu acanhamento se dissipasse um pouco.

"Mas, por que havia isso de acontecer-nos?", perguntou ela. Notava-se-lhe ressentimento e animosidade na voz, mas as lágrimas começavam a encher-lhe os olhos e a descer-lhe pelas faces. "Éramos tão bons para nosso filho; ele era alegre e traquinas, sempre risonho, e nós o amávamos. Educamo-lo tão carinhosamente e planejávamos para ele uma vida de riqueza..." Incapaz de prosseguir, deteve-se para se acalmar um pouco.

"Desculpai-me o mostrar-me tão perturbada em vossa presença", continuou pouco depois, "mas isso foi demais para mim. Antes, ele brincava e gritava de alegria, e dias após se fora para sempre. Isso é muito cruel, e por que havia de nos acontecer? Levamos uma vida limpa, amamo-nos mutuamente, e amavamos mais ainda o nosso filho. Mas, agora, ele se foi e nossa vida se tornou vazia — meu marido em seu trabalho, eu em casa. Tudo se tornou tão feio e sem significação!" Ela continuaria falando, sem parar, naquele estado acrimonioso, porém o marido a deteve delicadamente. Agora soluçava incontidamente, e pouco depois silenciou.

Isso acontece a todos nós, não? Quando perguntais porque isso havia de vos acontecer, estais realmente dizendo que tal coisa só devia acontecer a outros e não a vós. Vós tendes, como todos os outros, o vosso quinhão de sofrimento.

"Mas que fizemos nós para merecê-lo? Qual é nosso *karma?* Porque não continuou ele vivo? Eu teria dado por ele, com satisfação, a minha vida."

Pode qualquer explicação, qualquer argumento sutil ou crença racionalizada, preencher esse doloroso vazio?

"Naturalmente, eu desejo ser confortada, mas não por meras palavras, nem por alguma esperança. O fato é que não posso encontrar consolação. Meu marido tentou em vão consolar-me com a crença na reencarnação. E ele também sofre. Sofre, embora creia na reencarnação. Ambos estamos nesta prisão de dor e tortura. É como um pesadelo medonho, horrendo." Mais uma vez o marido interveio, acalmando-lhe a crescente excitação.

"Prometo ficar quieta e cordata. Desculpai-me!"

"Senhor, sabemos tão pouco acerca da vida, da morte, tão pouco acerca de nosso sofrer", disse o marido. "Desde aquele acontecimento, pareço ter amadurecido subitamente e me acho em condições de fazer perguntas sérias. Antes, a vida era alegre, e nós ríamos constantemente; agora, a maioria das coisas que nos faziam felizes nos parecem tão tolas, tão triviais. Aquilo foi como um vendaval que desenraíza as árvores e deita-nos areia na comida. Nada tornará a ser como era antes. Vejo-me de repente tomado de uma terrível seriedade, desejando saber a significação das coisas e desde a morte de meu filho li mais livros religiosos do que lera em toda a minha vida anterior; mas, quando existe sofrimento, não é fácil aceitar meras palavras. Sei como é fácil a crença se tornar um veneno lento. A crença embota o gume do pensamento, mas também amortece a dor, e sem ela a mente se tornaria uma ferida aberta, sensível. Viemos ontem ouvir-vos. Nenhum conforto nos destes — como era natural; mas continuo a desejar sanar as nossas feridas. Podeis ajudar-nos?"

"Nossa ferida", atalhou um dos outros dois, "não pode ser curada com palavras, com uma frase confortante. Aqui viemos, não para adquirir uma nova crença, porém para descobrir a causa de nosso sofrimento."

Acreditais que o simples conhecimento da causa vos libertará do sofrimento?

"Se sei quais são as causas de meu íntimo sofrer, posso pôr termo a ele. Não como uma coisa quando sei que me envenenará."

Pensais ser tão fácil remover a ferida interior? Examinemos isso com paciência e cuidado. Qual é o vosso problema?

"Meu problema", replicou a senhora, "é simples e claro. Por que me foi arrebatado meu filho? Qual foi a causa disso?"

Poderá uma explicação satisfazer-vos, por confortante que seja, momentaneamente? Não deveis descobrir, por vós mesma, a verdade a esse respeito?

"Mas como começar?", perguntou a senhora.

"Este é também um dos meus problemas", disse um dos outros dois. "Como posso descobrir o que é verdadeiro, no meio dessa estonteante confusão, que é o nosso "eu"?

"Era nosso *karma* sofrer, perder o que mais amávamos?", perguntou o marido.

"Talvez eu pudesse suportar a dor causada pela morte de meu filho", acrescentou a senhora, "se tivesse o consolo de saber por que é que ele foi levado."

Consolo é uma coisa, e a verdade outra coisa; tomam diferentes direções. Se buscais consolo, podereis achá-lo numa explicação, uma droga ou uma crença; mas esse consolo será temporário, e, mais cedo ou mais tarde, tereis de começar de novo. E *existe* isto — consolo? Talvez seja melhor perceberdes primeiramente este fato: Que a mente que busca consolo, segurança, estará sempre em sofrimento. Uma explicação satisfatória, ou uma crença confortadora, poderá pôr-vos docemente a dormir; mas é isso que desejais? Isso removerá vosso sofrimento? Podemos libertar-nos do sofrimento com o provocar o sono?

"Acho que o que realmente desejamos", continuou a senhora, "é volver ao estado feliz de outrora — encontrar de novo suas alegrias e deleites. Não podendo fazê-lo, vejo-me dilacerada pelo sofrimento, e por isso busco consolação."

Quereis dizer que não desejais enfrentar o fato que vos parece ser o causador do sofrimento, e por isso estais tentando fugir dele?

"Por que não devo ser consolada?"

Mas pode-se achar consolação duradoura? Pode ser que tal coisa não exista. Buscando conforto, o que desejamos é um estado inteiramente isento de perturbação psicológica. E *existe* tal estado? Pode-se criar, por diferentes meios, um estado de conforto, mas a vida não tarda a vir bater-nos à porta. Essa batida à porta, esse despertar, chama-se sofrimento.

"Agora que me chamais a atenção para isso, percebo que realmente é assim. Mas que devo fazer?", insistiu a senhora.

Nada há que fazer, senão perceber a verdade deste fato, isto é, que a mente que busca conforto, segurança estará sempre sujeita ao sofrimento. Esse percebimento, só por si, é ação. Quando um homem percebe que está preso, não pergunta o que deve fazer; verifica-se toda uma série de estados de ação ou inação. Porque do próprio percebimento nasce a ação.

"Mas, senhor", interrompeu o marido, "nossas feridas são reais, e não há meio de as curarmos? Não existe nenhum processo curativo, mas unicamente um estado de amarga desesperança?"

A mente pode cultivar qualquer estado que desejar, mas descobrir a verdade contida numa situação é coisa completamente diferente. Agora, que desejais?

"Nenhum homem no gozo de suas faculdades desejaria cultivar um estado de amargor. É bem verdade que existe uma filosofia do desespero, mas não tenho nenhuma intenção de tomar por esse caminho. Desejo, entretanto, descobrir qual é a causa, o *karma,* de nosso sofrimento."

Desejais também, vós ambos, examinar esta questão?

"Com toda a certeza o desejamos, senhor. Temos também os nossos problemas atinentes ao processo de *karma,* e também nos seria proveitoso se pudéssemos, todos juntos, considerar a matéria."

Qual o significado original da palavra *karma?*

"A significação original da palavra *karma* é "agir", respondeu o marido, e os outros fizeram sinal de assentimento. "*Karma,* como geralmente se entende — e parece-me que erroneamente — é a ação como causa determinante. O futuro é determinado pela ação passada; conforme semeardes, colhereis. Pratiquei algo no passado, pelo que serei punido ou recompensado. Se meu filho morre jovem, esse fato se deve a alguma causa oculta em vida anterior. Muitas variações há dessa fórmula geral."

Todas as coisas nascem e têm existência através da cadeia de causas e efeitos, não é assim?

"Isso parece ser um fato", respondeu um dos outros dois. "Estou neste mundo por causa de meu pai e de minha mãe, e por outras causas precedentes. Sou um resultado de causas que se estendem infinitamente passado adentro. Tanto o pensamento como a ação resultam de causas várias."

O efeito está separado da causa? Existe intervalo, breve ou longo, um intervalo de tempo, entre os dois? A causa é fixa e o efeito é fixo? Se causa e efeito são estáticos, nesse caso o futuro já está determinado; e se assim é, não há liberdade nenhuma para o homem, e ele estará eternamente aprisionado numa rotina predeterminada. Mas *não* é assim, como o provam os fatos de cada dia, pois as circunstâncias estão continuamente a influir no curso das ações. Há sempre um movimento modificador, quer imediato, quer gradual.

"Sim, senhor, percebo isso; para mim, que fui educado e condicionado na noção de "tal causa, tal efeito", é um alívio imenso compreender que não necessitamos de ser escravos do passado."

A mente não necessita ficar aprisionada em seu condicionamento. O efeito de uma causa não precisa suceder, necessariamente, a essa causa; pode ser eliminado. Não existe inferno perene. Causa e efeito não são coisas estáticas, fixas; o que foi efeito se torna a causa de outro efeito. O dia de hoje é moldado pelo de ontem, e o de amanhã pelo de hoje. Isso é verdade, não? Portanto, causa e efeito não estão separados, constituem um processo unitário. Um meio errôneo não pode ser empregado para um fim correto, porquanto o meio é o fim; um contém o outro. A semente contém a árvore completa. Se se sentir, realmente, esta verdade, o pensamento se torna ação; não há primeiro pensamento e em seguida ação, com o inevitável problema de lançar uma ponte entre os dois. O percebimento total de causa e efeito como unidade indivisível põe fim à "entidade que faz esforço", ao "eu", que perenemente e de qualquer modo quer tornar-se alguma coisa.

"Não estais dando ao *karma* um significado pessoal?" perguntou o marido.

Isso ou é verdadeiro ou é falso. O que é verdadeiro não necessita de interpretação, e o que se interpreta não é verdadeiro. O intérprete se torna um traidor, porquanto o que oferece é apenas sua própria opinião, e opinião não é a verdade.

"Dizem os livros que cada um de nós entra na vida com um certo acúmulo de *karma* para cumprir, continuou o marido. Diz-se que é no cumprir, numa só vida ou através de muitas vidas desse *karma* acumulado, que se verifica a ação do livre arbítrio. É exato isso?"

Que pensais *vós*, independente da autoridade dos livros?

"Não me sinto capaz de pensá-lo cabalmente."

Pensemos juntos. Nossa vida na presente existência, se inicia com uma certa soma de condicionamento, *karma;* toda criança é influenciada por seu ambiente, para pensar segundo um certo padrão, e seu futuro tende a ser determinado por esse padrão. Ou ela seguirá com relativa liberdade os ditames desse padrão, ou se libertará dele. Neste último caso, a parte da mente que faz o esforço para libertar-se é também um resultado de condicionamento, de *karma;* assim, no libertar-se de um padrão, cria a mente outro padrão, no qual torna a aprisionar-se.

"Então, como poderá afinal a mente ser livre? Percebo muito claramente que a parte da mente que deseja libertar-se do padrão, e a parte da mente que nele está aprisionada, estão ambas encerradas numa certa estrutura; a primeira pensa ser diferente da segunda, mas essencialmente são da mesma qualidade e nenhuma das duas é totalmente livre. Que é então liberdade?"

"A maioria das pessoas", atalhou um dos moços, "garante que existe uma superalma, *Atman*, que atuará em nosso condicionamento e o eliminará mediante devoção e boas obras, e pela concentração no Supremo."

Mas a entidade devotada e praticante de boas obras está também condicionada; e o Supremo em que se concentra é uma projeção de seu condicionamento, não achais?

"Percebo", respondeu o marido com veemência. "Nossos deuses, nossos conceitos religiosos, nossos ideais, tudo está dentro do padrão de nosso condicionamento. Agora que chamais nossa atenção a esse respeito, isso nos parece perfeitamente evidente e real. Mas, então, não há esperanças para o homem?"

Saltar a uma conclusão, e pensar partindo dessa conclusão, impede a compreensão e qualquer novo descobrimento.

Quando a mente, em sua totalidade, percebe que está aprisionada num padrão, que sucede?

"Não entendo bem vossa pergunta, senhor."

Percebeis que a totalidade de vossa mente está condicionada, inclusive aquela parte, a suposta superalma, *Atman*? Sentis isso, o conheceis como um fato, ou estais apenas aceitando uma explicação verbal? Que está realmente sucedendo?

"Não o posso dizer com precisão, pois nunca pensei nesse assunto de maneira completa."

Quando a mente percebe a totalidade de seu próprio condicionamento — e ela não poderá percebê-lo enquanto estiver apenas em busca de seu próprio conforto, ou indolentemente seguindo o caminho mais fácil — cessam então todos os seus movimentos; ela se torna de todo tranqüila, sem um desejo, uma compulsão, um móvel. Só então há liberdade.

"Mas nós temos de viver neste mundo, e tudo o que fazemos, desde o ganhar o pão até às mais sutis lucubrações do espírito, tem sempre algum móvel. Pode haver ação sem motivo?"

Achais que não há? A ação do amor nenhum motivo tem, ao passo que todas as outras ações o têm.

VIDA, MORTE E SOBREVIVÊNCIA

AQUELE ERA um soberbo tamarindeiro, carregado de frutos e de folhas novas e tenras. Erguido à beira de um profundo rio, era bem regado e dava sombra bastante para animais e homens. Debaixo dele havia sempre um certo movimento e barulho, conversas em voz alta ou um bezerro a chamar pela mãe. Era de belas proporções e seu vulto desenhava-se esplêndido contra o céu azul. Sua vitalidade resistia ao passar dos anos. Devia ter presenciado muitas coisas, nos incontáveis verões que atravessara, a contemplar o rio e o movimento em suas margens. Rio interessante, largo e sagrado, e de todos os cantos do país afluíam peregrinos, para se banharem em suas águas. Sobre ele navegavam, silenciosos, barcos de escuras e quadradas velas. Quando a lua nascia, muito grande e quase vermelha, traçando uma senda de prata sobre as águas dançantes, havia alegria na aldeia próxima, e na outra da margem oposta. Nos dias santificados, os aldeões desciam à beira d'água, cantando alegres e ritmadas canções. Traziam comida, e entre falas e risos banhavam-se no rio; depunham depois uma grinalda ao pé da grande árvore e espalhavam cinzas vermelhas e amarelas ao redor de seu tronco, porque também ela era sagrada, como o são todas as árvores. Quando, enfim, cessavam as falas e gritos e todos voltavam a suas casas, ficavam a luzir algumas lâmpadas, deixadas por piedosos aldeões; consistiam essas lâmpadas em um pavio feito em casa, colocado em pequeno pires de terracota com óleo, que o aldeão mal tinha recursos para comprar. A árvore reinava então suprema; todas as coisas com ela se identificavam: a terra, o rio, a gente, as estrelas. Instantes após, recolhia-se em si mesma, entregando-se ao sono, até a tocarem os primeiros raios do sol.

Freqüentemente transportavam para a beira do rio um morto. Varrendo o terreno à beira d'água, colocavam primeiro pesados toros, para a base da pira, que depois erguiam com lenha mais leve; e no alto dela depositavam o corpo, envolto num alvo pano novo. O parente mais próximo chegava então à pira uma tocha acesa e altas chamas rompiam a escuridão, alumiando as águas e os rostos graves dos parentes do morto e seus amigos, sentados todos em torno da fogueira. A árvore, ligeiramente alumiada, comunicava às chamas irrequietas um pouco de sua paz. Levava horas para o corpo se consumir, mas todos permaneciam sentados em roda, até nada mais restar senão brilhantes brasas e pequenas línguas de fogo. Em meio àquele extraordinário silêncio, uma criancinha começava a chorar, e raiava um novo dia.

Ele fora um homem de certa fama. Jazia moribundo, na casinha situada além do muro e do jardinzinho, outrora tratado com desvelo e hoje abandonado. Achava-se rodeado da mulher e filhos, e outros parentes próximos. Passariam meses, talvez, até o desenlace final, mas todos já o rodeavam, e na casa reinava a tristeza. Quando entrei, pediu a todos que se retirassem, o que fizeram relutantemente, ficando apenas um menino que brincava no chão com seus brinquedos. Depois de saírem todos, acenou-me para que me sentasse e por algum tempo ficamos sem pronunciar palavra, enquanto os ruídos dos trabalhos domésticos e do movimento da rua invadiam o quarto.

Falava com dificuldade.

"Quero dizer-vos que há anos venho refletindo sobre o viver e mais ainda sobre o morrer, nesta minha prolongada doença.

A morte parece uma coisa muito estranha. Muitos livros li, tratando desse problema, mas todos me pareceram um tanto superficiais."

Não são superficiais todas as conclusões?

"Não estou certo disso. Se lográssemos chegar a certas conclusões profundamente satisfatórias, elas teriam alguma significação. Que há de errado em chegarmos a conclusões, desde que sejam satisfatórias?"

Não há nada de errado, mas não é um horizonte ilusório que então se delineia? A mente tem o poder de criar ilusões de toda ordem, e parece-me tão desnecessário e infantil nos deixarmos prender por elas.

"Vivi vida abastada, cumprindo o que considerava ser o meu dever; mas naturalmente sou humano. De qualquer maneira, aquela vida está hoje encerrada, e aqui estou, um traste inútil; porém, felizmente, minhas faculdades mentais não foram atingidas. Li muito, e continuo, como sempre, ansioso por saber o que acontece após a morte. Continuo a existir, ou nada mais resta, depois de perecer o corpo?"

Senhor, se permitis perguntar, porque vos interessa tanto saber o que acontece após a morte?

"Não é o que todo o mundo deseja saber?"

Provavelmente; mas, se não sabemos o que é viver, podemos saber o que é a morte? Viver e morrer poderão ser a mesma coisa, e o fato de os termos separado pode tornar-se causador de grandes aflições.

"Sei de tudo o que dissestes, em vossas palestras, sobre esta matéria; contudo desejo saber. Tereis a bondade de me dizer o que acontece depois da morte? Eu não o repetirei a ninguém."

Por que vos empenhais tanto em saber? Por que não deixar intato esse todo, esse oceano da vida e da morte?

"Eu não quero morrer", disse ele, prendendo-me o pulso com a mão. "Sempre temi a morte; e, embora tenha procurado consolar-me com racionalizações e crenças, essas coisas só serviram de tênue revestimento a essa profunda agonia do medo. Todas as minhas leituras a respeito da morte representaram um esforço meu para fugir a esse medo, encontrar uma solução; e é por esta razão que vos suplico instruir-me."

Uma fuga, de qualquer espécie que seja, pode libertar a mente do medo? O próprio ato de fugir não gera o medo?

"Mas vós mo podeis dizer, e o que disssérdes há de ser verdadeiro. Esta verdade me libertará..."

Ficamos alguns momentos em silêncio. Depois, ele tornou a falar.

"Este silêncio foi mais benéfico do que todo o meu ansioso interrogar. Eu desejara ter permanecido nele, e nele morrer placidamente, mas minha mente não mo permite. Ela tornou-se não o caçador mas também a caça. Padeço dores atrozes, porém isso nada é em comparação com o que me vai pela mente; existe uma "continuidade identificada", após a morte? Esse "eu", que gozou, que sofreu, que conheceu — continuará existente?"

Que é esse "eu" a que vossa mente se apega e que desejais continue existente? Não respondais, por favor, mas tende a bondade de *escutar* sossegadamente. O "eu" só existe em virtude de identificação, com posses, um nome, a família, fracassos, êxitos — tudo o que fostes e desejais ser. Vós sois aquilo com que vos identificastes; sois constituído de tudo isso, e sem isso não existis. É essa identificação com pessoas, com posses e idéias, que desejais subsista, mesmo além da morte; isso é uma coisa viva? Ou é simplesmente uma massa de contraditórios desejos, anseios, preenchimentos, e frustrações, com mais tristezas do que alegrias?

"Pode ser assim como dizeis — mas isso é melhor do que não saber nada."

Antes o conhecido que o desconhecido, não? Mas o conhecido é tão pequeno, tão insignificante, tão limitante! O conhecido é tristeza; e, contudo, ansiais pela sua continuação!

"Pensai em mim, sede compassivo, não sejais tão inflexível. Se ao menos eu *soubesse*, poderia morrer feliz."

Senhor, não luteis tanto para saber. Ao cessar todo o esforço para conhecer, surge então algo que não foi feito pela mente. O desconhecido é maior do que o conhecido; o conhecido não é mais que um barquinho no oceano do desconhecido. Largai de mão as coisas, e vivei.

A esposa entrou naquele momento, para dar-lhe algo a beber, e o pequeno levantou-se e saiu a correr, sem olhar-nos. Ele pediu à senhora que fechasse a porta ao sair, e não deixasse o menino entrar de novo.

"Não me dá cuidados a minha família, pois tomei providências a respeito de seu futuro. É meu próprio futuro que me preocupa. Sei, em meu íntimo, que o que dizeis é verdadeiro, mas minha mente é como um cavalo a galopar sem cavaleiro. Quereis ajudar-me, ou não há para mim ajuda possível?"

A Verdade é uma coisa estranha; quanto mais a perseguimos, tanto mais esquiva ela se torna. Não podemos aprisioná-la por nenhum meio, por mais sutil e sagaz que seja; não a podemos prender na rede de nosso pensamento. Percebei isso, e deixai de parte tudo o mais. Na jornada da vida e da morte, temos de caminhar sozinhos; nessa jornada não podemos buscar conforto no saber, na experiência, na memória do passado. A mente tem de ser expurgada de tudo o que em sua ânsia de segurança acumulou; deuses e virtudes têm de ser devolvidos à sociedade que os gerou. É necessária solidão completa, não contaminada.

"Os meus dias estão contados, falta-me o ar, e estais exigindo uma coisa dificílima: que eu morra sem saber o que é a morte. Mas, fiquei bem instruído. Que minha vida *seja*, e sobre ela desça uma bênção!

DETERIORAÇÃO DA MENTE

À MARGEM DA longa e vasta curva do rio, estendia-se a sagrada e suja cidade. O rio corria aqui com muita força, mormente do lado citadino, levando, não raro, os degraus que desciam até à água, e uma ou outra das velhas casas. Mas, apesar dos danos causados pela sua fúria, permanecia sagrado e belo. Apresentava, naquela tarde, extraordinária beleza com o sol a deitar-se abaixo da escura cidade e atrás do único minarete, que parecia a cidade inteira a estender os braços para tocar o céu. As nuvens, de um vermelho áureo, flamejavam no resplendor do Sol, que encerrava a sua jornada por sobre uma Terra de intensa beleza e melancolia. E, ao apagarem-se os últimos fulgores, mostrou-se sobre a cidade, terna e delicada, a lua nova. Da margem oposta, a pouca distância, rio abaixo, aquele espetáculo encantador parecia mágico, mas era perfeitamente natural, sem um toque de artificialidade. Lentamente, a lua desceu, até desaparecer atrás da massa escura da cidade, e as luzes começaram a acender-se; porém o rio ainda refletia a luz do entardecer — um áureo esplendor de incrível suavidade. Sobre essa luminosidade, que era o rio, vogavam centenas de barcos de pesca. Durante toda a tarde, homens magros, escuros, tinham subido o rio, impelindo laboriosamente contra a corrente, com longas varas, os seus barcos, em fila única, por perto da margem; partindo da aldeia de pescadores situada abaixo da cidade, cada homem em seu barco, acompanhado às vezes de uma ou duas crianças, subira lentamente o rio, até além da longa e pesada ponte, e agora desciam às centenas, levados pela forte corrente. Iam pescar a noite inteira, recolhendo peixes grandes e pesados, que eram depois depositados, alguns ainda a contorcer-se, em barcos maiores amarrados ao longo da margem, para serem vendidos no dia seguinte.

As ruas da cidade estavam atravancadas de carros de bois, ônibus, bicicletas, e pedestres, e aqui e ali uma ou outra vaca.

Os becos estreitos, onde se alinhavam lojas fracamente iluminadas, e que se estendiam interminavelmente em voltas e mais voltas, estavam lamacentos das recentes chuvas, e cheios de imundícies de homens e animais. Um dos becos levava aos largos degraus que desciam até à beira d'água, e sobre esses degraus passavam-se todas as coisas possíveis. Em silenciosa meditação, sentados perto d'água, havia alguns homens; próximo, outro homem cantava para uma multidão extática, que se estendia por muitos degraus acima; mais adiante, um mendigo, leproso, estendendo a mão mirrada, enquanto um homem com a hirsuta cabeleira e a testa cobertas de cinzas instruía o povo. Nas proximidades, um *sannyasi* de pele e rosto limpos, e vestes recém-lavadas, estava sentado, imóvel, os olhos fechados, a mente em concentração, tornada fácil pela longa prática. Com a mão em concha, um homem pedia silenciosamente aos céus que a enchessem; e uma mãe, o peito esquerdo nu, amamentava o seu bebê, alheada de tudo. Mais abaixo, queimavam-se, em grandes e crepitantes piras, corpos trazidos das aldeias vizinhas e da vasta e suja cidade. Aqui se passavam todas as coisas possíveis, pois esta era a cidade mais santa e mais sagrada de todas. Mas a beleza do rio, a correr mansamente, como que expulsava o caos produzido pelo homem, enquanto, lá do alto, o céu tudo contemplava, amoroso e pensativo.

Estavam presentes várias pessoas — duas mulheres e quatro homens. Uma das senhoras, de cabeça bem formada e olhos penetrantes, fora primorosamente educada, no país e no estrangeiro; a outra, mais modesta, tinha um olhar triste, suplicante. Um dos homens, que abandonara o partido comunista havia vários anos, era de personalidade forte, autoritária; outro era artista, modesto e retraído, mas suficientemente confiante em si para fazer-se ouvir quando necessário; o terceiro era funcionário de repartição do Governo; e o quarto, um professor maneiroso, de sorriso fácil, e sôfrego de aprender.

Todos guardaram silêncio por momentos, e por fim o ex-comunista falou:

"Por que há tanta deterioração, em todos os setores da vida? Posso compreender como o poder, mesmo exercido em nome do povo, é essencialmente nocivo e corruptor, como tendes apontado. Vemos este fato demonstrado na História. O germe do mal e da corrupção está presente em todas as organizações políticas e religiosas, como a Igreja o mostrou durante séculos, e o está mostrando o moderno comunismo, que tanto prometeu, mas se tornou também corrupto e tirânico. Por que têm as coisas de deteriorar-se dessa maneira?"

"Sabemos tanto, a respeito de tantas coisas", acrescentou a senhora ilustrada, "porém o saber parece impotente para conter a desintegração do homem. Escrevo, às vezes, e tenho uns poucos livros publicados, mas percebo como é fácil a mente desintegrar-se, logo que adquire uma especial capacidade. Aprendei a técnica da boa expressão, escavai uns poucos temas interessantes e sensacionais, adquiri o hábito de escrever e estais irremediavelmente estabilizado; tornai-vos popular, e estais liquidado. Assim não falo por malícia ou ressentimento, por haver fracassado ou logrado mediano êxito, mas porque vejo esse processo atuando noutros e em mim mesma. Não parecemos capazes de escapar à corrosão da rotina e da capacidade. Todo começo requer energia e iniciativa, mas, uma vez iniciado o movimento, nele se encontra o germe da corrupção. É possível escapar a esse processo corruptor?"

"Também eu", disse o burocrata, "vejo-me preso à rotina da decomposição. Fazemos planos para o futuro, cinco ou dez anos de antemão, construímos represas e fomentamos as indústrias nascentes, sendo tudo isso bom e necessário; mas, depois de construídas com toda a arte as represas, adequadamente conservadas, e as máquinas postas a funcionar com um mínimo de deficiência, o nosso pensar, por outro lado, se torna mais e mais ineficiente, estúpido e indolente. Os aparelhos de calcular e outros mecanismos eletrônicos estão constantemente superando o homem e, no entanto, se não fora o homem, não existiriam. O fato evidente é este: Uns poucos intelectos trabalhando, criando, e o resto de nós vivendo, como parasitos, à custa deles, deteriorando-nos, e muitas vezes folgando de nossa deterioração".

"Sou um simples professor, mas estou interessado numa educação de nova espécie — uma educação que impossibilite essa deterioração da mente. Atualmente, "educamos" um ente humano para se tornar um estúpido burocrata — perdoai-me a expressão — com um cargo importante e polpudos honorários, ou como modesto funcionário, com miserável salário e existência mais miserável ainda. Sei o que estou dizendo, porque também estou nesta armadilha. Mas, aparentemente, é essa espécie de educação que o governo quer, pois com ela gasta dinheiro a rodo, e todo chamado educador, inclusive eu próprio, está ajudando e fomentando essa rápida destruição do homem. Um método ou técnica melhor não poderia pôr fim a essa deterioração? Creia-me, senhor, faço esta pergunta muito seriamente, e não apenas para dizer alguma coisa. Li modernos livros sobre educação e todos, invariavelmente, defendem tal ou tal sistema; mas, desde que comecei a ouvir-vos, comecei a duvidar de tudo."

"Sou um artista de segunda ordem, e um ou dois museus adquiriram minhas produções. Infelizmente, terei de ser pessoal, o que espero os outros me relevem, pois o problema deles é meu também. Passo algum tempo a pintar, dedicando-me depois à cerâmica e em seguida à escultura. É sempre o mesmo impulso a expressar-se de diferentes maneiras. O engenho é essa força, esse extraordinário sentimento a que se tem de dar forma — e não o homem ou seu veículo de expressão. Não sei se me estou exprimindo corretamente, mas sabeis o que quero dizer. É essa força criadora que tem de ser mantida viva, potente, em tremenda pressão, qual o vapor numa caldeira. Há períodos em que sentimos esse poder; e, uma vez provado, nada neste mundo nos pode impedir de desejar reavê-lo. Daí por diante, vivemos torturados, sempre insatisfeitos, porque aquela chama nunca é constante, nunca está presente toda inteira. Por isso tem de ser nutrida; e quanto mais nutrida, mais fraca se torna, menos completa. E, assim, gradualmente, extingue-se a chama, restando apenas a habilidade, a técnica, com que nos podemos tornar famosos. O gesto ficou-se, mas o amor partiu, e o coração está morto; tem então começo a deterioração."

A deterioração é o fator central, não é? — qualquer que seja a vocação que seguimos. O artista pode-la-á sentir de uma maneira, e o professor de outra; mas, se de alguma maneira observamos os outros e os nossos próprios processos mentais, torna-se bem evidente, em velhos e moços, a deterioração da mente. A deterioração parece inerente às próprias atividades mentais. Assim como uma máquina se desgasta pelo uso, assim também a mente parece depreciar-se com sua própria ação.

"Todos sabemos disso", disse a senhora ilustrada. "O fogo, a força criadora, se extingue, depois de lampejar uma ou duas vezes, porém a capacidade permanece, e esse sucedâneo da força criadora se torna, com o tempo, o substituto da coisa real. Infelizmente, sabemo-lo muito bem. O que pergunto é: como conservar aquela coisa criadora, sem deixá-la perder sua beleza e força?"

Quais são os fatores da deterioração? Se os conhecêssemos, poder-se-ia, talvez, dar-lhes fim.

"Existem fatores específicos, claramente definíveis?", perguntou o antigo membro de partido. "A deterioração pode ser uma coisa inerente à própria natureza da mente."

A mente é um produto da sociedade, do meio cultural em que se formou; e uma sociedade se acha sempre em estado de corrupção, sempre destruindo a si própria, por dentro, e a mente que permanece sob a influência da sociedade só pode achar-se também num estado de corrupção ou deterioração. Não é assim?

"Claro que é; e foi por percebermos esse fato", explicou o ex-comunista, "que trabalhamos, alguns de nós, com afinco e certa brutalidade, visando a criar um padrão novo e inflexível, de acordo com o qual críamos que a sociedade devia funcionar. Infelizmente, uns poucos indivíduos corrompidos galgaram o poder, e todos sabemos com que resultados."

Não é provável, senhor, que a deterioração se torne inevitável quando se cria um padrão para a vida individual e coletiva do homem? Com que autoridade, senão a ardilosa autoridade do poder, um indivíduo ou grupo tem o direito de criar o seu "onisciente" padrão para o homem? A Igreja o fez, pela intimidação, a lisonja, a promessa, aprisionando, assim, o homem.

"Eu julgava saber, tal como o julga o sacerdote, a correta maneira de vida para o homem; mas agora, como tantos outros, vejo que estúpida arrogância é essa. Resta, entretanto, o fato: estamos condenados à deterioração; e não há meio de a evitarmos?"

"Não poderíamos educar os jovens", perguntou o professor, "de maneira que os tornássemos tão cônscios dos fatores da corrupção e da deterioração, que instintivamente os evitassem, como se evita a peste?"

Não estamos andando à roda do assunto, sem o tocarmos verdadeiramente? Pensemos juntos. Sabemos que nossa mente se deteriora de diferentes maneiras, conforme o temperamento individual de cada um. Ora, pode-se pôr termo a esse processo? E que se entende pela palavra "deterioração"? Consideremos isso com todo o vagar. A deterioração é um estado mental que se torna conhecido pela comparação com um estado incorruptível certa vez experimentado pela mente, a qual vive agora de sua lembrança, esperando fazê-lo reviver de alguma maneira? É o estado da mente frustrada nos seus desejos de sucessos, de autopreenchimento, etc.? A mente tentou "vir a ser algo" e, não o conseguindo, se sente deteriorar?

"É tudo isso junto", disse a senhora ilustrada. "Eu, pelo menos, pareço achar-me num, se não em todos os estados que acabais de descrever."

Quando nasceu aquela chama de que falastes há pouco?

"Ela surgiu inesperadamente, sem eu a buscar, e quando se extinguiu não pude mais reavê-la. Por que perguntais isso?"

Ela apareceu quando a não buscáveis; não apareceu em virtude de vosso desejo de sucesso, nem de vosso anseio por aquele inebriante sentimento de exaltação. Agora, que se extinguiu, a perseguis, porque momentaneamente vos deu significado à vida, que de outra maneira nada significava; e como não podeis reavê-la sentis iniciar-se a deterioração. Não é exato isso?

"Parece que sim, não só no meu caso, mas no que respeita à maioria das pessoas. Os homens sagazes e talentosos constroem uma filosofia em torno da lembrança dessa experiência, e com ela apanham os incautos em sua rede."

Tudo isso não está a indicar algo que deve ser o fator central e dominante da deterioração?

"Referis-vos à ambição?"

Esta é apenas uma das facetas do núcleo acumulador — esse foco de energia, voluntarioso e egocêntrico, que é o "eu", o "ego", o censor, o experimentador que julga a experiência. Não será esse o fator central, o único fator da deterioração?

"É atividade egocêntrica, egotista", perguntou o artista, "sentir em nossa vida a falta daquela embriaguez criadora? Parece-me incrível."

Isso não é questão de credulidade ou crença. Continuemos. Aquele estado criador apareceu sem o termos chamado, manifestou-se sem o buscarmos. Agora que ele se desvaneceu e se tornou uma lembrança, desejais revivê-lo, e o tendes tentado mediante incitações várias. Podeis ter-lhe tocado a orla, ocasionalmente, porém isso não foi bastante, e estais perenemente a ansiar por ele. Ora, todo ansiar, ainda que das coisas mais sublimes, não é uma atividade do "eu", atividade interesseira?

"Assim parece, pela maneira como o expondes", admitiu o artista. "Mas é a ânsia de algo que impulsiona a todos nós, do mais austero santo ao humilde camponês."

"Quereis dizer", perguntou o professor, "que todo automelhoramento é egocêntrico? Todo esforço para melhorar a sociedade representa atividade egocêntrica? A educação não visa ao melhoramento das possibilidades de expansão pessoal, das possibilidades de progresso, na direção correta? É egoísmo nos ajustarmos a um padrão social superior?"

A sociedade está sempre em estado de deterioração. Não há sociedade perfeita. A sociedade perfeita poderá existir em teoria, mas não na realidade. A sociedade se baseia em relações humanas impulsionadas pela avidez, a inveja, a aquisição, por prazeres efêmeros, ânsia de poder, etc. Não é possível "melhorar" a inveja; a inveja deve desaparecer. Cobrir a violência com um verniz civilizado, com insinceras falas de ideais, não é extinguir a violência. Educar um jovem para a submissão à sociedade significa apenas incitar nele a deteriorante ânsia de segurança. Galgar os degraus do sucesso, tornar-se *alguém*, conquistar popularidade — eis a essência mesma de nossa degenerante estrutura social; e fazer parte dessa estrutura é deixar-se deteriorar.

"Estais sugerindo", indagou o professor, um pouco ansioso, "que devemos renunciar ao mundo e nos tornarmos eremitas, *sannyasis?*"

É relativamente fácil, e de certa maneira proveitoso, uma pessoa renunciar ao munto exterior do lar, da família, do nome, da propriedade; mas é coisa muito diferente pôr fim — sem *motivo* algum, sem promessas de um futuro feliz — ao mundo interior da ambição, do poder, da realização de algo importante, e ser realmente o mesmo que nada. O homem começa sempre pelo lado errado, isto é, com as coisas, e por isso permanece na confusão. Começai do lado certo; começai com o que está perto, para poderdes ir longe.

"Não é necessário adotar determinado método, para pôr fim a essa deterioração, essa ineficiência e indolência da mente?", perguntou o oficial do Governo.

Método ou disciplina implica incentivo, obtenção de um fim; e isso não é atividade egocêntrica? Tornar-se virtuoso é um processo que visa aos interesses do ego, um processo conducente à respeitabilidade. Quando cultivais em vós mesmo um estado de não violência, continuais violento, sob nome diferente. Além de tudo isso, existe outro fator de degenerescência: o esforço, em todas as suas formas sutis. Isso não significa advogar a indolência.

"Por Deus, senhor, estais-nos tirando tudo! E se nos tirais tudo, que mais nos resta? Nada!"

A criação não é processo de "vir-a-ser" ou realizar, porém um estado de ser, de que está totalmente ausente o esforço egoísta. Quando o "eu" faz esforço para tornar-se ausente, está presente. Todo esforço partido dessa coisa complexa que se chama a mente, tem de cessar, sem *motivo* ou instigação.

"Isso significa morte, não?"

Morte para tudo que nos é conhecido, isto é, o "eu". Só quando está tranqüila a totalidade da mente, pode surgir "o que cria", o "sem-nome".

"Que entendeis por "mente"?" — indagou o artista.

Tanto o consciente como o inconsciente; os recessos ocultos do coração e as partes esclarecidas da mente.

"Estive escutando", disse a senhora que guardara silêncio, "e meu coração compreendeu."

A CHAMA DO DESCONTENTAMENTO

NA LUZ DO ALVORECER, as folhas da árvore existente ao lado da janela faziam sombras que dançavam na parede caiada da sala. Soprava uma branda aragem, e aquelas sombras nunca se quietavam; tinham tanta vida como as próprias folhas. Umas se moviam mansamente, com graça e vagar, enquanto o movimento de outras era violento, irregular. O sol acabava de surgir, de trás de um morro coberto de denso matagal. Não ia fazer calor de dia, porque a brisa vinha das montanhas nevadas do norte. Naquela hora matutina, reinava uma estranha quietude, a quietude da terra que ainda dorme, antes de se iniciarem os labores humanos. Continha aquela quietude os gritos estridentes dos papagaios em louca revoada rumo aos campos e matas; continha os crocitos dos corvos, e o vozerio de muitos outros pássaros; continha os longínquos apitos de um trem e o estridor de um apito de fábrica, anunciando a hora. Era o instante em que a mente está aberta como os céus, vulnerável como o amor.

A estrada estava muito movimentada, e as pessoas que a percorriam pouca atenção davam ao tráfego de veículos; com um sorriso saíam do caminho, não sem antes voltarem a cabeça para ver quem tanto barulho fazia atrás delas. Havia bicicletas, e ônibus, e carros de bois, e homens puxando carrinhos carregados de sacos de grão. As lojas, onde se vendia de tudo de que o homem necessitava, de agulhas a automóveis, transbordavam de fregueses.

Aquela mesma estrada atravessava a parte rica da cidade, com seu costumeiro isolamento e asseio, desembocando em campo aberto; e não muito longe, achava-se o túmulo famoso. Descemos do carro, perto do portão, subimos alguns degraus, atravessamos uma arcada, chegando a um jardim bem tratado e irrigado. Percorrendo uma senda arenosa e subindo mais alguns degraus, passamos por outra arcada coberta de azulejos azuis, e entramos num jardim interno, todo rodeado de um muro. Era enorme aquele jardim — acres e mais acres de verde e luxuriante grama, formosas árvores e fontes. Havia sombras frescas e o deleitável murmúrio de águas cascateantes. O caminho circular que acompanhava o muro, beirando a grama, era orlado de flores brilhantes, e levaria muito tempo dar-lhe toda a volta. Percorrendo o caminho que atravessava a grama, admirávamo-nos de como tanto espaço e tanta beleza fossem reservados a um túmulo. Subimos, em seguida, uma longa escadaria, alcançando um terraço coberto de lajes de um marrom-avermelhado. Sobre esse terraço avultava o imponente túmulo. Era de mármore liso pondo, e o solitário ataúde de mármore, nele encerrado, brilhava na branda luz que se coava através da entrelaçada grade da janela de mármore. Parecia recolhido em sua paz, embora rodeado de tanta grandeza e beleza.

Do terraço descortinava-se a cidade velha, com seus zimbórios e portões, no ponto de encontro com a cidade nova, e as torres de aço da estação de rádio. Dava um sentimento estranho o encontro do velho com o novo, e essa impressão agitava-nos todo o ser. Era como se tivéssemos à nossa frente todo o passado e presente da existência, como um fato simples, sem interferência do censor e seu escolher. O horizonte azul se estendia muito além da cidade e das florestas; ali permaneceria sempre, enquanto o novo se tornava velho.

Estavam ali três pessoas, todas muito jovens — irmão, irmã, e um amigo. Bem trajados e muito instruídos, falavam com facilidade várias línguas e discorriam sobre os livros mais recentes. Era estranha a presença deles naquela sala nua; só havia duas cadeiras, e um dos jovens teve de sentar-se desconfortavelmente no chão, amarrotando os vincos de suas bem passadas calças. Um pardal que tinha o seu ninho logo ao lado apareceu sobre o peitoril da janela aberta, mas vendo caras novas bateu as asas e foi-se.

"Viemos para falar-vos sobre um problema um tanto pessoal", explicou o irmão, "e esperamos não vos importunar. Posso entrar no assunto imediatamente? Quero dizer que minha irmã está atravessando uma fase terrível. Ela sente-se acanhada para explicá-lo, e por isso me encarregarei da conversa, por enquanto. Nós nos gostamos muito e sempre fomos companheiros quase inseparáveis desde crianças. Entre nós dois não existe desarmonia, porém ela já se casou duas vezes, e duas vezes se divorciou. Passamos por tudo isso juntos. Seus maridos eram pessoas normais, e eu ando apreensivo por causa de minha irmã. Consultamos famoso psiquiatra, mas por alguma razão isso não deu os desejados resultados. Desnecessário nos estendermos agora a esse respeito. Embora nunca me tivesse encontrado pessoalmente convosco, já vos conheço há vários anos e li algumas de vossas palestras publicadas; assim, persuadi minha irmã e nosso mútuo amigo a acompanharem-me, e aqui estamos." Hesitou por momentos, e prosseguiu:

"Nosso problema é que minha irmã não parece satisfazer-se com coisa alguma. Pode-se dizer que não há nada que a satisfaça ou contente. O descontentamento se lhe tornou uma quase mania e, se não se fizer alguma coisa, ela poderá ir à completa derrocada."

Não é bom estar descontente?

"Em certo grau, sim", respondeu ele; mas tudo tem limites, e isso já está indo longe demais."

Que mal há em estar-se completamente descontente? O que em geral chamamos descontentamento é a insatisfação resultante do não preenchimento de um certo desejo. Não é exato isso?

"Talvez; mas minha irmã já tentou tantas coisas, inclusive esses dois casamentos, não tendo sido feliz em nenhum dos dois. Felizmente não teve filhos, pois isso iria aumentar as complicações. Mas acho que agora ela poderá falar por si; eu só desejava dar início à palestra."

Que é contentamento, e que é descontentamento? O descontentamento pode conduzir ao contentamento? Se estais descontente, podeis achar a outra coisa?

"Nada, realmente, me satisfaz" — disse a irmã. "Temos suficientes recursos, mas as coisas que o dinheiro pode comprar perderam toda a significação. Li muito, mas — e estou certa que o sabeis muito bem — isso não leva a parte alguma. Andei-me interessando por várias doutrinas religiosas, e todas me parecem tão extremamente artificiais; e que nos resta, no final de tudo? Tenho refletido muito sobre meu caso, e sei que não é por falta de filhos que me encontro neste estado. Se tivesse filhos, eu lhes daria meu amor e meus desvelos, mas esse tormento do descontentamento continuaria, com certeza. Não encontro jeito de "dirigi-lo" ou canalizá-lo, como parece fazer a maioria das pessoas, absorvendo-me em alguma atividade ou interesse. Então eu estaria navegando em mar tranqüilo; poderia sobrevir ocasionalmente uma lufada de vento, mas nunca estaríamos longe das águas tranqüilas. Mas eu me sinto como em meio de perpétua procela, sem um porto de salvação à vista. Desejo encontrar um pouco de conforto, em alguma parte; mas, como disse, o que as religiões nos oferecem parece por demais estúpido, um mero amontoado de superstições. Tudo o mais, inclusive o culto do Estado, é mero substituto racional da coisa real — mas eu não sei o que é a coisa real. Tentei vários derivativos, inclusive a filosofia do desespero ora em voga na França, porém fiquei de mãos vazias. Experimentei, mesmo, algumas das drogas mais modernas; mas tal é naturalmente o último recurso do desespero. É a mesma coisa que suicidar-se. Agora, sabeis de tudo."

"Se me é permitida uma palavra", disse o amigo, "parece-me que haveria possibilidade de solução, se se achasse alguma coisa que a interessasse realmente. Se ela tivesse um interesse vital que lhe ocupasse o espírito e a existência, esse descontentamento que a consome desapareceria. Conheço esta senhora há muitos anos, e estou sempre a dizer-lhe que sua angústia provém de não ter algo que lhe desvie a mente de si mesma. Mas ninguém dá muita atenção às palavras de um velho amigo."

Posso perguntar-vos porque não deveríeis estar descontente? Porque não deveríeis ser tomada de descontentamento? E que entendeis por essa palavra?

"É uma dor, uma agoniante ansiedade, e naturalmente a gente tem vontade de livrar-se disso. Seria uma espécie de masoquismo desejar permanecer nesse estado. Afinal, a gente deve ter a possibilidade de viver feliz, sem se ver incessantemente acicatada pela insatisfação."

Não estou dizendo que se deva gostar das penas que ele causa, ou que devamos simplesmente conformar-nos com ele; mas por que fugir-lhe, mediante uma ocupação interessante ou qualquer outra forma de satisfação perdurável?

"Não é naturalíssimo fazer tal coisa?'" perguntou o amigo. "Quem sofre deseja livrar-se de seu sofrimento."

Não nos estamos entendendo bem. Que significa "estar descontente"? Não estamos querendo saber a significação puramente verbal ou explicativa da palavra, nem estamos indagando das causas do descontentamento. Chegaremos às causas mais adiante. O que estamos tentando é examinar o estado da mente que se vê aprisionada na dor do descontentamento.

"Por outras palavras, que faz a minha mente quando está descontente? Eu não o sei, nunca fiz a mim mesma esta pergunta. Vou ver. Mas, antes de tudo, compreendi bem a pergunta?"

"Acho que percebo o que estais perguntando, senhor", atalhou o irmão. "Qual o *sentimento* da mente que se acha no auge do descontentamento? Não é isso?"

Mais ou menos. Um sentimento é em si uma coisa extraordinária, não achais? — independente do prazer ou da dor que ocasiona.

"Mas pode haver algum sentimento", perguntou a irmã, "a não ser identificado com prazer ou dor?"

A identificação produz o sentimento? Não pode haver sentimento sem identificação, sem se lhe dar nome? Poderemos apreciar esta questão depois; mas, volto a perguntar, que se entende por "descontentamento"? O descontentamento existe sozinho, como sentimento isolado, ou está em relação com alguma coisa?

"Está sempre em relação com algum outro fator, certo impulso, desejo, necessidade, não achais?" disse o amigo. "Há de haver sempre uma causa; o descontentamento é apenas um sintoma. Desejamos ser ou adquirir alguma coisa e se, por alguma razão, não o conseguimos, nos tornamos descontentes. Esta me parece ser a fonte do descontentamento."

Achais que é?

"Não sei, não pensei até esse ponto", respondeu a irmã.

Não sabeis por que estais descontente? É por que não encontrastes nada em que vos pudésseis absorver? E se encontrásseis algum interesse ou atividade que vos ocupasse completamente o espírito, cessaria a dor do descontentamento? Ou desejais sentir-vos contentada?

"Meu Deus, isso não!" — exclamou ela vivamente. "Isso seria terrível, seria estagnação."

Mas não é isso que buscais? Podeis ter horror ao estado de contentamento, e, no entanto, com o desejo de vos libertardes do descontentamento, visais a alcançar um estado muito superior de contentamento, não é verdade?

"Não creio que deseje o contentamento; mas desejo, isso sim, livrar-me da infindável agonia do descontentamento."

São diferentes os dois desejos? A maioria das pessoas se sente descontente, mas, em geral, essas pessoas atenuam o descontentamento procurando algo que lhes dê satisfação, e ficam então funcionando mecanicamente, e se tornam imprestáveis ou amarguradas, pessimistas, etc. É isso que desejais?

"Não quero tornar-me pessimista, nem tornar-me imprestável; seria estúpido desejá-lo; só desejo achar uma maneira de atenuar a dor da incerteza."

A dor só existe quando resistis à incerteza, quando desejais livrar-vos dela.

"Quereis dizer que devo permanecer neste estado?"

Tende a bondade de ouvir. Vós condenais o estado em que vos achais; vossa mente se está opondo a ele. O descontentamento é uma chama que se deve manter viva, e que não se deve abafar com um certo interesse ou atividade, a que a pessoa se entrega como reação à dor que ele causa. O descontentamento só é doloroso quando lhe resistimos. Um homem que está meramente satisfeito, sem compreender o pleno significado do descontentamento, está dormindo; não tem sensibilidade para o movimento total da vida. A satisfação é um entorpecente relativamente fácil de achar. Mas, para se compreender o inteiro significado do descontentamento, deve cessar a busca de certeza.

"É difícil não se desejar estar certo a respeito de alguma coisa."

Afora as certezas mecânicas, existe alguma certeza, alguma permanência psicológica? ou só há impermanência? Toda relação é impermanente; todo pensamento com seus símbolos, ideais, projeções, é impermanente. A propriedade se perde, e a própria vida vai terminar na morte, no desconhecido, embora o homem construa mil e uma estruturas engenhosas de crença para superar a morte. Separamos a vida e a morte e por isso ambas permanecem desconhecidas. O contentamento e o descontentamento são como as duas faces de uma moeda. Para se libertar da dor do descontentamento, deve a mente deixar de buscar o contentamento.

"Quer dizer, então, que não há preenchimento?"

O autopreenchimento é uma busca vã, não achais? No próprio preenchimento do "eu" encontra-se o medo e a desilusão. O que se obtém se torna cinzas; mas voltamos a lutar para *obter*, e de novo nos tornarmos presa do sofrimento. Ao tomarmos ciência desse processo total, torna-se então o autopreenchimento, em qualquer sentido e em qualquer nível que seja, sem nenhum significado.

"Quer dizer, então, que lutar contra o descontentamento é sufocar a chama da vida", concluiu ela. "Creio compreender o significado do que estivestes dizendo."

MODIFICAÇÃO EXTERIOR E DESINTEGRAÇÃO INTERIOR

O TREM PARA O SUL estava repleto, mas continuavam a entrar passageiros e a comprimir-se nos carros com trouxas e malas. Trajavam-se de todas as maneiras possíveis. Uns vestiam longos sobretudos, enquanto outros quase nada tinham sobre a pele, apesar do frio intenso. Viam-se longos capotes e *chudidars* justos, turbantes negligentemente atados e variegados turbantes caprichosamente atados. Após estarem quase todos acomodados, começaram a ouvir-se os pregões dos vendedores, na plataforma da estação. Ofereciam quase de tudo: soda, cigarros, revistas, amendoim, chá e café, doces e coisas cozidas, brinquedos, tapetes e — bastante curioso — uma flauta de bambu polido. O vendedor tocava outra idêntica, de tom melódico. Era um grande ajuntamento de gente excitada e barulhenta. Muitas pessoas tinham vindo dar as despedidas a um homem que deveria ser importante personalidade, pois estava carregado de ramalhetes de flores, que exalavam agradável aroma, em meio à acre fumaça da locomotiva, e outros odores desagradáveis, próprios das estações ferroviárias. Um pequeno grupo ajudava uma senhora idosa a entrar num compartimento, pois era algo corpulenta e não largava de modo nenhum sua pesada trouxa. A plenos pulmões chorava uma criancinha, enquanto a mãe tentava amamentá-la.

Soou um sino, a locomotiva apitou e o trem pôs-se em movimento, para só parar de novo horas após.

A região era bela e o orvalho cobria ainda os campos e as frondes das árvores. Acompanhamos por espaço o curso de um rio muito cheio, e os campos pareciam descerrar, a pouco e pouco, infinitas belezas e vida. Aqui e ali, viam-se pequenas aldeias fumarentas, e gado a perambular pelas pastagens ou a puxar água dos poços. Um menino vestido de trapos sujos tangia duas ou três vacas por um caminho; acenou sorrindo, quando o trem passou com estrondo. Naquela manhã o céu estava intensamente azul, e as árvores lavadas, e os campos bem regados pelas recentes chuvas, e a gente entregue a suas fainas; mas não era por essa razão que o céu estava tão perto da terra. Pairava no ar um sentimento de algo sagrado, a que correspondia todo o nosso ser. Era uma bênção extraordinária e tonificante; o solitário viandante e a choupana à beira do caminho nela se banhavam. Essa bênção jamais seria encontrada numa igreja ou templo ou mesquita, porque estas são coisas feitas pela mão, como o são os seus deuses esculpidos. Mas, ali, naquelas campinas e naquele trem barulhento, estava a vida inexaurível, bênção que não pode ser procurada nem dada. Lá estava a oferecer-se, como aquela florinha amarela que crescia tão perto dos trilhos. Os passageiros conversavam e riam, ou liam os matutinos, porém ela se misturava com eles e com as coisas tenras produzidas pela nascente primavera. Lá estava, imenso e simples, o amor que nenhum livro pode revelar e a mente não pode atingir. Ele lá estava, naquela manhã maravilhosa — vida da própria vida.

Éramos oito na sala, mergulhada em agradável penumbra; mas só dois ou três tomavam parte na conversação. Do lado de fora, perto da casa, cortavam capim; alguém afiava um alfange e as vozes das crianças invadiam a sala. Os visitantes mostravam-se bem sérios. Todos trabalhavam muito, de diferentes maneiras, pela melhoria da sociedade, e não para ganho material, pessoal; mas a vaidade é uma coisa estranha, que se esconde debaixo da capa da virtude e da respeitabilidade.

"A instituição que representamos está a desintegrar-se", começou o mais velho; "está soçobrando há vários anos, e precisamos fazer alguma coisa para deter essa desintegração. É tão fácil destruir uma organização, porém tão difícil organizá-la e mantê-la. Temos enfrentado muitas crises e de alguma maneira sempre conseguimos sobreviver, feridos, porém ainda em condições de funcionar. Agora, entretanto, chegamos a um ponto que exige ação radical; mas, que fazer? Eis o nosso problema."

O que cumpre fazer depende dos sintomas do doente, e dos que por ele respondem.

"Conhecemos muito bem os sintomas da desintegração, pois são por demais evidentes. Embora, externamente, a instituição seja conceituada e próspera, internamente está a decompor-se. Nossos colaboradores são o que são; temos tido nossas divergências, contudo temos logrado, juntos, levar avante a nossa obra, há nem sei quantos anos. Se nos bastassem as aparências exteriores, poderíamos considerar tudo bem; mas nós, os de dentro, sabemos que ela está em declínio."

Vós e outros que organizastes essa instituição e por ela sois responsáveis, a fizestes ser o que ela é; vós *sois* a instituição. E a desintegração é coisa inerente a toda instituição, toda sociedade ou cultura, não é verdade?

"Sim, não há dúvida", assentiu outro. "Como dizeis, o mundo somos nós mesmos que o fazemos; o mundo é *nós* e nós somos o mundo. Para transformarmos o mundo, precisamos transformar a nós mesmos. Nossa instituição é parte do mundo. E assim como nos decompomos, assim também se decompõe o mundo e a instituição. A regeneração, por conseguinte, tem de começar em nós mesmos. A dificuldade, senhor, é que a vida não é para nós um processo total; atuamos em níveis diferentes e contraditórios. A instituição é uma coisa, e nós outra coisa. Somos gerentes, presidentes, secretários e funcionários graduados, a dirigir a instituição. Não a olhamos como nossa própria vida; ela é coisa separada de nós, coisa suscetível de ser dirigida e reformada. Ao dizerdes que a organização é o que nós somos, reconhecemo-lo verbalmente, porém não interiormente; interessa-nos *operar* a instituição, e não a nós mesmos."

Percebeis que necessitais de operação?

"Eu percebo que necessitamos de uma operação radical", disse o mais velho de todos; "mas quem vai ser o cirurgião?"

Cada um de nós é ao mesmo tempo cirurgião e paciente; não há autoridade externa para manejar o bisturi. O próprio percebimento da necessidade de operação põe em movimento uma ação que, em si, será a operação. Mas, para realizar-se a operação é inevitável considerável perturbação, desarmonia, pois o paciente tem de deixar sua rotina de vida. Essa perturbação é inevitável. Evitar qualquer perturbação das coisas, no estado em que estão, é conquistar a harmonia do cemitério, sempre bem tratado e bem arranjado, mas cheio de putrefações.

"Mas, é-nos possível, pela maneira como somos constituídos, operarmos a nós mesmos?"

Senhor, fazendo esta pergunta, não estais levantando uma muralha de resistência que impede a realização da operação?

Dessa maneira estais, inconscientemente, permitindo a continuação da deterioração.

"Eu desejo operar-me, mas não pareço capaz disso."

Se *tentais* operar-vos, não pode haver operação nenhuma. Fazer esforço para deter a deterioração é outra maneira de evitar o fato; é permitir o progredir da deterioração. Senhor, não desejais realmente uma operação; desejais remendos, melhorar as externas aparências, com pequenas modificações aqui e ali. Desejais reformar, dourar o que está podre, para terdes o mundo e a instituição que desejais. Mas, todos envelhecemos e temos de morrer. Não quero influir nas vossas ações; mas por que não retirais a mão e deixais realizar-se a operação? Sangue puro, sadio, começará a circular, se a não impedirdes.

PARA TRANSFORMARDES A SOCIEDADE TENDES DE DESLIGAR-VOS DELA

Naquela manhã, o mar estava sereníssimo, pois o vento do sul cessara de soprar; como que repousava antes de chegarem os ventos de nordeste. As areias, por efeito do sol e da água, mostravam-se alvacentas, e sentia-se forte cheiro de ozônio misturado ao das algas marinhas. Praia vazia; o mar era todo nosso. Grandes caranguejos moviam-se lentamente pela praia, vigilantes, agitando a sua tenaz maior. Havia também caranguejos pequenos, dos comuns, a correrem para a água que lambia as areias, ou para buracos cavados na areia molhada. Centenas de gaivotas pousavam na praia, descansando e alisando as penas. Despontava o sol, saindo do mar, traçando uma senda de ouro sôbre as águas plácidas. Todas as coisas pareciam ter estado à espera daquele momento — e quão fugaz era ele! O sol continuou a subir, do mar, tranqüilo como um lago abrigado por densa selva. Nenhuma floresta poderia conter aquelas águas, ordinariamente inquietas, potentes e vastas mas, naquela manhã tranqüila, amistosas, convidativas.

Sob uma árvore, acima da areia e das águas azuis, movimentava-se uma vida separada da dos caranguejos, das águas salgadas e das gaivotas. Eram formigas pretas e grandes a correrem, sem rumo, de um para o outro lado. Começavam a subir uma árvore e, de repente, desciam a toda pressa, sem razão aparente. Umas poucas pararam impacientes, movendo a cabeça em torno e, subitamente, em furiosa explosão de energia, foram inspecionar um pedaço de pau, que já deveriam ter examinado centenas de vezes; estudaram-no de novo com ardente curiosidade e, um segundo após, dele se desinteressaram completamente. Havia muito sossego debaixo da árvore, embora tudo em redor estivesse cheio de vida. Não se percebia o mais ligeiro sopro de vento a agitar as folhas, mas cada folha abundava de beleza, na luz matinal. Sentia-se uma intensidade naquela árvore, que não era a terrível intensidade do alcançar, triunfar, mas a intensidade do existir completo, simples — *só*, e ao mesmo tempo parte da terra. As cores das folhas, das poucas flores, do tronco escuro, pareciam mil vezes intensificadas, e os ramos como que sustinham os céus. À sombra daquela árvore, tinha-se um sentimento de incrível claridade, felicidade, plenitude de vida.

A meditação é a intensificação da mente, na plenitude do silêncio. A mente não se torna tranqüila como um animal domado, amedrontado ou disciplinado; torna-se mansa como as águas profundas. Naquelas profundezas a tranqüilidade não é como a tranqüilidade da superfície, quando morrem os ventos. É uma tranqüilidade viva, ativa, ligada ao movimento exterior da vida, sem ser por ele atingida. Sua intensidade não é como a de uma possante máquina montada por mãos hábeis; é simples e natural como o amor, como o raio, como um rio a fluir.

Declarou ele que andara mergulhado dos pés à cabeça na política. Fizera as coisas costumeiras para galgar os degraus do sucesso — cultivando relações adequadas, pondo-se em pé de familiaridade com os líderes, que também tinham galgado os mesmos degraus — e sua ascensão fora rápida. Enviado ao estrangeiro em importantes comissões, gozava de respeito nos círculos importantes — porque era homem sincero e incorruptível, embora tão ambicioso como os demais. Além de tudo isso, era muito lido, e as palavras lhe ocorriam com facilidade. Agora, porém, por feliz acaso, sentia-se cansado desse jogo de servir à pátria servindo aos próprios interesses, visando a tornar-se personagem muito importante. Estava cansado disso, não porque sentisse não poder subir mais alto, porém porque, por natural evolver da inteligência, começara a perceber que o melhoramento profundo do homem não depende só de planejar, de ser eficiente, de lutar pela conquista do poder. Por isso lançara tudo fora e começava a considerar o todo da vida de maneira nova.

Que entendeis por "todo da vida"?

"Passei muitos anos navegando um braço do rio, por assim dizer, e desejo passar os meus restantes anos de vida navegando o próprio rio. Embora me tivesse deleitado em cada minuto de minha luta política, não me pesa abandonar a política; e desejo, agora, contribuir para o melhoramento social, do fundo do coração e não da mente sempre interesseira. O que recebo da sociedade tenho de devolver-lhe decuplicado."

Se permitis perguntar, por que pensais em termos de "dar e receber"?

"Muito recebi da sociedade; e tudo o que ela me deu, tenho de devolvê-lo muitas vezes multiplicado."

Que deveis à sociedade?

"Tudo o que tenho: minha conta no banco, minha educação, meu nome — oh, tanta coisa!"

Na realidade, nada recebestes da sociedade, porquanto sois uma parte dela. Se fôsseis uma entidade separada, desligada da sociedade, nesse caso poderíeis restituir-lhe o que dela recebestes. Mas sois uma parte da sociedade, uma parte da cultura que ela desenvolveu. Pode-se restituir dinheiro emprestado; mas que tendes de restituir à sociedade, uma vez que sois uma parte dela?

"Graças à sociedade, eu tenho dinheiro, comida, roupa, casa, e preciso fazer algo em retribuição. Lucrei com ser acolhido em seu seio, e seria ingratidão voltar-lhe as costas. Tenho de realizar alguma boa obra para a sociedade — "boa obra" no bom sentido, e não como "benemérito".

Entendo o que quereis dizer; mas, mesmo que devolvêsseis tudo o que juntastes, estaria saldada a vossa dívida? O que a sociedade vos deu, em retribuição de vossos esforços, é relativamente fácil de devolver; podeis dar tudo aos pobres ou ao Estado. E depois? Resta-vos ainda o vosso "dever" para com a sociedade, pois sois ainda uma parte dela; sois um de seus cidadãos. Enquanto pertencerdes à sociedade, enquanto estiverdes identificado com ela, sois ao mesmo tempo doador e beneficiário. Vós a mantendes, vós sustentais sua estrutura, não é verdade?

"Sim. Sou, como dizeis, uma parte integrante da sociedade; sem ela, eu não existo. Uma vez que represento tanto o "bom" como o "mau" da sociedade, tenho o dever de afastar o mau e sustentar o bom."

Em qualquer cultura ou sociedade, é admitido o "bom", o respeitável. Desejais manter o que existe de nobre dentro da estrutura social, não é?

"O que desejo é modificar o padrão social em que está aprisionado o homem. Digo-o com toda a sinceridade."

O padrão social é estabelecido pelo homem; não é independente do homem, embora tenha vida própria, e o homem não seja independente dele; ambos estão relacionados entre si. Uma transformação efetuada dentro do padrão não é transformação nenhuma; é mera modificação, reforma. Só se vos libertardes do padrão social sem construirdes outro padrão, podereis "ajudar" a sociedade. Enquanto pertencerdes à sociedade, só a estareis ajudando a deteriorar-se. Todas as sociedades, inclusive as utopias mais maravilhosas, contêm o germe de sua própria corrupção. Para transformardes a sociedade, deveis desprender-vos dela. Deveis deixar de ser o que a sociedade é: ávida, ambiciosa, invejosa, sedenta de poder, etc.

"Quereis dizer que devo tornar-me monge, *sannyasi?*"

Decerto que não. O *sannyasi* só renuncia às ostentações exteriores do mundo, da sociedade, porém interiormente ele é ainda uma parte dela; ainda arde de desejo de alcançar, de ganhar, de "vir-a-ser".

"Sim, percebo-o."

Naturalmente, uma vez que vos desiludistes da política, vosso problema consiste não somente em vos libertardes da sociedade, senão também em retornar à vida, totalmente, retornar ao amor, ser simples. Sem amor, por mais que fizerdes, nada vos levará a conhecer a ação total, a única que pode salvar o homem.

"Isso é verdade, senhor; nós não amamos, não somos realmente simples."

Porquê? Porque estais todo interessado em reformas, deveres, respeitabilidade, em tornar-vos algo, romper caminho para "o outro lado". Em nome de outros, estais interessado em vós mesmo, fechado em vossa própria concha. Julgais-vos o centro desta nossa bela Terra. Nunca vos detendes para contemplar a árvore, a flor, o rio a correr; e, se por acaso olhais, vossos olhos estão cheios dos objetos da mente, e não de beleza e amor.

"Mais uma vez, isso é verdade; mas, que fazer?"

Olhar e ser simples.

ONDE ESTÁ O "EU", AÍ NÃO ESTÁ O AMOR

AS ROSEIRAS, adentro do portão, estavam cobertas de brilhantes rosas vermelhas, recendentes de perfume, e ao redor delas volitavam borboletas. Havia também malmequeres e ervilhas-de-cheiro em flor. O jardim, situado a cavaleiro do rio, estava naquela tarde todo banhado da luz dourada do sol poente. Barcos de pesca, algo semelhantes a gôndolas, formavam vultos escuros sobre a superfície plácida do rio. A aldeia cercada de árvores, na margem oposta do rio, estava a uma milha de distância, mas ouviam-se distintamente as vozes que de lá vinham por sobre as águas. Do portão, um caminho descia para o rio, juntando-se a uma estrada áspera freqüentada pelos aldeões em suas idas e vindas da cidade. Essa estrada terminava abruptamente à margem de um curso de água que desaguava no rio maior. A margem não era arenosa, porém de barro mole e pesado, em que os pés se afundavam. Nesse ponto ia construir-se em breve uma ponte de bambu, atravessando a corrente; mas agora transportava-nos uma balsa carregada de pacatos aldeões que voltavam de seu dia de mercancias na cidade. Dois homens varearam-nos para o outro lado, enquanto os aldeões se conservavam sentados, aglomerados, por causa do frio da tarde. Ia-se acender um pequeno braseiro quando escurecesse mais, porém a lua daria luz suficiente. Uma pequena carregava um cesto com gravetos; tinha-o depositado no chão, durante a travessia, e agora estava tendo dificuldade para erguê-lo de novo. Era muito pesado para uma menina, mas com um pouco de ajuda ela o ajeitou sobre a cabecinha, e seu sorriso pareceu encher todo o universo. Cautelosamente, subimos todos o íngreme barranco e pouco depois os aldeões seguiam pela estrada, tagarelando.

Estávamos aqui em pleno campo e o solo era muito fértil, dos sedimentos de muitos séculos. Planas e bem cultivadas, pontilhadas de esplêndidas e velhas árvores, as terras estendiam-se até o horizonte. Havia hortas de ervilhas de doce aroma, cobertas de brancas flores, e também trigais de inverno. A um lado fluía o rio, largo e encurvado e a ele sobranceira havia uma aldeia cheia de barulhenta atividade. O caminho era muito antigo; dizia-se que o Iluminado o havia palmilhado, e os peregrinos o freqüentavam desde há muitos séculos. Era um caminho sagrado, em cujo curso erguiam-se aqui e ali pequenos templos. As mangueiras e tamarindeiros eram também muito velhos, alguns já a morrer, depois de terem visto muitas coisas. Contra o céu dourado do entardecer, eles se destacavam majestosos, com seus galhos escuros e nus. Um pouco mais além surgia uma moita de bambus amarelecidos pela idade, e num pequeno pomar, amarrada a uma árvore frutífera, uma cabra berrava pelo filhote que piruetava por todos os cantos. O caminho levava a outro grupo de mangueiras e ladeava um lago tranqüilo. Havia completa tranqüilidade e imobilidade no ar, e todas as coisas conheciam aquela hora abençoada. A Terra, com tudo que a povoa, se santificava. Não estava ali a mente a registrar aquela paz, como algo exterior, para ser depois recordado e comunicado a outros; era uma ausência total de movimento por parte da mente. Ali só existia a imensidão.

Era um homem relativamente moço, de quarenta e poucos anos, segundo disse; embora já tivesse enfrentado auditórios e falasse com grande confiança, mostrava-se ainda um pouco acanhado. Como tantos de sua geração, andara a entreter-se com política, religião, e reformas sociais. Era dado a escrever poesia, e sabia espalhar tintas sobre uma tela. Vários dos líderes mais preeminentes eram seus amigos, e ele podia ter ido longe na política; mas tinha escolhido coisa diferente e estava satisfeito, escondendo as suas luzes em distante cidade serrana.

"Há muitos anos que desejo ver-vos. Talvez não vos lembreis, mas fui vosso companheiro de viagem, num navio que nos levava à Europa, antes da Segunda Guerra Mundial. Meu pai interessava-se muito por vosso ensino, mas eu me desviei para a política e outras coisas. Meu desejo de voltar a falar-vos tornou-se finalmente tão persistente que não permitia mais adiamentos. Venho abrir-vos meu coração, coisa que nunca fiz a outro, pois não é fácil falar de nós mesmos a outrem. Durante algum tempo estive assistindo a vossas conferências e discussões, em vários lugares, porém recentemente senti grande urgência de visitar-vos pessoalmente, porque me vejo num beco sem saída."

De que natureza?

"Não pareço capaz de "romper minhas cadeias". Pratiquei um pouco de meditação, não da espécie que mesmeriza a pessoa, porém procurando observar o meu pensar, etc. Mas nesse processo, invariavelmente, adormeço. Suponho que seja porque sou indolente, comodista. Pratiquei jejuns e experimentei vários regimes alimentares, porém a letargia persiste."

Ela se deve à indolência, ou a outra coisa? Há alguma frustração profunda, interior? Vossa mente se tornou embotada, insensível, devido aos fatos ocorridos em vossa vida? Se permitis perguntar, não haverá, nela, falta de amor?

"Não sei, senhor; tenho pensado vagamente nessas coisas, mas nunca consegui precisar qualquer coisa. Talvez eu tenha sido sufocado por tantas coisas boas e más. De modo geral, a vida sempre me foi muito fácil, com família, dinheiro, certas capacidades, etc. Nada era difícil de conseguir, e talvez o mal seja esse. Esse sentimento geral de levar vida fácil e ter possibilidade de sair de quase toda e qualquer situação deve ter-me amolecido."

É exato isso? Isso não é apenas uma descrição de fatos superficiais? Se essas coisas vos tivessem atingido profundamente, teríeis levado vida diferente, teríeis seguido o caminho mais fácil. Mas não o fizestes, portanto deve haver em ação um diferente "processo", o qual está tornando vossa mente indolente e inepta.

"Que será isso, então? Não sou importunado pelo sexo; tenho cedido às suas exigências, mas ele nunca me foi uma paixão tão forte que me tornasse seu escravo. Começou com amor e acabou em desilusão, mas não frustração. Disso estou bem certo. Eu não condeno nem advogo o sexo. Pelo menos, ele não representa problema para mim."

Foi esta indiferença que vos destruiu a sensibilidade? Afinal de contas, o amor é vulnerável, e a mente que levanta defesas contra a vida deixa de amar.

"Não creio ter levantado defesas contra o sexo; mas o amor não é necessariamente sexo e, realmente, não sei se amo."

Vede, com tanto desvelo cultivamos a nossa mente, que o coração se nos enche das coisas por ela produzidas. Dedicamos a maior parte de nosso tempo e nossas energias ao ganho do sustento, à acumulação de conhecimentos, aos fervores da crença, ao patriotismo e à adoração do Estado, às atividades de reforma social, ao cultivo de ideais e virtudes, e todas as outras coisas com que a mente se mantém ocupada; dessarte, esvazia-se o coração e a mente se enriquece de solércia. Isso causa insensibilidade, não achais?

"É verdade que cultivamos em excesso a mente. Adoramos o saber, e todo intelectual é alvo de honrarias, mas poucos de nós sabemos amar pela maneira a que vos referis. Quanto a mim, posso dizer sinceramente que não sei se sinto amor. Não mato para comer. Gosto da natureza. Gosto de passear na floresta e sentir-lhe o silêncio e a beleza; gosto de dormir ao ar livre. Mas pode isso indicar que eu ame?"

A sensibilidade à natureza faz parte do amor, mas não é amor, é? Ser delicado e benevolente, praticar boas obras e nada pedir em troca, faz parte do amor, mas não é amor, é?

"Que *é* então amor?"

O amor se constitui de todas essas partes e de muito mais ainda. A totalidade do amor não se contém dentro das medidas da mente; e para conhecer essa totalidade, a mente tem de esvaziar-se de suas ocupações, por mais nobres ou egocêntricas que estas sejam. Perguntar como esvaziar a mente, ou como deixar de ser egocêntrico, é desejar um método; e a observância do método se torna outra ocupação mental.

"Mas é possível esvaziar a mente, sem alguma espécie de esforço?"

Todo esforço, "correto" ou "incorreto", mantém o centro, o foco de realizações, o "eu". Onde está o "eu", não está o amor. Mas falávamos da letargia da mente, sua insensibilidade. Não tendes lido muito? E o vosso saber não será uma parte desse processo de insensibilização?

"Não sou nenhum erudito, mas li muito, e gosto de freqüentar bibliotecas. Respeito o saber, e não percebo bem por que pensais que o saber causa necessariamente insensibilidade."

Que entendemos por "saber"? Nossa vida é, em grande parte, uma repetição do que nos foi ensinado, não é exato? Podemos aumentar o nosso saber, mas o processo de repetição continua e fortalece o hábito de acumular. Que sabeis, exceto o que lestes, o que vos ensinaram ou o que experimentastes? O que agora experimentais é moldado pelo que anteriormente experimentastes. Uma nova experiência é coisa antes experimentada, só mais ampliada ou modificada; é assim que se mantém o processo da repetição. Repetição do que é bom ou mau, do que é nobre ou trivial, redunda obviamente em insensibilidade, porque a mente só se está movendo nos domínios do conhecido. Não será essa a razão do embotamento de vossa mente?

"Mas não posso lânçar fora tudo o que sei, tudo o que acumulei como conhecimento."

Vós sois esse conhecimento, sois as coisas que acumulastes; sois o disco de gramofone, que repete sempre o que nele está gravado. Sois a cantiga, o barulho, a tagarelice da sociedade, de vosso meio cultural. Existe um *vós* incorrupto, separado de todo esse vozerio? Esse centro, o "eu", está agora ansioso por libertar-se das coisas que acumulou; mas o esforço que faz para ser livre é ainda parte do processo de acumulação. Tendes um novo disco para tocar, com gravação nova, mas vossa mente continua embotada, insensível.

"Percebo-o perfeitamente; descrevestes muito bem o meu estado mental. Aprendi a terminologia de várias ideologias, religiosas e políticas; mas, como apontais, a minha mente permaneceu essencialmente a mesma. Estou-o agora percebendo de modo bem claro; e percebo também que esse processo torna a mente superficialmente vigilante, sutil e exteriormente flexível, porém abaixo da supercície ela continua a ser aquele mesmo centro, aquele mesmo "eu".

Disso estais deveras consciente, como um fato, ou só o sabeis por causa da descrição feita por outro? Se não for um descobrimento por vós mesmo feito, algo que descobristes individualmente, nesse caso é ainda só a palavra e não o fato que é importante.

"Não compreendo bem isso. Tende a bondade, senhor, de explicá-lo de novo, com vagar."

Sabeis alguma coisa, ou apenas reconheceis? Reconhecimento é processo de associação, de memória, isto é, conhecimento.

"Creio perceber o que quereis dizer. Só sei que aquele pássaro é um papagaio porque mo disseram. Pela associação, a memória, que é reconhecimento, dá-se o conhecimento, e digo então: "É um papagaio".

A palavra "papagaio" vos impede de olhar para a ave, o ser que voa. Quase nunca olhamos para o fato, porém só para a palavra ou o símbolo que representa o fato. O fato recua para o segundo plano, e a palavra, o símbolo, assume toda a importância. Ora, podeis olhar para o fato, qualquer que ele seja, dissociado da palavra, do símbolo?

"Parece-me que a percepção do fato e a percepção da palavra que representa o fato ocorrem ao mesmo tempo."

Pode a mente separar o fato da palavra?

"Creio que não."

Talvez estejamos tornando a coisa mais difícil do que realmente é. Aquele objeto se chama uma árvore; a palavra e o objeto são duas coisas separadas, não?

"De fato assim é, mas, como dizeis, sempre olhamos o objeto através da palavra."

Pode-se separar o objeto da palavra? A palavra "amor" não é o sentimento, o fato *amor*.

"Mas, de certa maneira, a palavra é também o fato, não?"

De certa maneira, sim. As palavras existem para possibilitar a comunicação, e também para possibilitar a lembrança, fixar na mente uma experiência passageira, um breve pensamento ou sentimento; por conseguinte, a própria mente é a palavra, a experiência, a lembrança do fato, em termos de prazer e dor, de bom e mau. Todo esse processo se verifica na esfera do tempo, a esfera do conhecido; e qualquer revolução dentro dessa esfera, nenhuma revolução é, porém, tão-só, modificação do que *foi*.

"Se vos entendo corretamente, estais dizendo que tornei minha mente embotada, letárgica, insensível, pelo pensamento tradicional, ou repetitivo, do qual faz parte a autodisciplina. Para pôr fim ao processo "repetitivo", é necessário quebrar o "disco de gramofone" — o "eu"; e este só pode ser quebrado pelo percebimento do fato e não por meio de esforço. O esfôrço, dizeis, só serve para manter o gramofone com toda a corda, e portanto dele nada se pode esperar. E depois?"

Vede o fato, o que *é*, e deixai-o atuar; não atueis sobre o fato, o "vós", o mecanismo de repetição, com suas opiniões, juízos, conhecimentos.

"Tentá-lo-ei", disse ardorosamente.

Tentar é lubrificar o mecanismo de repetição, não é pôr-lhe fim.

"Senhor, estais-me tirando tudo, nada mais restando. Mas quem sabe se não é esta "a coisa nova"?"

É.

A FRAGMENTAÇÃO DO HOMEM ESTÁ PONDO-O DOENTE

ERA MUITO CEDO ainda e uma neblina rasteira ocultava plantas e flores. O abundante orvalho formava um círculo de umidade ao redor de cada árvore. Naquele instante o sol erguia-se atrás de um grupo de árvores, então tranqüilas, pois os palreiros passarinhos se tinham dispersado para as fainas do dia. Os motores dos aviões estavam sendo aquecidos e seus roncos enchiam os ares; mas dentro em pouco iam as aeronaves decolar para diferentes pontos do continente e, salvo os ruídos cotidianos da cidade, tudo voltaria à calma.

Na rua, um mendigo de voz agradável cantava, e sua cantiga tinha aquela característica nostálgica que tão bem conhecemos. Sua voz não era rouca e, em meio ao barulho de ônibus e pessoas que gritavam de um lado para o outro, tinha um som aprazível e grato. Quem morasse naquelas redondezas podia ouvi-lo todas as manhãs. Muitos pedintes executam habilidades ou têm macacos que as executam; são presumidos e traquejados, de olhar manhoso e sorriso fácil. Mas este era de outra qualidade. Simples mendigo, de longo cajado na mão e roupas sujas, esfarrapadas. Sem fingimentos e sem adulações. Os outros recebiam mais esmolas do que ele, pois todo o mundo gosta de ouvir adulações e votos de felicidade e prosperidade. Nada disso fazia esse mendigo. Pedia e, se davam, inclinava a cabeça e continuava seu caminho; não fazia poses nem gestos. Percorria de ponta a ponta a longa e sombreada rua, sempre dando passagem às pessoas; no fim da rua virava à direita e entrava em outra mais estreita e menos movimentada, recomeçava a cantar e, por fim, enfiava por um dos becos. Era bastante moço, e seu todo inspirava simpatia.

O avião decolou à hora marcada e ascendeu suavemente, sobrevoando a cidade, com seus zimbórios, seus túmulos antigos, e longos quarteirões de feios edifícios, pretensiosos, modernos. Além da cidade, o rio, sinuoso, livre de gelo, suas águas de cor verde-azulada. Mais para sudoeste, o avião prosseguia seu curso. Começamos a voar horizontalmente a cerca de seis mil pés de altura e, lá embaixo, estendia-se a região, toda ela dividida em glebas irregulares, verde-claras, cada qual de seu dono. O rio foi seguindo seu curso tortuoso, passando por numerosas aldeias, e dele saíam estreitos e retos canais, cavados pelo homem, estendendo-se para os campos. A centenas de milhas de distância, a leste, começaram a descortinar-se as montanhas cobertas de neve, etéreas e irreais em seu róseo esplendor. A princípio pareciam flutuar acima do horizonte, sendo difícil acreditar que eram montanhas com seus picos pontudos e seus maciços. Da superfície da terra, àquela distância, não podiam ser vistas, mas àquela altitude eram visíveis e espetacularmente belas. Evitava-se tirar os olhos delas, para não perder a mais ligeira variação de sua beleza e grandeza. Cordilheira sucedia a cordilheira, com seus picos imponentes, em lento desfile. Tapavam todo o horizonte, a nordeste, e mesmo após duas horas de vôo ainda lá estavam. Era realmente incrível: o colorido, a imensidão, a solidão. A gente se esquecia de tudo o mais: dos passageiros, do comandante que fazia perguntas, da aeromoça a solicitar os bilhetes. Não era a absorção de uma criança no seu brinquedo, nem a do monge em sua cela ou do *sannyasi* à beira do rio. Era um estado de atenção total, sem distração. Só estava presente a beleza e a glória da Terra. Não havia observador.

Psicólogo, analista e médico era aquele homem gordo, de cabeça grande e olhar sério. Viera, disse, para conversar a respeito de vários tópicos; não ia empregar a terminologia psicológica e analítica, porém termos familiares a nós dois. Tendo estudado os mais famosos psicólogos e sido também analisado por um deles, conhecia as limitações da moderna psicologia, bem como seu valor terapêutico. Ela nem sempre dava resultados satisfatórios, explicou, mas, em mãos idôneas, oferecia grandes possibilidades. Havia naturalmente muitos charlatães, como era de prever. Estudara também, embora menos profundamente, o pensamento oriental e a idéia oriental da consciência.

"Aqui, no Ocidente, ao ser descoberto e descrito o subconsciente, nenhuma universidade o quis admitir e nenhum editor se dispôs a publicar o livro; mas hoje, naturalmente, apenas duas décadas após, a palavra está nos lábios de todos. Apraz-nos julgar-nos os descobridores de tudo, e que o Oriente é um vasto arraial de místicos e ilusionistas; mas o fato é que o Oriente há muitos séculos empreendeu a tarefa de explorar a consciência, só que usavam símbolos diferentes, de significados mais amplos. Assim falo, apenas para demonstrar minha grande vontade de aprender e minha isenção de preconceitos nesta matéria. Nós, especialistas da Psicologia, ajudamos os desajustados a se readaptarem à sociedade, e parece ser essa nossa principal preocupação. Mas, de alguma maneira, eu, pessoalmente, não me sinto satisfeito com isso — o que me leva a um dos tópicos que desejo examinar. É só isso o que nós psicólogos podemos fazer? Nada mais podemos fazer senão ajudar a readaptar à sociedade os desajustados?"

A sociedade está sã, para desejarmos que um indivíduo retorne a seu seio? A própria sociedade não contribuiu para pôr doente o indivíduo? É claro que aos doentes se deve restituir a saúde, não é preciso dizê-lo; mas por que deve um indivíduo ajustar-se a uma sociedade malsã? Um indivíduo são não desejará fazer parte dela. Sem primeiro duvidar da sanidade da sociedade, que bem se faz em ajudar os desajustados a se ajustarem a ela?"

"Eu não acho que a sociedade esteja sã; ela é dirigida por homens frustrados, ávidos de poder, supersticiosos, para benefício deles próprios. Acha-se sempre num estado de convulsão. Durante a última guerra colaborei no trabalho de correção dos desajustados do exército, que não podiam adaptar-se aos horrores do campo de batalha. Talvez eles tivessem razão, mas estávamos em guerra e tínhamos de vencer. Alguns dos que lutaram e sobreviveram continuam necessitados de assistência psiquiátrica, e o devolvê-los à sociedade vai ser uma tarefa ingente."

Ajudar um indivíduo a ajustar-se a uma sociedade sempre em guerra consigo mesma — é esse o trabalho que se espera dos psicólogos e analistas? O indivíduo precisa ser curado, para se dispor a matar ou a ser morto? Se o indivíduo não é morto, nem enlouquece, deverá então ajustar-se a essa estrutura — que pode ser muito científica — de ódio, inveja, ambição, superstição?

"Reconheço que a sociedade não é o que deveria ser, mas que posso fazer? A gente não pode sair da sociedade; temos de trabalhar dentro dela, ganhar a vida dentro dela, sofrer e morrer dentro dela. Não podemos tornar-nos reclusos, ou um desses que se retiram do mundo e só pensam na própria salvação. Temos de salvar a sociedade, como quer que ela seja."

Sociedade são as relações de homem com homem; sua estrutura baseia-se em compulsões, ambições, ódios, vaidades, invejas, na complexidade do impulso de dominar e de seguir. A menos que o indivíduo se solte dessa estrutura corruptora, que valor fundamental pode ter a ajuda do médico? Pois o que acontecerá é que ele, o indivíduo, se tornará novamente corrupto.

"O dever do médico é curar. Não somos reformadores da sociedade; essa esfera pertence aos sociólogos."

A vida é um só todo; não pode ser repartida em seções. O que nos deve interessar é a totalidade do homem — seu trabalho, seu amor, sua conduta, sua saúde, sua morte e seu Deus... e também sua bomba atômica. Esta fragmentação do homem é que o está pondo doente.

"Alguns de nós o reconhecemos, senhor, mas que podemos fazer? Nós próprios não somos homens integrais, com uma perspectiva total, um impulso integrado, um propósito integrado. Curamos uma parte, enquanto as restantes se desintegram, e afinal percebemos que a raiz profunda está destruindo o todo. Que se pode fazer? Como médico, qual é meu dever?"

Curar, naturalmente; mas não é também dever do médico curar a sociedade como um todo? Não deve haver reforma social; deve haver, isso sim, uma revolução exterior ao padrão da sociedade.

"Mas, voltando ao meu ponto: como indivíduo, que posso fazer?"

Libertar-vos da sociedade, naturalmente; sede livre, não das simples exterioridades, mas da inveja, da ambição, da adoração do êxito, etc.

"Essa liberdade poderia dar-nos mais tempo para dedicarmos ao estudo, e daí naturalmente resultaria tranqüilidade maior; mas não conduziria ela a uma existência um tanto superficial, inútil?"

Pelo contrário, a libertação da inveja e do medo levaria o indivíduo a um estado de integração, não? Essa liberdade poria fim às várias atividades de fuga, inevitáveis causadoras de confusão e contradições, e a vida teria um significado mais profundo e amplo.

"Certos meios de fuga não são benéficos à inteligência limitada? A religião é uma esplêndida escapatória para muitas pessoas; dá significação, embora ilusória, à sua existência, a outros respeitos tão monótona."

O mesmo efeito produzem os cinemas, os romances e certas drogas; e achais dignos de ser estimulados esses meios de fuga? Os intelectuais, também, têm seus meios de fuga, grosseiros ou sutis, e quase toda pessoa tem suas falhas de discernimento; e, quando tais pessoas assumem posições de poder, causam mais malefícios e sofrimentos. Religião não é dogmas e crenças, rituais e superstições; não é tampouco devoção visante à salvação pessoal, pois isso é atividade egocêntrica. Religião é a conduta total da vida; é compreensão da verdade, que não é projeção da mente.

"Estais exigindo muito do homem comum, que precisa de suas distrações, suas fugas, uma religião grata a seu "eu", e de alguém para seguir ou para odiar. O que estais sugerindo exige uma educação diferente, uma diferente sociedade universal, e nem nossos políticos, nem nossos educadores, em geral, têm tão ampla visão. Parece-me que o homem tem de atravessar esta longa noite escura de aflições e sofrimentos para dela emergir como ente humano integrado e inteligente. Por enquanto, não é isso que me interessa. Meu interesse está posto nos náufragos humanos individuais, pelos quais posso fazer, e *faço* muita coisa — mas que parece tão pouca coisa neste imenso oceano de dores. Como dizeis, terei de produzir em mim mesmo um estado de integração, e esse é um empreendimento muito dificultoso.

"Há outra coisa, de natureza pessoal, que desejo examinar convosco, se mo permitis. Dissestes há pouco algo a respeito da inveja. Eu percebo que sou invejoso. Embora, de tempos a tempos, me submeta a uma análise, como o faz a maioria dos analistas, não me tem sido possível transcender essa coisa. Quase me envergonho de admiti-lo, mas a inveja está presente em mim, variando dos ciúmes vulgares às formas mais complexas, e não pareço capaz de extirpá-la de mim."

A mente é capaz de livrar-se da inveja, não a pouco e pouco, porém de maneira completa? Não havendo liberdade total, dela, na totalidade de nosso ser, a inveja continua a manifestar-se sob diferentes formas, em ocasiões diferentes.

"Sim, percebo isso. A inveja tem de ser completamente eliminada da mente, assim como um tumor maligno tem de ser totalmente extirpado do corpo, pois do contrário renascerá; mas como?"

O "como" é outra forma de inveja, não vos parece? Quem pede um método quer livrar-se da inveja para tornar-se outra coisa; portanto, a inveja ainda está atuando.

"Foi uma pergunta natural, mas percebo o que quereis dizer. Esse aspecto da questão nunca me tinha ocorrido antes."

Parece que todos caímos nesta armadilha e nela ficamos presos para sempre; estamos sempre procurando livrar-nos da inveja. O desejar libertar-se dá origem ao método, e, assim, a mente nunca fica livre, nem da inveja, nem do método. Investigar a possibilidade de total libertação da inveja é uma coisa; procurar a ajuda de um método, para nos libertarmos, é outra coisa. Ao buscarmos um método, invariavelmente o encontramos, não importa se é simples ou complexo. E cessa então, de todo, a investigação da possibilidade de libertação total, e ficamos encalhados num método, numa prática, numa disciplina. Desse modo, a inveja continua existente e sutilmente alimentada.

"Sim, como o assinalais, é perfeitamente verdadeiro. Estais, com efeito, perguntando se me interessa realmente a total libertação da inveja. Devo dizê-lo, senhor, em certas ocasiões a inveja me pareceu estimulante, deu-me prazer. Devo ficar livre da totalidade da inveja, tanto dos prazeres como das ansiedades que proporciona? Confesso que nunca fiz a mim esta pergunta, nem outros ma fizeram. Minha primeira reação é: não sei se o desejo ou não. Suponho que o que realmente eu preferia seria conservar o lado estimulante da inveja e livrar-me do resto. Mas é obviamente impossível reter apenas as suas partes desejáveis, e temos de aceitar a inveja com tudo o que contém ou nos libertarmos dela completamente. Começo a perceber a significação de vossa pergunta. Existe o impulso para me libertar da inveja, e ao mesmo tempo desejo conservar certas partes dela. Não há dúvida que nós, seres humanos, somos irracionais e contraditórios! Isso requer análise mais completa, senhor, e espero tenhais paciência para ir até o fim. Percebo que nisso está latente o medo. Se eu não fosse impelido pela inveja, sob a capa de palavras e necessidades profissionais, podia dar-se um retrocesso; eu poderia não ter tanto sucesso, não ser tão preeminente, tão bem situado financeiramente. Existe um medo sutil de perder tudo isso, medo à insegurança, e outros temores que é desnecessário enumerar. Esse medo básico é, por certo, mais forte do que o impulso para me livrar mesmo dos aspectos desagradáveis da inveja, sem falar da total libertação dela. Percebo agora os intricados aspectos deste problema, e não tenho certeza nenhuma de que desejo libertar-me da inveja."

Enquanto a mente está pensando em termos de *mais*, tem de haver inveja; enquanto há comparação — se bem que pensamos que pela comparação compreendemos — tem de haver inveja; enquanto houver um fim, um alvo para ser alcançado, tem de haver inveja; enquanto existir o processo adicional, que significa automelhoramento, aquisição de virtude, etc., tem de haver inveja. O *mais* implica o tempo, não é verdade? Implica o tempo necessário para mudarmos do que *somos* para o que *deveríamos ser* — o ideal; o tempo, como meio de adquirir, chegar, realizar.

"É claro, para se transpor uma distância, passar de um ponto para outro, física ou psicologicamente, o tempo é necessário."

O tempo, como movimento de um ponto para outro, é um fato físico, cronológico. Mas necessita-se de tempo para se ficar livre da inveja? Dizemos: "Eu sou *isto,* e para poder tornar-me *aquilo,* ou modificar esta qualidade para aquela necessita-se de tempo." Mas o tempo é fator de transformação? Ou qualquer modificação feita na esfera do tempo não é modificação nenhuma?

"Agora estou ficando um pouco confuso. Estais alvitrando que a transformação em termos de tempo não é transformação nenhuma. Como assim?"

Tal transformação é a continuação do que foi, com modificações, não é verdade?

"Deixai-me ver se compreendo isso. Para passar do fato, que é a inveja, para o ideal, que é a não inveja, necessita-se de tempo — pelo menos é o que pensamos. Esta mudança gradual, através do tempo, dizeis, não é transformação nenhuma, porém, simplesmente, a continuação do mesmo estado de inveja. Sim, percebo-o."

Enquanto a mente pensa em termos de mudança através do tempo, de revolução no futuro, não há transformação no presente. Isto é um fato, não?

"Está certo, senhor, os dois estamos vendo que isso é um fato. E agora?"

Como reage a mente em presença desse fato?

"Ou ela foge do fato, ou se detém e o encara."

Qual a vossa reação?

"Ambas, parece-me. Sinto o impulso para fugir do fato e ao mesmo tempo o desejo de examiná-lo."

Pode-se examinar uma coisa quando existe medo em relação com ela? Podeis observar um fato sobre o qual tendes uma opinião, um juízo formado?

"Percebo o que quereis dizer. Não estou observando o fato, porém avaliando-o. Minha mente esta projetando suas idéias e temores a ele relativos. Sim, exatamente isso."

Por outras palavras, vossa mente está ocupada consigo mesma, e portanto incapacitada para simplesmente tomar conhecimento do fato. Estais atuando sobre o fato, e não o estais deixando atuar em vossa mente. O fato de que a mudança feita na esfera do tempo nenhuma mudança é; que só pode haver libertação total, e não libertação parcial da inveja — a própria verdade desse fato atuará sôbre a mente libertando-a.

"Está realmente parecendo que essa verdade já começa a romper as minhas barreiras."

A VAIDADE DO SABER

QUATRO ESTAVAM cantando, e o ambiente era todo sons. Homens serenos, idosos, desinteressados das coisas mundanas, mas não por via da renúncia; simplesmente não eram atraídos para o mundo. Trajando vestes velhas, porém limpas, e de rostos solenes, mal seriam notados ao passar por alguém na rua. Mas, no momento em que começaram a cantar, suas fisionomias se transfiguraram, tornando-se radiosas, fora do tempo e, com o som e as fortes entonações das palavras, criavam aquela atmosfera extraordinária, própria de uma língua muito antiga. Eles *eram* as palavras, o som, e a significação. O som das palavras era muito profundo. Não a profundeza do som de um instrumento de corda ou de um tambor, porém a profundeza de uma voz humana toda entranhada da significação de palavras tornadas sagradas pelo tempo e pelo uso. Entoavam o cântico naquela língua polida e aperfeiçoada, e o seu som enchia a espaçosa sala, penetrava as paredes, o jardim, o espírito e o coração. Não era o som da voz de um cantor no palco, mas havia aquele silêncio existente entre dois movimentos de som. A gente sentia o corpo ser sacudido, incontrolavelmente, pelo som verbal, que nos percorria a medula dos ossos; ele obrigava a pessoa a ficar completamente imóvel, empolgando-a em seu movimento; era uma coisa viva, que dançava, que vibrava, e se apossava da mente. Não um som acalentador, porém um som que sacudia e quase magoava. Era a profundeza e a beleza do tom puro, não contaminado pelo aplauso, pela fama, pelo mundo; o tom de onde nascem todos os sons, toda a música.

À frente estava sentado um menino de seus três anos, o dorso ereto, os olhos fechados; não dormia. Passada uma hora, levantou-se de repente e foi-se, desembaraçadamente. Era igual a todos, pois o som das palavras lhe enchia o coração.

Ninguém se cansou, naquelas duas horas; ninguém desejava mover-se, e o mundo com seus barulhos deixara de existir. Em pouco, o cântico parou, e o som silenciou; mas continuou a vibrar dentro de cada um, e continuaria por mais alguns dias. Os quatro curvaram-se, numa saudação, e novamente eram homens comuns. Disseram que se tinham exercitado por mais de dez anos naquele gênero de canto, tendo isso requerido muita paciência e dedicação. Tratava-se de uma arte moribunda, pois hoje em dia era difícil encontrar alguém com disposição para devotar sua vida a essa espécie de cantar; ela não dava dinheiro nem fama, e quem quereria entrar num mundo desses? Deleitava-os, disseram, cantar diante de pessoas que sabiam apreciar o seu trabalho. Depois, seguiram seu caminho, pobres e mergulhados num mundo de barulho, crueldade e ganância. Mas o rio tinha escutado, e fluía silencioso.

Conhecido letrado fizera-se acompanhar de alguns de seus amigos e discípulos. Tinha cabeça grande, e olhos miúdos brilhavam atrás de fortes lentes. Sabia Sânscrito como outros sabem suas línguas maternas, e falava-o com facilidade; sabia também Grego e Inglês. Eram-lhe familiares as principais filosofias orientais, inclusive suas várias ramificações, como a qualquer de nós é familiar a adição e a subtração, e tinha também estudado as filosofias ocidentais, tanto antigas como modernas. Rigoroso na autodisciplina, passava dias em silêncio e jejum e, disse, praticara várias formas de meditação. Não obstante isso, era bastante moço ainda, provavelmente de uns quarenta e tantos anos, simplesmente trajado, e ardoroso. Seus amigos e discípulos ficaram sentados ao redor dele, naquela devotada expectativa que não permite contestações. Pertenciam todos àquele mundo de letrados, possuidores de conhecimentos enciclopédicos, que têm visões e experiências psíquicas e estão bem seguros de seu próprio discernimento. Não tomavam parte na conversação, escutando, apenas, ou antes, ouvindo o que se falava. Depois iriam discuti-lo apaixonadamente entre si, mas agora convinha guardar o silêncio reverente devido à autoridade superior. Após um período de silêncio, ele começou a falar. Não se lhe notava a arrogância ou o orgulho do homem dotado de saber.

"Vim aqui como consultante e não para fazer exibição de saber. Que sei eu, além do que tenho lido e experimentado? Estudar é uma grande virtude, mas é estupidez contentarmo-nos com o que sabemos. Não venho com espírito de argumentação, embora seja necessário argumentar, quando se apresentam dúvidas. Venho buscar algo, e não para fazer refutações. Como disse, pratiquei a meditação por muitos anos, não só pelos métodos hinduísta e budista, mas também por métodos ocidentais. Estou dizendo isso para que saibais até que ponto me tenho empenhado para encontrar aquilo que transcende a mente." Pode uma mente que está sempre praticando um sistema, descobrir o que transcende a mente? A mente aprisionada na estrutura de sua própria disciplina é capaz de busca? Não há necessidade de liberdade para se fazerem descobrimentos?

"Ora, para buscar e para observar é necessária certa disciplina; é necessária a prática regular de um certo método, para que possamos achar, e compreender o que achamos."

Senhor, todos buscamos uma saída de nossas misérias e tribulações; mas está finda a busca quando se adota um método, esperando-se por meio dele pôr fim ao sofrimento. Só na compreensão do sofrimento está o seu fim, e não na prática de um método.

"Mas, como pode acabar-se o sofrimento quando a mente não é bem controlada, bem dirigida, e resoluta? Quereis dizer que a disciplina é desnecessária para a compreensão?"

Pode uma pessoa compreender, quando, à força de disciplina e exercícios vários, a sua mente é moldada pelo desejo? Não deve a mente estar livre para nascer a compreensão?

"A liberdade, por certo, aparece no fim da jornada; no começo dela, somos escravos do desejo e seus produtos. Para nos libertarmos do apego aos prazeres dos sentidos, há necessidade de disciplina, da prática de vários *sadhanas;* do contrário, a mente cede ao desejo e fica presa em sua rede. Se não forem bem lançados os alicerces da virtude, o edifício ruirá."

A liberdade está no começo e não no fim. A compreensão da avidez — sua natureza, suas implicações e conseqüências, tanto agradáveis como dolorosas — deve existir no começo. Não há então necessidade de a mente construir qualquer muralha de resistência, de disciplina contra a avidez. Ao ser percebida a totalidade de qualquer coisa que leva, inevitavelmente, a sofrimentos e confusão, nenhuma disciplina contra ela tem valor. Se todo aquele que dedica grande parte de seu tempo e energia à prática de dada disciplina, com todos os seus conflitos, aplicasse o mesmo esforço intelectual e a mesma atenção à compreensão do total significado do sofrimento, ocorreria a completa extinção do sofrimento. Mas somos prisioneiros da tradição de resistência, de disciplina, e por isso não há compreensão da índole do sofrimento.

"Estou prestando atenção, mas não estou compreendendo."

Pode haver atenção quando a mente está apegada a conclusões baseadas em suas próprias suposições e experiência? Por certo, só estamos prestando atenção quando nossa mente não está traduzindo o que ouve em termos do que já sabe. O saber impede o escutar. Pode uma pessoa saber muita coisa; mas, para *escutarmos* uma coisa que pode ser totalmente diferente daquilo que sabemos, temos de pôr de parte o nosso saber. Não achais, senhor?

"Como então se pode saber que uma coisa que se está dizendo é verdadeira ou falsa?"

O verdadeiro e o falso não dependem de opiniões nem de juízos, por mais sábios e veneráveis que sejam. Perceber o verdadeiro no falso, e o falso no que dizem ser verdadeiro, e perceber a verdade como verdade, exige uma mente não aprisionada em seu próprio condicionamento. Como se pode ver que uma declaração é verdadeira ou falsa, quando nossa mente está dominada pelo preconceito, presa na estrutura de conclusões e experiências, próprias ou de outrem? Para essa mente, o importante é que esteja cônscia de suas limitações.

"Como pode uma mente emaranhada na rede que ela própria teceu, desembaraçar-se dela?"

Reflete esta pergunta a busca de um nôvo método, ou foi feita com o propósito de descobrir o significado do buscar e do praticar um método? Afinal, quando se pratica qualquer método, qualquer disciplina, a intenção é de alcançar um certo resultado, adquirir certas qualidades, etc. Em vez de coisas mundanas, a pessoa espera alcançar coisas chamadas espirituais; mas o propósito é de ganho, em ambos os casos. Não há diferença a não ser verbal, entre o homem que medita e pratica uma disciplina a fim de alcançar a outra margem, e aquele que trabalha esforçadamente para preencher suas ambições mundanas. Ambos são ambiciosos, os dois são ávidos, os dois estão interessados em si mesmos.

"Se assim é, senhor, como livrar-nos da inveja, da ambição, etc.?"

Cumpre mais uma vez salientar, se o permitis, que o "como", o método que aparentemente trará a liberdade, o que faz é apenas pôr fim à investigação do problema e deter a sua compreensão. Para se apreender em cheio o significado do problema, é preciso considerar, no seu todo, a questão do esforço. A mente mesquinha que se esforça para não ser mesquinha, mesquinha permanece; a mente ávida que se disciplina para ser generosa, continua ávida. O esforço para ser ou não ser algo é perpetuação do "eu". Pode esse esforço identificar-se com o *Atman*, a alma, o Deus imanente, etc., mas o seu foco continua a ser a avidez, a ambição, isto é, o "eu" com todos os seus atributos conscientes e inconscientes.

"Estais então sustentando que qualquer esforço para se alcançar um fim, mundano ou espiritual, é essencialmente o mesmo, uma vez que está baseado no egoísmo. Esse esforço só serve para sustentar o "ego"."

Exatamente, não achais? A mente que pratica a virtude deixa de ser virtuosa. A humildade não pode ser cultivada; quando cultivada, já não é humildade.

"Isso está claro e preciso. Agora — como naturalmente não advogais a indolência — qual a natureza do esforço verdadeiro?"

Quando percebemos o significado pleno do esforço, com todas as suas implicações, existe ainda algum esforço de que tenhamos consciência?

"Assinalastes que todo "vir a ser", positivo ou negativo, é perpetuação desse "eu" que é resultado de identificação com o desejo e os objetos do desejo. Compreendido esse fato, perguntais se existe ainda algum esforço, tal como ora o conhecemos. Posso perceber a possibilidade de um "estado de ser" em que tal esforço tenha deixado de existir completamente."

O simples perceber da possibilidade desse estado não é compreender o significado integral do esforço na existência de cada dia. Enquanto existe um observador que procura modificar, ou adquirir, ou rejeitar o que observa, tem de haver esforço; porque, afinal de contas, esfôrço é o conflito entre o que *é* e o que *deveria ser*, o ideal. Compreendido esse fato, não apenas verbal ou intelectualmente, porém profundamente, ingressou a mente naquele estado de ser em que não existe mais esforço algum, tal como o conhecemos.

"O experimentar dêsse estado é o desejo ardente de todo aquele que busca, inclusive eu próprio."

Ele não pode ser procurado; vem sem ser chamado. O desejo de alcançá-lo impele a mente a acumular conhecimentos e a praticar disciplinas, como meio de alcançá-lo — e isso, mais uma vez, é observar um padrão, a fim de se ter êxito. O saber é um empecilho ao experimentar daquele estado.

"Como pode o saber ser um obstáculo?", perguntou em tom um pouco chocado.

O problema do conhecimento é complexo, não?

O conhecimento é um movimento do passado. Saber é manter o que *foi*. Quem afirma que sabe está impedido de compreender a realidade. Afinal de contas, senhor, que é que sabemos?

"Conheço certos fatos científicos e éticos. Sem esses conhecimentos, o mundo civilizado reverteria ao estado selvagem — e naturalmente não estais advogando *tal coisa*.

"Afora esses fatos, que sei eu? Sei que existe o ser infinitamente compassivo, o Supremo."

Mas isso não é um fato. É uma suposição psicológica, por parte da mente que foi condicionada para crer na existência do Supremo. Um outro que foi condicionado de maneira diferente sustentará que o Supremo não existe. Ambos estão amarrados pela tradição, pelo saber, e por isso nunca descobrirão a realidade da coisa. Mais uma vez, que é que sabemos? Só sabemos o que temos lido e experimentado, o que nos foi ensinado pelos antigos instrutores e os modernos *gurus* e intérpretes.

"Mais uma vez sou forçado a concordar convosco. Somos produto do passado em conjunção com o presente. O presente é moldado pelo passado."

E o futuro é uma continuação modificada do presente. Mas isso não é uma questão de concordar, meu senhor. Ou a gente percebe o fato, ou não o percebe. Quando ambos percebemos o fato, é desnecessário concordar. Só há concordar quando há opiniões.

"Dizeis, senhor, que só sabemos o que nos foi ensinado; que somos mera repetição do que *foi;* que nossas experiências, visões e aspirações são reflexos de nosso condicionamento, e nada mais. Mas isso é inteiramente exato? O *Atman* é coisa feita por nós? Pode ser mera projeção de nossos desejos e esperanças? Ele não é uma invenção, porém uma necessidade."

A mente fabrica muito depressa o que é "necessário" e depois é ensinada a aceitar aquilo que fabricou. A mente de todo um povo pode ser preparada para aceitar dada crença ou o contrário dela, e tanto uma coisa como a outra são produtos da necessidade, da esperança, do medo, do desejo de conforto e de poder.

"Com vossos raciocínios me estais forçando a enxergar certos fatos, e o não menos significativo deles é o meu próprio estado de confusão. Mas resta a questão: Que deve a mente fazer quando está emaranhada na rede que ela própria teceu?"

Deve ficar simplesmente cônscia, sem escolha, do fato de que está confusa; porque qualquer ação nascida da confusão só pode levar a mais confusão. Senhor, não deve a mente morrer para todo o seu saber, para poder descobrir a realidade do Supremo?

"Estais exigindo coisa muito difícil. Posso morrer para tudo o que aprendi, que li, que experimentei? Realmente, não o sei."

Mas não é necessário que a mente — espontâneamente, sem *motivo* algum ou compulsão — morra para o passado? A mente que é resultado do tempo, a mente que estudou, que leu, que meditou no que aprendeu, e que é, em si, uma continuação do passado — como pode essa mente experimentar a realidade, o atemporal, o sempre novo? Como pode sondar as profundezas do desconhecido? Sem dúvida, saber, estar certo, é o próprio da vaidade, da arrogância. Enquanto sabemos, não há morrer, só há continuidade; e o que tem continuidade nunca pode achar-se no estado de criação, que é atemporal. Quando não há mais a contaminação pelo passado, *existe* a realidade. Não precisamos mais procurá-la.

Numa seção de si mesma, a mente sabe que não existe permanência, nenhum canto onde possa repousar; mas em outra seção, ela está sempre a disciplinar-se, procurando, aberta ou sub-repticiamente, uma mansão de certeza, de permanência, de relações harmônicas. Existe, por conseqüência, uma contradição sem fim, uma luta para ser e também para não ser, e passamos os dias em conflito e sofrimento, prisioneiros dentro das muralhas de nossa própria mente. Essas muralhas podem ser demolidas, mas o saber e a técnica não são os instrumentos dessa libertação.

"QUAL A FINALIDADE DA VIDA?"

O SOL REVERBERAVA na estrada áspera, pedregosa, e era agradável a sombra da grande mangueira. Aldeões vinham pela estrada, transportando à cabeça grandes cestos cheios de legumes, frutas, e outras coisas que levavam para a cidade. Eram, pela maior parte, mulheres, caminhando com naturalidade, com seus pés descalços, a tagarelar e a rir, seus rostos morenos expostos ao sol. De vez em quando, depositavam suas cargas à beira da estrada, para descansar na sombra fresca de uma mangueira, sentadas no chão, sem falar muito. Eram bastante pesados os cestos. Depois, cada uma delas ajudava a outra a colocar o cesto na cabeça, tendo a última de se arranjar como podia, quase se ajoelhando ao chão. Partiam, então, a passos firmes e com extraordinária graça de movimento, adquirida em anos de trabalho. Não era algo aprendido por escolha, porém formado pela necessidade. Entre elas ia uma pequena, de uns dez anos de idade, se tanto, também com seu cesto à cabeça, embora muito menor que os outros. Toda sorrisos e brincalhona, não caminhava olhando direto para a frente, como as outras, mas voltava freqüentemente a cabeça, para ver se eu as seguia, e todas as vezes sorríamos um para o outro. Também ela ia descalça, pela longa jornada da vida.

Era uma bela região, rica e encantadora. Havia bosques de mangueiras e colinas ondulantes, e as águas que ainda corriam em seus estreitos leitos de areia, faziam gratos murmúrios em sua viagem através da região. As palmeiras erguiam-se, altas como torres, acima das mangueiras em flor e cheias dos zumbidos de abelhas silvestres. Velhos ficos orlavam os dois lados da estrada, agora trafegada por morosos carros de bois e gárrulos pedestres que iam de uma aldeia para outra, tratar de algum assunto sem importância. Iam sem pressa e quando encontravam uma boa sombra se agrupavam para conversar sobre suas atividades. Poucos tinham alguma coisa a cobrir-lhes os pés magros e maltratados, e pouquíssimos tinham bicicletas. Vez por outra comiam algumas nozes ou grãos de cereal fritos. De ar amável e bondoso, evidentemente não haviam sido contaminados pela cidade. Naquela estrada havia paz, embora passasse um ou outro caminhão transportando às vezes sacos de carvão tão mal arrumados que alguns deles pareciam prestes a cair, mas não caíam. De vez em quando aparecia um ônibus cheio de passageiros, a buzinar ameaçadoramente. Mas logo sumia, deixando a estrada entregue aos aldeões — e a uns macacos avermelhados que por ali andavam às dúzias, acompanhados de suas crias. Quando passava um ônibus, ou caminhão, a rodar estrepitosamente, os pequenos agarravam-se às mães. E assim ficavam, até que tudo voltasse à calma, e depois espalhavam-se pela estrada, embora sem se afastarem demais de suas mães. De cabeça grande, olhos pequenos e curiosos, deixavam-se ficar sentados a se coçarem e entreolharem. Os macacos mais crescidos espalhavam-se por toda a parte, perseguindo uns aos outros, de um lado para o outro da estrada e pelas árvores acima, sempre evitando os mais velhos, sem, contudo, se distanciarem deles. Havia um macho de grande porte, velho mas ativo, que, sentado à beira da estrada, liderava o grupo. Os outros guardavam distância, porém, quando ele se ia, todos o seguiam sem muita pressa, ora correndo, ora dispersando-se, mas sempre seguindo a mesma e geral direção. Naquela estrada passavam-se coisas do arco-da-velha.

Era um homem moço, que viera acompanhado de outros dois mais ou menos da mesma idade. Um pouco nervoso, de testa ampla e alta, mãos muito móveis, explicou ser simples escrevente, em emprego mal pago e pouco futuroso. Embora tivesse concluído satisfatoriamente os estudos secundários, conseguira com muita dificuldade esse emprego e dava-se por muito feliz de o ter. Ainda não casara, nem sabia se se casaria, porque a vida estava difícil e precisa-se de dinheiro quando se tem filhos para educar. Entretanto, estava satisfeito com o pouco que ganhava, pois era suficiente para seu sustento e de sua mãe, e para comprar o necessário. Em todo caso, não viera por esse motivo, acrescentou, mas por uma razão inteiramente diferente. Seus dois companheiros, um deles casado, tinham problema idêntico ao seu e ele os persuadira a acompanhá-lo. Também tinham cursado o colégio e, como ele, exerciam cargos subalternos em escritórios. Eram asseados, sérios mas bem-humorados, de olhos brilhantes e sorrisos expressivos.

"Viemos fazer uma pergunta muito simples, e esperamos uma resposta simples. Embora formados no Colégio, não estamos bem preparados para o raciocínio profundo e análises muito minuciosas; mas ouviremos com atenção o que disserdes. Queremos dizer-lhe que não sabemos a finalidade que a vida tem. Andamos experimentando isso e aquilo, filiando-nos a partidos políticos, a organizações de assistência social, freqüentando comícios trabalhistas, e tudo o mais; e acontece que somos também apaixonados da música. Estivemos freqüentando templos e mergulhando, não muito profundamente, nos livros sagrados. Ouso dizer-vos tudo isso, apenas para dar-vos a nosso respeito algumas informações. Nós três costumamos reunir-nos quase todas as noites, para trocarmos idéias, e a pergunta que desejamos fazer-vos é esta: Qual é a finalidade da vida, e como se pode achá-la?"

Por que fazeis esta pergunta? E se alguém vos dissesse qual é a finalidade da vida, vós a aceitaríeis como tal e guiaríeis vossas vidas de acordo com ela?

"Fazemo-vos esta pergunta", explicou o casado, "porque estamos confusos; não sabemos que finalidade pode ter toda esta confusão e sofrimento. Desejamos conversar a esse respeito com quem não esteja tão confuso como nós, e não seja arrogante e autoritário; alguém que nos fale normalmente, e não condescendentemente, como quem sabe tudo, diante de pobres colegiais ignorantes. Ouvimos dizer que vós não sois desta marca, e por isso viemos perguntar-vos que finalidade tem a vida."

"Não é só isso, senhor", acrescentou o primeiro, "desejamos também ter uma vida frutuosa, uma vida significativa; mas, ao mesmo tempo, não queremos ser *istas*, nem pertencer a nenhum *ismo*. Alguns de nossos amigos pertencem a diferentes associações, de insinceros pregadores religiosos e políticos, mas a eles não desejamos aderir. Os políticos estão em geral à caça do poder para si mesmos, invocando o nome do Estado; e, quanto aos religiosos, são eles, em maioria, gente crédula e supersticiosa. Aqui estamos, pois, e não sei se podeis ajudar-nos."

Mais uma vez, se houvesse alguém tão sem juízo que vos dissesse qual é a finalidade da vida, aceitaríeis essa finalidade — desde que, naturalmente, vos parecesse razoável, confortante e mais ou menos satisfatória?

"Acho que sim", disse o primeiro deles.

"Mas precisaríamos ter certeza de ser ela verdadeira, e não apenas uma engenhosa invenção", interveio um dos seus companheiros.

"Duvido que sejamos capazes de tal discernimento", ajuntou outro.

Aí está; todos admitistes que estais em confusão. Ora, pensais que uma mente confusa é capaz de descobrir qual é a finalidade da vida?

"Porque não, senhor?", perguntou o primeiro. "Estamos confusos; isso é inegável, mas se essa confusão nos impede de perceber a finalidade da vida, então não há para nós esperança."

Por mais que tateie e busque, uma mente confusa só pode descobrir o que a tornará mais confusa ainda; não achais?

"Não sei aonde quereis chegar", disse o casado.

Não estamos querendo chegar a parte alguma. Estamos andando, passo a passo; e a primeira coisa que cumpre descobrir, naturalmente, é se a mente pode pensar com clareza, enquanto está confusa.

"Naturalmente não pode", respondeu prontamente o primeiro. "Se estou confuso, como de fato estou, não posso pensar claramente. Um pensar claro requer ausência de confusão. Já que estou confuso, meu pensar não é claro. E daí?"

O fato é que, o que quer que a mente confusa busque e encontre, só pode ser também confuso; seus líderes, seus *gurus*, seus fins, refletirão sua própria confusão. Não é exato isso?

"É difícil compreendê-lo", disse o casado.

É difícil compreendê-lo por causa de nossa presunção. Julgamo-nos muito inteligentes e muito capazes de resolver os problemas humanos. Em geral temos medo de reconhecer para nós mesmos o fato de que estamos confusos, porque isso seria admitir nossa própria falência, nossa derrota — o que significaria desespero ou humilhação. O desespero conduz à acrimônia, ao pessimismo, às filosofias grotescas; mas, quando existe a verdadeira humildade, podemos então realmente começar a procurar e a compreender.

"Percebo bem a verdade do que estais dizendo", replicou o casado.

Não é fato, também, que a escolha indica confusão?

"Não compreendo como isso pode ser", disse o segundo. "Nós temos de escolher; sem escolha, não há liberdade."

Quando é que escolheis? Só quando estais em confusão, quando não tendes "toda a certeza". Quando há claridade, não há escolha.

"Exatamente, senhor", interrompeu o casado. "Quando amamos uma pessoa e com ela desejamos casar-nos, não há, aí, escolha. Só quando não há amor é que nos pomos a escolher. De certo modo, o amor é claridade, não é?"

Isso depende do que entendemos por amor. Se o "amor" está cercado de receios, de ciúme, de apego, nesse caso não é amor, e não existe claridade. Mas, por ora, não estamos falando desse amor. Quando a mente se acha num estado de confusão, sua busca da finalidade da vida e sua escolha de finalidades nenhuma significação tem, não é verdade?

"Que quereis dizer com "escolha de finalidades?"

Ao virdes aqui, para perguntar qual é a finalidade da vida, estáveis como que em busca de algo, à procura de uma finalidade, um alvo, não é verdade? Evidentemente já fizestes a outros a mesma pergunta, mas as respostas deles não devem ter sido satisfatórias e, por isso, viestes para cá. Estáveis a escolher; e, como dissemos, a escolha nasce da confusão. Porque estáveis confusos, desejáveis certeza; e a mente que busca certeza quando está confusa, sustenta a confusão, não é verdade? A certeza somada à confusão interior, só faz aumentar esta confusão.

"Isto está bem claro", replicou o primeiro. "Começo a perceber que uma mente confusa só pode achar soluções confusas para problemas confusos. E daí?"

Investiguemos com vagar. Nossa mente está confusa, e o fato é este. Portanto nossa mente é também superficial, insignificante, limitada; e este é outro fato, não?

"Mas nós não somos de todo insignificantes; há uma parte de nós que não o é", afirmou o casado. "Se pudermos achar uma maneira de transcender esta superficialidade, poderemos pôr-lhe fim."

Esta é uma esperança confortante; mas é de fato assim? Vós tendes a noção tradicional de que existe uma entidade — *Atman*, a alma, a essência espiritual — além de toda essa insignificância, uma entidade que pode abrir, e abre, caminho através dela. Mas, quando uma mente insignificante pensa que há uma parte dela própria que não é insignificante, ela só está sustentando sua insignificância. Asseverando a existência do *Atman*, do "eu superior", etc., a mente ignorante e confusa continua no cativeiro de seus confusos pensamentos, baseados pela maior parte na tradição, no que lhe foi ensinado por outrem.

"Que podemos então fazer?"

Esta pergunta não é um pouco prematura? Pode não ser necessário empreender coisa alguma. No próprio processo de compreensão do problema, pode surgir uma ação de qualidade completamente diferente.

"Quereis dizer que a ação que se deve empreender se revelará em nossa investigação para compreensão da vida", explicou o casado. "Mas que entendeis por *vida?*"

A vida é beleza, sofrimento, alegria e confusão; é a árvore, o pássaro, e o luar espelhado nas águas; é trabalho, dor, esperança; é morte, ânsia de imortalidade, crença no Supremo e negação do Supremo; é bondade, ódio, e inveja; é avidez e ambição; é amor e desamor; é inventividade e capacidade de explorar a máquina; é êxtase insondável; é a mente, o meditador, e a meditação. Ela é todas as coisas. Mas como se abeira da vida nossa mente insignificante e confusa? *Isto* é importante, e não uma descrição do que é a vida. Da maneira como consideramos a vida, dependem todas as questões e soluções.

"Vejo que essa confusão que chamamos "vida" é produto de minha própria mente", disse o primeiro. "Eu pertenço a ela e ela me pertence. Posso separar-me da vida e perguntar a mim mesmo como devo considerá-la?"

Vós, *de fato*, vos separastes da vida, não? Não dizeis "Eu sou a totalidade da vida" e ficais quieto; quereis modificar *isto*, melhorar *aquilo*, quereis rejeitar e prender. Vós, o observador, continuais a existir como um centro imóvel, permanente, nesse vasto movimento, e por isso vos vedes em conflito e aflição. Agora, uma vez que estais separado, de que maneira vos abeirais do todo? Como vos abeirais desta vastidão, da beleza da terra e do céu?"

"Dela me acerco", respondeu o homem casado, "com minha insignificância, fazendo perguntas fúteis."

O que pedimos, recebemos. Nossa vida é insignificante, mesquinha, completamente superficial, escravizada à rotina; e os deuses da mente fútil são tão fúteis e estúpidos como o seu criador. Não importa se vivemos num palácio ou numa aldeia, se somos funcionários de escritório ou ocupamos posição de mando, o fato é que nossa mente é insignificante, estreita, ambiciosa, invejosa; e com essa mente é que queremos descobrir se existe Deus, o que é a verdade, o que é governo perfeito, e buscamos respostas para outras e inumeráveis perguntas que começam a surgir.

"Sim, senhor, assim é nossa vida", admitiu melancolicamente o primeiro deles. "Que podemos fazer?"

Morrer para toda essa existência, não aos poucos, porém totalmente. É a mente insignificante que tenta, que luta, que nutre ideais e sistemas, que está sempre a cultivar virtudes para melhorar a si própria. A virtude, quando cultivada, deixa de ser virtude.

"Percebo que devemos morrer para o passado", disse o primeiro. "Mas, se eu morrer para o passado, que haverá então?"

Estais dizendo — não é verdade? — que só estais disposto a morrer para o passado se se vos garantir um substituto satisfatório daquilo a que renunciastes. Isso não é renúncia, e sim um novo ganho. A mente fútil que deseja saber o que se lhe dará depois de morrer, encontrará sua própria e fútil resposta. Tendes de morrer para tudo o que é conhecido, para que possa existir o desconhecido.

"Fiz esta pergunta irrefletidamente. Compreendo realmente, senhor, o que estivestes dizendo, e isso não é uma simples afirmativa cortês ou puramente verbal. Acho que cada um de nós sentiu profundamente a verdade do que dissestes, e esse sentimento é que é importante. Desse sentimento resultará, sem dúvida, ação. Podemos voltar?"

SEM BONDADE E AMOR NÃO EXISTE EDUCAÇÃO

SENTADO EM ALTO estrado, tocava um instrumento de sete cordas, para pequeno auditório familiarizado com esse tipo de música clássica. Todos estavam sentados no chão, à frente dele, e atrás dele tocava-se outro instrumento de apenas quatro cordas. Era moço ainda, porém senhor absoluto das sete cordas e daquela música complexa. Fazia umas variações antes de iniciar cada canção; e durante a execução da canção continuavam as variações. Nunca se ouvia tocar uma canção duas vezes da mesma maneira. A letra era conservada, mas dentro de certos limites havia grande liberdade, e o músico podia improvisar à vontade; e quanto mais variações e combinações, tanto maior o músico. As cordas naturalmente não cantavam as palavras; mas todos os presentes sabiam a letra de cada canção e com ela se extasiavam. Com balanços de cabeça e graciosos movimentos das mãos marcavam o compasso com toda a perfeição e davam uma leve palmada na coxa ao terminar cada ritmo. O músico, de olhos fechados, estava completamente absorto em sua liberdade criadora e na beleza dos sons; seu cérebro e seus dedos trabalhavam em perfeita coordenação. E que dedos! Delicados e ágeis, pareciam ter vida própria. Só paravam no fim de uma canção de determinado compasso; repousavam então, muito quietos, mas com incrível rapidez iniciavam outra canção noutro compasso. Quase hipnotizavam o ouvinte com sua graça e ligeireza de movimento. E aquelas cordas, que sons melodiosos emitiam! Eram comprimidas pelos dedos da mão esquerda, para dar a nota exata, enquanto os dedos da mão direita as tangiam com magistral facilidade e domínio.

Lá fora, a lua brilhava intensamente, e as sombras escuras eram imóveis; pouco visível, através da janela, o rio era uma faixa de prata, contra as árvores escuras e silenciosas da outra margem. Uma coisa estranha ocorria naquele espaço que é a mente. Observava os graciosos movimentos dos dedos, ouvia os sons melodiosos, notava as cabeças balouçantes e as mãos rítmicas do silencioso auditório. De repente, o observador, o ouvinte desaparecia; não fora adormecido e suprimido pelas melodiosas cordas: estava totalmente ausente. Ficava apenas o vasto espaço que é a mente. Todas as coisas terrenas e humanas lá estavam, nela, porém na periferia, vagas e distantes. No espaço vazio, um vasto movimento havia, movimento que era quietude. Movimento vasto e profundo, sem direção e sem *motivo,* proveniente da periferia e dirigido com incrível força para o centro — um centro presente em todos os pontos da quietude, do movimento que é espaço. Esse centro é a solidão não contaminada, incognoscível, solidão que não é isolamento, não tem começo nem fim. Completa em si mesma, incriada; a periferia nela existe, sem fazer parte dela. Ela existe, mas não na limitada esfera da mente humana. É o todo, a totalidade inacessível.

Eram quatro rapazes, mais ou menos da mesma idade — entre dezesseis e dezoito anos. Um pouco acanhados, cumpria provocá-los, mas uma vez postos em movimento era-lhes difícil parar e ansiosas perguntas lhes saíam atropeladamente da boca. Via-se que já tinham discutido a matéria entre si, de antemão, e haviam preparado suas perguntas por escrito; mas depois de fazerem uma ou duas dessas perguntas, esqueceram-se do escrito e as palavras lhes fluíam, livremente, de seus próprios e espontâneos pensamentos. Embora não fossem de pais ricos, trajavam-se com asseio e propriedade.

"Senhor, quando nos falastes, a nós estudantes, há poucos dias", começou o que estava mais perto, "dissestes alguma coisa sobre a necessidade de educação correta, para que pudéssemos enfrentar a vida. Peço-vos explicar de novo o que entendeis por educação correta. Conversamos a esse respeito entre nós, mas não entendemos bem isso."

Que espécie de educação estais recebendo atualmente?

"Ora, estamos no Colégio, onde nos ensinam as matérias necessárias para uma dada profissão", respondeu. "Eu vou ser engenheiro; estes meus amigos estão respectivamente estudando Física, Literatura e Ciências Econômicas. Estamos fazendo os cursos prescritos e lendo os livros necessários, e quando nos sobra tempo lemos um ou outro romance; mas, com exceção dos jogos, estamos a maior parte do tempo aplicados aos nossos estudos."

Pensais que isso basta para estar-se corretamente educado para a vida?

"Do que dissestes, se vê que isso não é suficiente", respondeu o segundo. "Mas é só isso que nos dão, e em geral pensamos que estamos sendo educados."

Só aprender a ler e escrever, a desenvolver a memória e preparar-se para os exames, adquirir certas capacidades ou técnicas para obtenção de emprego — isso é educação?

"Mas não é necessário tudo isso?"

Decerto, é essencial preparo para se ter um meio de vida adequado, mas a vida não é só isso. Há o sexo, a ambição, a inveja, o patriotismo, a violência, a guerra, o amor, a morte, Deus, as relações humanas, que constituem a sociedade — e tantas outras coisas. Estais sendo educados para enfrentardes esta coisa vastíssima que se chama a vida?

"Mas, quem irá educar-nos assim?", perguntou o terceiro. "Nossos mestres e professores parecem tão indiferentes. Alguns deles são homens brilhantes e muito lidos, mas nenhum deles pensa sequer em tal coisa. Somos impelidos através dos cursos, e já teremos muita sorte se tirarmos os nossos diplomas; tudo se está tornando tão difícil."

"Com exceção de nossas paixões sexuais, que são bastante positivas", disse o primeiro, "nada sabemos acerca da vida; tudo o mais parece tão vago e remoto. Ouvimos nossos pais resmungarem sobre a falta de dinheiro, e compreendemos que eles estão aprisionados em certas rotinas para o resto da vida. Assim, quem pode instruir-nos sobre a vida?"

Ninguém pode instruir-vos, mas vós podeis aprender. Há vasta diferença entre aprender e ser instruído. O aprender prossegue durante toda a vida, ao passo que só se é instruído durante apenas algumas horas ou anos — e, depois, fica-se o resto da vida a repetir o que se aprendeu. O que foi ensinado logo se torna cinzas frias; e a vida, uma coisa viva, se torna um campo de batalha, de vãos esforços. Sois jogados na vida, sem se vos dar oportunidade ou tempo para a compreenderdes; antes de saberdes qualquer coisa acerca da vida, vos vedes no meio dela, casado, preso a um emprego, rodeado de uma sociedade exigente e inexorável. Cada um deve começar a aprender o que é a vida desde a primeira infância, e não no último momento; quando já estamos adultos, quase já é tarde demais.

Sabeis o que é a vida? Ela se estende do momento de nascerdes ao momento de morrerdes — e talvez além. A vida é um todo muito vasto e complexo. É como uma casa onde todas as coisas possíveis acontecem simultaneamente. Amais e odiais, sois ávido, invejoso, e ao mesmo tempo sentis que não o deveis ser. Sois ambicioso, e encontrais a frustração ou o bom êxito, em seguida a toda uma série de ansiedades, temores e crueldades; e mais cedo ou mais tarde manifesta-se o sentimento da futilidade desse bom êxito. E há também os horrores e a brutalidade da guerra, e a paz mantida pelo terror; e há nacionalismo, e a soberania nacional, responsáveis pela guerra; e a morte, no fim da estrada da vida ou a meio caminho. E a busca de Deus, com suas crenças antagônicas e as disputas entre religiões organizadas. E a luta para se obter e conservar um emprego; e o casamento, os filhos, a doença, e o jogo da sociedade e do Estado. A vida é tudo isso e muito mais; e no meio dessa confusão sois lançado. Em geral, nela soçobrais, desditoso, destruído; e se conseguis sobreviver, galgando até o alto da massa amontoada, sois ainda uma parte da confusão. Isso é o que se chama "a vida": luta e sofrimentos perpétuos, e um pouquinho de alegria ocasional. Quem irá instruir-vos a respeito de tudo isso? Ou, melhor, como ireis aprender acerca de tudo isso? Ainda que sejais dotados de capacidades e talentos, sois pressionados pela ambição, pelo desejo de fama, com suas frustrações e sofrimentos. Tudo isso é a vida, não? E transcender tudo isso é também vida.

"Felizmente, por ora muito pouco sabemos dessa luta", continuou o primeiro, "mas o que nos dizeis dela já se encontra potencialmente em nós. Eu desejo ser engenheiro famoso, superar todos os outros; assim, terei de trabalhar esforçadamente e tratar de conhecer as pessoas que me convêm; terei de planejar, calcular para o futuro. Tenho de abrir meu caminho pela vida."

Isso, exatamente. Cada um diz que tem de abrir caminho pela vida; cada um só quer cuidar de si, mas em nome dos negócios, da religião ou da pátria. Desejais tornar-vos famoso, e o mesmo deseja o vosso vizinho, e o vizinho *dele;* e a mesma coisa acontece com todo o mundo, do mais alto ao mais baixo. E assim se constrói uma sociedade baseada na ambição, na inveja, na aquisição, sociedade em que cada homem é inimigo dos demais; e estais sendo "educado" para vos ajustardes a essa sociedade de desintegração, para vos adaptardes à sua viciosa estrutura.

"Mas que podemos fazer?", perguntou o segundo. "Parece-me que temos de submeter-nos à sociedade, ou ser destruídos. Há alguma saída, senhor?"

Sois atualmente "educados" para vos ajustardes a esta sociedade; vossas capacidades são desenvolvidas para que sejais capazes de ganhar a vida dentro de seu padrão. Vossos pais, vossos educadores, vosso governo, dão toda a importância à vossa eficiência e segurança financeira, não é verdade?

"Nada sei quanto ao governo", atalhou o quarto, "mas nossos pais gastam seu dinheiro trabalhosamente ganho para que tenhamos um diploma e possamos ganhar a vida. Eles nos amam."

De fato? Vejamos. O governo vos quer eficientes burocratas, para administrar o Estado, eficientes trabalhadores industriais, para preservar a economia, eficientes soldados para matar "o inimigo", não é assim?

"Parece que é isso o que o Governo quer. Mas nossos pais são mais bondosos; só cuidam de nosso bem-estar e querem que sejamos bons cidadãos."

Exatamente; eles querem que sejais "bons cidadãos", que sejais respeitavelmente ambiciosos, insaciavelmente gananciosos, e prontos a exercer essa crueldade socialmente aprovada que se chama "concorrência", "competição", e isso para que vós e eles vos conserveis em segurança. Eis o que constitui um "bom cidadão"; mas isso é bom, ou é uma coisa muito má? Dizeis que vossos pais vos amam; mas isso é exato? Não tenho intenção de criticar. O amor é uma coisa extraordinária; sem ele, a vida é estéril. Podeis ter muitas posses e ocupar uma posição de mando, mas sem a beleza e a grandeza do amor, a vida depressa se torna desgraçada e confusa. O amor exige — não é verdade? — que os entes amados tenham plena liberdade para alcançarem sua plenitude, se tornarem algo maior do que meras máquinas sociais. O amor não compele, nem abertamente nem mediante sutis ameaças, relativas a deveres e responsabilidades. Onde há compulsão ou o exercício de autoridade, sob qualquer forma, não existe amor.

"Essa não parece a espécie de amor a que meu amigo se referia", disse o terceiro. "Nossos pais nos amam, mas não dessa maneira. Conheço um rapaz que deseja ser artista, mas o pai quer fazer dele negociante, e ameaça deserdá-lo se não cumprir seu dever filial."

O que os pais chamam "dever" não é amor, é compulsão; e a sociedade aprovará sempre os pais, pois estão procedendo de maneira muito respeitável. Têm os pais todo o empenho em que os filhos achem empregos seguros e ganhem seu próprio dinheiro; mas, com esta enorme população, há mil candidatos para cada emprego, e os pais acham que um rapaz não poderá ganhar a vida pintando; e, assim, procuram forçá-lo a abandonar o que consideram um capricho tolo. Consideram uma necessidade ele ajustar-se à sociedade, ser respeitável, alcançar uma situação de segurança. A isso chamam "amor". Mas é amor? Ou é medo, encoberto pela palavra "amor"?

"Assim expresso, não sei o que diga", respondeu o terceiro.

Há outra maneira de exprimi-lo? O que acabo de dizer poderá ser desagradável, mas é um fato. A suposta educação que evidentemente estais recebendo agora não vos ajudará a enfrentar o vasto complexo da vida; estais indo ao seu encontro despreparados, e sereis por ela tragado.

"Mas quem vai educar-nos para compreender a vida? Não temos tais instrutores, senhor."

O educador também tem de ser educado. Os mais velhos vos dizem que a vós — a nova geração — cabe criar um mundo diferente, mas a intenção deles não é esta, absolutamente. Pelo contrário, com muita reflexão e cuidado se põem a "educar-vos" para ajustar-vos ao velho padrão, com certas modificações. Embora usem palavras muito diferentes, mestres e pais, apoiados pelo governo e a sociedade, estão cuidando de treinar-vos para vos ajustardes à tradição, para aceitardes a ambição e a inveja como a norma natural da vida. Pouco lhes importa uma nova norma de vida, e por essa razão é que o próprio educador não está sendo corretamente educado. A velha geração criou este mundo belicoso, este mundo de antagonismos e divisão entre os homens; e a nova geração está-lhe seguindo as pegadas muito diligentemente.

"Mas desejamos ser corretamente educados, senhor. Que devemos fazer?"

Em primeiro lugar, vede bem claramente um fato muito simples: que nem o governo, nem vossos atuais mestres, nem vossos pais, se importam com educar-vos corretamente; se se importassem, este mundo seria muito diferente e não haveria guerras. Portanto se desejais ser educados corretamente, vós mesmos tendes de cuidar disso; e, depois de crescerdes, cuidareis de que vossos filhos sejam corretamente educados.

"Mas, como nos educarmos corretamente? Precisamos que alguém nos oriente."

Vós tendes professores, que vos instruem na Matemática, na Literatura, etc.; mas a educação é coisa mais profunda e mais ampla do que o mero acumular de conhecimentos. Educação é cultivar a mente de maneira que a ação não seja egocêntrica; é aprender, através da vida, a quebrar as muralhas que a mente constrói para se conservar em segurança, do que resulta o medo com todas as suas complexidades. Para vos educardes corretamente, tendes de estudar aplicadamente, e não ser preguiçosos. Jogai bem, não para baterdes outros, mas, sim, para divertir-vos. Tomai alimentos adequados e conservai-vos em bom estado físico. Conservai a mente vigilante e capaz de atender aos problemas da vida, não como hinduístas, comunistas ou cristãos, porém como entes humanos. Para vos educardes corretamente, deveis compreender a vós mesmos; deveis continuar sempre aprendendo alguma coisa a vosso respeito. Se paramos de aprender, a vida se torna feia e aflitiva. "Sem bondade e amor, não há educação correta."

ÓDIO E VIOLÊNCIA

ERA MUITO CEDO ainda; o sol só iria despontar dentro de uma hora, talvez. O Cruzeiro do Sul fulgia muito claro e extraordinariamente belo, acima das palmeiras. Tudo estava mergulhado em tranqüilidade; as árvores imóveis e escuras, e até as pequenas criaturas da terra, guardavam silêncio. Estendia-se uma pureza e uma bênção por sobre o mundo adormecido.

A estrada atravessava um grupo de palmeiras, passando por uma lagoa, e continuava até onde começavam as casas. Cada casa tinha um jardim, alguns bem tratados, outros ao abandono, Um perfume de jasmim se espalhava no ar, tornado mais intenso pelo orvalho. Nas casas ainda não se viam luzes, e as estrelas luziam claras, mas, no céu, do lado do oriente, começava o despertar. Um ciclista aproximou-se, bocejando, e passou por nós sem voltar a cabeça.

Alguém ligara o motor de um carro, para deixá-lo esquentar paulatinamente, e ouvia-se um impaciente buzinar. Depois das casas, a estrada passava por um arrozal e virava para a esquerda, em direção da vasta cidade.

Uma senda, saída da estrada, acompanhava um canal. À margem deste, alinhadas, as palmeiras se refletiam na água tranqüila e clara, e uma grande ave branca já estava a trabalhar, procurando pegar peixes. Ainda não se via ninguém, naquela senda, mas não tardaria a aparecer muita gente por ali, pois os habitantes do lugar, dela se serviam como atalho para a estrada principal. Além do canal ia-se ter a uma casa isolada, com uma árvore grande dentro de bonito jardim. Já rompia a alvorada, e a estrela-d'alva pairava, pálida, acima da árvore. Debaixo desta, sentada numa esteira, uma mulher afinava um instrumento de cordas que lhe descansava no regaço. Pouco depois começou a cantar em Sânscrito; era uma coisa de profunda religiosidade, e as palavras penetravam o ar matinal, parecendo transformar toda a atmosfera ambiente, dando-lhe extraordinária plenitude e significação. A seguir, entoou uma canção só cantada naquela hora da manhã. Era um enlevo. Estava completamente inconsciente de que a escutavam, nem lhe importava que alguém o fizesse, inteiramente absorta que estava na canção. Tinha voz boa, clara, e se estava deleitando no mais alto grau, daquela maneira grave e séria. Mal se ouvia o instrumento de cordas, mas a voz atravessava o canal, límpida e forte. As palavras e os sons nos invadiam todo o ser, e sentia-se grande e purificadora alegria.

Ele viera com vários amigos, alguns evidentemente seus discípulos. Homem agigantado, de tez muito escura e compleição hercúlea, reçumava vigor e devia andar em grande atividade física. Recém-banhado, trajava vestes irrepreensivelmente limpas. Ao falar, os lábios pareciam cobrir-lhe todo o rosto; dir-se-ia que uma certa fúria interior o devorava, e a cabeça grande, coberta de basta cabeleira, mantinha-se erguida, com superior desdém à autoridade. De sorriso forçado, via-se que só ria em presença de muito poucos. O olhar, direto e sem reservas, indicava absoluta convicção de tudo o que dizia. Havia algo estranhamente dominante na sua personalidade.

"Espero me desculpeis por entrar imediatamente no assunto; não gosto de rodeios e prefiro ir direto ao que interessa. Faço parte de um grande grupo de pessoas que visam a destruir a tradição bramânica e a pôr o brâmane no seu devido lugar. Ele nos tem explorado impiedosamente, e agora chegou a nossa vez. Tem-nos dominado, fazendo-nos sentir-nos inferiores e subservientes a seus deuses. Vamos queimar os seus deuses. Não queremos que suas palavras corrompam nossa língua, muito mais antiga que a dele. Nosso plano é expulsá-lo de todas as posições preeminentes, e nos tornarmos mais inteligentes e mais solertes do que ele. Ele nos privou de educação, mas agora vamos saldar as nossas contas."

Mas, senhor, por que tanto ódio a outros seres humanos? Vós não explorais ninguém? Não mantendes a outros debaixo de vossos pés? Não negais a outrem o direito de ser adequadamente educado? Não estais arquitetando obrigar outros a aceitarem vossos deuses e vossos valores? Ódio é ódio, não importa se nutrido por vós ou se pelo chamado brâmane.

"Parece que não estais compreendendo. O povo só pode ser oprimido durante um certo período de tempo. Chegou a vez dos oprimidos. Vamos sublevar-nos e derribar o domínio brâmane; estamos organizados e vamos trabalhar esforçadamente para esse fim. Não queremos seus deuses nem seus sacerdotes; queremos ser seus iguais ou superiores."

Não seria preferível examinar mais refletidamente o problema das relações humanas? É tão fácil perorar a respeito de nada, incidir em *slogans*, hipnotizar a si mesmo com dúbias palavras. Somos entes humanos, senhor, embora nos chamemos por diferentes nomes. Esta Terra é nossa; não é a Terra do brâmane, do russo ou do americano. Torturamo-nos por causa dessas ocas divisões. O brâmane não é mais corrupto do que qualquer outro homem que busca poder e posição; seus deuses não são mais falsos do que os que tendes, vós e outros. Jogar fora uma imagem para pôr outra no seu lugar afigura-se sobremodo absurdo, não importa se a imagem é feita pela mão ou pela mente.

"Assim poderá ser, em teoria, mas no viver de cada dia temos de enfrentar os fatos. Os brâmanes têm explorado seus semelhantes durante séculos; tornaram-se muito talentosos e atilados, e agora mantêm todas as posições que desejaram. Estamos em campo para arrebatar-lhes as posições, e vamos fazê-lo com toda a eficiência."

Não podereis arrebatar-lhes a sagacidade, e eles continuarão a servir-se dela para seus próprios fins.

"Mas nós nos educaremos, tornar-nos-emos mais sagazes do que eles; batê-los-emos em seu próprio terreno e depois criaremos um mundo melhor."

Não se pode melhorar o mundo pela ação do ódio e da inveja. Não estais mais interessado em alcançar poder e posição do que em criar um mundo onde deixou de existir o ódio, a avidez e a violência? Esse desejo de poder e de posição corrompe o homem, seja brâmane ou não, seja um ardente reformador. Se um grupo cheio de ambição, inveja, astuciosa brutalidade, é substituído por outro grupo com as mesmas tendências de pensamento — isso, por certo, não conduz a resultado algum.

"Vós estais interessado em ideologias, e nós em fatos."

É exato isso, senhor? Que se entende por "fato"?

"No viver de cada dia, nossos conflitos e nossos apetites são um fato. Para nós, o importante é entrarmos na posse de nossos direitos, protegermos nossos interesses e assegurarmos o futuro de nossos filhos. Para esse fim, precisamos ter o poder nas mãos. Eis aí *fatos*."

Quereis dizer que a inveja e o ódio não são fatos?

"Poderão ser, mas isso não nos interessa." Olhou em torno para saber o que pensavam os outros, mas todos guardavam respeitoso silêncio. Eles também estavam resguardando seus próprios interesses.

O ódio não dirige a ação externa? Ódio só pode gerar mais ódio; e uma sociedade baseada no ódio, na inveja, uma sociedade em que existam grupos concorrentes, cada um salvaguardando seus próprios interesses — tal sociedade estará sempre em guerra, internamente e, portanto, com outras sociedades. Do que dizeis se depreende que só tendes a perspectiva de vosso grupo sair vitorioso, colocando-se no alto, para explorar, oprimir, causar os mesmos malefícios que o outro grupo causou no passado. Isso parece grandemente absurdo, não achais?

"Admito que parece; mas temos que aceitar as coisas como são."

Sob certo aspecto, é exato; mas não é necessário continuarmos com elas como estão. Há evidente necessidade de mudança, mas não pelo mesmo padrão de ódio e violência. Não sentis que isso é verdade?

"É possível operar alguma mudança, sem ódio e sem violência?"

Ora, ocorre alguma mudança quando os meios empregados são idênticos aos que foram usados para formar a presente sociedade?

"Por outras palavras, estais dizendo que a violência só pode criar uma sociedade essencialmente violenta, por mais nova que nos pareça ser. Sim, percebo isso." Mais uma vez voltou-se para os amigos.

Não achais que para se criar uma boa ordem social é essencial o emprego de meios corretos? E os meios são diferentes dos fins? Os fins não estão contidos nos meios?

"Isso se está tornando um pouco complicado. Percebo que o ódio e a violência só podem produzir uma sociedade fundamentalmente violenta e opressora. Até aqui está claro. Dizeis agora que os meios corretos devem ser empregados para se criar uma sociedade correta. Quais são os meios corretos?"

Os meios corretos é a ação não resultante do ódio, da inveja, da ambição, do medo. Os fins não estão distantes dos meios. Os fins *são* os meios.

"Mas, como dominar o ódio e a inveja? Esses sentimentos nos unem contra o inimigo comum. Há um certo prazer na violência, ela produz resultados e dela não podemos livrar-nos tão facilmente."

Por que não? Ao perceberdes por vós mesmo que a violência conduz a males maiores, é difícil abandonar a violência? Quando, ainda que superficialmente agradável, uma coisa vos causa dor profunda, não a pondes de parte?

"No plano físico, isso é relativamente fácil, porém é mais difícil quando se trata de coisas interiores."

Só é difícil quando o prazer sobreleva à dor. Se o ódio e a violência vos dão prazer, a despeito dos indescritíveis males e sofrimentos que causam, continuareis a sustentá-los; mas não vos iludais a esse respeito e não digais que ides criar uma nova ordem social, uma maneira de vida melhor, porquanto tudo isso é sem sentido.

O homem que odeia, que é ganancioso, que busca o poder ou uma posição de autoridade, esse homem não é brâmane, porque o verdadeiro brâmane está fora da ordem social que se baseia nessas coisas; e se vós, de vossa parte, não estais livre da inveja, do antagonismo, e do desejo de poder, não diferis do brâmane atual, embora deis a vós mesmo um diferente nome.

"Senhor, estou admirado de estar dando ouvidos ao que dizeis. Há apenas uma hora, parecer-me-ia horrível dar atenção a falas desta natureza; mas prestei atenção, e não me envergonho de o ter feito. Vejo agora com que facilidade nos deixamos levar por nossas próprias palavras, e por nossos mais sórdidos impulsos. Esperemos que as coisas mudem."

O CULTIVO DA SENSIBILIDADE

DECOLOU O AVIÃO muito cedo. Todos os passageiros estavam bem agasalhados, pois fazia muito frio e ia esfriar mais ainda quando ganhássemos altitude. O homem do assento imediato dizia, em meio ao roncar dos motores, que os orientais eram muito brilhantes, lógicos e tinham o apoio de uma cultura multissecular; mas que futuro lhes estava reservado? Por seu turno, os ocidentais, embora não tão brilhantes, com poucas exceções, eram dinâmicos e altamente produtivos; tinham a operosidade das formigas. Por que viviam tão agitados e a matar-se uns aos outros, por causa de diferenças políticas e religiosas, e questões de divisão de terras? Que insensatos! Não tinham aprendido as lições da História. Ele dava graças a Deus de ser um homem letrado, que não se envolvia em nada disso. O homem que detinha atualmente o poder revelou-se afinal um mero político, e não o grande estadista que dele se esperava; mas, assim era o mundo. Estranhava ver como, em séculos idos, um pequeno grupo havia civilizado o Ocidente, enquanto outro grupo explodia criadoramente em todo o Oriente, dando à vida significação mais nova e mais profunda. Porém, onde estava tudo isso agora? O homem se tinha tornado de mentalidade mesquinha, infeliz, desorientado.

"É bem de ver que, quando coagida pela autoridade, a mente se retrai — e foi isso o que aconteceu à mente dos letrados", acrescentou com um sorriso. "Quando coagida pela tradição, a filosofia deixa de ser criadora, significativa. A maioria dos homens ilustrados vive num mundo próprio, um mundo em que se refugiam, e sua mente se tornou tão mirrada como uma fruta que o sol de verão secou. Mas assim é a vida, pois não? — cheia de infinitas promessas e terminando em sofrer e frustração. Mas, ainda assim, a vida do espírito tem suas peculiares recompensas."

O céu até então limpo, de um suave azul, começava a toldar-se de nuvens escuras, pejadas de chuva. Voávamos entre duas camadas de nuvens; havia claridade onde estávamos, mas não se via o sol; só aquele espaço sem nuvens. Da camada superior caíam pesadas gotas de chuva sobre as asas prateadas; fazia frio e o avião dava sacolejões, pois já íamos descer. O homem do assento vizinho ferrara no sono; sua boca se contorcia e as mãos contraíam-se nervosamente. Dentro de poucos minutos apareceria a longa pista do aeroporto, além das matas e dos campos verdejantes.

Como as outras duas companheiras, ela era professora, muito jovem e entusiástica.

"Todas tiramos diplomas de Colégio", começou, "e fomos preparadas para ser professoras — e isso, em parte, pode ser a causa de nosso problema", acrescentou sorridente. "Ensinamos numa escola para crianças até à idade da adolescência, e desejamos conversar convosco sobre problemas do período adolescente, quando começa a manifestar-se o instinto sexual. Naturalmente temos lido sobre a matéria, mas a leitura não é a mesma coisa que uma troca de idéias. Todas somos casadas e, recapitulando o passado, compreendemos como teria sido muito melhor se nos tivessem instruído em matéria sexual, ajudando-nos a compreender esse difícil período da adolescência. Mas não viemos para falar de nós mesmas, embora tenhamos também nossos problemas pessoais, quem não os tem?"

"Em geral", acrescentou a segunda delas, "as crianças chegam a esse difícil período completamente despreparadas, com muito pouca assistência e compreensão; embora saibam alguma coisa a esse respeito, vêem-se enredadas e arrastadas pelo instinto sexual. Desejamos ensinar nossos alunos a enfrentá-lo, a compreendê-lo, e a não se tornarem virtuais escravos dele; mas, com os cinemas, as ilustrações de propaganda, e as capas de revistas sexualmente provocantes, é difícil aos próprios adultos pensarem serenamente no assunto. Não me estou fazendo respeitável ou puritana, mas o problema existe e precisamos compreendê-lo de maneira prática."

"É isso mesmo", disse a terceira; "queremos ser práticas — o que quer que isso signifique — todavia, ainda não sabemos muita coisa neste particular. Hoje, há filmes que instruem a respeito do sexo, que mostram do começo ao fim a gestação de uma criança, etc. etc.; mas a matéria é tão imensa, que hesitamos entrar nela. Desejamos ensinar às crianças o que devem saber acerca do sexo, sem despertar curiosidade mórbida, e sem reforçar-lhes os sentimentos já fortes, estimulando-as a fazer experiências; é uma espécie de corda tensa em que temos de equilibrar-nos; e os pais, com poucas exceções, não nos prestam suficiente ajuda; são cautelosos e muito preocupados em parecerem respeitáveis. O problema, portanto, não atinge apenas os adolescentes; atinge igualmente os pais e todo o ambiente social, e não podemos descuidar-nos desse aspecto também. Além disso, existe o problema da delinqüência."

Esses problemas não estão todos relacionados entre si? Não existe problema isolado, e nenhum problema pode ser resolvido de per si; não é verdade isso? Portanto, qual é a questão sobre que desejais conversar?

"Nosso problema imediato se relaciona com o ajudar a criança a compreender esse período de adolescência, e ao mesmo tempo ter cuidado de não fazer alguma coisa que possa estimulá-la a exceder-se, em suas relações com o sexo oposto."

Como estais atendendo a esse problema, atualmente?

"Tocamos o assunto pela rama, falando vagamente sobre controle das emoções, disciplinamento dos desejos; e também naturalmente fazemos alusões aos grandes modelos, os heróis da virtude", prorrompeu a primeira professora. "Realçamos para as crianças a importância de seguir ideais, de levar uma vida limpa, de moderação, de obediência à ordem social, e outras coisas que tais. Para algumas crianças isso tem efeito estabilizador, mas noutras não produz efeito algum, e algumas delas ficam assustadas; mas parece que o susto passa depressa..."

"Falamos sobre o processo da reprodução, exemplificando-o nas plantas", acrescentou a segunda, "mas, de modo geral, somos reticentes e cautelosas."

Qual é então o problema?

"Como disse minha companheira, o problema é como ajudar a criança a enfrentar adequadamente o instinto sexual, em chegando a adolescência, e a não se deixar vencer por ele."

O instinto sexual só aparece quando o menino ou menina chega à adolescência, ou já existe, sob forma mais simples e mais livre, nos anos que precedem a adolescência? Não se deveria ajudar a criança a compreendê-lo o mais cedo possível, e não apenas em certo período mais adiantado de seu desenvolvimento?

"Acho que tendes razão", disse a terceira, "o instinto sexual, indubitavelmente, se manifesta de diferentes maneiras em idade muito mais tenra, mas em geral falta-nos tempo e interesse para pensar nele muito antes de a criança alcançar a adolescência, quando o problema tende a tornar-se agudo."

Se uma pessoa chega à adolescência sem ter sido corretamente educada, então, obviamente, o instinto sexual assume assustadora importância, tornando-se quase incontrolável.

"Que significa ser corretamente educado?"

A educação correta se processa pelo cultivo da sensibilidade; e a sensibilidade deve ser cultivada não apenas em determinado período do crescimento, chamado adolescência, mas no decorrer da vida inteira, não achais?

"Porque encareceis tanto a sensibilidade?", perguntou a primeira.

Ser sensível é sentir afeição, ter o sentimento do belo e do feio; e esse cultivo da sensibilidade não faz parte do problema a que vos referis?

"Ainda não pensara nisso, mas agora que mo fazeis ver, percebo haver relação entre eles."

Ser corretamente educado não significa apenas estudar História ou Física; é também ser sensível às coisas da Terra — os animais, as plantas, as águas correntes, o céu, e as outras pessoas. Mas, descuidamo-nos de tudo isso, ou o estudamos apenas como parte do preparo para uma prova, quer dizer, como algo que se aprende e conserva para ser usado na ocasião necessária. Ainda quando se tem essa sensibilidade na infância, ela em geral é destruída pelos barulhos da chamada civilização. O ambiente da criança logo a força a amoldar-se ao que é respeitável, convencional. Delicadeza, afeição, o sentimento do belo, a sensibilidade ao feio — tudo se perde; mas naturalmente os impulsos biológicos continuam existentes.

"Isto é exato", concordou a terceira. "Parece que nos descuidamos de todo esse aspecto da vida, não? E desculpamo-nos alegando falta de tempo, que temos de pensar nos programas dos cursos, etc!"

O cultivo da sensibilidade não é pelo menos tão importante como os livros e os graus de formatura? Nós, porém, adoramos o êxito e não queremos saber dessa sensibilidade que destrói o empenho de ter sucesso.

"Na vida, não é necessário o bom êxito?"

O incitamento ao sucesso gera a insensibilidade, estimula a crueldade e a atividade egocêntrica. Como pode um homem ambicioso ser sensível para com as outras pessoas ou as coisas da Terra? Para ele, pessoas e coisas existem para seu próprio preenchimento, para servirem à sua própria ascensão. E essa sensibilidade é essencial, porque, sem ela, temos problemas sexuais.

"Como cultivar a sensibilidade em crianças?"

"Cultivar" é uma expressão pouco feliz, mas já que a empregamos continuemos a usá-la. A sensibilidade não é uma coisa que se tem de praticar; nenhum bem se faz em dizer simplesmente às crianças que observem a natureza, ou que leiam os poetas, etc. Mas se vós mesma sois sensível, se existe em vós sentimento de delicadeza, de amor, não vos achais capaz de ajudar vossos alunos a serem afetuosos, solícitos etc.? Como sabeis, nós sufocamos ou desprezamos tudo isso, comprazendo-nos com toda sorte de distrações estimulantes, e por essa razão o problema se torna cada vez mais complexo.

"Vejo que o que dizeis é verdadeiro, mas não pareceis apreciar devidamente as nossas dificuldades. Temos classes de trinta e quarenta meninos e meninas, e é impossível falar com cada um individualmente, por mais que o desejemos. Além disso, ensinar a tantos de cada vez é um trabalho estafante e nós próprias, de tão exaustas que ficamos, tendemos a perder o pouco de sensibilidade que tenhamos."

Que vos cabe então fazer? Desvelo, ternura, afeição — essas coisas são essenciais a quem quer compreender devidamente os impulsos do sexo. Por certo, estudando o problema com sensibilidade, falando a seu respeito, chamando a atenção para ele, de diferentes maneiras, poderá a mestra enriquecer-se de sensibilidade e comunicar à criança a sua significação; e a criança, ao tornar-se adolescente, estará capacitada para enfrentar os impulsos sexuais com compreensão mais profunda e mais ampla. Mas, para se inaugurar a educação correta para a criança, cumpre educar também os pais, pois são eles, afinal de contas, que constituem a sociedade.

"O problema é complexo e realmente formidável, e que poderemos, nós três, fazer no meio de tanta confusão? Que pode o indivíduo fazer?

É só como indivíduos que podemos fazer alguma coisa. Sempre foi um indivíduo, aqui e ali, que influiu realmente na sociedade, promovendo importantes mudanças no pensamento e na ação. Para ser um verdadeiro revolucionário, deve o indivíduo afastar-se do padrão da sociedade, o padrão da ambição, da inveja, etc. Toda reforma efetuada dentro do padrão só pode causar, no fim de tudo, uma revolta dentro do padrão; e a função do educador, sem dúvida, é ajudar o jovem a libertar-se do padrão, o que significa tornar-se livre do impulso de aquisição e da busca de poder.

"Vejo que de pouca valia seremos, a menos que sintamos intensamente estas coisas. E esta é uma das nossas maiores dificuldades: somos tão intelectuais, que nossos sentimentos ficaram paralisados. Só se sentirmos com toda a força, poderemos realizar algo."

"POR QUE NÃO TENHO LUCIDEZ?"

Chovera sem parar toda a semana; a terra estava empapada e por todo o caminho encontravam-se grandes poças d'água. O nível da água tinha subido nos poços e os sapos estavam exultantes, coaxando incansavelmente durante toda a noite. O rio transbordante ameaçava a ponte; mas eram bem-vindas as chuvas, apesar dos danos que estavam causando. Agora, entretanto, o tempo limpava lentamente; viam-se manchas de céu azul bem acima de nós, e o sol da manhã dispersava as nuvens. Passariam meses até que as folhas das árvores, agora bem lavadas, de novo se cobrissem de poeira fina e vermelha. Era tão intenso o azul do céu, que obrigava a parar e admirar. O ar estava purificado e numa breve semana a terra se tinha tornado verde. Naquela clara manhã a paz tinha descido sobre a Terra.

Num ramo morto de árvore próxima, pousava um papagaio solitário; não alisava as penas, conservando-se muito quieto; mas os olhos se moviam vigilantes. Era de um verde delicado, de bico vermelho e brilhante e cauda longa de verde mais pálido. Tínhamos vontade de tocá-lo, "apalpar-lhe" as cores; mas ao menor movimento, ele alçaria vôo. Embora completamente imóvel, parecendo uma chama verde congelada, sentia-se-lhe a intensa vitalidade, e ele parecia comunicar vida ao ramo morto em que estava pousado. Era extraordinariamente belo, de sustar a respiração! Quase não ousávamos tirar os olhos dele, de medo que desaparecesse no mesmo instante. Estávamos acostumados a ver papagaios, às dúzias, em seu vôo tonto, ou pousados nos fios telegráficos, ou espalhados pelos vermelhos milharais novos. Mas aquela ave solitária parecia o foco de toda a vida, de toda beleza e perfeição. Nada mais existia senão aquele vívido ponto verde, sobre um ramo escuro, desenhado contra o céu azul. A mente estava vazia de palavras e pensamentos; não notávamos sequer estar pensando. A intensidade daquele espetáculo trazia-nos lágrimas aos olhos, obrigando-nos a pestanejar — e o simples pestanejar poderia afugentar a ave! Mas lá ela permanecia, imóvel, tão acetinada e esbelta, as penas perfeitamente acamadas. Só uns poucos minutos se tinham escoado, mas aqueles minutos enchiam o dia, o ano, o tempo inteiro; naqueles poucos minutos estava presente toda a vida, sem fim e sem começo. Uma experiência dessas não é para se guardar na memória, como coisa morta mantida viva pelo pensamento, também morredouro; é coisa totalmente viva, que não pode ser encontrada entre os mortos.

Alguém chamou da casa ao fundo do jardim, e o ramo morto no mesmo instante perdeu seu adorno.

Lá estavam três pessoas — uma mulher e dois homens, todos bastante jovens, provavelmente pelos trinta e poucos.

Tinham vindo cedo, banhados e de roupas mudadas, e evidentemente não eram de classe endinheirada. Seus semblantes irradiavam ponderação; olhar claro e simples, sem aquele aspecto velado produzido pelo estudo aturado. A mulher era irmã do mais velho do grupo, e o outro homem, seu marido. Sentamo-nos todos numa esteira com uma barra vermelha em cada extremidade. O tráfego fazia um barulho medonho e tivemos de fechar uma das janelas; a outra dava para um discreto jardim onde existia frondosa árvore. Estavam todos um pouco acanhados, mas dentro em pouco começariam a falar desembaraçadamente.

"Embora nossas famílias sejam abastadas, nós três preferimos levar uma vida muito simples e despretensiosa", começou o irmão. "Vivemos numa aldeola, costumamos ler um pouco e somos dados à meditação. Nenhum desejo temos de ser ricos e temos exatamente o que nos basta para viver. Sei um pouco de Sânscrito, mas sinto relutância em citar com autoridade as Escrituras. Meu cunhado é mais estudioso do que eu, mas somos ainda muito jovens para sermos considerados eruditos. O saber, em si, tem muito pouca significação; só é útil porque pode guiar-nos, conservar-nos no rumo certo."

Será exato que o saber é útil? Ele não será um empecilho?

"Como pode ser um empecilho?" — perguntou um pouco ansioso. "Positivamente, o saber é sempre útil."

Útil em que sentido?

"Útil para se encontrar Deus, para se levar uma vida virtuosa."

É exato isso? Um engenheiro necessita de saber para construir uma ponte, para desenhar máquinas, etc. O saber é essencial aos que se ocupam da ordem material das coisas. O físico precisa de sua ciência, pois é parte essencial de sua existência, porquanto, se não fosse ela não lhe seria possível progredir. Mas o saber liberta a mente para descobrir? Embora o saber seja necessário para utilizar o que já foi descoberto, é bem certo que o estado de descobrimento é livre do saber.

"Privado do saber, eu poderia desviar-me da senda que conduz a Deus."

Por que não deveis desviar-vos do caminho? O caminho está tão claramente traçado, e é tão claro o alvo? E que entendeis por saber?

"Por "saber" entendo tudo o que experimentamos, lemos ou tudo que nos foi ensinado a respeito de Deus e das coisas que devemos fazer, das virtudes que devemos praticar, etc., a fim de encontrá-Lo. Não me refiro, naturalmente, à ciência da engenharia."

Há tanta diferença entre as duas coisas? O engenheiro aprendeu a alcançar certos resultados físicos, mediante aplicação de conhecimentos acumulados pelo homem através de séculos; enquanto vós aprendestes a alcançar certos resultados espirituais mediante controle de vossos pensamentos, cultivo da virtude, prática de boas obras, etc., sendo tudo isso igualmente um resultado de conhecimentos adquiridos no decurso de séculos. O engenheiro tem seus livros e seus mestres, e vós os vossos. Ambos fostes instruídos numa técnica e ambos desejais alcançar um certo fim, vós à vossa maneira, ele à sua maneira. Ambos estais no encalço de resultados. E Deus, a Verdade, é um resultado? Se é, é então coisa feita pela mente; e o que é feito pela mente pode ser desmantelado. Assim, pois, o saber é útil para o descobrimento da realidade?

"Não posso dizer-vos com segurança que não o seja, senhor, apesar de tudo o que ponderais", respondeu o marido. Faltando o saber, como se pode percorrer a senda?"

Se o alvo é estático, uma coisa morta, sem movimento, então um só caminho ou uma multiplicidade de caminhos pode conduzir a êle; mas a Realidade, Deus, ou qualquer nome que lhe deis, tem morada fixa, "endereço" permanente?

"Claro que não", disse com veemência o irmão.

Então como pode haver caminho para lá? Ora, por certo, para a verdade não há caminho.

"Nesse caso, qual é a função do saber?" perguntou, o marido.

Vós sois o resultado do que vos foi ensinado, e nesse condicionamento estão baseadas tôdas as vossas experiências; e vossas experiências, por sua vez, reforçam ou modificam vosso condicionamento. Sois como um gramofone, que toca discos diferentes, talvez, mas sempre um gramofone; e os discos que tocais são feitos do material que vos foi ensinado, por outros ou por vossas próprias experiências. Não é assim?

"Sim, senhor", respondeu o irmão, "mas não existe uma parte de mim mesmo que *não foi* ensinada?"

Existe realmente? Ora, isso que chamais *Atman,* a alma, "eu superior", etc. está também dentro dos domínios do que lêstes ou do que vos ensinaram.

"Vossas asserções são tão claras e significativas, que convencem, malgrado nossas próprias convicções", disse o irmão.

Se estais meramente convencido, não podeis ver a verdade do que foi dito. A verdade não é matéria de convicção ou concordância. Pode-se concordar ou discordar de opiniões ou conclusões; mas um fato não requer concordância: é um fato. Se percebeis por vós mesmo que o que se vos diz é um fato, não ficais meramente convencido disso: vossa mente passou por uma transformação fundamental. Já não observa o fato através de um crivo de convicção ou de crença; aproxima-se da verdade, de Deus, não munida de conhecimentos, nem de registro algum. O registro é o "eu", o "ego", o presunçoso, o sabedor, o instruído, o praticante da virtude — e que está em conflito com o fato.

"Por que então nos esforçamos para adquirir conhecimentos?", perguntou o marido. "O saber não é parte essencial de nossa existência?"

Quando há compreensão do "eu", o saber tem então o lugar que lhe compete; mas, sem essa compreensão o cultivo do autoconhecimento dá o sentimento de realização de algo, de chegada à meta — coisa tão apaixonante e deleitável como o sucesso mundano. Pode-se renunciar às coisas exteriores da existência, mas no esforço para adquirir autoconhecimento há a sensação de realização, do caçador que pega a caça, coisa semelhante à satisfação proporcionada por qualquer ganho mundano. Não há compreensão do "eu", de "mim", do "ego", mediante acumulação de conhecimento sôbre o que *foi* ou sôbre o que *é*. A acumulação perverte o percebimento, e não é possível compreender o "eu" em suas diárias atividades, suas rápidas e solertes reações, quando se tem a mente pejada de saber. Enquanto a mente leva a carga do saber e ela própria é resultado do saber, nunca será nova, não corrompida.

"Permitis-me uma pergunta?", indagou a senhora, algo nervosamente. Tinha estado a escutar em silêncio, hesitando em fazer perguntas, por respeito ao marido; mas agora que os dois se mantinham em relutante silêncio, resolvera falar. "Desejo perguntar, se é permitido, porque é que uma pessoa é dotada de lucidez, percebimento total, enquanto outras apenas percebem minudências várias, mas são incapazes de apreender o todo. Por que não temos todos essa lucidez, essa capacidade de perceber o todo, que vós pareceis possuir? Por que é que um a tem e outro a não tem?"

Pensais que isso seja um dom?

"Assim parece", respondeu. "Mas isso seria dizer que a divindade é parcial e que, portanto, poucas esperanças haveria para nós outros. Espero que assim não seja."

Investiguemos. Ora, por que fazeis esta pergunta?

"Pela razão muito simples e muito óbvia que eu desejo essa lucidez." Ela perdera agora o acanhamento, e mostrava-se tão ansiosa por falar como os outros.

Vosso indagar, pois, é motivado pelo desejo de obter algo. Ganhar, alcançar, vir a ser algo, implica um processo de acumulação, e de identificação com o que se acumulou. Não é verdade?

"Sim, senhor."

O ganhar implica também comparação, pois não? Vós, que não tendes esta lucidez, vos estais comparando com alguém que a tem.

"É verdade."

Mas esse comparar é obviamente resultado da inveja; e a lucidez pode ser produzida pela inveja?

"Não — creio que não."

O mundo está cheio de inveja, de ambição, como se pode ver dessa incessante busca de êxito, das relações do discípulo com o Mestre, do Mestre com o Mestre Superior, e assim por diante, infinitamente; e isso desenvolve certas capacidades. Mas o percebimento total, a total lucidez, é uma capacidade dessa natureza? Ele se baseia na inveja, na ambição? Ou se manifesta depois de terem cessado todos os desejos de ganho? Compreendeis?

"Parece que não."

O desejo de ganho se baseia na presunção, não achais?

Ela hesitou e, depois, disse lentamente: "Agora que mo apontais, vejo que fundamentalmente assim é."

Portanto é vossa presunção, seja em sentido grandioso, seja em sentido vulgar, que vos leva a fazer essa pergunta.

"Isso também parece verdadeiro."

Por outras palavras, fazeis esta pergunta impelida pelo desejo de terdes êxito. Agora, pode esta pergunta — por que não tenho lucidez? — ser feita sem inveja, sem se dar exagerada importância ao "eu"?

"Não sei."

Pode haver investigação, quando a mente está presa a um motivo? Enquanto o pensamento está centralizado na inveja, na presunção, no desejo de sucesso, pode viajar para longe, livre e desembaraçadamente? Para se poder investigar verdadeiramente, não é preciso que deixe de existir o centro?

"Quereis dizer que a inveja ou a ambição, ou seja o desejo de ser ou vir a ser algo, tem de desaparecer completamente, para que uma pessoa possa ter lucidez?"

Mais uma vez, se permitis assinalar, vós desejais *possuir* essa capacidade e, portanto, ireis disciplinar a vós mesma a fim de a adquirirdes. Vós, a aspirante à posse dela, continuais a ser importante, e não a própria capacidade. Essa capacidade só pode manifestar-se quando a mente já não tem *motivo* de espécie alguma.

"Mas, senhor, ainda há pouco dissestes que a mente é resultado do tempo, do conhecimento, de *motivo;* como pode então a mente existir sem *motivo?*"

Fazei esta pergunta a vós mesma, não apenas verbalmente, superficialmente, mas tão a sério como um homem faminto que deseja alimento. Quando indagais, investigais, importa descobrirdes por vós mesma a causa de vossa indagação. Podeis indagar impelida pela inveja, ou podeis indagar sem terdes nenhum *motivo*. O estado da mente que deveras investiga a capacidade de total percebimento é um estado de completa humildade e completa tranqüilidade; e justamente essa humildade, essa tranqüilidade, é a própria capacidade. Não é coisa que se deve ganhar.

REFORMA, REVOLUÇÃO E BUSCA DE DEUS

O RIO NAQUELA manhã estava cor de cinza, plúmbeo. O sol subiu, como que saindo da floresta, com ardente irradiação, mas as nuvens que pairavam pouco acima do horizonte depressa o esconderam; e em todo o correr do dia o sol e as nuvens permaneceram em guerra pela vitória final. Geralmente havia pescadores no rio, em seus barcos semelhantes a gôndolas; mas estavam ausentes naquela manhã, e o rio em paz. Um cadáver de animal grande, muito inchado, passou boiando, e sobre ele um bando de abutres, grasnando e dilacerando-lhe as carnes. Outros, que queriam também o seu quinhão, eram enxotados a golpes de asas enormes e tinham de esperar até que se tivessem saciado os que estavam sôbre o corpo. Os corvos, crocitando furiosamente, procuravam passar por entre as aves maiores, mais pesadas, mas não tinham sorte. Afora aquele barulho de vozes e bater de asas em torno do cadáver, o amplo e curvo rio era todo paz. A aldeia, do outro lado, já desperta há uma hora ou mais. Os aldeões gritavam uns para os outros e suas vozes se ouviam distintamente por sobre as águas. Aquele vozear tinha algo de agradável, tinha calor e cordialidade. Uma voz ecoava no ar puro, do outro lado do rio, e outra voz respondia, de outro ponto mais acima ou da margem oposta. Nada disso parecia quebrar a tranqüilidade da manhã, tôda penetrada de uma paz solene, imperturbável.

O carro continuou pela estrada áspera e mal conservada, erguendo nuvens de pó que se assentavam nas árvores e nos poucos aldeões que iam e vinham, entre a vila e a extensa e imunda cidade. Também pequenos escolares percorriam a estrada, mas não pareciam importar-se com a poeira, completamente entregues a seus risos e folguedos. Entrando pela estrada principal, o carro transpôs a via-férrea e pouco depois rodava de novo em campo livre e limpo. Aqui tudo era beleza; nos verdes pastos, debaixo de árvores velhas e enormes, viam-se vacas e cabras — pareciam coisas nunca dantes vistas. A passagem pela cidade, com seu lixo e sordidez, como que tinha acabado com a beleza da Terra; porém ela nos era agora devolvida, como uma surprêsa que nos reservara a bondade da Terra e das coisas que a povoam. Havia camelos, grandes e bem nutridos, transportanto cada um deles um grande fardo. Nunca se apressavam, conservando sempre o mesmo e uniforme passo, as cabeças erectas no ar; e no alto de cada fardo ia um homem sentado, tangendo a desgraciosa alimária. Com grande espanto encontramos naquela estrada dois enormes elefantes, com seu andar lento e gingante, ajaezados de pano vermelho bordado a ouro, os marfins adornados de fitas de prata. Levavam-nos a alguma solenidade religiosa, e êles eram amestrados para tais ocasiões; mas fizeram-nos parar, para uma conversa. Sua enorme corpulência avultava acima de nós; mas eram criaturas mansas, sem inimizade e ferocidade. Afagamos-lhes a pele grossa; a ponta de um tromba tocou-nos de leve a palma da mão, com curiosidade, retirando-se em seguida. O homem gritou-lhes para fazê-los andar novamente, e a terra parecia tremer sob suas pisadas. Aproximou-se um pequeno carro de duas rodas, puxado por um cavalo magro e alquebrado; o carro não tinha coberta e transportava um defunto envolvido em alva mortalha. O corpo estava frouxamente atado ao chão do veículo sem molas, de modo que o trotar do cavalo sobre a estrada irregular fazia pular tanto o cocheiro como o defunto.

Chegara o avião do norte e os passageiros desciam para o descanso de meia-hora antes de nova partida. Três deles eram políticos e pelo aspecto deviam ser personalidades muito importantes — ministros, diziam. Vieram pela pista de cimento como um transatlântico percorrendo estreito canal — onipotentes, sobranceiros ao poviléu. Os outros passageiros deixavam-se ficar vários passos atrás dele. Todos sabiam quem eram eles; se alguém não sabia, logo lho diziam, e a multidão contemplava, emudecida, aquelas gloriosas figuras. Mas a terra ainda era verde, um cachorro ladrava, e no horizonte destacavam-se as montanhas cobertas de neve — um espetáculo extraordinário!

Naquela sala grande e desmobilada se tinha reunido pequeno grupo de pessoas, mas só quatro delas falavam, parecendo que falavam em nome de todos. Isso não tinha sido combinado de antemão, mas se passava muito naturalmente, e os outros, evidentemente, muito folgavam com isso. Um dos quatro, homem corpulento, de ares presumidos, era inclinado a fazer declarações prontas e superficiais. O segundo, de físico menos avantajado, tinha olhos penetrantes e maneiras calmas. Os outros dois eram homens de menor estatura; mas todos deviam ser muitos lidos e tinham a palavra fácil. Aparentavam mais de quarenta anos e tinham visto bastante da vida, disseram, trabalhando nas coisas que lhes interessavam.

"Desejo falar a respeito da frustração", disse o homem grande. "Esta é a praga de nossa geração. Todos parecemos frustrados desta ou daquela maneira, e alguns se tornam amargurados e satíricos, sempre criticando os outros e dispostos a arrasá-los. Milhares de indivíduos foram liquidados em expurgos políticos; mas cumpre lembrar que também somos capazes de matar pela palavra e pelo gesto. Eu, pessoalmente, não me tornei pessimista, embora tenha dedicado grande parte de minha vida a obras sociais e ao melhoramento da sociedade. Como tantos outros, andei-me entretendo com o comunismo, e nada achei nele; se alguma coisa é, é puro retrocesso e certamente não é coisa de futuro. Tomei parte no governo e, por alguma razão, isso não teve muita significação para mim. Tenho lido muito, mas a leitura não alivia o coração. Conquanto eu seja rápido no debate, meu intelecto diz uma coisa e meu coração diz outra coisa. Há anos que ando em guerra comigo e parece que não há solução para esse conflito interior. Sou uma massa de contradições, e interiormente estou morrendo aos poucos... Não era minha intenção fazer alusão a isso, mas, não sei como, o estou fazendo. Por que morremos e fenecemos interiormente? Isso não está acontecendo só a mim, mas também aos grandes desta terra."

Que quereis dizer com "morrer" e "fenecer"?

"Uma pessoa pode ocupar um cargo de responsabilidade, trabalhar esforçadamente e galgar a mais alta posição, mas interiormente essa pessoa está morta. Se fôsseis dizer aos que entre nós são tidos por "grandes" — aqueles cujos nomes figuram todos os dias nos jornais, em reportagens sôbre seus atos e discursos — que eles são essencialmente homens embotados e estúpidos, ficariam horrorizados; mas, exatamente como nós outros, eles se estão estiolando, deteriorando interiormente. Por quê? Vivemos com moralidade, respeitabilidade, entretanto nenhuma chama transluz em nossos olhos. Alguns de nós agimos sem interesses egoístas — pelo menos o creio — e, todavia, nossa vida interior está retrogradando; quer o saibamos, quer não, quer vivamos em palácios ministeriais, quer vivamos em salas desadornadas como dedicados trabalhadores, espiritualmente estamos com um pé na sepultura. Por quê?"

Não será por que estamos sendo sufocados por nossa presunção, pelo orgulho de nossos sucessos e realizações, pelas coisas que têm muito valor para a mente? Quando a mente está pejada das coisas que acumulou, o coração emurchece. Não é muito estranho êsse desejo geral de galgarmos os degraus do sucesso e da popularidade?

"Somos nutridos disso. E, suponho, enquanto estivermos galgando degraus ou instalados no alto da escada, é inevitável a frustração. Mas, como vencer esse sentimento?"

Muito simplesmente: é só não subir. Se, vendo as escadas, sabeis aonde levam, compreendeis o que mais profundamente elas implicam e não pondes o pé no primeiro degrau sequer, nunca vos vereis frustrado.

"Mas não posso permanecer inativo, decadente!"

Já estais em decadência, em meio a vossas incessantes atividades; e se, qual o eremita que se disciplina, permaneceis inativo, enquanto interiormente ardeis de desejo, cheio dos temores inerentes à ambição, à inveja, continuareis a estiolar-vos. Não é verdade, senhor, que a decadência acompanha a respeitabilidade? Isso não significa que devamos adquirir má reputação. Mas vós sois muito virtuoso, não é verdade?

"Esforço-me para sê-lo."

A virtude da sociedade leva à morte. Estar cônscio da própria virtude é estar morrendo respeitavelmente. Exterior e interiormente estais a ajustar-vos às regras da moral social, não é verdade?

"Se a maioria de nós assim não procedesse, tôda a estrutura da sociedade ruiria. Estais pregando a anarquia moral?"

Estou realmente? A moralidade social é mera respeitabilidade. A ambição, a avidez, a presunção que resulta de uma realização importante e reconhecida por todos, a brutalidade inerente ao poder, à posição, o assassínio em nome de uma ideologia ou da pátria — eis a moralidade social.

"Mas há líderes sociais e religiosos que pregam contra algumas dessas coisas, pelo menos."

O fato é uma coisa, e o pregar outra coisa. Matar em nome de uma ideologia ou da pátria é coisa muito respeitável, e o assassino, o general que organiza o morticínio, é altamente considerado e condecorado. O homem poderoso ocupa no seu país o lugar importante. O pregador e seus ouvintes estão no mesmo barco, não é verdade?

"Todos estamos no mesmo barco", atalhou o segundo, "e estamos lutando para consertá-lo."

Se vedes que o barco está todo esburacado e a submergir rapidamente, não saltais à água?

"Mas o barco não está em tão más condições. Temos de tapar-lhe os buracos, e cada um tem de prestar sua colaboração. Se todos o fizessem, o barco ficaria a flutuar sobre o rio da vida."

Sois um obreiro social, não sois?

"Sim, senhor; e tive o privilégio de colaborar estreitamente com alguns de nossos maiores reformadores. Creio que a reforma, e não a revolução, constitui a única saída deste caos. Vede aonde chegou a revolução russa! Não, senhor, os homens verdadeiramente grandes sempre foram reformadores."

Que entendeis por reforma?

"Reformar é melhorar gradualmente as condições econômicas e sociais do povo, pela execução de vários planos por nós formulados; é minorar a pobreza, acabar com a superstição, livrar-nos das divisões de classe, etc."

Tal reformação está sempre dentro do padrão social vigente. Um grupo diferente de pessoas assume o poder, promulga novas leis, promove a nacionalização de certas indústrias, etc; mas isso continua dentro da estrutura social já existente. Não é isso que se chama reforma?

"Se fazeis objeção a isso, nesse caso só estais advogando a revolução; e todos sabemos que a grande revolução subseqüente à Primeira Guerra Mundial degenerou num movimento retrógrado, como o assinalou meu amigo, responsável por toda a sorte de horrores e repressões. Industrialmente poderão os comunistas progredir, igualando ou ultrapassando as outras nações; mas nem só de pão vive o homem e, positivamente, não queremos seguir um tal padrão."

Revolução operada dentro do padrão, dentro da estrutura da sociedade, não é revolução nenhuma; ela será progressiva ou regressiva, mas tal como a reforma, representa apenas uma continuação, com modificações, do que já existia. A reforma, por melhor e mais necessária que seja, só pode produzir superficiais modificações, que reclamarão novas reformas. Esse processo é infindável, uma vez que a sociedade está sempre a desintegrar-se dentro do padrão que condiciona sua própria existência.

"Sustentais, então, senhor, que toda reforma, por mais benéfica, é simples remendo, e por mais extensa que seja não pode produzir a total transformação da sociedade?"

Nunca se realizará transformação total dentro do padrão de qualquer sociedade, seja uma sociedade tirânica, seja uma sociedade supostamente democrática.

"Uma sociedade democrática não tem mais significação e valor do que um Estado-polícia, tirânico?"

Naturalmente.

"Que entendeis então por padrão social?"

O padrão social são as relações humanas baseadas na ambição, no desejo de poder, pessoal ou coletivo, na atitude hierárquica, nas ideologias, dogmas, crenças. Tal sociedade poderá crer, e de fato em geral professa crer, no amor, na bondade; mas está sempre pronta a matar, a guerrear. Dentro desse padrão, nenhuma modificação, por mais revolucionária que pareça, é a verdadeira transformação. Quando o doente necessita de importante operação, é insensato cuidar apenas de aliviar os sintomas.

"Mas quem vai ser o cirurgião?"

Tendes de ser vosso próprio operador, sem contar com outro, ainda que o considereis o melhor dos especialistas. Tendes de sair do padrão da sociedade, do padrão da avidez, da aquisição, do conflito.

"Minha saída da sociedade terá alguma influência na sociedade?"

Tratai primeiramente de sair, e depois vereis o que acontecerá. Permanecer dentro do padrão, perguntando o que acontecerá se dele sairmos, é uma forma de fuga, uma falsa e inútil maneira de investigar.

"Diferentemente desses dois senhores", disse o terceiro, com voz mansa e agradável, "não conheço pessoas eminentes; vivo numa atmosfera completamente diferente. Jamais pensei em tornar-me famoso, conservando-me sempre no segundo plano, contribuindo anonimamente. Larguei esposa e filhos, renunciei às alegrias do lar e me dediquei de corpo e alma ao trabalho de libertação de minha pátria. Tudo isso fiz com o maior fervor e diligência. Não aspirava a nenhum poder para mim mesmo; só desejava ver a nossa terra livre, tornar-se uma nação sagrada, ser de novo a velha Índia gloriosa e magnânima. Mas vi como as coisas se passaram; observei a presunção, a pompa, a corrupção, o favoritismo, ouvi as falas insinceras dos políticos, inclusive líderes do partido ao qual pertenço. Não sacrifiquei minha vida, meus prazeres, minha esposa, meu dinheiro, para minha terra ser governada por homens corruptos. Recusei o poder para bem da nação — só para ver políticos ambiciosos ascenderem às posições de poder. Percebo agora que consumi em vão os melhores anos de minha vida, e sinto vontade de suicidar-me."

Os outros ficaram em silêncio, aterrados por essas palavras; pois todos eram políticos, por fora e por dentro.

Senhor, a maioria das pessoas tomam por um caminho errado, na vida, e só o descobrem tarde demais, talvez, ou mesmo nunca. Se alcançam posições e poder, causam malefícios em nome da pátria; tornam-se malfeitores em nome da paz ou de Deus. A presunção e a ambição imperam na Terra por toda a parte, em diferentes graus de barbárie e crueldade. A atividade política só atende a uma parte insignificante da vida; ela tem sua importância, mas quando usurpa todo o campo da existência, como atualmente está fazendo, torna-se monstruosa, corrompendo o pensamento e a ação. Glorificamos e respeitamos o homem que detém o poder, o líder, porque em nós existe a mesma ânsia de poder e posição, o mesmo desejo de controlar e de ditar. Cada um, individualmente, faz nascer o líder; ele é produto da confusão, da inveja e da ambição de cada um, e seguir o líder significa seguir nossas próprias ambições, impulsos e frustrações. O líder e os que o seguem são conjuntamente responsáveis pelo sofrimento e a confusão do homem.

"Reconheço a verdade do que estais dizendo, embora me seja difícil admiti-la. E agora, depois de tantos anos, não sei realmente o que devo fazer. Chorei lágrimas do coração, mas que vale isso? Não posso desfazer o que está feito. Pela palavra e pela ação, incitei milhares de outros homens a aceitar e seguir. Muitos dêles são como eu, embora não se achem no meu estado de desespêro; transferiram sua lealdade de um líder para outro, de um partido para outro, de uma legenda para outra. Mas eu estou completamente fora disso, e não quero aproximar-me de nôvo de nenhum dos líderes. Lutei em vão todos estes anos; o jardim que tão carinhosamente cultivei transformou-se em depósito de lixo e pedras. Minha mulher morreu, e estou só. Vejo agora que estive cultuando ídolos: o Estado, a autoridade do líder e as sutis vaidades de nossa própria importância. Que cego e insensato fui!"

Mas, se percebeis realmente que tudo aquilo pelo que trabalhastes é insensato e vão, que só conduz a mais sofrimentos, isso já é o começo do esclarecimento. Quando tendes a intenção de ir para o norte, e descobris que estais andando em direção do sul, esse próprio descobrimento vos faz voltar-vos para o norte. Não é verdade isso?

"Não é tão simples assim. Percebo agora que o caminho que estava percorrendo só leva ao sofrimento e à destruição do homem; mas não sei de outro caminho para seguir."

Não há caminho para Aquilo que existe acima de todos os caminhos abertos e percorridos pelo homem. Para se encontrar aquela realidade a que nenhum caminho conduz, é necessário ver a verdade no falso, ou o falso como falso. Se percebeis que é falso o caminho que estáveis percorrendo — não em comparação com outra coisa, não pelo raciocínio do desengano, nem pela avaliação da moral social, mas falso em si — então, esse próprio percebimento do falso é percebimento do verdadeiro. Não há necessidade de seguirdes o verdadeiro: o verdadeiro vos liberta do falso.

"Mas sinto ainda o impulso a acabar com minha própria vida, pôr fim a tudo isso."

O desejo de pôr fim a tudo é produto de acrimônia, de profunda frustração. Se o caminho que estáveis seguindo, embora em si de todo falso, tivesse levado ao que pensáveis ser o alvo final; se, numa palavra, tivésseis encontrado êxito, não haveria sentimentos de frustração, de amargo desengano. Enquanto não encontrastes essa frustração final, nunca pusestes em dúvida o que estáveis fazendo, nunca o investigastes, para ver se era verdadeiro ou falso em si. Se o tivésseis feito, as coisas poderiam ser muito diferentes. Fostes arrastado pela corrente do autopreenchimento; e agora ela vos jogou à margem, isolado, frustrado, desenganado.

"Acho que estou percebendo o que dizeis. Estais dizendo que qualquer forma de autopreenchimento — no Estado, em boas obras, em certo sonho utópico — tem de conduzir, inevitavelmente, à frustração, esse estéril estado mental. Percebo-o agora muito claramente."

O viçoso florescimento da bondade na mente — que é coisa muito diferente de "ser bom" para se alcançar um fim, ou para se tornar algo — é em si ação correta. O amor é sua própria ação, sua própria eternidade.

"Embora já se faça tarde", disse o quarto, "posso fazer uma pergunta? A crença em Deus pode ajudar-nos a achá-lo?"

Para achar a Verdade, ou Deus, não deve haver nem crença nem descrença. O crente é como o incréu; nenhum dos dois descobrirá a verdade, porque seu pensar foi moldado por sua educação, seu ambiente, seu meio cultural, e por suas próprias esperanças e temores, alegrias e pesares. O homem que não está livre de todas essas influências condicionantes, por mais que se esforce, nunca descobrirá a verdade.

"Por conseguinte, não é importante procurar Deus?"

Como pode a mente medrosa, invejosa, aquisitiva, descobrir aquilo que se encontra fora dos seus limites? Ela só poderá encontrar suas próprias projeções, as imagens, crenças e confusões em que está enredada. Para descobrir o que é verdadeiro, ou o que é falso, a mente precisa estar livre. Buscar a Deus sem compreensão de si mesmo, é de mui pouca significação. A busca que tem *motivo*, não é busca nenhuma.

"E pode existir busca sem *motivo?*"

Quando para a busca existe um *motivo*, então já se conhece o alvo visado pela busca. Se sois infeliz, procurais a felicidade; cessou portanto a vossa busca, porque já pensais saber o que é a felicidade.

"A busca, portanto, é ilusão?"

Uma entre muitas outras. Quando a mente não tem *motivo*, quando é livre e não é impelida por nenhuma ânsia, quando está totalmente tranqüila, então a verdade *é*. Não necessitais de procurá-la; não podeis persegui-la, nem chamá-la a vós. Ela deve vir.

A CRIANÇA TURBULENTA E A MENTE SILENCIOSA

As NUVENS vieram chegando pelo largo desfiladeiro, em todo o correr do dia; foram-se amontoando, encostadas às colinas de oeste, pairando, escuras e ameaçadoras, sôbre o vale; provàvelmente começaria a chover pelo anoitecer. A terra vermelha estava sêca, mas as árvores e o mato baixo achavam-se bem verdes, pois chovera poucas semanas atrás. Muitos regatos percorriam o vale, porém nunca chegavam ao mar, porque eram utilizados para irrigar os arrozais. Alguns dêsses campos, já cultivados, estavam prontos para a plantação, mas na maioria dêles o arroz já crescia, verdejante. Era incrível aquêle verde; não era o verde bem irrigado das encostas das montanhas, nem o verde dos gramados bem conservados, nem o verde da primavera, nem o das folhinhas tenras entre as fôlhas velhas de uma laranjeira: era um verde completamente diferente — o verde do Nilo, da oliva, do azinhavre, uma mistura de todos, e mais alguma coisa. Nêle havia como que um elemento artificial, químico; e de manhã, com o sol nascendo exatamente sôbre as colinas de leste, tinha aquêle verde o esplendor e a riqueza das mais velhas partes da Terra. Quase inacreditável pudesse existir verde tão raro ali, naquele vale quase desconhecido, só habitado por campônios. Para êles, aquilo constituía um espetáculo de todos os dias, coisa por êles criada, com seu labor, imersos nágua até os joelhos; e agora, após longo amanho e muitos desvelos, lá estavam aquêles campos com seu incrível verdor. A chuva ia ser muito útil, e aquelas nuvens escuras estavam prenhes de promessas.

Por toda a parte se estendiam as sombras do anoitecer e das nuvens baixas; mas um raio do sol poente tocava a lisa superfície de uma grande pedra sôbre as colinas do lado de este, dando-lhe especial relêvo em meio à crescente obscuridade. Passou um grupo de aldeões, falando alto e tangendo seu gado. Uma cabra se tinha desgarrado e um menino gritava para fazê-la voltar; mas a cabra não lhe dava atenção e, assim, ele começou a persegui-la, zangado e atirando-lhe pedras até, afinal, ela voltar ao rebanho. Já escurecera completamente, mas ainda se podiam ver as margens do caminho e uma flor branca num arbusto. Uma coruja chamava, de alguma parte nas proximidades, e outra respondia do outro lado do vale. O tom profundo daqueles pios vibrava em nosso interior, fazendo-nos parar, para escutar. Começaram a cair gotas de chuva. Dentro em pouco começou a chover de verdade e sentia-se o cheiro agradável da chuva na terra sêca.

Sala asseada e aprazível, com uma esteira vermelha sôbre o soalho. Não havia flores, nem delas se necessitava. Do lado de fora o terreno estava coberto de verdor; uma nuvem solitária vagava pelo céu azul e uma ave piava.

Lá estavam três pessoas — uma mulher e dois homens. Um dos homens vinha de longe, das montanhas onde passava a vida em solitária contemplação. Seus dois companheiros eram, ele e ela, professôres em escola de uma das cidades vizinhas. Tinham vindo de ônibus, porquanto a distância, de tão grande, não facultava o uso de bicicleta. O ônibus estava repleto e a estrada era má, disseram, mas valera a pena virem porque desejavam conversar sôbre vários assuntos. Ambos eram bastante jovens e disseram que iam casar-se breve. Esclareceram ser absurdo o pouco que lhes pagavam e que lhes ia ser difícil viver com o que ganhavam, pois os preços estavam subindo; mas pareciam bem-humorados, e felizes, e cheios de entusiasmo pela profissão. O homem das montanhas ouvia em silêncio.

"Entre muitos outros problemas", começou a professôra, "há o do barulho. Há freqüentemente tanto barulho numa escola para crianças, que se torna às vezes insuportável; a gente mal pode ouvir a própria voz. Naturalmente, podemos punir as crianças, obrigá-las a ficar quietas; mas parece ser tão natural elas gritarem, para descarregar o excesso de vitalidade."

"Mas é necessário proibir o barulho em certos lugares, como a sala de estudos e o refeitório, se não a vida se tornaria impossível", replicou o professor. "Não se pode permitir gritaria e vozerio o dia todo; há horas em que todo barulho deve cessar. É preciso ensinar às crianças que há outras pessoas neste mundo além delas. Consideração aos outros é tão importante como a aritmética. Concordo que nenhum bem se faz obrigando-as a ficar quietas com ameaças de punição; mas, por outro lado, parece que não há possibilidade de conter-lhes a incessante gritaria com ponderações racionais."

"Fazer barulho é próprio desta quadra da vida", prosseguiu seu colega" e não é natural silenciá-las por método tão estúpido. Mas estar quieto faz também parte da existência, e embora elas não pareçam dar importância nenhuma a isso, precisamos encontrar uma maneira de ajudá-las a ficar quietas, quando é necessário silêncio. Em silêncio pode-se ouvir mais e ver mais; por isso, é importante fazê-las conhecer o silêncio."

"Concordo que elas devem estar caladas a certas horas", disse a professora, "mas como iremos ensiná-las a guardar silêncio? Seria absurdo verem-se fileiras de meninos obrigados a ficarem sentados em silêncio; seria coisa bem desnatural e desumana."

Talvez possamos considerar o problema de diferente maneira. Quando vos sentis irritado por causa de um barulho? Um cachorro começa a latir de noite; isso vos faz despertar, e podeis ter, ou não, a possibilidade de silenciá-lo. Mas é só quando há resistência ao barulho, que este se torna coisa incômoda, dolorosa, irritante.

"Ele é mais do que irritante, quando se prolonga pelo dia todo", obtemperou o professor. "Ataca-nos os nervos a ponto de nos dar vontade de gritar também."

Se permitis sugerir, deixemos de parte, por ora, o barulho das crianças e consideremos o barulho em si e os seus efeitos em cada um de nós. Se necessário, consideraremos posteriormente as crianças e seus barulhos.

Pois bem. Quando vos tornais cônscio de um barulho, no sentido de perturbação? Por certo, só quando lhe resistis; e só lhe resistis quando ele é desagradável.

"É exato", admitiu ele. "Aprecio os gratos sons da música, mas à horrível gritaria da criançada eu resisto e nem sempre com felizes resultados."

Essa resistência ao barulho aumenta a perturbação que ele causa. E é isso o que fazemos em nossa vida cotidiana: conservando o belo, repelimos o feio; evitando o ódio, pensamos no amor, etc. Há sempre dentro em nós essa contradição interior; e tal conflito não leva a parte alguma, não é verdade?

"A contradição interior não é um estado agradável", replicou a professora. "Conheço-a muito bem, infelizmente; e suponho-a também completamente inútil."

Ser sensível só parcialmente é estar paralisado. Estar aberto ao belo e resistir ao feio é ser insensível; apreciar o silêncio e rejeitar o barulho não é estar integrado. Ser sensível é estar cônscio ao mesmo tempo do silêncio e do barulho, sem desejar um nem resistir ao outro; é viver sem contradição interior, é estar integrado.

"Mas de que maneira isso será útil às crianças?" perguntou o professor.

Quando ficam as crianças em silêncio?

"Quando estão interessadas, absorvidas em alguma coisa. Há então perfeita paz."

"Não é só assim que elas ficam em silêncio", acrescentou rápido a colega. "Quando estamos realmente tranqüilos em nosso interior, as crianças como que "apanham" esse sentimento e se tornam também quietas; olham-nos com certo espanto, imaginando o que teria acontecido. Nunca notastes isso?"

"Naturalmente", respondeu ele.

Esta bem pode ser a solução. Mas é tão raro estarmos em silêncio; embora estejamos calados, nossa mente continua tagarelando, sustentando uma conversação silenciosa, discutindo consigo mesma, imaginando, recordando o passado ou especulando sobre o futuro. Permanece inquieta, barulhenta, sempre a lutar contra alguma coisa, não é verdade?

"Eu nunca tinha pensado nisso", disse o professor. "Nesse sentido interior, a mente de cada um de nós é, decerto, tão barulhenta como as próprias crianças."

Fazemos barulho também de outras maneiras, não é verdade?

"É certo?", perguntou a professora. "Quando?"

Quando estamos emocionalmente agitados: num comício político, num banquete, quando sentimos cólera, quando nos vemos contrariados, etc.

"Sim, sim, é verdade", concordou ela. "Quando estou realmente emocionada, em encontros esportivos, etc., muitas vezes me vejo a gritar, interiormente, quando não exteriormente. Meu Deus! não há mesmo muita diferença entre nós e as crianças, há? E o barulho delas é provavelmente muito mais inocente do que o barulho que nós adultos fazemos."

Sabemos o que é o silêncio?

"Estou em silêncio quando me acho absorvido em meu trabalho", respondeu o professor. "Fico inconsciente de tudo o que se passa ao redor de mim."

Assim também fica a criança, quando absorvida num brinquedo. Mas isso é silêncio?

"Não", interferiu o solitário das montanhas. "Só há silêncio quando temos inteiro controle da mente, quando o pensamento é dominado e não há distração alguma. O barulho, isto é, a tagarelice da mente, tem de ser reprimida, para que a mente se torne tranqüila e silenciosa."

O silêncio é o oposto do barulho? A repressão da mente tagarela denota controle, no sentido de resistência, não é verdade? E o silêncio é resultado de resistência, de controle? Se o é, é silêncio então?

"Não percebo bem o que quereis dizer, senhor. Como pode haver silêncio, se não for detida a tagarelice da mente, se não forem controladas as suas divagações? A mente é como um cavalo selvagem que tem de ser domado."

Como um destes professores disse há pouco, nenhum bem se faz forçando uma criança a estar quieta. Se tal se faz, ela poderá ficar quieta alguns minutos, mas logo estará de novo fazendo barulho. E a criança está realmente quieta, quando a forçamos a isso? Exteriormente, poderá permanecer quieta em seu lugar, por medo, ou por esperança de recompensa, mas interiormente estará em ebulição, aguardando a primeira oportunidade de reencetar sua barulhenta tagarelice. Não é exato isso?

"Mas a mente é diferente. Existe a parte superior da mente, que deve dominar e guiar a parte inferior."

O professor poderá também considerar-se uma entidade superior a quem cabe guiar ou moldar a mentalidade da criança. A semelhança é bem óbvia, não?

"De fato é", disse a professora. "Mas ainda não sabemos o que fazer com a criança barulhenta."

Abstenhamo-nos de considerar o que se deve fazer, enquanto não tivermos compreendido perfeitamente o problema. Disse este senhor que a mente é diferente de uma criança; mas se observardes as duas, vereis que não diferem tanto. Há grande semelhança entre a criança e a mente. A repressão de uma e outra só tenderá a aumentar a vontade de fazer barulho, de tagarelar; cria-se interiormente uma tensão que tem de descarregar-se, e de fato se descarrega, de várias maneiras. É como a caldeira que acumula pressão de vapor; ela precisa de uma válvula, do contrário estourará.

"Não quero discutir", continuou o homem das montanhas, "mas como poderá a mente deter a sua tagarelice, a não ser por meio de controle?"

A mente pode ser silenciada e ter experiências transcendentais, em anos seguidos de controle, repressão, prática de um sistema de ioga; ou, pelo uso de uma dessas drogas modernas, os mesmos resultados podem ser às vezes obtidos. Seja como for, os resultados dependem de um método, e qualquer método — ou droga — é processo de resistência, repressão, não? Ora, silêncio é repressão do barulho?

"É", afirmou o eremita.

E o amor, então, é repressão do ódio?

"Assim pensamos, de ordinário", interrompeu a professora, "mas se consideramos o fato real, percebemos o absurdo dessa maneira de pensar. Se o silêncio é meramente repressão do barulho, então êle ainda está em relação com o barulho, e êsse "silêncio" é barulhento, não é silêncio, absolutamente."

"Não entendo bem isso", disse o homem das montanhas. "Todos sabemos o que é o barulho, e se o eliminarmos saberemos o que é silêncio."

Senhor, em vez de falarmos teoricamente, façamos agora mesmo uma experiência. Prossigamos com vagar e cautela, para ver se podemos experimentar e compreender diretamente o exato funcionamento da mente.

"Isso seria muito provéitoso."

Se vos faço uma pergunta simples, como "Onde morais?", vossa resposta é imediata, não?

"Naturalmente!"

Por quê?

"Porque sei a resposta, que me é perfeitamente familiar."

Portanto, o processo de pensamento só requer um segundo; completa-se instantaneamente. Mas uma pergunta mais complexa requer mais tempo para ser respondida; ocorre uma certa hesitação. Esta hesitação é silêncio?

"Não sei."

Existe um intervalo de tempo entre a pergunta complexa e a resposta a ela, porque a mente está conferindo os registros da memória em busca de uma resposta. Esse intervalo de tempo não é silêncio, é? Nesse intervalo está-se processando uma investigação, um tatear, uma busca. É uma atividade, um movimento para o passado; mas não é silêncio.

"Percebo isso. Qualquer movimento da mente, seja para o passado, seja para o futuro, obviamente não é silêncio."

Pois bem. Continuemos. A uma pergunta cuja resposta não encontrais nos registros da memória, que respondeis?

"Só posso responder que não sei."

E qual é então o estado de vossa mente?

"É um estado de ansiosa incerteza", interrompeu a professora.

Nesse estado de incerteza estais à espera de uma resposta, não? Portanto, há ainda um certo movimento, uma expectativa, no intervalo entre duas falas, entre a pergunta e a resposta final. Esta expectativa não é silêncio, é?

"Começo a perceber aonde quereis chegar", replicou o solitário. "Percebo que nem a expectativa de resposta, nem o perscrutar do passado, é silêncio. Que é então silêncio?"

Se todo movimento da mente é barulho, o silêncio é então o oposto desse barulho? O amor é o oposto do ódio? Ou o silêncio é um estado completamente independente do barulho, da tagarelice, do ódio?"

"Não sei."

Considerai, por favor, o que estais dizendo. Quando dizeis "Não sei", qual é o estado de vossa mente?

"Sinto dizer que, mais uma vez, aguardo uma resposta, aguardo me digais o que é silêncio."

Por outras palavras, aguardais uma descrição verbal do silêncio; e qualquer descrição do silêncio tem de estar em relação com o barulho; portanto, faz parte do barulho, não?

"Realmente não compreendo isso, senhor."

Uma pergunta põe a andar o mecanismo da memória, que é processo pensante. Se a pergunta é muito familiar, o mecanismo responde imediatamente. Se a pergunta é mais complexa, o mecanismo necessita de mais tempo para responder; tem de procurar a resposta nos arquivos da memória. E quando se faz uma pergunta cuja resposta não está guardada no arquivo, o mecanismo responde "Não sei". Sem dúvida, esse processo todo é o mecanismo do barulho. Por mais silenciosa que a mente esteja exteriormente, ela está a funcionar a todas as horas, não é verdade?

"Sim", respondeu ele ardorosamente.

Ora, o silêncio é meramente a detenção da marcha desse mecanismo? Ou o silêncio é coisa completamente separada do mecanismo, quer parado, quer em funcionamento?

"Estais dizendo, senhor, que o amor é coisa completamente separada do ódio, quer exista, quer não exista ódio?" perguntou o professor.

Não é isso mesmo? Na trama do ódio não é possível entretecer o amor. Se se faz isso, não há então amor. Poderá ter todas as aparências de amor, mas não é amor; é coisa toda diferente. É realmente importante compreender isso.

Um homem ambicioso nunca poderá conhecer a paz; a ambição terá de cessar completamente, e só então surgirá a paz. Quando um político fala de paz, isso é pura insinceridade, porquanto ser político significa ser, intimamente, ambicioso e violento.

A compreensão do que é verdadeiro e do que é falso é por si só, ação, e essa ação será eficiente, eficaz, "prática". Mas quase todos nós estamos de tal maneira empenhados na ação, em fazer ou organizar alguma coisa, ou em executar certo plano, que nos parece complexo e desnecessário cuidarmos do que é verdadeiro e do que é falso. É por esta razão que todas as nossas ações conduzem inevitavelmente a malefícios e sofrimentos.

A mera ausência do ódio não é amor. Domar o ódio, imobilizá-lo à força, não é amar. O silêncio não é produto do barulho, não é uma reação cuja causa é o barulho. O "silêncio" que nasce do barulho tem suas raízes no barulho. O silêncio é um estado totalmente exterior ao mecanismo da mente; a mente não o pode conceber, e as tentativas por parte dela para alcançar o silêncio constituem ainda uma parte do barulho. O silêncio de modo nenhum está relacionado com o barulho. O barulho tem de cessar totalmente, para que se torne existente o silêncio.

Quando existe silêncio no mestre, ele ajuda as crianças a permanecerem em silêncio.

ONDE EXISTE ATENÇÃO, ESTÁ A REALIDADE

As NUVENS encostavam-se aos morros, escondendo-os e às montanhas distantes. Estivera chovendo o dia todo, uma chuvinha mansa que não deslocava terra, e no ar recendia agradável cheiro de jasmins e rosas. O grão amadurecia nos campos; entre as pedras, onde pastavam as cabras, havia moitas de mato baixo e aqui e ali uma velha e nodosa árvore. Em ponto alto da encosta havia uma nascente, sempre a manar, tanto no verão como no inverno, e agradava o murmúrio da água descendo o morro, passando por um arvoredo e desaparecendo na campina, além da aldeia. Sobre a corrente estava sendo construída pelos aldeões uma pequena ponte de pedra talhada, sob a direção de um engenheiro local. Era um senhor amável, já idoso, e o pessoal trabalhava com vagar na presença dele. Mas quando se ausentava, só um ou dois continuavam o serviço; os demais, pondo no chão utensílios e cestos, sentavam-se em roda para conversar.

Pelo caminho que beirava a corrente, vinha um aldeão conduzindo uma récua de burros. Voltavam da cidade vizinha, com seus cestos vazios. Os burros tinham pernas finas, graciosas e trotavam céleres, parando de vez em quando para abocanhar um pouco do capim verde que crescia dos dois lados do caminho. Voltavam para casa e não precisavam ser tangidos. Por todo o caminho se encontravam pequenos lotes de terreno cultivado, e uma aragem agitava o milharal novo. Numa casinha, uma mulher cantava, com voz clara; a cantiga trazia-lhe lágrimas aos olhos, não por despertar recordações nostálgicas, mas pela beleza pura do som. Sentado debaixo de uma árvore, a terra e o céu penetrava-nos todo o ser. Transcendendo o som e a terra vermelha, reinava o silêncio, o silêncio total em que se movimenta toda a vida. Apareciam agora pirilampos, entre as árvores e moitas, brilhantes e claros, em meio à crescente obscuridade; era surpreendente a luminosidade que emitiam. Sobre uma pedra escura, a luz suave e intermitente de um pirilampo solitário resumia toda a luz do universo.

Ele era moço e muito sério, de olhar claro, penetrante. Embora andasse pelos trinta, não era casado ainda; mas sexo e casamento não eram problema sério, acrescentou. Homem bem constituído, mostrava vigor nos gestos e no andar. Não era muito dado a leituras, mas tinha lido um certo número de livros sérios e refletido a respeito das coisas. Empregado em certo departamento do governo, disse que seus honorários satisfaziam. Gostava de jogos ao ar livre, principalmente do tênis, que jogava com notável proficiência. Não lhe interessavam cinemas, e tinha poucos amigos. Costumava, explicou, meditar de manhã e de tarde durante cerca de uma hora; e após ouvir nossa palestra da véspera, decidira vir conversar sobre o significado e importância da meditação. Em menino, ia muitas vezes com o pai meditar numa pequena sala; mas só conseguia permanencer ali uns dez minutos, e o pai parecia não se importar com isso. Naquela sala havia só um quadro na parede, e nenhum membro da família nela entrava, senão para meditar. Embora o pai nunca o tivesse estimulado ou desestimulado neste particular, e nunca lhe tivesse dito como se deve meditar ou a finalidade da meditação, por alguma razão, desde menino, ele gostava de meditar. Quando estava no colégio, era-lhe difícil observar um horário regular; mais tarde, porém, depois de empregado, começara a meditar por uma hora todas as manhãs e todas as tardes, e atualmente não se privaria dessas duas horas de meditação por coisa nenhuma deste mundo.

"Senhor, não vim aqui para argumentar nem para defender coisa alguma, porém para aprender. Embora tenha lido a respeito dos vários métodos de meditação, para diferentes temperamentos, e tenha desenvolvido um sistema de controlar meus pensamentos, não sou tão irrefletido que afirme que o que estou praticando é a verdadeira meditação. Entretanto, se não me engano, quase todas as autoridades em matéria de meditação preconizam o controle do pensamento; este parece ser a essência da meditação. Pratiquei também um pouco de ioga, como meio de quietar a mente: certos exercícios de respiração, repetição de certas palavras e cantochãos, etc. Disse tudo isso, como meio de apresentar-me a vós, embora tal formalidade talvez não vos pareça importante. O ponto essencial é que tenho verdadeiro interesse pela prática da meditação; ela se me tornou de vital importância, e desejo saber algo mais a seu respeito."

A meditação só tem significação quando se compreende o meditador. Na prática do que chamais meditação, o meditador está separado da meditação, não é verdade? Por que essa diferença, esse vão entre os dois? Isso é inevitável, ou é preciso anular o vão? Sem uma verdadeira compreensão da verdade ou falsidade dessa evidente separação, os resultados da meditação semelham os que se obtêm por meio de um calmante que se toma para quietar a mente. Se o propósito é dominar o pensamento, então qualquer sistema ou droga que produza o desejado efeito, servirá.

"Mas dessa maneira vós eliminais de um golpe todos os exercícios da ioga, todos os sistemas tradicionais de meditação praticados e recomendados há séculos por tantos santos e ascetas. Como podem todos eles estar sem razão?"

Por que não podem estar sem razão? Ora, por que tanta credulidade? Um moderado ceticismo não facilita a integral compreensão do problema da meditação? Aceitamos tais coisas quando estamos muito interessados em resultados, em êxitos; quando queremos "chegar". Para se compreender o que é meditação, é preciso muito indagar, muito investigar; e a mera aceitação destrói a investigação. Precisais ver por vós mesmo o falso como falso, e a verdade no falso, e a verdade como verdade; porque ninguém vos pode instruir a esse respeito. A meditação é o movimento da vida, faz parte de nossa existência diária e a plenitude e beleza da vida só podem sem compreendidas pela meditação. Se não se compreende toda a complexidade da vida e nossas reações diárias, de momento a momento, a meditação se torna um processo de auto-hipnose. A meditação do coração é compreensão dos problemas diários. Não se pode ir muito longe, se não começamos com o que está mais perto.

"Compreendo isso. Não se pode galgar a montanha sem primeiro atravessar o vale. Tenho-me esforçado em minha vida diária por remover as barreiras mais evidentes que são a avidez, a inveja, etc., e, com certa surpresa para mim, consegui desembaraçar-me das coisas mundanas. Vejo e compreendo perfeitamente a necessidade de uma base correta, pois, do contrário, um edifício não pode permanecer de pé. Mas meditação não é simples questão de moderar os ardentes desejos e paixões. As paixões precisam ser subjugadas, postas sob controle; mas, positivamente, senhor, a meditação é algo mais do que isso, não? Não estou citando nenhuma autoridade, porém sinto realmente que a meditação é algo muito mais importante do que o simples lançamento dos alicerces corretos."

Pode ser; mas justamente no começo está a totalidade. Não se trata de lançar primeiramente os alicerces adequados e em seguida construir, ou nos libertarmos primeiramente da inveja, para depois "chegarmos". Exatamente no começo está o fim. Não há distância para percorrer, não há galgar, não há ponto de chegada. A meditação é atemporal, ela própria; não é uma maneira de alcançar um estado atemporal. Ela *é*, sem começo nem fim. Mas isso são meras palavras e como tais permanecerão, enquanto vós mesmo não investigardes e compreenderdes a verdade e a falsidade a respeito do meditador.

"Por que é isso tão importante?"

O meditador é o censor, o observador, o produtor do esforço "correto" e do esforço "errado". Ele é o centro, e desse centro tece a rede do pensamento; mas o próprio pensamento o criou: o pensamento criou a separação entre pensador e pensamento. A menos que desapareça essa divisão, a chamada meditação só pode robustecer o centro, o experimentador que se considera separado da experiência. O experimentador está sempre ansiando por mais experiência; cada experiência torna mais forte o acúmulo de passadas experiências, e estas, por sua vez, moldam a experiência presente. Dessarte, a mente está sempre condicionando a si mesma. Portanto, a experiência e o conhecimento não são, como se supõe, os fatores libertadores.

"Parece-me que não estou compreendendo bem", disse ele, um pouco embaraçado.

A mente só é livre quando já não está condicionada pelas próprias experiências, pelo conhecimento, a vaidade, a inveja; e meditação é o libertar da mente de todas essas coisas, de todas as atividades e influências egocêntricas.

"Compreendo que a mente deva estar livre de todas as atividades egocêntricas, mas não percebo bem o que entendeis por influências."

Vossa mente é resultado de influência, pois não? Desde a infância a vossa mente é influenciada pela alimentação que tomais, pelo clima em que viveis, por vossos pais, pelos livros que ledes, pelo ambiente cultural em que sois educado, etc. Ensina-se-vos o que deveis crer e o que não deveis crer; vossa mente resulta do tempo, que é memória, conhecimento. Todo experimentar é um processo de interpretação dependente do passado, do conhecido, e por isso não ocorre a libertação do conhecido; só se verifica uma "continuação modificada" do que *foi*. A mente só está livre ao quebrar-se essa continuidade.

"Mas como se pode saber que nossa mente está livre?"

Esse próprio desejo de certeza é o começo da escravidão. Só quando a mente não está aprisionada na rede da certeza, nem está a buscar certeza, só então se encontra ela num estado de descobrimento.

"A mente deseja ter certeza a respeito de todas as coisas, e percebo agora como esse desejo se pode tornar um obstáculo."

O importante é morrermos para tudo o que temos acumulado, porquanto esse acúmulo é o "eu", o "ego", "mim". Se não cessar essa acumulação, continuará existente o desejo de estar certo, e também o passado continuará existente.

"A meditação" — começo a perceber — "não é simples. O simples controlar do pensamento é relativamente fácil e a adoração de uma imagem ou repetição de certas palavras e cantochãos é apenas uma maneira de fazer a mente dormir; mas a verdadeira meditação parece ser muito mais complexa e difícil do que jamais imaginei."

Ela não é realmente complexa, embora possa ser difícil. Vede bem, nós nunca começamos com o real, o fato, o que estamos pensando, fazendo, desejando; começamos com suposições, ou com ideais, que não são coisas reais, e por isso nos transviamos. Para começarmos com fatos e não com suposições, necessitamos de rigorosa atenção; e toda forma de pensar não procedente do real é distração. Eis porque tanto importa compreender o que se está passando dentro em nós e ao redor de nós.

"As visões não são realidades?"

São? Vejamos. Se sois cristão, vossas visões obedecem a um certo padrão; se sois hinduísta, budista ou muçulmano, elas obedecem a padrão diferente. Vedes Cristo ou Krishna conforme vosso condicionamento; vossa educação, o meio cultural em que fostes criado, determinam vossas visões. Qual é a realidade: a visão ou a mente que foi moldada dentro de uma certa fôrma? A visão é projeção da tradição que porventura constitui o fundo de uma dada mente. Esse condicionamento, e não a visão que projeta, é a realidade, o fato. Compreender o fato é simples; mas é dificultado por nossos gostos e aversões, por nossa condenação do fato, pelas opiniões e juízos que formulamos *a respeito do* fato. Estar livre dessas várias formas de avaliação é compreender o real, o que *é*.

"Estais dizendo que nunca encaramos um fato diretamente, mas sempre através de nossos preconceitos e lembranças, através de nossas tradições e experiências baseadas nessas tradições. Para usar vossa própria expressão, nunca estamos cônscios de nós mesmos como realmente somos. Mais uma vez, reconheço que tendes razão, senhor. O fato é a única coisa de importância."

Consideremos o problema de maneira diferente. Que é a atenção? Quando estais atento? E quando estais verdadeiramente prestando atenção a uma coisa?

"Estou prestando atenção quando estou interessado na coisa."

Interesse é atenção? Quando estais interessado numa coisa, — que está ocorrendo, de fato, à mente? Estais evidentemente interessado em observar aquele gado que ali vai passando; que é esse interesse?

"Atrai-me o movimento, a côr, a forma, contra o fundo verde."

Existe atenção nesse interêsse?

"Acho que existe."

Uma criança se absorve num brinquedo. A isso chamaríeis atenção?

"Não é atenção?"

O brinquedo absorve o interêsse da criança, apossa-se de sua mente, e a criança se torna quieta, deixa de remexer-se. Mas tome-se-lhe o brinquedo, e ei-la novamente inquieta, a chorar, etc. Os brinquedos são importantes, porque mantêm a criança quieta. O mesmo acontece com os adultos. Tirem-se-lhes os brinquedos — suas atividades, crenças, ambições, desejo de poder, adoração dos deuses ou do Estado, luta por uma causa — e também êles se tornam agitados, desorientados, confusos; dessarte, os brinquedos dos adultos se tornam também importantes. Há atenção, quando o brinquedo absorve o espírito? O brinquedo é uma distração, não é? O brinquedo se torna de suma importância, e não a mente que se deixa absorver pelo brinquedo. Para compreendermos o que é a atenção, devemos ocupar-nos da mente, e não dos brinquedos da mente.

"Nossos brinquedos, como os chamais, prendem o interesse da mente."

O brinquedo que prende o interesse da mente pode ser o Mestre, um retrato ou outra imagem qualquer feita pela mão ou pela mente; e esse aprisionamento do interêsse da mente por um brinquedo, se chama concentração. Essa concentração é atenção? Quando vos achais concentrado dessa maneira e vossa mente está absorta num brinquedo, existe atenção? Essa concentração não é uma maneira de estreitar a mente? E isso é atenção?

"A concentração, como a tenho praticado, é uma luta para fixar a mente num dado ponto, com exclusão de outros quaisquer pensamentos, de tôdas as distrações."

Existe atenção quando há resistência às distrações? Por certo, as distrações só surgem quando a mente perdeu o interesse no seu brinquedo; e há então conflito, não é exato?

"Decerto. Há conflito para vencer as distrações."

Pode-se prestar atenção quando existe um conflito na mente?

"Começo a perceber aonde quereis chegar, senhor. Continuai, por favor."

Quando o brinquedo absorve a mente, não existe atenção; tampouco existe quando a mente está lutando para se concentrar, excluir as distrações. Enquanto há objeto da atenção, há atenção?

"Não estais dizendo a mesma coisa, usando apenas a palavra "objeto", em vez da palavra "brinquedo"?

O objeto ou brinquedo pode ser externo; mas existem também brinquedos interiores, não é exato?

"Sim, senhor. Já enumerastes alguns dêles. Estou percebendo isso."

Outro brinquedo mais complexo é o *motivo*. Existe atenção quando há um *motivo* para estar atento?

"Que entendeis por "motivo"?

Uma compulsão à ação; um impulso que visa ao auto melhoramento, baseado no medo, na avidez, na ambição; uma causa que vos impele a buscar; sofrimento que vos faz desejar fugir, etc. Existe atenção quando algum motivo secreto está atuando?

"Quando sou compelido a prestar atenção, pela dor ou pelo prazer, pelo mêdo ou pela esperança de recompensa, não há então atenção. Sim, percebo o que quereis dizer. Isto está bem claro, senhor, e eu vos estou seguindo."

Não há, pois, atenção, quando nos pomos a considerar qualquer coisa dessa maneira. E a palavra, o nome, não perturba a atenção? Por exemplo, alguma vez contemplamos a lua sem verbalização, ou a palavra "lua" perturba a nossa contemplação? Alguma vez prestamos verdadeiramente atenção a uma coisa? Ora, por certo, a atenção não tem *motivo*, nem objeto, nem "brinquedo", nem luta, nem verbalização. Esta é a verdadeira atenção, não? Quando há atenção, *existe* a realidade.

"Mas é impossível prestar essa atenção plena a qualquer coisa!", exclamou êle. "Se fôsse possível, não haveria problemas."

Qualquer outra forma de "atenção" só pode aumentar os problemas, não?

"Vejo que assim é, de fato, mas que se deve fazer?"

Ao perceberdes que toda concentração em brinquedos, toda atenção baseada em *motivo*, seja qual for esse motivo, só promove malefícios e sofrimentos, então, nesse percebimento do falso está o percebimento do verdadeiro; e a verdade tem sua ação própria. Tudo isso é meditação.

"Se assim me posso expressar, senhor escutei corretamente e compreendi verdadeiramente muitas das coisas que explicastes. O que é compreendido produzirá seus efeitos próprios, sem interferência de minha parte. Espero me permitais voltar."

O INTERESSE EGOÍSTA CORROMPE A MENTE

Coleando, de um para o outro lado do vale, o caminho atravessava uma ponte, onde a água, avermelhada pela chuva, corria com muita fôrça. Voltando-se para o norte, continuava, com ladeiras suaves, até uma aldeia isolada. Aquela aldeia e seus habitantes eram muito pobres. Os cães, todos sarnentos, ladravam de longe, nunca ousando aproximar-se, as caudas baixas, as cabeças erguidas, sempre prontos a fugir. Pela encosta do morro estavam espalhadas muitas cabras, berrando e devorando as moitas de mato. Era uma bela região, de verdes campos e colinas azuladas. A rocha nua, que se projetava do cume dos morros, tinha sido lavada pelas chuvas de séculos incontáveis. Não eram altos aqueles morros, porém muito velhos e, contra o céu azul, eram de fantástica beleza. daquele estranho encanto do tempo infinito. Semelhavam os templos que os homens constroem, imitando-os, em sua ânsia de atingir o céu. Mas naquela tarde, com o sol poente acima deles, os morros pareciam muito próximos. Ao sul, muito longe, acumulava-se uma tempestade, e os relâmpagos entre as nuvens davam um tom singular à paisagem. A tempestade desabaria durante a noite; mas aqueles morros tinham atravessado as tormentas de inumeráveis eras e ali permaneceriam por todo o sempre, sobrevivendo a todas as canseiras e humanos penares.

Os aldeões voltavam aos lares, cansados após um dia de labor nos campos. Não tardaria a ver-se a fumaça subindo de suas choças, quando estivessem preparando o jantar. Este não seria farto, e as crianças, à espera da refeição, davam-nos sorrisos, ao passarmos. De olhos grandes e acanhadas diante de estranhos, porém amigáveis. Duas pequenas sustentavam crianças sobre os quadris, enquanto as mães cozinhavam; quando os bebês escorregavam para baixo, elas, com um puxão, os recolocavam sôbre os quadris. Com dez ou doze anos apenas, aquelas meninas já estavam acostumadas a carregar bebês; e as duas sorriram. A aragem vespertina soprava entre as árvores, e o gado estava sendo recolhido, para a noite.

No caminho já não se via ninguém, nem sequer um aldeão solitário. A terra parecia ter-se tornado subitamente vazia, estranhamente quieta. Naquele instante, a lua nascia por cima dos morros escuros. A brisa parara, nem uma folha se movia; tudo estava quieto e a mente completamente a sós. Não estava solitária, isolada, encerrada em seus próprios pensamentos, porém a sós, não tocada, não contaminada. Não estava à margem, distanciada, separada das coisas terrenas. Estava só e ao mesmo tempo com todas as coisas; porque estava só, tudo fazia parte dela. O que está separado, sabe de sua existência separada; mas aquela solidão não conhecia separação nem divisão. As árvores, a corrente, o aldeão que gritava ao longe, tudo estava contido naquela solidão. Não era identificação com nenhum homem, com a terra, porque toda identificação tinha desaparecido, completamente. Naquela solidão cessara o percebimento do passar do tempo.

Lá estavam três pessoas — um pai com seu filho e um amigo. O pai seria qüinquagenário, o filho andava pelos trinta e o amigo era de idade incerta. Calvos os dois homens mais idosos, mas o filho ainda tinha abundante cabeleira. Cabeça bem formada, nariz um pouco curto, e os olhos muito apartados. Seus lábios se moviam continuamente, embora permanecesse bastante quieto no seu lugar.

Sentara-se o pai atrás do filho e do amigo, declarando que tomaria parte na conversação se necessário, mas, se não o fosse, ficaria apenas observando e escutando. Um pardal pousou na janela aberta, mas logo fugiu, assustado com tanta gente junta na sala. Ele conhecia a sala e muitas vezes pousava no peitoril da janela, chilrando baixinho, sem medo.

"Embora meu pai não vá tomar parte na conversação", começou o filho, "deseja estar presente, pois o problema é de natureza que interessa a todos nós. Minha mãe teria vindo também se não se achasse indisposta, e ela aguarda com muito interesse o relato que depois lhe faremos. Já lemos algumas das coisas que tendes dito, e meu pai, principalmente, já de longe vem acompanhando as vossas palestras, mas só há dois anos me venho interessando verdadeiramente pelo que dizeis. Até há pouco, a política absorvia-me quase todo o interesse e entusiasmo; mas comecei a ver a inanidade da política. A vida religiosa é só para a mente amadurecida e não para políticos e advogados. Exerci com êxito regular a advocacia, mas já não sou advogado, pois desejo passar os meus restantes anos de vida em algo muito mais significativo e valioso. Falo também em nome de meu amigo, que desejou acompanhar-nos ao saber que vínhamos aqui. Vede, senhor, nosso problema é que estamos ficando velhos. Eu mesmo, conquanto relativamente moço, estou chegando àquele período da vida em que o tempo parece voar, quando os dias parecem tão curtos e a morte tão próxima. A morte, por enquanto pelo menos, não é problema; mas a velhice é."

Que entendeis por velhice? Estais-vos referindo ao envelhecer do organismo físico ou ao da mente?

"O envelhecimento do corpo naturalmente é inevitável; ele se gasta pelo uso e a doença. Mas há necessidade de a mente envelhecer e deteriorar-se?"

Pensar especulativamente é fútil desperdício de tempo. A deterioração da mente é uma suposição ou um fato positivo?

"É um fato, senhor. Eu percebo que minha mente se está tornando velha, cansada; uma lenta deterioração se está processando."

Mas isso não é também um problema para os jovens, embora talvez ainda o não percebam? A mente deles já está posta num molde; seu pensar já está enclausurado num estreito padrão. Porém, que quereis dizer ao afirmar que vossa mente se está tornando velha?

"Ela já não é flexível, vigilante, sensível como antes. Sua lucidez está decrescendo; suas reações aos múltiplos desafios da vida procedem cada vez mais do reservatório do passado. Ela está a deteriorar-se, funcionando cada vez mais dentro dos limites de sua própria estrutura."

Que faz então a mente deteriorar-se? É a autoproteção e a resistência a qualquer mudança, não é verdade? Cada um tem seus interesses adquiridos, que consciente ou inconscientemente está a proteger, a vigiar, não permitindo sejam perturbados por coisa alguma.

"Quereis referir-vos ao interesse que se tem na propriedade?"

Não só na propriedade, mas nas relações de toda espécie. Nada pode existir em isolamento. A vida são relações; e a mente tem um interesse adquirido em suas relações com pessoas, com idéias, e com coisas. Esse interesse egoísta e sua rejeição de qualquer revolução fundamental interior é o começo da deterioração mental. A mente, em geral, é conservadora, infensa a qualquer mudança. Até as chamadas mentalidades revolucionárias são conservadoras. porquanto, uma vez alcançado o sucesso revolucionário, elas resistem a alterações; a própria revolução se torna o seu interesse adquirido. Ainda que a mente — a conservadora ou a dita revolucionária — permita certas modificações na periferia de suas atividades, no centro ela está resistindo a toda modificação. As circunstâncias poderão obrigá-la a ceder, a adaptar-se, difícil ou facilmente, a um padrão diferente; mas o núcleo, o centro, permanece empedernido, e é esse centro o causador da deterioração da mente.

"Que entendeis por "centro"?"

Não o sabeis? Desejais uma descrição dele?

"Não senhor, mas pela descrição me será possível apalpá-lo, sentir a sua natureza."

"Senhor", interrompeu o pai, "intelectualmente, podemos estar cônscios desse centro, mas na realidade a maioria de nós nunca se viu frente a frente com ele. Eu próprio o tenho visto sagaz e sutilmente descrito em numerosos livros, mas na realidade nunca me vi em sua presença; e quando perguntais se nós o conhecemos, eu, por minha parte, só posso responder que não o conheço. Só conheço a sua descrição."

"É, também aqui, o nosso interesse adquirido", acrescentou o amigo, "o nosso entranhado desejo de segurança, que nos impede de conhecer aquele centro. Eu não conheço meu próprio filho, embora viva com ele desde que nasceu, e menos ainda conheço aquilo que me é mais íntimo ainda do que meu filho. Para conhecê-lo, preciso olhá-lo, observá-lo, *escutá-lo*, e eu nunca o faço. Ando sempre apressado; e se ocasionalmente o encaro, me vejo em divergência com ele."

Estamos falando da mente que envelhece e se deteriora. A mente está sempre a formar o padrão de sua própria certeza, da segurança de seus interesses; as palavras, a forma, a expressão, poderão variar de tempos a tempos, de um meio cultural para outro, mas o centro interesseiro permanece. É esse centro que faz a mente deteriorar-se, por mais vigilante e ativa que esteja, exteriormente. Esse centro não é um ponto fixo, porém vários pontos no interior da mente, e portanto, ele é a própria mente. O melhoramento da mente ou a passagem de um centro para outro, não expulsa esses centros; a disciplina ou a sublimação de um centro fixa outro centro no seu lugar.

Agora, que estamos entendendo — quando dizemos que estamos vivos?

"Ordinariamente", respondeu o filho, "consideramo-nos vivos quando falamos, quando rimos, quando temos sensações, quando temos pensamentos, quando há atividade, conflito, alegria."

Portanto, o que chamamos *viver* é aceitação ou "revolta", dentro do padrão social; é um movimento dentro da gaiola da mente. Nossa vida é uma série interminável de dores e prazeres, temores e frustrações, desejos e aquisições; e quando consideramos a deterioração da mente, e perguntamos se é possível pôr-lhe fim, nossa investigação se processa também dentro da gaiola da mente. Isso é viver?

"Infelizmente parece que não sabemos de outra vida", disse o pai. "À medida que envelhecemos, os prazeres decrescem e os pesares parecem crescer; e quem quer que reflita um pouco poderá ver que sua mente está a deteriorar-se gradualmente. O corpo inevitavelmente envelhece e declina; mas como impedir o envelhecer da mente?"

Levamos vida irrefletida, e ao aproximar-se o fim começamos a perguntar por que a mente declina, e como se poderá deter esse processo. Por certo, o que importa é que saibamos viver a nossa vida, não apenas quando jovens, mas também na meia-idade e nos anos de declínio. A vida correta exige muito mais inteligência do que qualquer ocupação para o ganho do sustento. O pensar correto é essencial ao viver correto.

"Que entendeis por pensar correto?"

Há sem dúvida vasta diferença entre o pensar correto e o pensamento exato. O pensar correto é percebimento constante; já o pensamento exato, por sua vez, ou é ajustamento a um padrão estabelecido pela sociedade, ou reação contra a sociedade. O pensamento exato é estático, processo de coordenação de certos conceitos, chamados ideais, e observância deles. O pensamento exato cria invariavelmente a perspectiva autoritária, hierárquica, e engendra a respeitabilidade; ao passo que o pensar correto é percebimento do processo total do ajustamento, da imitação, da aceitação, da revolta. O pensar correto, ao contrário do pensamento exato, não é uma coisa que se adquire; ele surge espontaneamente com o autoconhecimento, que é o percebimento dos movimentos do "eu". O pensar correto não pode ser aprendido nos livros, nem de outra pessoa; ele nasce do percebimento que a mente tem de si mesma, na ação das relações. Mas não pode haver compreensão de tal ação enquanto a mente a estiver justificando ou condenando. O pensar correto, pois, elimina o conflito e a contradição interior, causas fundamentais da deterioração da mente.

"O conflito não é parte essencial da vida?", perguntou o filho. "Se não lutássemos, ficaríamos simplesmente a vegetar."

Pensamos que estamos vivendo quando estamos envolvidos no conflito da ambição, quando somos tangidos pela compulsão da inveja, quando o desejo nos impele à ação; mas isso tudo só nos leva a maiores sofrimentos e confusão. O conflito intensifica a atividade egocêntrica, mas a compreensão do conflito nasce do correto pensar.

"Infelizmente esse processo de lutas e sofrimentos e breves alegrias é a única vida que conhecemos", disse o pai. "Há indícios de uma vida de outra espécie, mas esses indícios são raros e largamente intervalados. Ultrapassar essa confusão e descobrir aquela outra vida é o alvo perene de nossa busca."

Buscar o que transcende a realidade é deixar-se prender numa ilusão. A existência de cada dia, com suas ambições, invejas, etc., tem de ser compreendida; mas essa compreensão requer percebimento, pensar correto. Não há pensar correto quando o pensamento parte de uma pressuposição, uma tendência. O começar com uma conclusão, ou a procura de uma resposta preconcebida, põe termo ao pensar correto; de fato, não há então mais pensar. Por conseguinte, o pensar correto é a base da virtude.

"Parece-me", atalhou o filho, "que pelo menos um dos fatores envolvidos neste problema da deterioração da mente é a questão da ocupação correta."

Que entendeis por ocupação correta?

"Já notei, senhor, que os que se deixam absorver inteiramente por uma atividade ou profissão logo se esquecem de si mesmos; tão ativos estão, que não têm folga para pensar em si; e isso é bom."

Mas essa absorção não é fuga a si mesmo? E a fuga a si mesmo é uma ocupação errônea; ela corrompe, gera a inimizade, a divisão, etc. A ocupação correta resulta da educação correta, e da compreensão de si mesmo. Nunca notastes que, qualquer que seja a atividade ou a profissão, o "eu", consciente ou inconscientemente, dela se serve para seu próprio aprazimento, para o preenchimento de suas ambições, ou para o alcance do sucesso, do poder?

"Infelizmente, assim é. Parece que nos servimos de tudo que tocamos, para nossa própria vantagem."

É esse interesse egoísta, essa constante promoção do "eu" que torna a mente mesquinha; e embora seja muito ampla sua esfera de atividades, embora se ocupe de política, ciências, artes, pesquisas, ou seja o que for, há um limitar do pensar, uma superficialidade causadora de deterioração, declínio. Só quando há compreensão da totalidade tanto da mente inconsciente como da consciente — existe a possibilidade de regeneração da mente.

"A mundanidade é a praga da moderna geração", disse o pai. "Ela se deixa arrebatar pelas coisas do mundo, e não cuida das coisas sérias."

Esta geração é como todas as outras gerações. As coisas mundanas não são apenas geladeiras, camisas de seda, aviões, aparelhos de televisão, etc.; elas incluem também ideais, busca de poder pessoal ou coletivo, e o desejo de segurança, seja neste mundo, seja no próximo. Tudo isso corrompe a mente e causa sua deterioração. O problema da deterioração deve ser compreendido no começo, na juventude, e não no período do declínio físico.

"Significa isto que para nós não há esperanças?"

Não, não significa tal coisa, absolutamente. Significa, apenas, que é mais difícil sustar a deterioração da mente em nossa idade. Para se produzir uma transformação radical em nossa maneira de vida, há necessidade de crescente percebimento, e grande profundeza de sentimento — e isso é amor. Com amor, tudo é possível.

A IMPORTANCIA DA TRANSFORMAÇÃO

FORMIGAS pretas, graúdas, tinham aberto um caminho que atravessava a grama, um trecho de areia, um monte de lixo e uma fenda de velho muro. Pouco além do muro havia um buraco, a casa delas. Observava-se ali um extraordinário movimento de ida e vinda, uma faina incessante em ambas as direções. Cada formiga parava um segundo, ao encontrar-se com outra — as duas tocavam-se as cabeças, e prosseguiam. Devia haver milhares delas. Só quando o sol estava a pino, ficava deserto aquele caminho de formigas e toda atividade se concentrava então em torno do formigueiro, perto do muro; estavam cavando, e cada formiga trazia um grão de areia, uma pedrinha ou partícula de terra. Se se batia de leve no chão, perto delas, era um alarme geral. Prorrompiam do buraco, prontas a repelir o agressor; mas logo se acalmavam e voltavam aos seus labores. Quando o sol descambava para o poente, e a brisa da tarde soprava fresca e amena das montanhas, punham-se de novo em marcha, povoando o mundo silencioso da grama, da areia e do monte de lixo. Percorriam uma boa distância, por aquele caminho, à cata de alimento, e achavam muitas coisas: uma perna de cigarra, uma rã morta, os restos de um passarinho, uma lagartixa semidevorada, ou um grão qualquer. Tudo era atacado com fúria; o que não podia ser levado era devorado ali mesmo, ou transportado aos pedaços. Só a chuva lhes detinha a atividade constante, e com as últimas gotas, lá estavam elas de novo. Se lhes púnhamos um dedo no caminho, tateavam-no de todos os lados e umas poucas subiam por ele, tornando a descer imediatamente.

O muro velho tinha sua vida própria. Quase ao alto havia buracos, onde papagaios verdes e brilhantes, de bicos curvos e vermelhos, tinham os seus ninhos. Eram um bando acanhado, e não gostavam quando alguém se aproximava demais. Grazinando e agarrados aos vermelhos fragmentos de tijolos, ficavam aguardando os acontecimentos. Se a pessoa se aproximava mais ainda, metiam-se em seus buracos, deixando de fora sòmente as penas verde-claras de suas caudas; depois, novo movimento, as penas desapareciam e novamente se tornavam visíveis os bicos vermelhos e as formosas cabeças verdes. Estavam-se acomodando para a noite.

O muro circundava um velho túmulo, cuja abóbada, recolhendo os últimos raios do sol poente, flamejava como se se tivesse acendido uma luz em seu interior. Toda a estrutura era bem construída e esplendidamente proporcionada; não havia uma linha destoante e o túmulo se destacava, no crepúsculo, como que libertado da terra. Todas as coisas pareciam intensamente vivas: o velho túmulo, os tijolos vermelhos que se esboroavam, os verdes pagagaios, as ativas formigas, o apito distante do trem, o silêncio, as estrelas — tudo se fundia na totalidade da vida. Era uma bênção!

Embora já tarde, eles tinham querido vir e, assim, entramos todos para a sala. Foi preciso acender lanternas e, na pressa, uma delas se quebrou, mas as duas restantes davam luz suficiente para nos vermos uns aos outros, sentados em círculo, no chão. Um dos visitantes era funcionário de escritório; pequeno e nervoso, suas mãos nunca estavam quietas. Outro devia ter um pouco mais de dinheiro, dono que era de uma loja e tinha ares de um homem que está abrindo caminho no mundo. De forte compleição e um pouco gordo, era de disposição risonha, mas agora mostrava-se sério. O terceiro visitante, um senhor idoso, por estar aposentado, disse, dispunha de mais tempo para estudar as escrituras e executar *puja*, cerimônia religiosa. O quarto, um artista de longos cabelos, observava com olhar firme cada movimento que fazíamos; não queria perder nada. Por instantes ficamos todos em silêncio. Pela janela aberta podiam-se ver umas poucas estrelas, e o ativo perfume do jasmim invadia a sala.

"Eu gostaria de ficar sentado assim tranqüilamente por um período muito mais longo", disse o negociante. "É uma coisa abençoada esta qualidade de silêncio; tem efeito recuperador. Mas não quero desperdiçar tempo, falando de meus sentimentos íntimos, e acho que será preferível entrar logo no assunto sobre o qual desejo conversar. Tenho vida muito trabalhosa, mais ainda do que a maioria das pessoas, e, conquanto não seja um homem rico, encontro-me atualmente em folgada situação econômica. Sempre procurei levar vida religiosa. Nunca fui ganancioso demais, pratico a caridade, e nunca enganei ninguém desnecessariamente; mas quando se é negociante temos às vezes de abster-nos de falar rigorosamente a verdade. Eu podia ter ganho muito mais dinheiro, mas neguei-me a mim mesmo esse prazer. Gosto de distrações simples, mas, de modo geral, sempre levei vida séria; podia ser melhor, mas não é das piores. Sou casado e tenho dois filhos. Em resumo, senhor, esta é minha história pessoal. Li alguns de vossos livros e assisti às conferências por vós proferidas, e aqui venho para ser instruído sobre a maneira de levar uma vida mais profundamente religiosa. Mas, tenho de deixar os outros senhores falarem."

"Meu trabalho é uma rotina um tanto cansativa, mas não tenho aptidões para outro trabalho", disse o funcionário. "Minhas necessidades pessoais são poucas, e não sou casado; mas tenho de sustentar os meus pais e estou também ajudando os estudos de meu irmão mais novo. Não sou de modo nenhum religioso, no sentido ortodoxo, mas a vida religiosa me atrai muito fortemente. Muitas vezes sou tentado a abandonar tudo e tornar-me *sannyasi*, porém o senso de responsabilidade para com meus pais e meu irmão me faz hesitar. Há vários anos pratico diariamente a meditação, e tenho procurado seguir o que dissestes; mas, isso é muito difícil, pelo menos para mim, e não pareço capaz de entrosar-me nela. Também, minha situação de funcionário, que me obriga a ocupar-me o dia inteiro com coisas em que não tenho o mínimo interesse, é pouco propícia a pensamentos elevados. Mas sinto profundo anseio de descobrir a verdade, se houver alguma possibilidade de o conseguir, e desejo, enquanto estou moço, estabelecer uma conduta correta para o resto de minha vida; por isso, aqui estou."

"Quanto a mim", disse o senhor idoso, "estou bastante familiarizado com as Escrituras e desde que, há alguns anos, me aposentei como funcionário público, o meu tempo me pertence. Não tenho responsabilidades; todos os meus filhos estão adultos e casados e, portanto, sou livre para meditar, para ler, e falar de coisas sérias. Sempre me interessou a vida religiosa. De tempos a tempos, ouço atentamente a este ou aquele instrutor, mas nunca me sinto satisfeito. Em certos casos, seu ensino é completamente infantil, enquanto, noutros, é dogmático, ortodoxo, explicativo. Recentemente, estive assistindo a algumas de vossas conferências e debates. Sigo um boa parte do que dizeis, mas há certos pontos com que não posso concordar — ou, melhor, que não compreendo. Concordância, como tendes explicado, só pode existir em relação a opiniões, conclusões, idéias, mas não pode haver "concordância" em relação à verdade; ou a vemos, ou não a vemos. Especificamente, gostaria de esclarecer-me mais a respeito do cessar do pensamento."

"Eu sou artista, porém ainda não muito bom", disse o homem de longa cabeleira, "espero um dia poder ir à Europa para estudar arte; temos aqui medíocres professores. Para mim, a beleza, em qualquer forma, é uma expressão da realidade, um aspecto da divindade. Antes de começar a pintar, costumo meditar, como o faziam os antigos, sobre a beleza mais profunda da vida. Procuro abeberar-me na fonte de toda a beleza, vislumbrar uma centelha do sublime, e só então começo o meu dia de pintura. Às vezes, o sublime transluz, porém as mais das vezes isso não acontece; por mais que me esforce, nada se manifesta, e perdem-se assim dias e até semanas. Experimentei também jejuar, a par de vários exercícios, tanto físicos como mentais, esperando que isso me despertasse a sensibilidade criadora — mas tudo em vão! Em relação a esse sentimento, tudo o mais é secundário, pois sem ele não é possível ser-se um verdadeiro artista, e estou disposto a ir até os confins da terra para achá-lo. Eis a razão de minha presença aqui."

Ficamos todos em silêncio por momentos, entregue cada um a seus próprios pensamentos.

São diferentes os vossos respectivos problemas, ou são idênticos, ainda que pareçam diferentes? Não haverá um ponto fundamental comum a todos eles?

"Não sei ao certo se meu problema de alguma maneira se relaciona com o do artista", disse o negociante. "Ele busca a inspiração, a sensibilidade criadora, mas eu desejo levar uma vida mais profundamente espiritual."

"É precisamente o que eu também quero", retrucou o artista, "só que o expressei de diferente maneira."

Gostamos de pensar que os problemas pessoais são exclusivamente nossos, que nossos pesares diferem completamente dos pesares alheios. Mas sofrimento é sofrimento, não importa se vosso ou meu. Se não compreendermos isso, não poderemos prosseguir; sentir-nos-emos logrados, decepcionados, frustrados. Decerto, todos nós aqui presentes estamos em busca de alguma coisa; o problema de cada um é essencialmente o problema de todos. Se sentirmos realmente a verdade dessa asserção, teremos já percorrido uma boa parte do caminho e estaremos aptos a investigar em conjunto; poderemos ajudar-nos uns aos outros, escutar uns aos outros e aprender uns dos outros. A autoridade do instrutor já não terá significação alguma, tornando-se coisa fútil. Vosso problema o é também de outro. O amor não é exclusividade de ninguém. Se isto está claro, senhores, continuemos.

"Parece-me que agora todos estamos percebendo que nossos problemas não são independentes uns dos outros", replicou o senhor idoso, e os outros fizeram sinal de assentimento.

Qual é então o nosso problema comum? Por favor, não respondais imediatamente, porém reflitamos.

Esse problema, senhores, não é a necessidade de uma revolução fundamental em cada um de nós? Sem essa transformação, a inspiração será sempre transitória, e haverá constante luta para reconquistá-la; sem essa transformação, todo esforço para se levar uma vida espiritual será sempre muito superficial — simples questão de rituais, tanger de sinos, leitura do Livro; sem essa transformação, a meditação se torna um meio de fuga, uma forma de auto-hipnose.

"É verdade", disse o senhor idoso. "Sem profunda transformação interior, todo esforço para se ser religioso ou espiritual é um mero arranhar da superfície."

"Estou de pleno acordo convosco, senhor", acrescentou o funcionário de escritório. "Sinto realmente que há necessidade de transformação fundamental em mim, pois do contrário continuarei desta mesma maneira pelo resto da vida, sempre tateando, sempre indagando e sempre duvidando. Mas, como produzir essa transformação?"

"Eu também percebo que há necessidade de uma transformação "explosiva" dentro em mim mesmo, para que possa manifestar-se aquilo que estou buscando", disse o artista. "A radical transformação interior é obviamente essencial. Mas, já o perguntou aquele senhor, como produzir essa transformação?"

Apliquemos nossa mente e nosso coração ao descobrimento da maneira como sucederá ela. O importante, por certo, é sentirmos a urgente necessidade de nos transformarmos fundamentalmente, e não meramente nos deixarmos persuadir, pelas palavras de outro, a nos transformarmos. Uma descrição interessante poderá estimular-vos a sentir a necessidade de vos transformardes, mas é muito superficial tal sentimento e se extinguirá em desaparecendo o estímulo. Mas se perceberdes por vós mesmo a importância da transformação, se sentirdes sem compulsão, sem *motivo* ou influência, quanto é essencial a transformação radical, então esse próprio sentimento será a ação transformadora.

"Mas, como adquirir esse sentimento?", perguntou o negociante.

Que entendeis pela palavra "como"?

"Uma vez que não tenho esse sentimento da necessidade de transformação, como poderei cultivá-lo?"

Pode-se cultivar esse sentimento? Ele não deve surgir espontaneamente de vossa percepção direta da necessidade de radical transformação? O sentimento cria seus próprios meios de ação. Pelo raciocínio lógico, qualquer pessoa pode chegar à conclusão de ser necessária uma transformação fundamental, mas tal compreensão, intelectual ou verbal, não faz vir a ação transformadora.

"Por que não?", inquiriu o senhor idoso.

A compreensão intelectual ou verbal não constitui uma reação superficial? A pessoa ouve, a pessoa raciocina, mas o seu ser integral não penetra a matéria. A mente superficial poderá concordar ser necessária a transformação, mas a totalidade da mente não lhe está aplicando toda a atenção; a mente está dividida.

"Quereis dizer, senhor, que a ação modificadora só se realiza quando existe atenção total?", indagou o artista.

Consideremos isso. Uma parte da mente está convencida da necessidade de transformação fundamental, mas o resto da mente não se deixa interessar; poderá estar em suspenso, ou adormecida, ou ativamente em oposição a tal transformação. Quando isso acontece, existe contradição na mente: uma parte dela a desejar a transformação, a outra parte indiferente ou contrária à transformação. O conflito daí resultante, no qual a parte da mente que deseja a transformação procura superar a parte recalcitrante, chama-se disciplina, sublimação, repressão; chama-se também "seguir um ideal". É o esforço que se faz para lançar uma ponte por sobre o intervalo criado pela autocontradição. Há o ideal, a compreensão intelectual ou verbal da necessidade de fundamental transformação, e o vago porém real sentimento de não desejarmos ser perturbados, o desejo de deixarmos as coisas como estão, o medo à mudança, à insegurança. Há, pois, divisão na mente; e o seguimento do ideal é a tentativa que se faz para unir as duas partes contraditórias, o que naturalmente é uma impossibilidade. Seguimos o ideal porque ele não exige ação imediata; o ideal é um adiamento aprovado e respeitado.

"Quer dizer então que o esforço que fazemos para nos transformarmos é sempre uma forma de adiamento?", perguntou o funcionário de escritório.

Não é isso mesmo? Nunca notastes que quando dizeis: "Procurarei transformar-me", nenhuma intenção tendes de vos transformardes? Ou uma pessoa se transforma ou não se transforma; *procurar* transformar-se é realmente uma coisa muito sem significação. Seguir o ideal, procurar transformar-se; forçar, pelo exercício da vontade, as duas partes contraditórias da mente a se unirem; praticar um método ou discíplina para conseguir essa unificação, etc. — tudo isso é esforço inútil e vão, uma vez que realmente impede a fundamental transformação central — do "eu", do "ego".

"Parece-me que compreendo o que estais transmitindo", disse o artista. "Ficamo-nos entretendo com a idéia da transformação, mas nunca tratamos de nos transformar. A transformação requer ação enérgica, unificada."

Exatamente. E a ação unificada ou integrada não pode ocorrer enquanto existir conflito entre as partes adversas da mente.

"Percebo isso, percebo-o realmente!", exclamou o funcionário de escritório. "Não há quantidade de idealismo, de raciocínio lógico, de convicções ou conclusões, que possa produzir a transformação de que estamos falando. Mas que a produzirá?"

Com esta própria pergunta não vos estais impedindo de descobrir a ação transformadora? Tanto ansiamos por resultados, que não nos detemos entre o momento em que descobrimos algo verdadeiro ou falso, e o descobrimento de um novo fato. Prosseguimos a toda pressa, sem compreendermos inteiramente o que já descobrimos.

Vimos que o raciocínio e as conclusões lógicas não podem operar essa mudança, essa fundamental transformação do centro. Mas, antes de perguntarmos a nós mesmos *qual* o fator que a produzirá, devemos ter conhecimento dos artifícios de que a mente se serve para convencer a si mesma de que a transformação é gradual e tem de ser efetuada pelo seguimento de ideais, etc. Tendo percebido a verdade ou a falsidade de todo esse processo, já podemos perguntar a nós mesmos qual é o fator necessário a essa mudança radical.

Ora, que é que vos faz mover-vos, agir?

"Qualquer sentimento forte. A cólera intensa faz-me agir; posteriormente poderei lamentá-lo, mas o sentimento "explode" em ação."

Quer dizer, todo o vosso ser está nessa ação; esqueceis ou desprezais o perigo, perdeis de vista vossa própria segurança. O próprio sentimento é ação; não há intervalo entre o sentimento e o ato. O intervalo é criado pelo chamado processo racional, o pesar dos prós e contras, de acordo com nossas convicções, preconceitos, temores, etc. A ação é então "política", despida de espontaneidade, de humanidade. Os homens que buscam o poder, seja para si próprios, seja para o grupo ou a nação a que pertencem, agem dessa maneira, e tal ação só pode gerar mais sofrimentos e confusão.

"Na realidade", continuou o funcionário de escritório, "até um sentimento forte em favor da transformação fundamental depressa se apaga pela ação do raciocínio autoprotetório, pelo pensar no que aconteceria se se operasse em nós tal transformação interior, etc."

O sentimento é então impedido de atuar por idéias, por palavras, não é verdade? Há uma reação contraditória, nascida do desejo de não se ser perturbado. Se tal é o caso, continuai pelo vosso habitual caminho; não vos iludais, seguindo um ideal, dizendo que estais tratando de vos transformardes, e outras coisas que tais. Sede simples perante o fato de que não desejais transformar-vos. O percebimento dessa verdade em si é suficiente.

"Mas eu desejo *realmente* transformar-me."

Então transformai-vos! Mas não faleis — sem terdes o sentimento — a respeito da necessidade de transformação, pois isso nada significa.

"Em minha idade", disse o senhor idoso, "nada tenho que perder, exteriormente; mas abandonar velhas idéias e conclusões é coisa muito diferente. Percebo agora pelo menos uma coisa: que não pode haver transformação fundamental, sem o despertar do sentimento que reclama a transformação. O raciocínio é necessário, mas não constitui o instrumento da ação. Saber não é necessariamente agir."

Mas a ação do sentir é também ação do saber, as duas não estão separadas; só se separam quando a razão, o conhecimento, a conclusão ou a crença induz à ação.

"Começo a perceber tudo isso muito claramente, e meu conhecimento das Escrituras como base da ação já começa a perder sua força sobre minha mente."

A ação baseada na autoridade não é ação nenhuma; é pura imitação, repetição.

"E, em geral, estamos enredados nesse processo. Mas é possível nos libertarmos dele. Compreendi muitas coisas nesta noite."

"Eu também", disse o artista. "Para mim, foi altamente estimulante este debate, e penso que a estimulação não admitirá reação. Percebi algo com muita clareza, e continuarei a dar-lhe atenção, sem saber aonde me levará."

"Minha vida sempre foi respeitável", disse o negociante, "e a respeitabilidade não conduz a modificação nenhuma, principalmente quando se trata da transformação fundamental de que estivemos falando. Cultivei ardorosamente o desejo idealista, para alcançar a transformação e levar uma vida genuinamente religiosa; mas percebo agora que a meditação sobre a vida e os caminhos da transformação é que são fundamentais."

"Posso juntar mais uma palavra?" perguntou o senhor idoso, "a meditação não é *sobre* a vida; ela própria é o caminho da vida."

MATAR

O SOL não sairia antes de duas ou três horas. Não se via uma nuvem no céu todo estrelado, rodeado pelos contornos escuros dos morros. Escoava a noite em perfeita calma; nem um cão ladrava e os aldeões ainda dormiam. Até a coruja tinha silenciado o seu piar profundo. A janela trazia para dentro da sala a imensidão da noite, e prevalecia aquele estranho sentimento de total solidão — solidão vigilante. O arroio corria por baixo da ponte, mas tinha-se de prestar atenção para ouvi-lo; seu manso murmúrio era quase inaudível, naquele vasto silêncio, tão intenso e penetrante que nos absorvia todo o ser. Não era o oposto do barulho; nele podia existir barulho, mas não como parte dele.

Ainda estava completamente escuro, quando partimos de automóvel, mas a estrela matutina fulgia acima dos morros do oriente. Verdejavam as árvores e os arbustos, ao clarão dos faróis do carro, no sinuoso percurso por entre os montes. A estrada, àquela hora, estava deserta, mas não se podia correr muito por causa do grande número de curvas. Começava agora a aparecer um clarão do lado do leste; e embora fôssemos a conversar, no carro, o despertar da meditação prosseguia. A mente estava de todo imóvel; não dormia, não estava cansada, porém totalmente serena. À medida que o céu clareava, a mente se distanciava e se aprofundava cada vez mais. Embora cônscia da grande esfera de ouro luzente e da conversa que se travava, ela estava só, movendo-se sem resistência, sem direção; estava só, como uma luzinha na escuridão. Não sabia que estava só — pois só a palavra sabe. Era um movimento sem alvo nem direção. Um movimento sem causa, independente do tempo.

Os faróis já se tinham apagado e, na luz do alvorecer, era encantadora aquela região cheia de riqueza e verdor. Havia abundante orvalho, e onde os raios do sol tocavam a terra, rutilavam miríades de jóias, em todas as cores do arco-íris. Àquela hora as rochas nuas de granito pareciam macias e fofas — uma ilusão que o sol não tardaria a desfazer. A estrada continuava, em voltas e mais voltas, por entre luxuriantes arrozais e enormes tanques cheios até às bordas de águas dançantes, que iam nutrir toda a região até a próxima estação chuvosa. Mas ainda não tinham cessado as chuvas; e como tudo era verde e cheio de vida! O gado estava gordo, e os rostos das pessoas que encontrávamos pela estrada refletiam o frescor da manhã. Já muitos macacos andavam por ali. Não eram da raça de longas pernas e troncos, daqueles que saltam com graça e naturalidade de ramo em ramo ou caminham, leves e majestosos, pelos campos, observando com caras solenes os passantes: eram macaquinhos de caudas compridas e pêlos de suja cor marrom-esverdeada, e cheios de traquinice e malícia. Um deles quase foi apanhado pela roda dianteira do carro, salvando-se graças à própria agilidade e à perícia do motorista.

Já era dia claro e os aldeões já se entregavam às suas lides. O carro tinha de desviar-se para a margem da estrada, a fim de ultrapassar os lerdos carros de bois que pareciam muito numerosos por ali; e os caminhões nunca davam passagem senão depois de buzinarmos seguidamente por alguns minutos. Templos famosos erguiam suas tôrres acima das árvores, e o carro passou a tôda velocidade pela terra natal de um santo instrutor.

Viera um pequeno grupo, constituído de uma senhora e vários homens, mas só três ou quatro pessoas tomaram parte na conversação. Pessoas sisudas, e podia-se ver que eram bons amigos, embora de divergentes opiniões. O primeiro a falar foi um homem de barba bem tratada, nariz aqüilino e fronte alta; tinha olhos escuros, muito penetrantes e sérios. O segundo, homem magro em extremo, calvo, de pele descorada, nunca tirava as mãos do rosto. O terceiro era gordo, alegre e desembaraçado; olhava-nos como a tomar as medidas da gente e, parecendo insatisfeito com os resultados, tornava a olhar, a ver se a conta estava certa. Tinha mãos bem-feitas, de dedos longos. Embora de riso fácil, notava-se-lhe um fundo de gravidade. O quarto tinha sorriso agradável e olhos de assíduo ledor. Embora pouco participasse da conversa, de modo nenhum estava a dormir. Todos os homens andavam mais ou menos pelos quarenta, mas a senhora parecia muito mais jovem; nunca falava, mas conservava-se atenta ao que se passava.

"Há vários meses vimos debatendo entre nós, e hoje desejamos conversar convosco a respeito de um problema que nos anda a apoquentar", disse o primeiro interlocutor. "Alguns dentre nós nos alimentamos de carne, outros não. Eu, pessoalmente, nunca comi carne em minha vida: isso me parece repulsivo, em qualquer circunstância, e repugna-me a idéia de se matar um animal para se encher o estômago. Embora não pudéssemos chegar a acordo quanto à conduta correta a esse respeito, conservamo-nos bons amigos e continuaremos a sê-lo, espero."

"Eu como carne ocasionalmente", disse o segundo. "Prefiro não o fazer, mas, quando se viaja, torna-se difícil, muitas vêzes, manter um regime equilibrado sem carne e é muito mais simples comê-la. Não gosto de matar animais, sou neste particular muito sensível, mas comer carne, uma ou outra vez, me parece justificável. Muitos dêsses fanáticos rigoristas do vegetarismo são mais pecadores do que os que matam para comer."

"Meu filho matou um pombo um dia destes, e nós o comemos ao jantar", disse o terceiro. "O menino ficou alvoroçado por o ter derrubado com sua espingarda nova. Era de ver a expressão de seus olhos! Parecia ao mesmo tempo assustado e contente; não obstante seu sentimento de culpa, tinha ares de conquistador. Eu lhe disse que não sentisse remorsos. Matar é cruel, mas faz parte da vida e não é coisa tão grave, quando praticada com moderação. Comer carne não é o crime medonho que nosso amigo aqui quer que seja. Não sou amigo de esportes sanguinolentos, mas matar para comer não é pecado contra Deus. Porque tanto espalhafato a esse respeito?"

"Como vedes, senhor", prosseguiu o primeiro interlocutor, "não consegui convencê-los de que matar animais para comer é uma barbaridade; e, além disso, a ingestão de carne é prejudicial à saúde, como sabe todo aquele que se tem dado ao trabalho de investigar parcialmente os fatos. No que me tange, abster-se de carne é uma questão de princípio. Em minha família não se come carne há gerações. Acho que o homem, para se tornar verdadeiramente civilizado, deve eliminar de sua natureza essa crueldade de matar os animais para comer."

"É exatamente isso o que ele está sempre a dizer-nos", interrompeu o segundo. "Ele quer 'civilizar' a nós, os carnívoros, e no entanto outras formas de crueldade não parecem incomodá-lo. É advogado, e não leva em consideração a crueldade inerente à sua profissão. Todavia, apesar de nossa divergência na matéria, somos ainda amigos. Temos debatido a questão dúzias de vezes, e como parece não haver possibilidade de chegarmos mais longe, combinamos todos vir conversar convosco sôbre o assunto."

"Há questões mais importantes e mais vastas do que esta de matar um desprezível animal para comer", disse o quarto. "É tudo questão de ponto de vista perante a vida."

Qual é o problema, meus senhores?

"Se se pode ou não comer carne", respondeu o que não comia carne.

Este é o problema principal, ou parte de um problema maior?

"Para mim, a inclinação ou desinclinação de um homem para matar animais a fim de satisfazer o apetite é indicativa de sua atitude ante as questões mais importantes da vida."

Se pudermos perceber que se nos concentramos exclusivamente numa parte não podemos ter a compreensão do todo, talvez então não nos deixaremos confundir em relação às partes. Se não somos capazes de perceber o todo, a parte assume uma importância maior do que tem. Temos aqui uma questão mais importante, não achais? O problema se refere ao matar, e não simplesmente ao matar animais para comer. Um homem não se torna virtuoso pelo fato de não comer carne, nem se torna menos virtuoso por comê-la. O deus de uma mente pequena é também pequeno; sua pequenez se mede pela pequenez da mente que deposita flores a seus pés. A questão principal abrange muitos problemas aparentemente separados que o homem criou dentro e fora de si mesmo. O matar é realmente um enorme e complexo problema. Vamos considerá-lo, senhores?

"Acho que devemos", respondeu o quarto. "Este problema me interessa profundamente, e considerá-lo numa ampla perspectiva me parece especialmente interessante."

Há muitas maneiras de matar, não? Mata-se pela palavra e pelo gesto, mata-se por medo ou por cólera, mata-se por uma nação ou ideologia, mata-se por causa de um certo sistema de dogmas econômicos ou crenças religiosas.

"Como se mata pela palavra ou pelo gesto?", indagou o terceiro interlocutor.

Não o sabeis? Com uma simples palavra ou gesto pode-se matar a reputação de um homem; pela maledicência, a difamação, o desprezo, pode-se liquidar um homem. E a comparação também não mata? Não matamos uma criança quando a comparamos com outra mais inteligente ou habilidosa? O homem que mata por ódio ou cólera é considerado criminoso e condenado à morte. No entanto, o homem que, deliberadamente, em nome de sua pátria, bombardeia e varre da face da terra milhares de pessoas, esse recebe honrarias e condecorações; é considerado herói. O hábito de matar se está alastrando sobre a terra. Em prol da segurança ou expansão de uma nação, destrói-se outra. Matam-se animais para comer, para obter lucros, ou simplesmente por esporte; vivissecam-nos para o "bem-estar" do homem. O soldado existe para matar. Observa-se extraordinário progresso na técnica de assassinar o maior número possível de pessoas em poucos segundos e a grandes distâncias. Com isso muitos cientistas estão inteiramente ocupados, e os sacerdotes abençoam o avião de bombardeio e a belonave. Matamos também um repolho ou uma cenoura, para comê-los; destruímos o vírus de uma peste. Onde traçar o limite além do qual não devemos matar?

"Isso depende de cada indivíduo", respondeu o segundo.

É tão simples assim? Se vos recusais a ir à guerra, sois fuzilado ou encarcerado ou, talvez, posto sob observação psiquiátrica. Se vos recusais a tomar parte no jogo nacionalista do ódio, sois votado ao desprezo e podeis também perder vosso emprego; de várias maneiras se exerce pressão no sentido de forçar-vos a ajustar-vos. Quando pagamos impostos, e até quando compramos um selo postal estamos sustentando a guerra, a matança de inimigos sempre variados.

"Que fazer então?", perguntou o não comedor de carne. "Estou bem cônscio de ter matado legalmente, muitas vezes nos tribunais de justiça; mas sou estritamente vegetariano e nunca mato por minhas próprias mãos qualquer criatura."

"Nem mesmo um inseto venenoso?", perguntou o segundo.

"Nem isso, se posso evitá-lo."

"Outro o fará por vós."

"Senhor", prosseguiu o advogado vegetariano, "quereis sugerir que não devemos pagar impostos nem escrever cartas?"

Repito, quando nos preocupamos com as particularidades da ação, especulando sobre se devemos fazer isto ou aquilo, ficamos embrenhados na particularidade e sem compreender a totalidade do problema. O problema precisa ser considerado como um todo, não?

"Percebo perfeitamente que há necessidade de uma perspectiva geral do problema, mas as particularidades são também importantes. Não devemos desatender nossa atividade imediata, não achais?"

Que entendeis por "perspectiva geral do problema?" É questão de mera concordância intelectual, assentimento verbal, ou compreendeis de fato o problema total do matar?

"Sinceramente falando, senhor, até agora não tenho dado atenção às implicações mais amplas do problema. Tenho-me ocupado com um de seus aspectos essenciais."

E isso é a mesma coisa que não escancarar a janela para contemplar o céu, as árvores, as pessoas, todo o movimento da vida, e ficar olhando por uma estreita greta. E assim é a mente: uma insignificante parte dela está sempre muito ativa, enquanto o resto dorme. Essa atividade sem importância da mente cria seus próprios problemas sem importância, relativos ao que é bom e ao que é mau, cria seus valores políticos e morais, etc. Se percebêssemos realmente quanto é absurdo esse processo, haveríamos de explorar, naturalmente, sem compulsão alguma, as esferas mais amplas da mente.

Assim, pois, a questão que estamos examinando não se refere simplesmente à matança ou não matança de animais, porém ao ódio e à crueldade, que vemos aumentar incessantemente no mundo e em cada um de nós. É este o nosso verdadeiro problema, não achais?

"Sim", respondeu o quarto, enfaticamente. "A brutalidade se está espalhando sobre a Terra como uma praga; uma nação inteira é aniquilada pelo seu vizinho maior e mais poderoso. A crueldade, o ódio — esse é que é o problema, e não se uma pessoa, por acaso, gosta ou não gosta do sabor da carne."

A crueldade, a cólera, o ódio em nós existente se manifesta de muitas maneiras: Na exploração do fraco pelos poderosos e astutos; na crueldade de forçar todo um povo, sob pena de extermínio, a aceitar um certo padrão ideológico de vida; na formação de governos nacionalistas soberanos, mediante intensa propaganda; no cultivo de dogmas e crenças organizadas, a que se dá o nome de religião mas que de fato separam os homens uns dos outros. Os caminhos da crueldade são numerosos e sutis.

"Ainda que passássemos todo o resto da vida a observar, não lograríamos descobrir todas as maneiras sutis em que a crueldade se manifesta, não é verdade?", inquiriu o terceiro. "Como devemos então proceder?"

"Quer-me parecer", disse o primeiro interlocutor, "que estamos perdendo de vista o problema central. Cada um de nós está protegendo a si mesmo; estamos defendendo nossos interesses pessoais, nossos bens econômicos ou intelectuais, ou talvez uma tradição que nos dá um certo lucro, não necessariamente pecuniário. Esse interesse pessoal em todas as coisas que tocamos, da política a Deus, é a raiz da questão."

Mais uma vez, se permitis perguntar, isso é apenas uma asserção verbal, uma conclusão lógica que pode ser reduzida a trapos ou habilmente defendida? Ou reflete o percebimento de um fato real, de significação em nossa vida diária de pensamento e ação?

"Estais procurando levar-nos a distinguir entre a palavra e o fato real", disse o terceiro interlocutor, "e começo a perceber quanto importa fazer esta distinção. Do contrário, ficaremos embrenhados em palavras, e completamente inativos — como de fato estamos."

Para agir, há necessidade de sentimento. O sentimento do problema integral redunda em ação integral.

"Quando uma pessoa sente integralmente a respeito de alguma coisa", disse o quarto homem, "a pessoa age e sua ação não é impulsiva nem, como se costuma dizer, intuitiva; tampouco é um ato premeditado, calculado. Provém das profundezas de seu ser. Se esse ato causa malefícios, sofrimentos, a pessoa dele se penitencia de bom grado; mas um tal ato raramente é maléfico. A questão é: como conservar esse sentimento profundo?"

"Antes de irmos mais longe", interrompeu o terceiro homem com ardor, "esclareçamo-nos sobre o que estais explicando, senhor.

Uma pessoa está cônscia do fato de que para haver ação completa é necessário sentimento profundo, com plena compreensão psicológica do problema; do contrário, só haverá simples fragmentos de ação, sem coesão alguma. Até aí está claro. Depois, como estávamos dizendo, a palavra não é o sentimento; poderá evocar o sentimento, mas esta evocação verbal não conserva o sentimento. Ora, podemos entrar no mundo do sentimento, diretamente, sem ser por meio de descrição, por meio do símbolo ou da palavra? Não é esta a questão imediata?"

Sim, senhor. Somos distraídos pelas palavras, pelos símbolos; raramente sentimos, a não ser sob o estímulo do termo, da descrição. A palavra "deus" não é Deus, mas essa palavra nos impele a reagir em conformidade com nosso condicionamento. Só se poderá descobrir a verdade ou a falsidade acerca de Deus, quando a palavra "deus" já não crie em nós certas reações *habituais*, fisiológicas ou psicólogicas. Como dizíamos há pouco, um sentimento total redunda em ação total — ou, melhor, o sentimento total *é* ação total. Uma sensação passa, deixando-nos no mesmo lugar em que estávamos antes. Mas o sentimento total a que nos referimos não é uma sensação, não depende de estímulos; ele se conserva, a si próprio, e não há necessidade de nenhum artifício.

"Mas como despertar esse sentimento total?", insistiu o primeiro interlocutor.

Se permitis dizê-lo, não estais percebendo o ponto essencial. O sentimento que pode ser despertado depende de estímulo; é sensação, que se nutre por vários meios, por tal ou tal método. Nesse caso, o meio, ou método, se torna importantíssimo, e não o sentimento. O símbolo, como meio de despertar o sentimento, é guardado num sacrário, no templo ou na igreja; e daí por diante o sentimento só existe quando evocado pelo símbolo ou pela palavra. Mas o sentimento total pode ser "despertado"? Refleti senhor — não respondais.

"Percebo o que quereis dizer", disse o terceiro homem. "O sentimento total não pode de modo nenhum ser despertado; ou ele existe, ou não existe. Isso nos deixa em situação algo desesperadora, não achais?"

De fato? Há esse sentimento de desesperança porque desejais chegar a alguma parte, desejais alcançar o sentimento total; e, como não o podeis, vos sentis como que perdido. E é esse desejo de chegar, de alcançar, de vir a ser, que cria o método, o símbolo, o estimulante por meio do qual a mente se conforta e se distrai. Portanto, voltemos a considerar o problema do matar, da crueldade, do ódio.

Interessar-se pela questão de matar "humanitariamente", é coisa completamente absurda; abster-se uma pessoa de comer carne, enquanto ao mesmo tempo está destruindo o seu filho, comparando-o com outro, isso é ser cruel; participar de matanças "respeitáveis", em prol da pátria ou de uma ideologia, isso é cultivar o ódio; mostrar bondade para com os animais e crueldade para com o semelhante, por ações, por palavras, ou gestos, isso é gerar a inimizade e a brutalidade.

"Senhor, julgo compreender o que acabais de dizer, mas como surgirá o sentimento total? Pergunto-o apenas a título de consulta, em relação a nosso movimento de busca. Não estou a pedir um método. Percebo quanto isso é absurdo. Percebo, também, que o desejo de conseguir algo cria seus obstáculos próprios, e que é tolice uma pessoa sentir-se desesperançada ou impotente. Tudo isso está agora perfeitamente claro."

Se está claro, não apenas verbal ou intelectualmente, mas como coisa tão real como a dor causada por um espinho que nos fere o pé, então já existe a compaixão, o amor. Já abristes a porta ao total sentimento da compaixão. O homem compassivo conhece a ação correta. Sem terdes amor, desejais descobrir o que é correto fazer, e vossa ação só pode conduzir a males e sofrimentos maiores ainda, tal é a ação dos políticos e reformadores. Sem terdes amor, não podeis compreender a crueldade; uma paz precária pode ser implantada pelo reinado do terror; mas a guerra, o matar, continuará noutro nível de nossa existência.

"Nós não temos compaixão, senhor, e tal é a fonte real de nossas aflições", disse o primeiro homem com sentimento. "Dentro em nós, somos duros, somos feios, mas encobrimo-lo com palavras bondosas e superficiais atos de generosidade. Temos canceroso o coração, apesar de nossas crenças religiosas e nossas reformas sociais."

É em nosso coração que se faz necessária a operação, para que se possa então plantar uma semente nova. Essa operação é a própria vida da semente nova. Está iniciada a operação, e praza a Deus que a semente frutifique.

SER INTELIGENTE É SER SIMPLES

O MAR ESTAVA todo azul, e o sol poente tocava naquele instante as cristas das nuvens baixas. Próximo ao carro um menino de 13 ou 14 anos, de roupa molhada, tremia de frio e fingia-se mudo; pedia esmolas, representando muito bem o seu papel. Depois de ganhar algumas moedas, foi-se a correr pela areia. As ondas vinham ter à praia muito mansas, sem apagar de todo as pegadas que havia na areia. Os caranguejos apostavam corridas com as ondas, sempre evitando os pés da gente; deixavam-se às vezes arrastar por uma onda e pelas areias deslocadas, mas logo ressurgiam, prontos para a próxima onda. Um homem que se tinha feito ao mar em pequena jangada, voltava agora com dois grandes peixes; era escuro, tostado por muitos sóis. Depois de ganhar a praia com muita destreza e facilidade, puxou a jangada bem para cima, largando-a sobre as areias secas. Mais adiante, um grupo de palmeiras avizinhava-se do mar e, além delas, estendia-se a cidade. No horizonte, um navio parecia imóvel, e do norte soprava suave aragem. Era uma hora de grande beleza e paz, em que a terra e o céu se encontravam. Sentado na areia, podíamos observar o infinito vaivém das ondas, e seu movimento rítmico parecia comunicar-se à terra. A mente estava muito viva, mas não como o inquieto mar; viva e expandida de horizonte a horizonte. Não tinha nem altura nem profundidade, não se achava longe nem perto; não havia centro, de onde medir ou circunscrever o todo. O mar, o céu e a terra, tudo lá estava, mas não existia observador. Ela era espaço imensurável, luz infinita. A luz do sol poente clareava as árvores, banhava a aldeia, esparzia-se pelo outro lado do rio mas *aquela* era a luz que nunca se apaga, que brilha eternamente. E — coisa extraordinária! — nela não havia sombras; ninguém poderia projetar sua sombra sobre qualquer parte dela. Não estávamos dormindo, não tínhamos fechado os olhos, pois víamos as estrelas, que começavam a aparecer; mas, quer de olhos abertos, quer de olhos fechados, a luz lá estava sempre. Ela não se deixava colher e aprisionar num sacrário.

Mãe de três filhos, parecia pessoa simples, tranqüila e despretensiosa; mas seus olhos eram vivos e vigilantes, notavam muita coisa. Enquanto falava, desaparecia o seu acanhamento um pouco nervoso, porém ela permanecia placidamente vigilante. Seu filho mais velho fora educado no estrangeiro e trabalhava agora como engenheiro eletrônico; o segundo tinha bom emprego numa fábrica de tecidos, e o caçula estava a terminar o colégio. Todos bons meninos, disse, e via-se que deles se orgulhava. Haviam perdido o pai poucos anos antes, porém ele lhes providenciara uma boa educação e existência independente. O pouco mais que tinha, deixara-o a ela, e ela de nada necessitava, pois suas necessidades eram poucas. A esta altura, calou-se e evidentemente estava achando difícil externar algo que lhe ia pela mente. Pressentindo o que desejava manifestar, experimentei interrogá-la.

Amais os vossos filhos?

"Naturalmente", respondeu de pronto, grata pela oportunidade de recomeçar. "Quem não ama os filhos? Criei os meus com amoroso desvelo, todos estes anos sempre me ocupei com eles — seus movimentos, suas tristezas e alegrias, e tantas outras coisas que interessam a uma mãe. Sempre foram ótimos meninos e ótimos filhos. Todos se saíram muito bem nos estudos e farão boa carreira na vida; poderão não deixar sinais de sua passagem pelo mundo, mas, afinal, são tão poucos os que os deixam. Moramos agora todos juntos, e quando se casarem, estarei, conforme as necessidades, ora com um, ora com outro. Naturalmente tenho também minha própria casa e deles não dependo economicamente. Mas acho estranho me terdes feito esta pergunta."

Achais?

"Bem, nunca falei a ninguém a respeito de mim mesma, nem sequer a minha irmã ou a meu falecido marido; e ouvir subitamente uma pergunta destas, causa certa surpresa, embora, realmente, eu *deseje* conversar convosco a esse respeito. Foi necessária muita coragem para vir procurar-vos, mas folgo agora de o ter feito e de me pordes à vontade para falar. Sempre fui uma ouvinte atenta, mas não no sentido que dais à palavra. Ouvia a meu marido e seus colegas, quando nos visitavam. Sempre dei ouvidos a meus filhos e a minhas amigas. Mas ninguém pareceu alguma vez interessado em ouvir-me, e quase sempre me mantive calada. Ouvindo a outros, aprende-se, mas a maior parte do que se ouve é coisa já sabida. Os homens tagarelavam tanto como as mulheres, além de se queixarem de seus empregos mal pagos; uns falavam sobre a esperada promoção, outros a respeito de reformas sociais, do trabalho nas aldeias ou sobre as coisas ditas pelo *guru*. A todos ouvia com atenção porém nunca abri meu coração a ninguém. Uns eram mais inteligentes, outros menos inteligentes que eu, mas de modo geral não diferiam muito de mim. Aprecio a música, mas ouço-a de maneira diferente. Parece que passo a maior parte do tempo ouvindo a um e a outro; mas há algo mais que estou procurando *ouvir*, algo que sempre me foge. Posso falar-vos a esse respeito?"

Não foi para isso que viestes?

"Sim, suponho que sim. Vede, estou-me aproximando dos 45 anos, e na maior parte destes anos sempre estive ocupada com outros; sempre me ocupei de mil e uma coisas o dia todo e todos os dias. Meu marido morreu há cinco anos, e desde então tenho estado mais do que nunca ocupada com os filhos; mas agora, de modo estranho, estou sempre a encontrar-me comigo mesma. Em companhia de minha cunhada, assisti outro dia à vossa conferência e algo se me agitou no coração, algo que eu sempre soube estar lá. Não sei exprimi-lo muito bem, mas espero compreendais o que quero dizer."

Posso ajudar-vos?

Gostaria que o fizesse."

É difícil ser simples até o fim, a respeito de uma coisa, não achais? Experimentamos algo em si simples; mas logo essa coisa se torna complicada — é difícil conservá-la dentro dos limites de sua primitiva simplicidade. Não o sentis também?

"De certa maneira, sim. Há no coração uma coisa simples, mas não sei o que significa."

Dissestes que amais os vossos filhos. Qual é a significação da palavra "amor"?

"Já vos disse o que ela significa. Amar os filhos é cuidar deles, não deixá-los magoar-se, não deixá-los cometer muitos erros; é ajudá-los a preparar-se para um bom emprego, vê-los bem casados e felizes."

Só isso?

"Que mais pode uma mãe fazer?"

Se permitis perguntar, vosso amor a vossos filhos vos preenche toda a vida e não apenas uma parte dela?

"Não", admitiu. "Eu os amo, mas isso nunca me preencheu toda a vida. A relação com meu marido era de ordem diferente. Ele podia preencher toda a minha vida, mas não os filhos; e agora que se tornaram moços, têm de cuidar da própria vida. Eles me amam, e eu os amo; mas a relação entre marido e mulher é diferente, e eles encontrarão sua plenitude de vida casando-se com mulheres condignas."

Nunca desejastes que vossos filhos fossem educados corretamente, para colaborarem no evitar as guerras, não se deixarem matar por causa de uma idéia ou para satisfação das ambições de poder deste ou daquele político? Vosso amor não vos faz desejar ajudá-los a criar uma sociedade de diferente qualidade, uma sociedade em que deixarão de existir o ódio, o antagonismo, a inveja?

"Mas que posso eu fazer nesse sentido? Eu própria não fui convenientemente educada e como posso ajudar a criar uma nova ordem social?"

Não *sentis* fortemente, a esse respeito?

"Infelizmente, parece que não. Pode-se "sentir fortemente" a respeito de alguma coisa?"

O amor não é então algo forte, vital, imperioso?

"Devia sê-lo, mas para a maioria de nós não é. Eu amo meus filhos e rezo para que nenhum mal lhes suceda. Mas, se suceder, que posso mais fazer senão verter lágrimas amargas?"

Se tendes amor, este não tem força bastante para fazer-vos agir? O ciúme, como o ódio, é forte e, com efeito, produz ação enérgica, vigorosa; mas ciúme não é amor. Sabemos, então, realmente o que é amor?

"Sempre pensei que amava meus filhos, ainda que isso não fosse a coisa mais importante de minha vida."

Existe então outro amor, em vossa vida, maior do que o amor a vossos filhos?

Não fora fácil chegarmos a este ponto e ela se mostrou perturbada e embaraçada, quando o alcançamos. Por algum tempo absteve-se de falar e ficamos sentados sem dizer palavra.

"Nunca amei realmente", começou mansamente. "Nunca tive sentimentos muito profundos a respeito de coisa alguma. Fui muito ciumenta e este era um sentimento muito forte. Ele me remordia o coração e me tornava violenta; eu chorava, fazia cenas, e certa vez — Deus me perdoe! — cheguei à agressão. Mas tudo isso é coisa passada e acabada. O desejo sexual era muito forte, mas, a cada filho que nascia, diminuía, e agora desapareceu de todo. Meu sentimento para com meus filhos não é o que deveria ser. Nunca senti muito fortemente coisa alguma, a não ser o ciúme e o sexo; mas isso não alcança muito longe, não é verdade?"

Não muito longe.

"Que é então o amor? Apego, ciúme, e mesmo ódio, eis o que eu considerava ser amor; e também naturalmente, as relações sexuais. Mas percebo agora que as relações sexuais constituem uma parte insignificante de coisa muito mais grandiosa. Essa coisa mais grandiosa, nunca cheguei a conhecê-la e por isso o sexo assumiu importância tão avassaladora, pelo menos durante certo tempo. E, depois de extinguir-se, pensei que amava meus filhos; mas de fato eu os amava, se posso usar esta palavra, de maneira muito insignificante; e embora sejam eles bons rapazes, são exatamente como milhares de outros. Suponho que todos somos medíocres, satisfazendo-nos com coisas insignificantes: ambições, prosperidade, inveja. Nossas vidas são pequenas, não importa se vivemos em palácios ou em choupanas. Tudo isso está agora perfeitamente claro para mim, como nunca esteve; mas, como deveis saber, não sou pessoa instruída."

A instrução nada tem que ver com isso; a mediocridade não é monopólio dos não instruídos. O letrado, o cientista, os homens talentosos, podem também ser medíocres. A libertação da mediocridade, da vulgaridade, não depende do grau de instrução de ninguém.

"Mas eu nunca pensei muito, nunca senti profundamente; minha vida tem sido uma coisa lastimosa."

Até quando sentimos fortemente, trata-se em geral das mesmas coisas insignificantes — segurança pessoal, nacionalidade, este ou aquele líder religioso ou político. Nosso sentimento é sempre pró ou contra alguma coisa; não é como a chama que arde brilhante, sem produzir fumaça.

"Mas quem pode dar-nos essa chama?"

Depender de outro, procurar um *guru*, um líder, é perturbar a solidão, a pureza da chama; é produzir fumaça.

"Mas, então, se não pedimos ajuda, precisamos ter a chama, para começar."

De modo nenhum. No começo a chama não existe. Cumpre nutrir o fogo; requer-se atenção, um afastar judiocioso, compreensivo, das coisas que sufocam a chama, que lhe destroem a claridade. Só então pode existir aquela chama inextinguível.

"Mas isso requer uma inteligência que eu não possuo."

Vós a possuís. Se perceberdes por vós mesma quanto é insignificante a vossa vida e quão pouco amais; se perceberdes a natureza do ciúme; se começardes a estar cônscia de vós mesma em vossas relações de cada dia — já existirá, então, o movimento da inteligência. A inteligência procede de estrênuo trabalho, rápida percepção dos sutis artifícios da mente, do encarar o fato, do pensar com clareza, sem pressuposições ou conclusões. Para se acender a chama da inteligência e mantê-la sempre viva, requer-se vigilância e muita simplicidade.

"É bondade vossa dizerdes que eu possuo inteligência; mas *tenho-a* realmente?", insistiu ela.

É melhor investigar do que declarar que vós a tendes ou não tendes. O correto investigar é, em si, o começo da inteligência. Vós criais, em vós mesma, obstáculos à inteligência, com vossas convicções, opiniões, asserções e negações. A simplicidade é o veículo da inteligência — não a mera ostentação de simplicidade, nas coisas exteriores e na conduta, porém a simplicidade do "não ser" interior. Quando dizeis "sei", estais trilhando o caminho da não inteligência; mas quando dizeis "Não sei", e o dizeis verdadeiramente, já enveredastes pela senda da inteligência. Um homem, quando não sabe perscruta, escuta, investiga. "Saber" é acumular, e quem acumula nunca saberá; não é inteligente.

"Se estou percorrendo o caminho da inteligência, porque sou simples e porque não sei muito..."

Pensar em termos de "muito" não é ser inteligente. "Muito" é uma palavra comparativa, e toda comparação se baseia em acumulação.

"Sim, estou percebendo. Mas se, como ia dizer, uma pessoa está trilhando o caminho da inteligência porque é simples e porque não sabe nada, então a inteligência é a mesma coisa que ignorância."

Ignorância é uma coisa, e o "estado de não saber" outra coisa muito diferente; as duas nenhuma relação têm entre si. Uma pessoa pode ser muito ilustrada, muito hábil, muito eficiente e talentosa, e apesar disso, ser ignorante. Há ignorância quando não existe autoconhecimento. O homem ignorante é aquele que não se conhece, que não conhece suas próprias ilusões, vaidades, invejas, etc. Autoconhecimento é liberdade. Pode um homem conhecer tôdas as maravilhas da terra e do céu e, contudo, não estar livre da inveja, da aflição. Aprender não é acumular sejam conhecimentos, sejam coisas ou relações. Ser inteligente é ser simples — mas ser simples é extremamente difícil.

CONFUSÃO E CONVICÇÕES

Os CIMOS DAS montanhas, além do lago, estavam toldados de nuvens escuras, pesadas, mas nas margens do lago o sol brilhava. Começava a primavera, e o sol não era quente. As árvores, ainda despidas, estendiam para o céu os seus ramos nus; mas eram belas em sua nudez. Podiam esperar com paciência e certeza, pois, sob os raios solares, dentro de poucas semanas estariam de nôvo cobertas de tenras fôlhas verdes. Uma estreita senda, partindo do lago, internava-se na mata, quase toda de vegetação sempre verde; a mata se estendia por várias milhas e quem continuasse por aquele caminho chegaria a um campo aberto, todo rodeado de árvores. Belo sítio, solitário e distante. Às vezes encontravam-se algumas vacas a pastar pelo campo, mas o tilintar de seus chocalhos não parecia perturbar a solidão ou afastar o sentimento de distância, solitude, intimidade. Àquele lugar encantado poderiam vir ter um milhar de pessoas, e quando se fossem com seus barulhos e suas coisas, ele lá permaneceria, com sua pureza, sua solidão e amenidade.

Naquela tarde, o sol clareava a campina e tocava as árvores altas e escuras que a circundavam, recortadas em verde, majestosas, imóveis. Uma pessoa, com suas preocupações e sua tagarelice interior, sua mente e seus olhos a vagar em todas as direções, pensando com inquietação na possibilidade de ser apanhada pela chuva, na volta, ali se sentiria como intrusa, não desejada; mas quem ali se deixasse ficar, depressa se tornava parte daquilo, daquela solidão encantada. Não havia pássaros de espécie alguma; o ar completamente tranqüilo, os cimos das árvores imóveis, contra o céu azul. A campina verde, luxuriante, era o centro do universo e, sentado numa pedra, um homem se sentia ali parte daquele centro. Aquilo não era imaginação; a imaginação é incoerente. Não que estivesse procurando identificar-se com o que estava esplendidamente franqueado e belo; identificação é vaidade. Não era esquecimento, negação deliberada de si mesmo, naquela solidão pura, não contaminada, da natureza; abnegação exercitada para o auto-esquecimento é arrogância. Não era choque ou coação produzida por tamanha pureza; toda coação é negação do verdadeiro. Um homem nada podia fazer, para se tornar ou ter a possibilidade de se tornar parte daquele todo. Mas dele se tornava parte — parte da verde campina, da dura rocha, do céu azul e das árvores majestosas. Assim era. A pessoa poderia guardá-lo na memória, mas então já não seria parte dele; e, se voltasse a procurá-lo, jamais o encontraria.

Súbito, ouviram-se as notas claras de uma flauta; e pelo caminho encontramos o flautista, um simples menino. Ele nunca se tornaria um virtuoso, mas era cheia de alegria a sua música. Vinha à procura das vacas. Muito acanhado para falar, foi tocando a flauta, enquanto percorríamos juntos o caminho. E ele o teria percorrido até o fim, mas era muito grande a distância e, por isso, voltou pouco depois; mas as notas da flauta ficaram pairando no ar.

Os dois eram marido e mulher, sem filhos, e relativamente moços. Pequenos e bem formados, constituíam um casal robusto, de aparência sadia. Ela olhava direto para a gente, mas ele só nos olhava quando não o estávamos olhando. Já tinham vindo algumas vezes, anteriormente, e notava-se neles uma certa mudança. Fisicamente eram mais ou menos os mesmos, mas notava-se-lhes algo diferente no olhar, na postura, na posição da cabeça; tinham ares de quem se está tornando ou já se tornou importante. Fora de seu elemento habitual, mostravam-se um pouco desajeitados, constrangidos e não pareciam bem seguros do motivo por que tinham vindo ou sobre o que dizer; assim, começaram a falar a respeito de suas viagens e outros assuntos de pouco interesse para eles, nas presentes circunstâncias.

"Naturalmente", disse afinal o marido, "nós cremos nos Mestres, mas atualmente já não damos maior significação a esta matéria. Em geral há pouca compreensão, e fazem dos Mestres salvadores, *supergurus* — e o que dizeis acerca dos *gurus* é perfeitamente exato. Para nós, os Mestres são nosso próprio "eu superior"; êles existem, não como objeto de crença, mas como um incidente normal em nosso viver cotidiano. Eles guiam nossas vidas; instruem-nos e mostram-nos o caminho."

O caminho para onde, senhor, se permitis perguntar?

"Para o plano evolutivo mais nobre, da vida. Temos representações dos Mestres, porém são simples símbolos, imagens em que a mente deve absorver-se, para dar a nossas insignificantes vidas maior significação. Do contrário, a vida se torna banal, vazia e muito superficial. Assim como há líderes no terreno político ou econômico, assim também esses símbolos existem para atuar como guias nas esferas superiores do pensamento. São tão necessários como a luz nas trevas. Não somos intolerantes em relação a outros guias, outros símbolos; acolhemos alacremente todos eles, pois nestes conturbados tempos, o homem necessita de toda ajuda possível. Por isso, não somos intolerantes; mas vós pareceis algo intolerante e dogmático em vossa negação dos Mestres como guias, e vossa rejeição de toda e qualquer autoridade. Porque sustentais que o homem deve estar livre da autoridade? Como poderíamos existir neste mundo, se não houvesse lei e ordem de alguma espécie, coisas que, afinal de contas, se baseiam na autoridade? O homem vive em lastimosa aflição e necessita daqueles que o podem ajudar e confortar intimamente."

Que homem?

"O homem em geral. Haverá exceções, mas o comum dos homens necessita de alguma espécie de autoridade, de um guia que o conduza de uma vida de sensação para a vida do espírito. Por que sois contrário à autoridade?"

Há muitas qualidades de autoridade, não? Temos a autoridade do Estado, em prol do chamado bem geral. Temos a autoridade da Igreja, do dogma e da crença, a que se chama religião, para livrar o homem do mal e ajudá-lo a ser civilizado. Temos a autoridade da sociedade, que é a autoridade da tradição, da avidez, da inveja, da ambição; e a autoridade do saber ou da experiência pessoal, que é o resultado de nosso condicionamento, nossa educação. E temos, ainda, a autoridade do especialista, a autoridade do talento, e a autoridade da força bruta, seja de um govêrno, seja de um indivíduo. Por que buscamos a autoridade?

"Isso é bastante óbvio, não? Como disse, o homem necessita de alguma coisa, pela qual possa guiar-se; vendo-se confuso, busca naturalmente uma autoridade que o guie para fora de sua confusão."

Senhor, não estais falando do homem como se êle fosse uma entidade diferente de vós? Vós também não buscais a autoridade?

"Sim, busco-a."

Por quê?

"O físico sabe mais do que eu a respeito da estrutura da matéria, e se desejo conhecer os fatos observados nesse terreno, tenho de recorrer a êle. Se tenho uma dor de dentes, procuro o dentista. Se me vejo interiormente confuso, busco a orientação do "eu superior", do Mestre, etc. Que há de errado nisso?"

Uma coisa é procurar o dentista, ou conservar-se do lado direito ou esquerdo da estrada, ou pagar os impostos; mas isso é a mesma coisa que aceitarmos a autoridade para nos libertarmos do sofrimento? As duas coisas são de todo diferentes, não achais? Pode ser compreendido e eliminado o sofrimento psicológico, seguindo-se a autoridade de outro?

"O psicólogo ou analista muitas vêzes ajuda a mente confusa a resolver os seus problemas. A autoridade, em tais casos, é evidentemente benéfica."

Mas por que buscais a autoridade disso que chamais "eu superior", o Mestre?

"Porque estou confuso."

Pode uma mente em confusão achar o verdadeiro?

"Por que não?"

Uma mente confusa, o que quer que faça, só pode achar mais confusão; sua busca do "eu superior" e as respostas que receber serão de acordo com seu estado confuso. Quando há claridade, está finda a autoridade.

"Há momentos em que minha mente está esclarecida."

Estais, com efeito, dizendo que não vos achais totalmente confuso, que numa parte de vós mesmo há claridade; e essa suposta parte esclarecida é o que chamais "eu superior", o Mestre, etc. Falo sem nenhuma intenção de desfazer de vós. Mas pode haver uma parte da mente em confusão, e outra parte livre de confusão? Ou isso é uma simples maneira de pensar conforme com vossos desejos?

"Só sei que há momentos em que não estou confuso."

A claridade pode reconhecer a si mesma como um estado de não confusão? Pode a confusão reconhecer a claridade? Se a confusão reconhece a claridade, então, isso que ela reconhece faz também parte da confusão. Se a claridade se reconhece como um estado livre de confusão, isso naturalmente é resultado de comparação; a claridade se está comparando com a confusão, e portanto, faz parte da confusão.

"Estais-me dizendo que estou totalmente confuso, não é, senhor? Mas isso simplesmente não é exato", insistiu.

Que percebeis primeiramente, a confusão ou a claridade?

"Isso não é coisa parecida ao perguntar qual nasceu primeiro, a galinha ou o ovo?"

Não tanto. Quando um homem é feliz, não o percebe; é só quando não existe felicidade, que a buscamos. Se um homem percebe que é feliz, naquele mesmo momento a felicidade se acaba. Se contais com o *Atman* — a mente transcendental, o Mestre, ou como quer que o chameis — para dissipar vossa confusão, estais agindo de dentro da confusão; vossa ação é produto de mente condicionada, não é verdade?

"Talvez."

Vendo-vos em confusão, buscais ou estabeleceis uma autoridade, com o fim de dissipardes a confusão — e isso só pode piorar a situação.

"Sim", concordou relutantemente.

Se percebeis a verdade a esse respeito, vosso empenho único será o de clarificar a vossa confusão, e não de estabelecer uma autoridade, pois isso nada significa.

"Mas, como posso clarificar minha confusão?"

"Se fordes realmente honesto em vossa confusão. Admitir para si mesmo a total confusão própria é o começo da compreensão.

"Mas tenho de manter-me em minha posição", disse impulsivamente.

Exatamente. Tendes vossa posição de liderença — e o líder é sempre tão confuso como os liderados. A mesma coisa acontece no mundo inteiro. De dentro de sua confusão, o seguidor ou discípulo escolhe o líder, o instrutor, o *guru;* e assim continua a prevalecer a confusão. Se desejais realmente livrar-vos da confusão, isso se torna então vosso interesse principal, e a manutenção de uma posição já não tem importância alguma. Mas já há tempo que vindes "brincando de esconder" com vós mesmo, não é verdade?

"Suponho que sim."

Todos desejamos ser *alguém,* e dessa maneira atraímos mais confusão e mais sofrimento sobre nós mesmos e sobre os outros; e ainda falamos de salvar o mundo! Primeiro precisamos clarificar nossa própria mente, em vez de nos preocuparmos com a confusão dos outros.

Seguiu-se uma longa pausa. Então, a esposa que estivera ouvindo em silêncio, disse com voz um tanto ofendida:

"Mas nós queremos a ajudar a outros, e a essa missão temos dedicado nossas vidas. Não podeis privar-nos deste nosso desejo, depois da importante obra que já realizamos. Sois por demais demolidor, negativo. Vós tomais, mas que dais? Podeis ter encontrado a verdade, mas nós não a encontramos; somos pessoas que buscam e temos direito a nossas convicções."

O marido a olhava um pouco ansioso, como a interrogar-se sobre o que estava para vir, porém ela prosseguiu sem hesitação.

"Depois de trabalharmos todos estes anos, firmamos para nós uma posição em nossa organização; pela primeira vez se nos apresenta a oportunidade de ser líderes, e é nosso dever aceitá-la."

Achais que é?

"Com toda a segurança."

Então não há problema algum. Não estou procurando convencer-vos de nada, nem converter-vos a um certo ponto de vista. Pensar, partindo de uma conclusão ou convicção, não é pensar nada; e o viver é então uma espécie de morte, não achais?

"Se não fossem nossas convicções, a vida nos seria vazia. Nossas convicções fizeram de nós o que somos; cremos em certas coisas e elas se tornaram parte de nossa própria personalidade."

Quer tenham validade, quer não? Uma crença tem alguma validade?

"Aplicamos muita reflexão a nossas crenças, e verificamos que se baseiam na verdade."

Como se descobre a verdade de uma crença?

"A gente sabe quando uma crença contém ou não contém uma verdade básica", respondeu com veemência.

Mas, como o sabeis?

"Pela nossa inteligência, nossa experiência, e pela prova de nosso viver cotidiano, naturalmente."

Vossas crenças se baseiam em vossa educação, vosso meio cultural; são produto de vosso *fundo*, de influências sociais, ancestrais, religiosas ou tradicionais, não é verdade?

"E que há de errado nisso?"

Quando a mente já está condicionada por um sistema de crenças, como poderá descobrir a verdade a respeito delas? É claro que a mente deve em primeiro lugar libertar-se de suas crenças, porque só então poderá ser percebida a verdade concernente a elas. É tão absurdo um cristão zombar das crenças e dogmas do hinduísmo, como o hinduísta ridicularizar o dogma cristão de que só há salvação numa certa crença — pois os dois estão navegando no mesmo barco. Para se compreender a verdade relativa à crença, à convição, ao dogma, é necessário em primeiro lugar estar-se libertado de todo condicionamento como cristão, comunista, hinduísta, muçulmano, ou seja o que for. Do contrário, só ficaremos repetindo o que se nos ensinou.

"Mas a crença que se baseia na experiência é coisa diferente", declarou ela.

De fato? A crença *projeta* a experiência, e esta experiência, por sua vez, robustece a crença. Nossas visões são produto de de nosso condicionamento, tanto religioso como não religioso. Isto é um fato, não?

"Senhor, o que dizeis é verdadeiramente devastador", disse ela, em tom de censura. "Nós somos fracos, não podemos sustentar-nos sobre nossas próprias pernas e necessitamos do arrimo de nossas crenças."

Se insistis em dizer que não podeis sustentar-vos sobre vossas próprias pernas, estais, sem dúvida, enfraquecendo a vós mesma; e por isso vos deixais explorar pelo explorador por vós criado.

"Mas nós precisamos de ajuda."

A ajuda vem quando a não buscamos. Ela poderá vir-nos de uma folha, de um sorriso, de um gesto de criança, ou de um livro qualquer. Mas se fazemos do livro, da folha, da imagem, a coisa mais importante de todas, então estaremos perdidos, presos na prisão que nós mesmos construímos.

Ela se tornara agora mais calma, mas ainda parecia preocupada com alguma coisa. O marido, também, estava a ponto de falar, mas conteve-se. Ficamos todos em silenciosa expectativa e, passados momentos, ela tornou a falar.

"De tudo o que dissestes, pareceis considerar o poder como uma coisa má. Por quê? Qual o mal que há em exercer poder?"

Que entendeis por "poder"? O predomínio de um Estado, um grupo, um *guru*, um líder, uma ideologia; a pressão da propaganda, por meio da qual os talentosos e sagazes exercem influência sobre as chamadas massas — é isso o que entendeis por poder?

"Mais ou menos. Mas há o poder de praticar o bem, como existe o de fazer o mal."

Poder, no sentido de ascendência, predomínio, influência coercitiva sobre outros, é e sempre foi uma coisa má; não há poder "bom".

"Mas há gente que quer o poder, para o bem da pátria, ou em nome de Deus, da paz, da fraternidade, não é exato?"

É, infelizmente. Se permitis perguntar, vós quereis o poder?

"Queremos", respondeu em tom de desafio. "Mas só para fazer bem a outros."

É o que todos dizem, do mais cruel dos tiranos ao chamado político democrático, do *guru* ao pai severo.

"Mas nós somos diferentes. Porque já sofremos, desejamos ajudar outros a evitarem os abrolhos que encontramos em nosso caminho. Tencionamos verdadeiramente fazer o bem."

Sabeis o que é "o bem"?

"Acho que quase todo o mundo sabe o que é o bem: é não fazer o mal, é ser bondoso, generoso, abster-se de matar, e não viver interessado só em si mesmo."

Por outras palavras, quereis dizer aos outros que sejam generosos de coração e de mão; mas é necessária para isso uma vasta organização, com propriedades, e a possibilidade de um de seus membros se tornar o seu cabeça?

"Queremos ser chefes dessa organização apenas para mantê-la nas corretas diretrizes, e não por amor ao poder pessoal."

O ser poderoso numa organização é muito diferente do poder pessoal? Ambos quereis gozar o prestígio que essa posição confere, as oportunidades de viagens que oferece, o sentimento de serdes importantes, etc. Por que não ser simples a esse respeito? Por que encobrir tudo isso com a capa da respeitabilidade? Por que usar tantas palavras nobres para esconder o vosso desejo de sucesso e a popularidade dele decorrente, que é o que quase todos os entes humanos desejam?

"Só queremos ajudar os outros", insistiu ela.

Não é estranha a nossa obstinação em não querermos ver as coisas como são?

"Senhor", atalhou o marido, "está-me parecendo que não compreendeis a nossa situação. Somos pessoas comuns e não pretendemos ser mais do que isso; temos nossos defeitos, e lealmente admitimos nossa ambição. Mas pessoas a quem respeitamos, e que em vários sentidos se têm mostrado sábias, pediram-nos assumir essa posição, e se não a aceitássemos ela iria cair em mãos muito piores — nas mãos de pessoas interessadas unicamente em si mesmas. Cremos, pois, que devemos aceitar esse encargo, embora não sejamos verdadeiramente dignos dele. Espero sinceramente que compreendais isso."

Não é, antes, a vós mesmo que cabe compreender o que estais fazendo? Estais interessado em promover reformas, não é verdade?

"Quem não está? Os grandes líderes e instrutores, do passado e do presente, sempre tiveram interesse em reformas. Os eremitas e os *sannyasis* são de pouca utilidade para a sociedade."

A reforma, mesmo necessária, não é muito significativa se não se levar em consideração a totalidade do homem. O podar de uns poucos ramos mortos não torna sadia a árvore, quando as raízes não estão sãs. As meras reformas sempre tornam necessárias novas reformas. O que se faz necessário é uma revolução total em nosso pensar.

"Mas a maioria de nós não é capaz de tal revolução, e a transformação fundamental deve operar-se, gradualmente, pelos processos evolutivos. Nossa aspiração é cooperar nessa transformação gradual, e estamos dedicando nossas vidas ao serviço do homem. Não deveríeis ser mais tolerante para as fraquezas humanas?"

Tolerância não é compaixão; é coisa feita pela mente sagaz. Tolerância é reação da intolerância; mas nem o tolerante nem o intolerante jamais serão compassivos. Não havendo amor, toda ação considerada "boa" só levará a mais malefícios e sofrimenmentos. A mente ambiciosa, ávida de poder, não conhece o amor e nunca será compassiva. O amor não é reforma: é ação total.

ATENÇÃO SEM MOTIVO

No BECO ESTREITO e sombreado, entre dois jardins, um menino tocava flauta; era um objeto barato, feito de pau, e ele executava uma melodia popular do cinema, mas a pureza das notas penetrava o espaço, naquele beco. Sobre as brancas paredes das casas, lavadas das recentes chuvas, dançavam sombras à música da flauta. Era uma manhã ensolarada, com nuvens claras esparsas no céu azul e uma agradável brisa que soprava do norte. Além das casas e do jardim, achava-se a aldeia, com altas árvores dominando os tetos de palha. Debaixo daquelas árvores, mulheres vendiam peixe, verduras e coisas fritas. Crianças pequenas brincavam no estreito caminho, e outras mais pequenas ainda faziam sua "necessidades" na vala, sem dar atenção aos adultos e aos carros que passavam. Andavam por ali muitas cabras, e seus cabritinhos malhados de branco e preto estavam mais limpos e mesmo mais ativos do que as crianças. Tinham o pêlo veludoso e gostavam de ser afagados. Passando por baixo do arame farpado da cerca, atravessavam de corrida a estrada para um pequeno espaço aberto, mordiscavam o capim, piruetea-vam, davam marradas uns nos outros, saltavam para o ar livremente, e voltavam a correr para suas mães. Os carros diminuíam a velocidade, evitando-os, e nenhum deles foi atropelado. Pareciam estar sob proteção divina — para mais tarde serem imolados e comidos...

Mas o flautista lá estava, em meio à verde folhagem, e as notas claras atraíram-nos para fora. O menino estava sujo, as roupas esfarrapadas e não lavadas, o semblante anguloso e queixoso. Ninguém o ensinara a tocar flauta, nem ninguém o faria; aprendera-o sozinho, e a melodia de cinema brotava do instrumento em notas de extraordinária pureza. Era estranho como a mente flutuava naquela pureza. Distanciando-se de alguns passos, prosseguia através das árvores, por sobre as casas até o mar. A palavra "pureza" não é pureza; a palavra está ligada à memória e à associação de muitas coisas. Aquela pureza não era invenção da mente; não era coisa composta de partes, que pode ser desfeita pela memória e a comparação. O flautista ali estava, mas a mente infinitamente longe — não na distância, — nem na lembrança. Estava muito longe interiormente — clara, intata, sozinha, além dos limites do tempo e do reconhecimento.

A pequena sala dava para um jardinzinho todo florido, com um pedacinho de grama. Havia espaço justamente para nós cinco e mais um menino que viera acompanhando um dos visitantes. O pequeno, ora ficava sentado, ora levantava-se e saía pela porta. Queria brincar, pois a conversa dos adultos estava fora de seu alcance; mas seu ar era sério. Todas as vezes que tornava a entrar, sentava-se perto de um dos homens, que viemos a saber ser o pai dele, e as mãos dos dois se tocavam; pouco depois adormeceu, segurando um dedo do pai.

Todos eram homens de ação, obviamente competentes e enérgicos. As respectivas profissões, de advogado, funcionário público, engenheiro e assistente social, constituíam, exceto a deste último, apenas seu meio de vida. O verdadeiro interesse deles estava posto noutra parte, e todos pareciam refletir a cultura de muitas gerações.

"Só me preocupo comigo", disse o advogado, "mas não no estreito sentido pessoal de automelhoramento. O ponto importante é que só eu poderia romper a barreira dos séculos e libertar a minha mente. Estou sempre disposto a escutar, raciocinar, argumentar, mas detesto tudo quanto é influência. Influência vem a ser, afinal de contas, propaganda, e propaganda é a mais estúpida modalidade de compulsão. Leio muito, mas estou sempre atento a mim mesmo, para não me deixar dominar pela influência do pensamento do autor. Assisti a muitas de vossas palestras e discussões, senhor, e concordo convosco que qualquer forma de compulsão é empecilho à compreensão. A pessoa que se deixa persuadir — consciente ou inconscientemente — a seguir determinada linha de pensamento, por mais benéfica que seja, acabará, por certo, vítima de alguma frustração, porquanto o seu preenchimento obedece a normas traçadas por outro e, portanto, ela nunca conseguirá preencher-se verdadeiramente."

Não estamos, quase sempre, sendo influenciados por uma ou outra coisa? A pessoa pode não estar consciente da influência, mas esta não está sempre presente, em formas variadas e sutis? O próprio pensamento não é produto de influência?

"Nós quatro já temos discutido várias vezes este assunto", respondeu o funcionário, "e ainda não estamos bem esclarecidos a seu respeito; do contrário, não estaríamos aqui. Pessoalmente, já visitei muitos instrutores, nos seus *ashramas*, por todo o país; mas antes de entrar em contato com o mestre, trato primeiramente de aproximar-me de seus discípulos, para ver até que ponto foram meramente influenciados a escolher uma vida melhor. Essa minha maneira de proceder escandaliza alguns dos discípulos, que não podem compreender por que não desejo ver em primeiro lugar o *guru*. Acham-se inteiramente dominados pela autoridade; e os *ashramas*, principalmente os mais importantes, são às vezes administrados com alta eficiência, tal como um escritório ou fábrica. As pessoas entregam todos os seus haveres à autoridade central e, depois, passam o resto da vida no *ashrama*, sob orientação. Ficaríeis surpreso ante a espécie de gente que lá se encontra — exemplares de todas as classes sociais: oficiais administrativos do governo, já aposentados, homens de negócios que fizeram fortuna, um ou outro professor, etc. E todos sob o domínio da chamada influência espiritual do *guru*. É patético, mas é a realidade!"

A influência e a compulsão se restringem aos *ashramas*? O herói, o ideal, a Utopia política, o futuro como símbolo da possibilidade de alcançar ou vir a ser alguma coisa — tudo isso não exerce sutil influência em cada um de nós? E não deve a mente libertar-se também desta espécie de compulsão?

"Não tentamos ir tão longe", disse o assistente social. "Mantemo-nos judiciosamente dentro de certos limites, pois do contrário haveria o mais completo caos."

Rejeitar a compulsão em determinada forma, só para aceitá-la noutra forma mais sutil, isso não parece empreendimento muito fútil?

"Queremos proceder passo a passo, sistematicamente, com perfeita compreensão das sucessivas formas de compulsão" disse o engenheiro.

E isso é possível? Não é necessário resolvermos todo o problema da influência de uma só vez, e não aos pedacinhos? Se tentamos livrar-nos das pressões uma por uma, esse próprio processo não representa uma maneira de mantermos — talvez em nível diferente — precisamente aquilo de que nos queremos livrar? Podemos livrar-nos da inveja a pouco e pouco? O próprio esforço para dela nos livrarmos, não a sustenta?

"Para construir-se qualquer coisa necessita-se de tempo. Não se pode colocar uma ponte instantaneamente. Para tudo é necessário tempo — para a semente frutificar, para o homem amadurecer."

Para certas coisas, o tempo é obviamente necessário. Para executarmos uma série de ações, para nos locomovermos, no espaço, de um lugar para outro, necessitamos de tempo. Mas, separado da cronologia, o tempo é um brinquedo da mente, não achais? Emprega-se o tempo como meio de alcançar ou vir a ser alguma coisa, positiva ou negativamente; o tempo existe em função da comparação. A idéia "sou *isto* e tornar-me-ei *aquilo*" é a linha do tempo. O futuro é o passado "modificado", e o presente apenas um movimento ou passagem do passado para o futuro e, portanto, pouco significativo. O tempo como meio de realização tem influência tremenda, impõe-nos a pressão de séculos de tradição. Esse processo — tanto negativo como positivo — de atração e compulsão deve ser compreendido aos poucos ou deve ser percebido como um todo?

"Se permitis interromper, eu gostaria de prosseguir com o que estava dizendo no começo", protestou o advogado. "Estar influenciado não é pensar, de modo nenhum; e é por isso que só me preocupo comigo mesmo — mas não no sentido egocêntrico. Se posso ser pessoal, li algumas das coisas que dissestes a respeito da autoridade e estou seguindo a mesma linha em meu trabalho. Eis por que já não me aproximo dos diversos instrutores. A autoridade — não no sentido civil ou legal — deve ser evitada pelo homem inteligente."

Estais com o cuidado unicamente em vos verdes livre da autoridade exterior, da influência dos jornais, dos livros, dos instrutores, etc? Não deveis também ser livre de toda forma de compulsão interior, das pressões da própria mente, não apenas da mente superficial, mas também do inconsciente profundo? E isso é possível?

"Esta é uma das coisas sobre que desejava conversar convosco. Se uma pessoa está de certa maneira vigilante, é relativamente fácil observar e ficar livre das passageiras influências e pressões externas, gravadas na mente consciente, mas o condicionamento do inconsciente é um problema de difícil compreensão."

O inconsciente é um resultado — não achais? — de inumeráveis influências e compulsões, impostas tanto pelo próprio indivíduo como pela sociedade.

"Ele é influenciado mais decididamente pela cultura ou sociedade em que foi criado o indivíduo; mas se esse condicionamento é total ou apenas parcial, disso não estou nada certo."

Desejais averiguá-lo?

"Claro que o desejo; por isso estou aqui."

Como averiguá-lo? O "como" é a própria investigação, não é a busca de um método. Se se busca método, cessou então a investigação. É bastante evidente que a mente é influenciada, educada, moldada, não só pela atual cultura, mas por séculos de cultura. O que estamos tentando averiguar é se é apenas uma parte da mente ou a totalidade da consciência que é influenciada, condicionada, dessa maneira.

"Sim, esta é que é a questão."

Que se entende por consciência? Motivo e ação; desejo, preenchimento e frustração; medo e inveja; tradição, herança racial e as experiências individuais baseadas no passado coletivo; o tempo como passado e futuro — tudo isso constitui a essência da consciência, o seu verdadeiro centro, não é verdade?

"Sim; percebo perfeitamente sua vasta complexidade."

Percebeis por vós mesmo a natureza da consciência, ou estais influenciado pela descrição feita por outro?

"Para ser sincero, tanto uma como outra coisa; eu percebo a natureza de minha própria consciência, mas uma descrição dela sempre ajuda."

Como é difícil estar-se livre de influências! Pondo de parte a descrição, pode uma pessoa sondar e descobrir a natureza do consciente e não apenas teorizar a seu respeito ou comprazer-se com explicações? Muito importa fazer isso, não achais?

"Parece que sim", disse o funcionário hesitantemente. O advogado estava absorto em seus pensamentos.

Sondar sozinho a natureza do consciente é uma experiência muito diferente de reconhecer sua natureza mediante uma descrição.

"Claro que é", replicou o advogado, voltando à cena. "Uma coisa é a influência das palavras, e outra coisa o direto experimentar do que está realmente sucedendo."

O estado de experimentar diretamente é atenção sem *motivo*. Quando existe o desejo de resultado, temos o experimentar com *motivo*, e isso só produz mais condicionamento da mente. Aprender, e aprender com *motivo* são processos contraditórios, não achais? Uma pessoa está aprendendo, quando existe *motivo* para aprender? A acumulação de saber ou a aquisição de técnicas, não é o movimento do aprender. Aprender não é um movimento que se afasta ou se aproxima de uma dada coisa; ele cessa quando há acumulação de saber com o fim de ganhar, de alcançar, de chegar. O sondar a natureza da consciência, o aprender o que ela é — isso é sem *motivo;* não se está experimentando, não se está sendo ensinado a fim de ser ou de não ser alguma coisa. Quando se tem um motivo, uma causa, isso sempre produz pressão, compulsão.

"Quereis dizer, senhor, que a verdadeira liberdade é sem causa?"

Naturalmente. A liberdade não é uma reação à escravidão; quando o é, então essa liberdade se converte noutra escravidão. Eis porque é tão importante averiguar se temos um *motivo* para nos libertarmos. Se o temos, o resultado não é então liberdade, porém, meramente, o oposto de *o que é.*

"Quer dizer então que investigar a natureza da consciência, ou seja experimentá-la diretamente sem *motivo* algum, já é libertar a mente da influência. É isso?"

Não é? Não tendes notado que um motivo provoca a influência, coerção, ajustamento? Para que a mente se liberte de qualquer pressão — agradável ou desagradável — todo e qualquer motivo, por mais sutil ou nobre que seja, tem de dissipar-se — mas não por meio de qualquer espécie de compulsão, disciplina ou repressão, pois daí só resultará outra espécie de escravidão.

"Percebo", disse o advogado. "A consciência é todo um complexo de motivos relacionados entre si. Para compreender esse complexo, temos de sondá-lo, aprendê-lo, sem nenhum outro *motivo;* porque todos os motivos produzem inevitavelmente alguma espécie de influência, de pressão. Onde há motivo, de qualquer espécie que seja, não há liberdade. Começo a compreender isso muito claramente."

"Mas é possível agir sem motivo algum?" — indagou o assistente social. "O motivo parece-me inseparável da ação."

Que entendeis por ação?

"A aldeia necessita de saneamento, as crianças de educação, a lei tem de vigorar, as reformas têm de ser levadas a cabo, etc. Tudo isso é ação, e na base da ação é bem claro que existe alguma espécie de motivo. Se a ação com motivo é errônea, que é então ação correta?"

O comunista pensa que sua maneira de vida é a correta; assim também pensa o capitalista e o chamado homem religioso.

Os governos têm planos qüinqüenais ou decenais, e impõem certas leis para levá-los a efeito. O reformador social concebe uma certa maneira de vida, que ele firmemente preconiza como ação correta. Todo pai, todo mestre-escola, impõe a tradição, compele à atenção. Há inumeráveis organizações políticas e religiosas, cada uma com seu líder, e cada uma com poderes para impor, de maneira sutil ou grosseira, o que ela chama ação correta.

"Sem nada disso, haveria caos, anarquia."

Não estamos condenando nem defendendo nenhuma maneira de vida, nenhum líder ou instrutor; estamos procurando compreender, através deste labirinto, o que é ação correta. Todos esses indivíduos e organizações, com suas propostas e contrapropostas, estão procurando influenciar o pensamento nesta ou naquela direção, e o que por alguns é chamado ação correta, é considerado por outros ação incorreta. Não é verdade?

"Sim, até certo ponto", assentiu o assistente social. "Mas embora obviamente incompleta, fragmentária, a ação política, por exemplo, não é em si considerada por ninguém como correta ou incorreta; é simplesmente uma necessidade. Que é então ação correta?"

Procurar combinar todas essas noções contraditórias, não produz ação correta, produz?

"Não, naturalmente."

Vendo a confusão reinante no mundo, o indivíduo reage de diferentes maneiras; afirma que precisa primeiramente compreender a si mesmo, purificar seu próprio ser, etc.; ou, também, tornar-se um reformador, um doutrinador, um político, procurando influir na mente de outros, para adaptá-la a um dado padrão. Mas o próprio indivíduo que dessa maneira reage à confusão e à desordem social, continua a fazer parte dela; sua ação, sendo realmente uma reação, só poderá produzir confusão, noutra forma. Nada disso é ação correta. Ação correta, positivamente, é a ação total; não é fragmentária ou contraditória. E só a ação total pode atender adequadamente a todas as exigências políticas e sociais.

"Que é essa ação total?"

Não vos cabe descobri-lo por vós mesmo? Se se vos diz o que ela é, e vós concordais ou discordais, isso só conduzirá a outra ação fragmentária, não é verdade? Atividade reformadora dentro da sociedade, e atividade individual em oposição à sociedade ou dela separada, é ação incompleta. A ação total está além dessas duas atividades — e essa ação total é o amor.

VIAGEM POR UM MAR DESCONHECIDO

O SOL ACABAVA de deitar-se atrás das árvores e das nuvens, e seu áureo esplendor penetrava por uma das janelas do amplo salão, repleto de pessoas que escutavam a música de um instrumento de oito cordas com acompanhamento de pequeno tambor. Quase todos ouviam extáticos aquela música, principalmente uma menina de vestido vistoso que, imóvel como uma estátua, marcava perfeitamente o compasso com uma das mãos, dando leves e rítmicas palmadas na coxa. Era o único movimento que fazia; a cabeça ereta e os olhos fitos no homem do instrumento, parecia completamente alheada de tudo o que a cercava. Vários dos outros ouvintes marcavam o tempo com as mãos e a cabeça. Extáticos que estavam, para êles o mundo de guerras, políticos, e aflições, deixara de existir.

Lá fora, a claridade ia esmorecendo e as flores, que poucos minutos atrás resplendiam suas cores brilhantes, tinham desaparecido na crescente obscuridade. Os pássaros estavam agora quietos e uma coruja pequena começava a piar. Alguém gritava de uma casa para o outro lado do caminho; através das árvores divisava-se uma ou outra estrela, e uma lagartixa, apenas visível, rastejava furtivamente sobre a parede branca, para apanhar um inseto. Mas a música cativava o auditório. Música pura e sutil, de profunda beleza e sentimento. Súbito, o instrumento de cordas silenciou, e o pequeno tambor o substituiu; falava com clareza e precisão verdadeiramente incríveis. Mãos extraordinariamente leves e ágeis feriam ambos os lados do tambor, cujos sons diziam mais do que o desordenado palrear dos homens. Aquele tambor, se lho pedissem, poderia enviar mensagens apaixonadas, cheias de vigor e ênfase; mas agora ele falava mansamente de muitas coisas, e a mente flutuava sobre suas ondas sonoras.

Para a mente, no vôo do descobrimento, a imaginação se torna grande perigo. A imaginação nenhuma relação tem com a compreensão; tão seguramente como a especulação, ela destrói a compreensão. A especulação e a imaginação são os inimigos da atenção. Mas a mente estava bem cônscia disso, e portanto nada lhe detinha os vôos. Estava completamente imóvel — mas, quão veloz era ela! Saltava aos confins da Terra e estava de volta mesmo antes da partida (*sic*). Mais veloz do que as coisas mais velozes — e ao mesmo tempo capaz de ser lenta, tão lenta, que nenhum pormenor lhe escapava. A música, os ouvintes, a lagartixa, eram apenas um breve movimento em seu interior. Estava perfeitamente serena e, porque estava serena, estava sozinha. Sua quietude não era a quietude da morte, nem coisa construída pelo pensamento, forçada a nascer pela vaidade do homem. Era um movimento que transcendia as medidas do homem, movimento independente do tempo, sem idas nem vindas, porém sempre em harmonia com as ignotas profundezas da criação.

Homem quadragenário, gordo, estudara no estrangeiro; e, tranqüilamente, de maneira indireta, ia informando que conhecia todas as pessoas importantes. Ganhava a vida escrevendo para os jornais sobre assuntos sérios, e fazendo conferências por todo o país; tinha também uma outra fonte de proventos pecuniários. Parecia muito lido e se interessava pela religião — como a maioria das pessoas, acrescentou.

"Tenho o meu *guru* particular e visito-o com a possível regularidade, mas não sou desses obcecados seguidores. Como viajo muito, tenho-me encontrado com muitos instrutores, do extremo-norte ao extremo-sul do país. Alguns deles são puros charlatães com umas tinturas de conhecimentos hauridos em livros que sabem habilmente impingir como experiências próprias. Outros há, com longos anos de meditação, praticantes de várias formas de ioga, etc. Uns poucos destes estão muito avançados, porém a maioria é tão superficial como qualquer conjunto de especialistas de outra categoria. Conhecem sua limitada matéria e consideram-se satisfeitos. Existem *ashramas*, com instrutores espirituais eficientes, capazes, arrogantes e completamente autocráticos, cheios de seu próprio *ego* sublimado. Estou a dizer-vos tudo isso, não simplesmente para tagarelar, mas para vos fazer ver que me aplico com empenho à busca da verdade e que sou capaz de discernimento. Assisti a algumas de vossas conferências, sempre que o tempo o permitiu; e embora eu tenha de escrever para viver e não possa devotar todo o meu tempo à vida religiosa, levo-a perfeitamente a sério."

Se permitis perguntar, qual a significação que dais à palavra "sério"?

"Não brinco com as coisas religiosas, e desejo realmente levar vida religiosa. Reservo uma certa hora do dia para meditar, e aplico todo o tempo disponível ao aprofundar de minha vida interior. Isso eu levo muito a sério."

A maioria das pessoas sempre leva alguma coisa a sério, não? Levam a sério os seus problemas, o preenchimento de seus desejos, sua posição na sociedade, sua aparência pessoal, suas dívidas, seu dinheiro, etc.

"Por que me estais comparando com outros?", perguntou, um pouco ofendido.

Não estou menosprezando a vossa seriedade, mas cada um de nós é sério no tocante aos seus interesses pessoais. Um homem vaidoso é sério em sua auto-estima; sérios são os poderosos no concernente à própria importância e influência.

"Mas eu sou moderado em minhas atividades, e com muito empenho me esforço por viver religiosamente."

O desejo de uma coisa produz seriedade? Se assim é, então praticamente todo o mundo é sério, do astuto político ao mais sublime dos santos. O objeto do desejo poderá ser mundano ou de outra ordem; mas todo aquele que deseja alguma coisa torna-se sério, não é verdade?

"Há certamente diferença", replicou com certa irritação, "entre a seriedade do político ou do ganancioso e a de um homem religioso. A seriedade do homem religioso é de qualidade totalmente diferente."

Isso é exato? Que entendeis por "homem religioso"?

"O homem que busca a Deus. Ao eremita ou *sannyasi* que renuncia ao mundo a fim de achar Deus, eu chamaria homem verdadeiramente sério. A seriedade dos outros, inclusive a do hinduísta e do reformador, é de índole completamente diferente."

O homem que está buscando Deus é verdadeiramente religioso? Como pode buscar Deus se não O conhece? E, se conhece o Deus que busca, o que conhece é apenas coisa que lhe ensinaram ou coisa que leu; ou, ainda, coisa baseada em sua experiência pessoal, por sua vez moldada pela tradição e pelo seu próprio desejo de encontrar segurança num outro mundo.

"Não estais sendo um pouco lógico demais?"

Ora, cumpre compreender o mecanismo mental fabricante de mitos, antes que se possa experimentar aquilo que transcende as medidas da mente. É necessária a libertação do conhecido, para que possa surgir o desconhecido. O desconhecido não pode ser perseguido ou buscado. É sério aquele que persegue uma projeção de sua própria mente, mesmo quando essa projeção se chama "Deus"?

"Assim considerado, nenhum de nós é sério."

Nós somos sérios quando buscamos o que agrada, o que satisfaz.

"Que há de errado nisso?"

Não há nada errado nem certo; trata-se simplesmente de um fato. Não é isso o que realmente está sucedendo a cada um de nós?

"Só posso falar por mim, e acho que não estou buscando Deus para minha própria satisfação. Estou-me privando de muitas coisas, e isso não é bem um prazer."

Vós vos privais de certas coisas porque desejais uma satisfação maior, não é verdade?

"Mas buscar a Deus não é uma questão de satisfação", insistiu.

Uma pessoa pode perceber a insensatez de perseguir as coisas mundanas, ou ver frustrados os seus esforços para alcançá-las, ou sentir-se desestimulado em vista das penas e lutas necessárias para consegui-las; assim, sua mente se volta para o extramundano, buscando uma suprema alegria ou felicidade chamada Deus. No próprio "processo" da renúncia está contida a satisfação. Afinal de contas, o que estais procurando é uma certa forma de permanência, não é verdade?

"É o que todos procuramos; tal é a natureza do homem."

Logo, não estais procurando Deus, ou o Desconhecido, o que está acima e além do transitório, além da luta e do sofrimento. O que realmente estais buscando é um estado permanente de imperturbável satisfação.

"Dizê-lo tão cruamente soa-nos terrível."

Mas é o fato real, não achais? É na esperança de alcançarmos a satisfação total que passamos de um instrutor para outro, de uma religião para outra, de um sistema para outro. A esse respeito, somos muito sérios.

"Admito-o", disse, sem convicção.

Mas, senhor, isto não é questão de admitir ou de concordar verbalmente. O fato é que todos nós nos mostramos muito sérios em nossa busca de contentamento, de profunda satisfação, por mais variadas que sejam nossas maneiras de buscá-los. Vós podeis disciplinar-vos, a fim de adquirirdes poder e posição neste mundo, enquanto eu posso observar rigorosamente certos métodos, na esperança de alcançar um estado chamado espiritual, mas a "motivação", tanto num como no outro caso, é essencialmente a mesma. Socialmente, o método de um de nós pode não ser tão nocivo como o do outro, mas os dois almejamos a satisfação, a continuação daquele centro sempre desejoso de êxito, de ser ou vir a ser alguma coisa.

"Estou realmente almejando ser alguma coisa?"

Não estais?

"Não dou importância a me tornar conhecido como escritor, mas quero que as idéias e princípios sobre os quais escrevo sejam aceitos pelas pessoas importantes."

Não vos estais identificando com essas idéias?

"Suponho que sim. Cada um tende, mesmo sem o querer, a servir-se das idéias como meio de alcançar fama."

Exatamente, senhor. Se pudermos pensar a esse respeito com simplicidade e de modo direto, a situação se clarificará. Quase todos temos interesse, tanto interior como exteriormente, em nosso próprio progresso. Mas perceber os fatos que nos dizem respeito, tais como são e não como desejamos que sejam, isso é muito difícil; requer muita percepção não tendenciosa, livre da memória que reconhece o "certo" e o "errado".

"Por certo, não estais condenando inteiramente a ambição, estais?"

Examinar *o que é,* não é condenar nem justificar. O autopreenchimento, sob qualquer forma, representa evidentemente perpetuação desse centro que luta para ser ou para vir a ser alguma coisa. Vós podeis desejar tornar-vos famoso com vossos escritos, eu posso desejar alcançar aquilo que chamo Deus, Realidade — e isso pode produzir seus benefícios próprios, conscientes ou inconscientes. Vossa busca é denominada mundana, e a minha religiosa ou espiritual; mas, pondo de parte os rótulos, existe muita diferença entre elas? Os alvos do desejo podem variar, mas o motivo fundamental é o mesmo. A ambição de preenchimento ou de vir a ser alguma coisa contém sempre o germe da frustração, do medo, do sofrimento. Essa atividade egocêntrica é a natureza mesma do egotismo, não é exato?

"Céus!" estais-me despojando de tudo: de minhas vaidades, meu desejo de ser famoso, e até de meu impulso a transmitir algumas idéias interessantes. Que farei eu, depois de desaparecer tudo isso?"

Vossa pergunta denota que *nada* desapareceu, não é verdade? Ninguém pode tirar-vos aquilo que, interiormente, não quereis largar. Continuareis a trilhar o caminho da fama, que é o caminho do sofrimento, da frustração e do medo.

"Às vezes dá-me vontade de desistir de tudo, mas o impulso é forte." Seu tom se tornara ansioso e sério. "Que me impedirá de seguir esse caminho?"

Estais perguntando seriamente?

"Suponho que sim. Não será o sofrimento?"

O sofrimento é o caminho da compreensão? Ou o sofrimento existe por que não existe compreensão? Se examinásseis o impulso para vir a ser alguma coisa, e o caminho do preenchimento, não apenas intelectualmente porém profundamente, surgiria então a inteligência, a compreensão que destruiria a raiz do sofrimento. Mas o sofrimento não produz a compreensão.

"Como assim, senhor?"

O sofrimento é o resultado de um choque, é um momentâneo sacudir da mente que se estabilizou, que aceitou a rotina da vida. Acontece uma coisa: uma morte, a perda de um emprego, a dúvida sobre uma crença carinhosamente nutrida — e a mente se perturba. Mas, que faz a mente perturbada? Busca uma maneira de tornar-se novamente "não perturbada"; busca refúgio noutra crença, em emprego mais seguro, numa relação nova. De novo as vagas da vida avançam e lhe destroem as defesas, porém a mente ainda arranja outras defesas; e assim por diante. Esse não é o caminho da inteligência, é ?

"Qual é então o caminho da inteligência?"

Por que o perguntais a outrem? Não desejais encontrá-lo por vós mesmo? Se eu vos desse uma resposta, a refutaríeis ou a aceitaríeis; e isso, mais uma vez, impediria a inteligência e a compreensão.

"Vejo que é perfeitamente verdadeiro o que dissestes a respeito do sofrimento. É exatamente isso que todos fazemos. Mas, como sair dessa armadilha?"

Nenhuma espécie de compulsão exterior ou interior pode ajudar-nos nesse sentido, não é verdade? Toda compulsão, por mais sutil que seja, é produto de ignorância; nasce do desejo de recompensa ou do medo à punição. Compreender integralmente a natureza da armadilha é estar livre dela; nem pessoa, nem sistema, nem crença alguma pode libertar-vos. A verdade a esse respeito é o único fator libertador — mas tendes de vê-la por vós mesmo, e não simplesmente ser persuadido por outro. Tendes de empreender a viagem pelo mar desconhecido.

SOLIDÃO ALÉM DO ISOLAMENTO

EM MEIO A UM VALE de nuvens, a lua surgia do mar. As águas ainda estavam azuis e Órion luzia, fracamente visível, num céu pálido, argênteo. Brancas ondas bordavam a praia e, perto d'água, havia cabanas de pescadores, quadradas, bem visíveis e escuras, em contraste com as alvas areias. As paredes dessas cabanas eram de bambu e os tetos de folhas de palma sobrepostas em declive, para que as fortes chuvas não penetrassem no interior. Completamente redonda e cheia, a lua traçava uma senda de luz sobre as inquietas águas; era imensa, ela — não se poderia envolvê-la num abraço. Subindo do vale de nuvens, tomara posse dos céus. O mar bramia incessantemente — mas imperava grande silêncio.

Ninguém conserva puro e simples um sentimento, sem lhe acrescentar os acessórios das palavras. A palavra desfigura o sentimento; o pensamento, rodopiando em torno dele, ensombra-o, sufoca-o sob uma montanha de temores e ânsias. Ninguém se deixa ficar a sós com um sentimento, sem outra coisa mais — seja o sentimento de ódio, ou o extraordinário sentimento do belo. Quando surge o sentimento de ódio, logo o declaramos coisa muito má; e vem a coação, a luta para dominá-lo, um redemoinho de pensamentos em torno dele. A pessoa deseja permanecer com o amor; entretanto, fraciona-o, chamando-o pessoal ou impessoal; cobre-o de palavras, dando-lhe a significação habitual ou declarando-o universal; explica como o sentir, como o conservar, e porque ele se extingue; pensa em alguém a quem ama, ou em alguém que a ama. É um multiforme movimento verbal.

Tentai permanecer com o sentimento de ódio, com o sentimento de inveja, de ciúme, com a peçonha da ambição; porque, afinal, é isso o que tendes na vida cotidiana, embora, porventura, desejeis viver com o amor ou a palavra "amor". Já que tendes o sentimento de ódio, o desejo de ferir alguém com um gesto ou palavra causticante, vede se podeis permanecer com esse sentimento. Podeis? Já o tentastes alguma vez? Tentai permanecer com um sentimento, para verdes o que acontece. Achareis dificílimo fazê-lo. Vossa mente não deixará de ingerir-se no sentimento; ela logo acode com suas lembranças, suas associações, seus comandos, sua infindável tagarelice. Apanhai uma concha. Podeis observá-la, maravilhar-vos com sua delicada beleza, sem dizerdes "como é bonita!" ou o nome do animal que a produziu? Podeis olhar sem nenhum movimento mental? Podeis viver com o sentimento existente atrás das palavras, e sem o sentimento formado pela palavra? Se puderdes, descobrireis uma coisa maravilhosa, um movimento que transcende as medidas do tempo, uma fonte que não conhece verão.

Era uma senhora de pequena estatura, idosa, de cabelos brancos e rosto muito sulcado, pois gerara muitos filhos; mas nada se notava de fraqueza ou fragilidade na sua pessoa, e seu sorriso refletia a profundeza de seu sentimento. As mãos, rugosas, porém fortes, evidentemente muito tinham trabalhado com legumes, pois o polegar e o indicador da mão direita estavam cobertos de pequenos cortes enegrecidos. Mas eram mãos heróicas — mãos que muito tinham trabalhado e muitas lágrimas enxugado. Falava com calma e hesitantemente, com voz de quem muito sofreu; e era muito ortodoxa, pois pertencia a uma casta altiva, cuja tradição era de não se ligar a outros grupos, nem por matrimônio, nem por comércio. Eram pessoas que pretendiam cultivar o intelecto, como meio de alcançar outros fins que não meras coisas.

Por momentos, nenhum de nós dois falou; ela estava reunindo as idéias e não sabia bem como começar. Correu os olhos pela sala e pareceu aprovar sua simplicidade. Não havia sequer uma cadeira ou uma flor, a não ser aquela que se via do lado de fora, pela janela.

"Já estou com setenta e cinco anos", começou, "e vós podíeis ser meu filho. Como eu me orgulharia de um filho assim! Seria uma graça divina. Mas à maioria de nós outros não é dada tal felicidade. Geramos filhos, que crescem e se tornam homens do mundo, tentando ser grandes em suas pequenas ocupações. Ainda que ocupem altas posições, não existe grandeza neles. Um dos meus filhos está na capital, sendo homem muito poderoso, mas eu conheço o seu coração como só uma mãe pode conhecer. Para mim nada desejo de ninguém; não desejo mais dinheiro, nem uma residência maior. Quero viver vida simples até o fim. Meus filhos riem-se de minha ortodoxia; mas nela quero permanecer. Eles fumam, e bebem, e comem carne, e nada de mais acham nisso. Embora os ame, não me sentarei à mesa com eles, porque se tornaram impuros; e por que deveria eu, com minha idade, transigir com seus contra-sensos? Eles querem casar-se fora da casta, e não praticam os ritos religiosos nem a meditação, como o pai o fazia. Ele era um homem religioso, mas..." — calou-se, para refletir sobre o que ia dizer.

"Não vim para falar a respeito de minha família", prosseguiu, "mas alegro-me de ter dito o que disse. Meus filhos seguirão o caminho que escolheram e não posso segurá-los, embora me entristeça ver para onde estão caminhando. Eles estão perdendo e não ganhando, apesar de terem dinheiro e posição. Quando seus nomes aparecem no jornal, como freqüentemente acontece, mostram-me o jornal com orgulho; mas eles serão como o geral dos homens, e a classe de nossos ancestrais está desaparecendo rapidamente. Todos se estão tornando comerciantes, vendendo seus talentos, e eu não posso opor um dique à maré. Mas já disse o bastante sobre meus filhos." Calou-se de novo e desta vez lhe ia ser mais difícil abrir o coração. Cabisbaixa, pensava em como coordenar as palavras, mas estas não lhe ocorriam. Rejeitou ajuda, pois não a embaraçava ficar alguns minutos em silêncio. Pouco depois começou.

"É difícil falar de coisas muito íntimas, não achais? A pessoa pode falar de assuntos que não lhe tocam muito profundamente, mas requer-se uma certa confiança em si e no ouvinte para trazer à baila um problema cuja existência a gente tem medo de admitir até para si própria, pelo receio de despertar o eco de coisas mais tristes, há muito adormecidas. No caso presente, não há falta de confiança no ouvinte", acrescentou rapidamente. "Em vós eu tenho mais do que confiança. Mas não é fácil expressar certas coisas em palavras, principalmente quando nunca o fizemos antes. As coisas nos são familiares, porém não o são as palavras de que precisamos para descrevê-las. As palavras são coisas terríveis, não é verdade? Mas sei que não sois impaciente e irei andando no meu passo.

"Sabeis como os jovens se casam neste país — sem escolha própria. Meu marido e eu nos casamos dessa maneira, há muitos anos. Ele era homem pouco gentil e inclinado a usar palavras rudes. Certa vez me espancou; mas eu acabei me habituando a muitas coisas em minha vida de casada. Embora quando criança brincasse com meus irmãos e irmãs, eu passava uma boa parte de meu tempo a sós comigo mesma, e sempre me senti isolada, sozinha. Na convivência com meu marido esse sentimento foi relegado a segundo plano; havia tanto o que fazer! Andava sempre muito ocupada com os afazeres domésticos e com as alegrias e dores de gerar e criar filhos. Todavia, o sentimento de solidão continuava a insinuar-se e eu desejava pensar a seu respeito, mas não havia tempo para fazê-lo; assim, como uma onda, o sentimento passava e eu prosseguia com minhas obrigações.

"Com nossos filhos crescidos, educados e cuidando de si próprios — embora um deles ainda more comigo — meu marido e eu vivemos sossegadamente, até sua morte, há cinco anos. Desde seu falecimento, esse sentimento de solidão me tem invadido com mais freqüência; foi aumentando gradualmente e agora me vejo completamente imersa nele. Tenho procurado escapar-lhe pela prática de *puja,* (1) conversando com algum amigo, mas ele está sempre presente; é uma agonia, uma coisa terrível. Meu filho possui um rádio, mas não posso fugir a esse sentimento por tal meio, e não gosto da barulheira que faz. Vou ao templo; mas o sentimento de completa solidão me acompanha no caminho, enquanto lá estou, e na volta. Não exagero, porém apenas descrevo a coisa tal como é." Fez breve pausa e continuou.

"Um dia destes, meu filho me trouxe para ouvir vossa palestra. Não pude perceber tudo o que dissestes, mas dissestes algo a respeito da solidão e de sua pureza; assim, talvez me compreendais." Havia lágrimas nos seus olhos.

Para descobrir se existe algo mais profundo, algo que transcende o sentimento que vos assalta e em que ficais aprisionada, deveis em primeiro lugar compreender esse sentimento, não é verdade?

---

(1) Cerimônia ritual hinduísta. (N. do T.)

"Este angustioso sentimento de solidão pode conduzir-me a Deus?", perguntou com ansiedade.

Que entendeis por estar só?

"É difícil expressar com palavras esse sentimento, mas tentarei fazê-lo. É um medo que se manifesta quando a gente se sente completamente solitário, inteiramente a sós consigo, totalmente isolada de tudo. Embora houvesse meu marido e meus filhos, essa onda se abatia sobre mim e eu me sentia como uma árvore morta, em meio a uma terra devastada: sozinha, sem ser amada, e sem amar. Era uma agonia mais intensa que a do parto. Uma coisa terrível, sufocante; eu não pertencia a ninguém; um sentimento de completo abandono. Compreendeis, não?"

A maioria das pessoas têm esse sentimento de solidão e o medo a ele inerente, mas o sufocam, fogem dele, absorvem-se em certa atividade, religiosa ou de outra natureza. A atividade a que se entregam é seu refúgio; nela se deixam absorver inteiramente e esta é a razão por que sabem defendê-la tão violentamente.

"Mas tenho tentado fugir a esse sentimento de isolamento e do temor que ocasiona — porém em vão. Freqüentar o templo não dá resultado, mas ainda que o desse, a gente não pode ficar lá o tempo todo, assim como uma pessoa não pode passar a vida toda executando rituais."

O fato de não terdes encontrado nenhum refúgio pode ser vossa salvação. Pelo medo que têm de ficar sós, de se sentirem isoladas, certas pessoas dão para beber, outras para tomar drogas, enquanto muitas outras se lançam na política ou noutro refúgio qualquer. Assim, como vedes, tivestes sorte em não terdes encontrado um meio de evitar essa coisa. Os que a evitam causam muito dano no mundo; são pessoas realmente nocivas, porquanto atribuem importância a coisas que não são da mais alta significação. Como em geral são talentosos e competentes, esses homens muitas vezes desencaminham outros, com sua devoção à atividade que se tornou o seu refúgio; se não é religião, é política ou reforma social — qualquer coisa que os afaste de si mesmos. Poderão parecer abnegados, mas na realidade continuam muito interessados em si próprios, embora de maneira diferente. Tornam-se líderes ou discípulos de algum instrutor; sempre pertencem a alguma coisa, ou praticam um dado método, ou seguem um ideal. Nunca são eles próprios; não são entes humanos, porém rótulos. Vede, pois, como sois afortunada por não terdes encontrado refúgio.

"Quereis dizer que é perigoso fugir?", perguntou, um tanto perplexa.

Não é? Uma ferida profunda precisa ser examinada, tratada, curada; nunca é bom tapá-la ou recusar-se a olhá-la.

"Isso é verdade. E esse sentimento de isolamento é uma dessas feridas?"

É algo que não compreendeis, e por essa razão se assemelha a uma doença que continua a reaparecer, indefinidamente; portanto é fútil evitá-la. Vós tendes tentado fazê-lo, porém ela continua a atacar-vos, não é verdade?

"É verdade. Por isso vos alegrais por não ter eu encontrado refúgio?"

E vós não vos alegrais? — isso é muito importante.

"Acho que compreendo o que explicastes, e é-me um alívio saber que há esperanças."

Pois bem. Examinemos juntos a ferida. Para examinarmos uma coisa não devemos ter medo de vê-la, não é verdade? Se tendes medo, não olhais, voltais a cabeça. Ao dardes à luz os vossos filhos, os olháveis logo que era possível, depois de nascidos. Não vos preocupava se eram feios ou bonitos; olháveis para eles com amor, não é verdade?"

"Era exatamente o que eu fazia. Eu olhava para cada filho que acabava de nascer, com amor, com carinho, e apertava-o ao coração."

Da mesma maneira e com a mesma afeição, devemos examinar esse sentimento de separação, esse sentimento de isolamento, de solidão, não é verdade? Se sentimos medo, ansiedade, seremos incapazes de examiná-lo.

"Sim, percebo a dificuldade. Nunca olhei para ele realmente, porque tinha medo do que visse, mas agora acho que posso olhá-lo."

Por certo, essa dor da solidão é apenas a exageração final daquilo que todos nós sentimos em menor grau todos os dias, não é exato? Todos os dias vos estais isolando, separando, não é verdade?

"Como?", perguntou, algo horrorizada.

Por tantas maneiras. Pertenceis a uma certa família, a determinada casta; aqueles são *vossos* filhos, *vossos* netos; essa é *vossa* crença, *vosso* Deus, *vossa* propriedade; *vós* sois mais virtuosa do que tal ou qual pessoa; *vós* sabeis, e outra pessoa não sabe. Tudo isso são maneiras de vos separardes, meios de isolamento, não achais?

"Mas nós somos educados por essa maneira, e também temos de viver. Não podemos segregar-nos da sociedade, podemos?"

Mas não é isso o que estais realmente fazendo? Nessas relações, chamadas sociais, todo ente humano se está separando de outro, por sua posição, sua ambição, seu desejo de fama, de poder, etc.; mas, como êle tem de viver nessas relações brutais com seus semelhantes, dá-lhes lustre e respeitabilidade, por meio de palavras bem soantes. Na vida diária, cada um está devotado a seus próprios interêsses, embora isso possa ser em nome da pátria, em nome da paz ou de Deus — e assim continua o processo de isolamento. Dêle nos tornamos cônscios, sob a forma de intensa solidão, de um sentimento de isolamento completo. O pensamento, que vinha dando a máxima importância a si mesmo, isolando-se como "eu", como "ego", chegou ao ponto em que compreendeu que está cativo numa prisão por êle próprio construída.

"Isso tudo me parece um pouco difícil de compreender, na minha idade; por outro lado, não sou pessoa muito culta."

Isso não requer nenhuma cultura. O que se requer é exame completo, e nada mais. Vós vos sentis sòzinha, isolada e, se pudésseis, fugiríeis desse sentimento; mas, para vossa felicidade, não conseguistes encontrar meios de fazê-lo. Uma vez que não encontrastes saída alguma, estais em situação de encarar aquilo a que tendes tentado fugir; mas não podeis olhá-lo, se tendes medo dêle, podeis?

"Percebo-o."

Vossa dificuldade não consiste em que a própria palavra está causando perturbação?

"Não compreendo o que quereis dizer."

Associastes certas palavras a esse sentimento que de vós se apodera, palavras como: "Solidão", "isolamento", "mêdo", "separação". Não é exato?

"É."

Pois bem. Assim como o nome de vosso filho não vos impede de perceber suas reais qualidades, sua índole, do mesmo modo não deveis permitir que palavras como "isolamento", "solidão", "mêdo", "separação", perturbem o vosso exame do sentimento que elas vieram representar.

"Percebo o que estais dizendo. Sempre olhei para meus filhos dessa maneira direta."

E, quando olhais para esse sentimento pela mesma maneira direta, que acontece? Não descobris que o sentimento, em si, não é aterrador, mas só o que *pensais* a respeito dele o é? É a mente, o pensamento, que infunde o mêdo no sentimento, não achais?

"Sim, é exato; neste momento o compreendo perfeitamente. Mas serei capaz de compreendê-lo depois de sair daqui, quando vós já não estiverdes presente para explicar?"

Naturalmente. Isso é como ver uma víbora. Uma vez a tenhais visto, nunca vos enganareis a respeito dela; não dependereis de ninguém para vos explicar o que é uma víbora. Analogamente, depois de terdes compreendido êsse sentimento, essa compreensão vos acompanhará sempre; uma vez tenhais aprendido a olhar, tereis a capacidade de perceber. Mas é necessário atravessar e ultrapassar o sentimento, porque há muito mais para descobrir. Há uma solidão que não é isolamento, sentimento de separação. Esse estado de solidão não é lembrança nem reconhecimento; nunca foi tocado pela mente, pela palavra, pela sociedade, pela tradição. É uma bênção.

"Nesta única hora, aprendi mais do que em todos os meus setenta e cinco anos. Que essa bênção vos acompanhe, e a mim!"

POR QUE DISSOLVESTES A VOSSA ORDEM DA ESTRELA?

BANHADO PELA LUZ do sol poente, vinha um pescador gingando pela estrada, com um sorriso nos lábios. Usava um pano atado por um cordel que lhe cingia a cintura mas, afora isso, estava inteiramente nu. Tinha um corpo soberbo, de que visivelmente se orgulhava. Passou um carro conduzido por um motorista particular, com uma senhora muito bem vestida no interior. Devia estar a caminho de alguma festa. Levava jóias em tôrno do pescoço e pendentes das orelhas, e flores nos cabelos negros. O chofer só se ocupava em guiar o carro e a dama ia tôda concentrada em si mesma. Não olhou, sequer, para o pescador, pois não notava coisa alguma em redor de si; mas o pescador olhou para o carro, para ver se ela o notava. Caminhava muito rápido, a largas passadas, sem esfôrço e sem nunca afrouxar a marcha; mas sempre que passava um carro volvia a cabeça. Pouco antes de chegar à aldeia, tomou por um caminho recém-aberto, de terra vermelha e brilhante, a qual, aos últimos raios do sol poente, se tornava mais vermelha ainda. Passando por um grupo de palmeiras e beirando o canal, onde se viam alguns pequenos barcos, cheios de lenha, atravessou uma ponte e seguiu por estreita senda que levava ao rio. Era muito tranqüilo, perto do rio, pois não havia casas nas imediações e o barulho do tráfego não chegava até lá; havia caranguejos terrestres que moravam em buracos cavados na lama, e, dispersas, umas poucas cabeças de gado. A brisa brincava nas palmas, que se moviam majestosas, parecendo dançar ao som de uma música.

A meditação não é para o meditador. O meditador pode refletir, raciocinar, construir ou destruir, porém jamais conhecerá a meditação e, privado que está da meditação, sua vida é vazia como as conchas da praia. Pode-se guardar alguma coisa nesse vazio, mas não meditação. A meditação não é um ato cujo valor pode ser cotado no mercado; tem sua ação própria, não suscetível de medição. O meditador só conhece a ação da praça de comércio, com seus barulhos e barganhas; mas no meio desse barulho nunca se encontrará a ação silenciosa da meditação. A ação da causa que se torna efeito e do efeito que se torna causa é uma cadeia sem fim, que agrilhoa o meditador. Essa ação limitada pelas paredes de uma prisão não é meditação. O meditador nunca conhecerá a meditação, que se acha do outro lado de suas paredes. São apenas essas paredes — tênues ou espessas — construídas pelo meditador, que o separam da meditação.

Era um moço recém-saído do colégio e cheio de entusiasmo. Movido por forte impulso para praticar o bem, tinha aderido, havia pouco, a certo movimento, a fim de atuar com mais eficiência, e a esse movimento gostaria de dedicar inteiramente a sua vida; mas, infelizmente, o pai era inválido e ele tinha de sustentar ambos os genitores. Ele percebia as falhas do movimento, mas também reconhecia os seus méritos e achava que estes compensavam aquelas. Não era casado, declarou, e nunca o seria. Tinha sorriso fácil e mostrava-se muito ansioso por manifestar-se.

"Ouvi outro dia vossa palestra em que dissestes que a verdade não pode ser organizada e que nenhuma organização pode conduzir-nos à verdade. Fostes então muito positivo, mas vossa explicação não me satisfez inteiramente e, por isso, desejo conversar convosco sobre o assunto. Sei que fostes outrora chefe de uma grande organização — a Ordem da Estrela — que depois dissolvestes; permitis-me perguntar se isso se deveu a um capricho pessoal ou a um princípio?"

Nem uma coisa nem outra. Se há uma causa da ação, há ação? Se renunciais, em virtude de um princípio, uma idéia, uma conclusão, houve renúncia? Se abandonais uma coisa por causa de outra coisa mais importante, ou por causa de alguém, houve abandono?

"A razão não toma parte no abandono de uma coisa; é isso o que quereis dizer?"

A razão pode levar-nos a proceder desta ou daquela maneira; mas o que a razão fez, a razão pode desfazer. Se a razão é o critério da ação, nesse caso a mente nunca pode ser livre para agir. A razão, por mais sutil e lógica que seja, é processo de pensamento e o pensamento está sempre influenciado, condicionado por capricho pessoal, desejo, idéia, conclusão, imposta por outro ou pela própria pessoa.

"Se não foi a razão, nem princípio, nem desejo pessoal o que vos levou a proceder daquela maneira, foi então algo exterior a vós mesmo, algum agente superior, divino?"

Não. Mas talvez possamos esclarecer a coisa, se a considerarmos de maneira diferente. Qual é vosso problema?

"Dissestes que a verdade não pode ser organizada e que nenhuma organização pode conduzir o homem à verdade. A organização a que pertenço sustenta que o homem pode ser conduzido à verdade mediante certos princípios de ação, pelo esforço correto, pelo dedicar-se a boas obras, etc. Meu problema é este: Estou no caminho correto?"

Pensais que há caminho para a verdade?

"Se eu pensasse que não há, não estaria nesta organização. De acordo com nossos guias, a organização está baseada na verdade; ela se dedica ao bem-estar geral, tendo por alvo ajudar tanto o aldeão como as pessoas altamente cultas, em posições de responsabilidade. Entretanto, ao ouvir-vos outro dia, senti-me perturbado e, assim, aproveitei a primeira oportunidade para vir visitar-vos. Espero compreendais minha dificuldade."

Entremos na questão com vagar, passo a passo. Primeiro: há caminho para a Verdade? Um caminho implica movimento de um ponto fixo para outro. Como entidade viva, estais ocupado em modificar, reformar, impelir, interrogar a vós mesmo, na esperança de descobrirdes uma verdade permanente, imutável, não é assim?

"É. Desejo encontrar a Verdade ou Deus, a fim de praticar o bem", respondeu com paixão.

Por certo, nada existe de permanente em vós, a não ser o que *pensais* ser permanente; mas vosso pensar é também impermanente, não é? E a Verdade tem morada fixa, estática?

"Não sei. Vê-se tanta miséria, tanto sofrimento e confusão no mundo e, no desejo de praticarmos o bem, aceitamos qualquer líder ou filosofia que nos ofereça alguma esperança. Do contrário, a vida seria terrível."

Todo homem reto deseja praticar o bem, mas em geral não examinamos profundamente o problema. Dizemos que somos incapazes de examiná-lo a fundo por nós mesmos, ou que os líderes sabem mais do que nós. Mas, isso é exato? Considerai os vários líderes políticos e os chamados guias religiosos, e os líderes que advogam reformas sociais e econômicas. Todos eles têm planos, e cada um diz que seu plano é o caminho da salvação, da extinção da pobreza, etc.; e os indivíduos que, como vós, desejam agir contra tanto sofrimento e caos se vêem apanhados nessa rede de propaganda e asserções dogmáticas. Não notastes ainda que essa própria ação produz mais sofrimentos e mais caos?

A verdade não tem morada fixa; ela é uma coisa viva, mais viva, mais dinâmica, do que qualquer coisa que a mente possa conceber. Portanto, não pode haver caminho para ela.

"Penso que percebo, senhor. Mas sois contra *todas* as organizações?

Seria naturalmente absurdo ser contra a organização postal ou similares. Não vos estais referindo a tais organizações, não é verdade?

"Não. Refiro-me às igrejas, aos grupos espirituais, às sociedades religiosas, etc. A organização a que pertenço abarca todas as religiões, e todo aquele que tem interesse no melhoramento físico e espiritual do homem, pode tornar-se membro dela. Naturalmente, essas organizações sempre têm seus líderes que se proclamam conhecedores da verdade, ou que vivem piedosamente."

A verdade pode ser organizada, com Presidente e Secretário, ou com altos sacerdotes e intérpretes?

"Se vos estou entendendo corretamente, parece que não. Por que então dizem esses virtuosos guias que suas organizações são necessárias?"

Não importa o que dizem os guias, porque estão tão cegos como os seus seguidores; se assim não fosse, não seriam guias. Que pensais *vós*, independentemente de vossos guias? Tais organizações são necessárias?

"Podem não ser estritamente necessárias, mas encontra-se conforto em pertencer a uma organização dessas e em trabalhar com outros de idênticas intenções."

Exato. E há também um sentimento de segurança quando se nos diz o que devemos fazer, não é verdade? O guia sabe, e vós, que o seguis, não sabeis; assim, sentis que, sob sua direção, agireis corretamente. Muito vos conforta ter uma autoridade acima de vós, alguém que vos guia, principalmente quando nos vemos rodeados de tanto caos e miséria. Por isso vos tornais, não precisamente um escravo, porém um seguidor, encarregado de executar o plano delineado pelo guia. Sois vós, o ente humano, o autor de toda a confusão que há no mundo, mas *vós* não sois importante; só o plano é importante. Mas o plano é mecânico e necessita de entes humanos para funcionar; por isso vos tornais úteis ao plano.

E há, também, os sacerdotes que, com sua divina autoridade, salvarão vossa alma, e desde a infância sois por eles condicionado para pensardes de certa maneira. Mais uma vez, como ente humano, não sois importante; não é vossa liberdade, vosso amor, o que importa, porém vossa alma, que precisa ser salva em conformidade com os dogmas de dada igreja ou seita.

"Percebo a verdade disso, tal como o explicais. Que é então importante, no meio de tanta confusão?"

O importante é libertar a mente da inveja, do ódio e da violência; e para isso não se necessita de nenhuma organização, não achais? As chamadas organizações religiosas nunca libertam a mente: só a obrigam a ajustar-se a certo dogma ou crença.

"Eu necessito de transformar-me; é preciso que haja amor em mim, preciso deixar de ser invejoso, porque então atuarei corretamente. Não quero que me digam qual é a ação justa. Percebo agora que essa é a única coisa de importância, e não a organização a que pertenço."

Podemos seguir o que é geralmente considerado como ação correta, ou podem ensinar-nos o que é ação correta; mas isso não faz nascer o amor, faz?

"Não, obviamente não faz; ficamos meramente cultivando um padrão criado pela mente. Mais uma vez, percebo isso muito claramente, senhor, e compreendo agora por que dissolvestes a organização que chefiastes. Cada um precisa ser a luz de si mesmo; seguir a luz de outro só leva à escuridão."

QUE É O AMOR?

A MENINA DA CASA ao lado estava doente; freqüentemente soltava gritos, em todo o correr do dia e grande parte da noite. Isso acontecia havia algum tempo, e a mãe estava extenuada. Na janela achava-se uma plantinha que ela costumava regar todas as manhãs, mas nos últimos dias deixara ao abandono. A mãe estava só em casa, afora uma serviçal bronca e ineficiente, e parecia bastante desorientada, pois a doença da filha era evidentemente grave. O médico viera várias vezes em seu imponente carro, e a mãe se tornava cada dia mais triste.

Uma bananeira do quintal era regada pela água da cozinha e o solo ao seu redor estava sempre úmido. As folhas eram de um verde-escuro e uma delas, muito grande, de dois ou três pés de largura e muito mais de comprimento, ainda não tinha sido dilacerada pelo vento, como as demais. Balouçava mansamente ao soprar a brisa, e só o sol da tarde a tocava. Maravilhava ver as flores amarelas formando círculos descendentes numa longa e pendente haste. Estas flores em breve seriam bananas novas e a haste se tornaria muito grossa, para sustentar talvez dúzias de frutos polpudos, verdes, pesados. De vez em quando uma abelha penetrava entre as flores e borboletas pretas e brancas vinham volitar em torno delas. Parecia haver extraordinária abundância de vida naquela bananeira, principalmente quando, banhada de sol, agitava na brisa as suas grandes folhas. A menina vinha com freqüência brincar perto dela, cheia de alegria e sorrisos. Às vezes caminhávamos juntos uma pequena distância pelo beco, sob os olhos da mãe, e depois ela voltava a correr. Nós dois não nos entendíamos, porque nossas palavras diferiam, mas isso não a impedia de falar; e, portanto, falávamos.

Uma tarde, a mãe fez-me sinal para entrar. A menina era só pele e ossos; sorriu debilmente, depois fechou os olhos, de todo exausta. Dormia convulsamente. Pela janela entrava o barulho das outras crianças, que gritavam e brincavam. A mãe conservava-se muda, os olhos secos. Não quis sentar-se, permanecendo de pé ao lado do pequeno catre, e no ar pairava o desespero e a ansiedade. Nesse momento entrou o médico, e retirei-me, com uma muda promessa de voltar.

O sol se deitava atrás das árvores e, acima dele, pairavam nuvens imensas, de áurea fulgurância. Viam-se os indefectíveis corvos, e um papagaio chegou grazinando e agarrou-se à borda de um buraco existente numa árvore grande, morta, a cauda de encontro ao tronco; hesitou, ao ver por perto um ser humano, mas um instante após desapareceu no buraco. Pela estrada andavam aldeões e passou um carro cheio de gente moça. Amarrado a uma estaca de cerca, estava um bezerro de uma semana de idade, e a mãe pastava nas proximidades. Uma mulher veio pela estrada transportando à cabeça uma vasilha de cobre muito luzente, e outra apoiada ao quadril; carregava água do poço. Passava por ali todas as tardes; e naquela tarde, especialmente, contra o sol poente, ela era a própria terra em movimento.

De uma cidade vizinha chegaram dois jovens. O ônibus os deixara na esquina e tinham percorrido a pé o resto do caminho. Trabalhavam num escritório, disseram, e por isso não tinham podido vir mais cedo. Trajavam roupas limpas, que não se tinham sujado no velho ônibus, e entraram sorridentes mas algo acanhados, com maneiras respeitosas, hesitantes. Depois de sentados, depressa se esqueceram do acanhamento, mas ainda não se sentiam seguros de como formular em palavras os seus pensamentos.

Que trabalho fazem?

"Nós dois trabalhamos no mesmo escritório; eu sou taquígrafo e meu amigo guarda-livros. Nenhum de nós dois esteve no ginásio, pois não tínhamos recursos, e não somos casados. Não ganhamos muito, mas, como não temos responsabilidades de família, temos o bastante para nossas necessidades. Se um de nós casar-se, a situação se tornará muito diferente."

"Não somos bem instruídos", acrescentou o segundo, "e embora leiamos uma certa porção de literatura séria, nossas leituras não são intensivas. Passamos grande parte do tempo juntos, e passamos as férias com as nossas famílias. Há muito poucos no escritório que se interessam por coisas sérias. Um amigo mútuo levou-nos a ouvir vossa palestra, um dia destes, e perguntamos se podíamos vir ver-vos. Posso fazer-vos uma pergunta, senhor?"

Naturalmente.

"Que é o amor?"

Desejais uma definição dele? Não sabeis o que significa esta palavra?

"Há tantas idéias sobre o que *deve ser* amor, que tudo fica um pouco confuso", disse o primeiro deles.

Que espécie de idéias?

Que o amor não deve ser apaixonado, lascivo; que devemos amar o próximo como a nós mesmos; que devemos amar nosso pai e nossa mãe; que o amor deve ser o impessoal amor a Deus, etc. Cada um opina conforme sua fantasia."

Indepentente das opiniões de outro, que pensais *vós?* Tendes também opiniões acerca do amor?

"É difícil pôr em palavras o que a gente sente", respondeu o segundo. "Eu acho que o amor deve ser universal; devemos amar a todos, sem preconceitos. O preconceito é que destrói o amor; é a consciência de classe que cria barreiras e separa as pessoas. Dizem os livros sagrados que devemos amar-nos uns aos outros e que não devemos ser pessoais ou limitados em nosso amor, mas isso às vezes nos parece muito difícil."

"Amar a Deus é amar todos os homens", acrescentou o primeiro. "Só existe o amor divino; o resto é carnal, pessoal. O amor físico impede o amor divino; e, sem o amor divino, qualquer outro amor é pura barganha e permuta. O amor não é sensação. A sensação sexual deve ser contida, disciplinada; por isso é que sou contra o controle de nascimentos. A paixão física é destrutiva; só na castidade está o caminho que leva a Deus."

Antes de irmos mais longe, não achais que devemos averiguar se todas essas opiniões têm alguma validade? Uma opinião não vale tanto como qualquer outra? Independente de quem a sustenta, uma opinião não é sempre uma forma de preconceito, uma tendência criada pelo temperamento, a experiência da pessoa, e a maneira como porventura foi educada?

"Achais errôneo sustentar uma opinião?" — perguntou o segundo.

Dizer que é errôneo ou correto, seria apenas emitir mais uma opinião, não achais? Mas, se começarmos a observar e a compreender como se formam as opiniões, isso talvez nos capacite a perceber o verdadeiro significado da opinião, do juízo, da concordância.

"Tereis a bondade de explicar?"

O pensamento é resultado de influência, não? Vosso pensar e vossas opiniões são ditados pela maneira como fostes educado. Dizeis: "Isto é correto e aquilo é errado" — conforme o padrão moral de vosso especial condicionamento. Não nos interessa por ora saber o que é verdadeiro e independente de toda influência, ou se tal verdade existe. Estamos procurando perceber o significado das opiniões, crenças, asserções, quer coletivas, quer individuais. Opinião, crença, concordância ou discordância, são reações decorrentes da formação da pessoa, ampla ou estreita. Não é exato?

"É. Mas é errado sustentar uma opinião?"

Ora, se dizemos que é correto ou errado, estamos ainda no terreno das opiniões. A verdade não é uma questão de opinião; um fato não depende de concordância ou crença. Vós e eu podemos estar de acordo em chamar a este objeto "relógio", mas qualquer que seja o nome que se lhe dê, ele continua a ser o que é. Vossa crença ou opinião é coisa que vos foi dada pela sociedade em que viveis. Se vos revoltais contra ela, em reação, podeis formar uma opinião diferente, outra crença; mas continuais no mesmo nível, não é verdade?

"Desculpai-me, senhor, mas não compreendo aonde quereis chegar", respondeu o segundo.

Vós tendes certas idéias e opiniões sobre o amor, não?

"Tenho."

Como as obtivestes?

"Li o que disseram os santos e os grandes instrutores religiosos sobre o amor, e, refletindo a tal respeito, tirei minhas próprias conclusões."

Essas conclusões são formadas pelos vossos gostos e aversões, não é verdade? Gostais ou não gostais do que outros disseram acerca do amor, e determinais que esta asserção é correta e aquela errônea, conforme vossa própria predileção. Não é o que fazeis?

"Escolho a que considero verdadeira."

Em que se baseia essa escolha?

"Em meu conhecimento e discernimento."

Que entendeis por conhecimento? Não estou procurando fazer-vos tropeçar, nem embaraçar-vos, mas juntos estamos tentando compreender por que uma pessoa tem opiniões, idéias, conclusões, a respeito do amor. Se chegarmos a compreender isso poderemos entrar na matéria muito mais profundamente. Assim, que entendeis por conhecimento?

"Por conhecimento entendo o que aprendi dos ensinos dos livros sagrados."

"O conhecimento compreende também as modernas técnicas científicas, e todos os conhecimentos acumulados pelo homem, da antiguidade aos nossos dias", acrescentou o outro.

O conhecimento, pois, é processo de acumulação, não achais? É cultivo da memória. O conhecimento que temos acumulado como cientistas, músicos, tipógrafos, letrados, engenheiros, faz-nos técnicos em diferentes setores da vida. Quanto temos de construir uma ponte, pensamos como engenheiros, e esse conhecimento faz parte do *fundo* ou condicionamento que nos influencia o pensar. O viver, que inclui a capacidade de construir uma ponte, é ação total, e não atividade separada, parcial; entretanto, nosso pensar a respeito da vida, do amor, é moldado por opiniões, conclusões, tradição. Se tivésseis sido educados num meio cultural em que se sustentasse que o amor é somente físico, e que o amor divino é puro disparate, iríeis igualmente repetir o que vos fosse ensinado, não é verdade?

"Nem sempre", replicou o segundo. "Admito que isso seja raro, mas há uns poucos que se rebelam, e pensam por si mesmos."

O pensamento pode rebelar-se contra o padrão estabelecido, mas essa própria revolta é geralmente produto de outro padrão; a mente ainda está presa no processo do conhecimento, da tradição. É a mesma coisa que uma pessoa rebelar-se contra as paredes de uma prisão, reclamando mais comodidades, melhor alimentação, etc.

Vossa mente, pois, é condicionada por opiniões, tradição, conhecimento e por vossas idéias a respeito do amor, as quais vos fazem atuar de uma certa maneira. Isso está claro, não?

"Sim, senhor, está bastante claro", respondeu o primeiro. "Mas, então, que é o amor?"

Se desejais uma definição, podeis procurá-la no dicionário; mas as palavras que definem o amor não são o amor, são? Se apenas buscamos uma explicação sobre o que é o amor, continuamos prisioneiros de palavras, opiniões, que aceitamos ou rejeitamos conforme nosso condicionamento.

"Estais tornando impossível a investigação do que é o amor?", perguntou o segundo.

É possível investigar por meio de uma série de opiniões, conclusões? Para investigar corretamente, o pensamento precisa estar libertado de qualquer conclusão, da segurança do conhecimento, da tradição. A mente pode libertar-se de uma série de conclusões e formar outra série, a qual, afinal, é apenas uma continuidade modificada da anterior.

Ora, o próprio pensamento não é movimento de um resultado para outro, de uma influência para outra? Percebeis o que quero dizer?

"Não estou bem certo disso", respondeu o primeiro.

"E eu não compreendo nada", disse o segundo.

Talvez compreendais, se prosseguirmos. Vamos formulá-lo assim: O pensar é o instrumento da investigação? O pensar nos possibilitará compreender o que é o amor?

"Como posso descobrir o que é o amor, se não me é permitido pensar?" — perguntou o segundo, um pouco asperamente.

Por favor, um pouco mais de paciência. Tendes refletido sobre o amor, não?

"Sim, meu amigo e eu muito temos refletido a seu respeito."

Se permitis perguntar, que entendeis ao dizerdes que tendes refletido sobre o amor?

"Li a seu respeito, discuti-o com os amigos, e tirei minhas próprias conclusões."

E isso vos possibilitou descobrir o que é o amor? Lestes, trocastes idéias, reciprocamente, e chegastes a certas conclusões acerca do amor, e tudo isso se chama pensar. Positiva ou negativamente, descrevestes o amor, ora acrescentando, ora tirando algo ao que anteriormente aprendestes. Não foi assim?

"Sim, foi isso exatamente o que fizemos, e nosso pensar nos ajudou a clarificar a mente."

De fato? Ou vos firmastes mais ainda numa opinião? Positivamente, o que chamais clarificação é um processo de chegar a uma conclusão precisa — verbal ou intelectual.

"É exato; já não estamos confusos como antes."

Por outras palavras, uma ou duas idéias sobressaem claramente desse amontoado de ensinamentos e opiniões contraditórias sobre o amor. Não é exato?

"Sim, é; quanto mais examinamos a questão relativa ao que é o amor, mais claro ele se nos tornou."

Foi o amor que se tornou claro, ou foi o que a seu respeito *pensais?*

Aprofundemos isso mais um pouco. Certo mecanismo engenhoso se chama "relógio", porque todos concordamos em empregar esta palavra para designar tal objeto; mas a palavra relógio não é obviamente o próprio mecanismo. Analogamente, existe um sentimento ou estado que todos convencionamos chamar "amor"; mas a palavra não é o próprio sentimento, é? E a palavra "amor" significa tantas coisas diferentes! Ora a empregais para designar um sentimento sexual, ora falais de amor divino ou amor impessoal, ou afirmais o que o amor deve ser ou não deve ser, etc.

"Se permitis interromper, senhor, não é possível que todos esses sentimentos sejam apenas variações da mesma coisa?", perguntou o primeiro.

Que vos parece?

"Não sei ao certo. Há momentos em que o amor parece ser uma coisa, mas noutros momentos parece ser coisa completamente diferente. Isso é muito confuso. A gente não sabe onde parar."

Exatamente. Desejamos estar certos sobre o amor, fixá-lo num ponto, para que não nos fuja; alcançamos conclusões, chegamos a acordo a seu respeito; chamamo-lo por diferentes nomes, com seus significados específicos; falamos de "meu amor", exatamente como falamos de "minha propriedade", "minha família", "minha virtude", e esperamos poder guardá-lo bem fechado, para voltarmos a atenção para outras coisas e sôbre elas também nos certificarmos: mas, de alguma maneira, êle sempre nos foge, quando menos o esperamos.

"Não entendo bem isso", disse o segundo, um tanto perplexo.

Como vemos, o próprio sentimento difere do que o que a seu respeito se diz nos livros; o sentimento não é a descrição, não é a palavra. Até aqui está claro, não?

"Está."

Pois bem. Podeis separar o sentimento da palavra e de vossos conceitos antecipados sôbre o que ele deve ser e não deve ser?

"Que entendeis por "separar"? — perguntou o segundo.

Existe o sentimento e a palavra ou palavras que descrevem esse sentimento, seja aprovando, seja desaprovando. Pode-se separar o sentimento de sua descrição verbal? É relativamente fácil separar um objeto concreto, como este relógio, da palavra que o representa; mas dissociar o próprio sentimento da palavra "amor", com tudo o que ela implica, isso é muito mais difícil e exige muita atenção.

"E para que servirá isso?" perguntou o segundo.

Sempre desejamos um resultado, em troca de fazermos uma coisa. Esse desejo de resultado, que é outra forma do desejo de achar uma conclusão, impede a compreensão. Quando perguntais: "De que me servirá o sentimento da palavra "amor"? — — quando assim perguntais, estais pensando num resultado; por conseguinte, não estais realmente investigando, para descobrirdes o que é esse sentimento, estais?

"Eu desejo deveras descobrir, mas desejo também saber qual será o resultado de separar o sentimento da palavra. Isso não é perfeitamente natural?"

Talvez seja; mas se desejais compreender, tendes de prestar atenção, e não existe atenção quando uma parte da mente está interessada em resultados, e a outra parte em compreender. Desse modo não obtendes nem uma nem outra coisa, e, por conseguinte, vos tornais cada vez mais confuso, amargurado, infeliz. E se não separamos a palavra, que é memória com todas as suas reações, do sentimento, nesse caso a palavra destrói o sentimento; e fica-nos só a palavra, ou memória — cinzas, sem fogo. Não foi isso que aconteceu a vós ambos? De tal maneira vos emaranhastes numa rede de palavras, de especulações, que o próprio sentimento, a única coisa de significação profunda e vital, se perdeu.

"Começo a perceber o que quereis dizer", disse o primeiro, lentamente. "Nós não somos simples; nada descobrimos por nós mesmos, porém apenas repetimos o que se nos disse. Mesmo quando nos rebelamos, formamos novas conclusões, as quais, por sua vez, têm de ser demolidas. Realmente não sabemos o que é o amor, porém temos apenas opiniões sobre ele. É isso?"

Não achais que é, *vós mesmo*? Por certo, para se conhecer o amor, a Verdade, Deus, não pode haver opiniões, nem crenças, nem especulações a seu respeito. Se tendes certa opinião acerca de um fato, essa opinião se torna importante, e não o fato. Se desejais conhecer a verdade ou a falsidade do fato, nesse caso não deveis viver na palavra, no intelecto. Podeis ter muitos conhecimentos, informações, a respeito do fato, mas o próprio fato é inteiramente diferente. Ponde de lado o livro, a descrição, a tradição, a autoridade, e encetai a jornada do autodescobrimento. Amai, e não vos deixeis enredar em opiniões e idéias sobre o que é o amor ou o que ele deve ser. Quando amais, tudo sairá certo. O amor tem sua ação própria. Amai, e conhecereis as bênçãos que daí advêm. Guardai distância da autoridade que vos diz o que é o amor e o que ele não é. Nenhuma autoridade sabe; e quem sabe não o pode dizer. Amai, e haverá compreensão.

O BUSCAR E O ESTADO DE BUSCA

O CÉU SE FENDEU, e começou a chover; a terra cobriu-se d'água. A chuva descia em catadupas, inundando as estradas e enchendo perceptivelmente o tanque de lírios. As árvores se curvavam sob o peso da carga d'água. Os corvos, ensopados, mal podiam voar, e muitos passarinhos vinham abrigar-se sob o telhado da varanda. Súbito, como que surgindo do nada, apareceram as rãs, grandes e pequenas. As de pernas longas davam com a maior facilidade prodigiosos saltos. Umas eram marrons, outras listradas de verde, enquanto outras quase inteiramente verdes, e todas tinham olhos brilhantes, pretos, redondos e grandes. Se uma pessoa tomava nas mãos uma delas, ali se deixava ficar, olhando a pessoa com seus olhos de contas; e quando de novo era depositada no chão, continuava imóvel, como que grudada no lugar. A chuva continuava; por toda a parte corriam riachos, e a água nos caminhos já nos alcançava os tornozelos. Não havia vento: só a pesada chuva. Em poucos segundos, a pessoa ficava com as roupas encharcadas, desagradavelmente coladas ao corpo; mas fazia calor e ninguém se incomodava de molhar--so todo. A gente baixava a cabeça, para proteger os olhos; mas as pesadas gotas de chuva doíam na cabeça e logo se era obrigado a entrar. Um lírio púrpura-pálido, de centro amarelo-vivo, estava sendo estraçalhado pela fôrça da chuva; não poderia resistir por muito tempo mais a tão pesados golpes. Enroscada num galho, encontrava-se uma serpente verde da grossura de um dedo; mal se podia ver, pois era quase da côr das folhas, sendo apenas de um verde mais brilhante, de certa artificialidade química. Como não tinha pálpebras, seus olhos estavam expostos. Não se moveu, ao nos aproximarmos dela, mas, evidentemente, não lhe agradava a nossa proximidade. Era de uma variedade inofensiva, de cerca de dezoito polegadas de comprimento, roliça e de espantosa flexibilidade. Mesmo ao nos afastarmos, conservava-se imóvel e vigilante, e a curta distância tornava-se completamente invisível.

As folhas das bananeiras estavam sendo reduzidas a tiras, as flores arrancadas — e a chuva prosseguia, furiosa. Os delicados jasmins brancos jaziam pelo chão e rapidamente se estavam tornando da côr da terra; conservavam, mesmo na morte, o seu suave perfume, mas só o sentíamos quando nos chegávamos para perto deles; um pouco mais longe só havia cheiro de chuva e penetrante umidade. Muito enlameado, um corvo viera refugiar-se na varanda, completamente empapado, as asas encostadas ao chão, a pele branco-azulada a transparecer. Não podia voar, e olhava-nos como a pedir-nos que não nos aproximássemos. Seu bico preto e agudo era a única coisa dura e forte que nele se notava; o mais era delicado e frágil. O bramir do mar não se podia ouvir acima do martelar da chuva no telhado, nas fôlhas, e na palmeira em forma de leque. Mas percebia-se que o barulho ia cedendo a pouco e pouco. Já chovia com menos fôrça e ouvia-se o coaxar das rãs. Outros barulhos se foram tornando audíveis: vozes que chamavam, um cão a latir, um carro na estrada. Tudo ia voltando à normalidade. A gente fazia parte da terra, das fôlhas, do lírio moribundo — e estava também lavada.

Homem idoso, conhecido por sua natureza generosa e seu árduo trabalho. Magro e austero, percorria o país de trem, de ônibus e a pé, falando sobre assuntos religiosos, e nele se notava dignidade de pensamento e de meditação. Tinha barba limpa e bem tratada, e cabelos longos. De mãos compridas e finas, mostrava sorriso agradável e amistoso.

"Embora não use a túnica côr de açafrão, sou *sannyasi* e já percorri todo o país, pregando para multidões e interrogando os instrutores religiosos de todos os lugares. Como vêdes, sou velho, minhas barbas são brancas, mas procurei conservar jovem o coração e clara a cabeça. Aos quinze anos deixei o lar paterno em busca de Deus." Sorriu levemente ao recordar o passado. "Isso foi há muitos anos; e, embora eu tenha lido, praticado devoções, meditado, não encontrei Deus. Ouvi com atenção os mais famosos dentre os virtuosos guias que falam incessantemente de Deus — ouvi-os, não uma só vez, porém muitas vezes; observei suas obras, suas reformas sociais, não como apologista delas, mas de coração aberto, para sentir-lhes a bondade. Não sou tolerante nem intolerante. Orei com as multidões, e orei interiormente, tranqüilamente, na solidão. Quando jovem, desejei tornar-me reformador social e apliquei-me de boa vontade às boas obras; mas verifiquei que as boas obras só têm significação dentro do grande todo, que é Deus, e, conquanto reconheça a necessidade de reforma social, isso já não me é um interesse absorvente.

"Não foi de coração árido que ouvi esses "líderes do povo", como são chamados"; prosseguiu — "mas o Deus dêles não é o Deus que eu busco. Seu Deus é ação; pregam, exortam, jejuam, organizam comícios políticos; atuam como chefes de comitês, escrevem artigos, editam jornais, e privam com os grandes da Terra. São ativos, mas não conhecem o silêncio. Busquei Deus com eles, mas não O encontrei. Muito antes de os nomes desses homens aparecerem nos jornais, já eu buscava Deus, sozinho, em cavernas e nos livres espaços; não O encontrei.

"Agora, estou velho e só me restam poucos anos de vida. Encontrá-Lo-ei, ou Ele é inexistente? Não desejo nenhuma opinião nem os sutis argumentos de intelecto requintado. Preciso saber. Ouvi-os muitas vezes, no norte e no sul, e vós não falais de Deus, como o fazem os outros, nem vos achais na arena religioso-política. Explicais o que Deus não é, mas não dizeis o que Ele é, e assim é que deve ser. Mas não mostrais nenhum caminho para Ele, e isso é difícil de compreender. Sei de vossa vida desde os mais verdes anos, e freqüentemente interroguei-me o que iria suceder. Se outra coisa tivesse sucedido, eu não estaria aqui. Não vos estou lisonjeando. Desejo saber a verdade antes de deixar este mundo."

Ficou sentado, muito quieto, os olhos fechados. Não havia nele a rispidez da dúvida, nem a brutalidade do pessimismo, nem a intolerância que procura mostrar-se tolerante. Era um homem que chegara ao extremo de sua busca e continuava desejando saber.

Estranho silêncio reinava na sala.

Senhor, há humildade quando buscamos? O buscar nunca procede da humildade, não achais?

"Nasce então da arrogância?"

Não é exato? O desejo de alcançar, chegar, faz parte do orgulho que se oculta no buscar. Cumpre descobrir uma maneira de promover a eficiente e eqüitativa distribuição das coisas necessárias ao bem-estar físico do homem; e ela será descoberta, porque a tecnologia nos forçará a descobri-la, mais dia, menos dia. Mas, afora a busca do bem-estar físico do homem, por que buscamos?

"Sempre busquei, desde minha infância, porque este mundo tem muito pouca significação; sua significação pode ser vista a olho nu. Não digo, como outros, ser ele ilusório. Este mundo é tão real como a dor e o sofrimento. A ilusão só existe na mente, e o poder de criar ilusões pode ter fim. A mente pode ser expurgada de suas impurezas, ao sopro da compaixão; mas a purificação da mente não é o descobrimento de Deus. Eu O busquei, mas não O encontrei."

Nosso viver diário é uma coisa transitória, e a pessoa busca a permanência; ou, em meio a tanta loucura, espera por algo racional, são; ou aspira a certa forma de imortalidade pessoal; ou, ainda, busca o preenchimento em algo infinitamente maior do que o enriquecimento proveniente do desejo passageiro. Ora, todo esse buscar é uma forma de arrogância, não achais? E como se pode reconhecer a realidade? Sereis capaz de reconhecê-la, de sondá-la? Ela é mensurável pela mente?

"Deus virá a nós, se não O buscarmos?"

O buscar está confinado na esfera do pensamento; todo buscar e achar está encerrado nos limites da mente, não é verdade? Pode a mente imaginar, especular, ouvir o barulho de sua própria "tagarelice", mas não pode achar o que está fora dela própria. Seu buscar se limita ao espaço de suas próprias medidas.

"Então só tenho estado a medir, e não a buscar realmente?"

Buscar é sempre medir, senhor. Não há buscar se a mente deixa de medir, de comparar.

"Estais-me dizendo que todos os meus anos de busca foram consumidos em vão?"

Outro não pode dizê-lo. Mas o movimento da mente que enceta a jornada do buscar, sempre se processa dentro dos confins dela própria, amplos ou estreitos.

"Procurei silenciar a mente, mas nesse sentido, também, não consegui os meus fins."

A mente que *fazemos* silenciar não se torna silenciosa. Torna-se uma mente morta. Qualquer coisa que levamos a cabo, à força, tem de ser dominada de novo, repetidamente; é um processo sem fim. Só aquilo que chega a seu termo se põe fora do alcance do tempo.

"Não se deve buscar o silêncio? Ora, por certo, a mente errática tem de ser contida e submetida a controle."

Pode-se buscar o silêncio? É ele uma coisa que se pode cultivar e acumular? Para buscar o silêncio da mente, precisamos já saber o que ele é. E sabemos o que é esse silêncio? Podemos conhecê-lo pela descrição feita por outro; mas ele é descritível? Saber é uma condição puramente verbal, processo de reconhecimento; e o que se reconhece não é o silêncio, pois este é sempre novo.

"Conheci o silêncio das montanhas e das cavernas; e expulsei todos os pensamentos, exceto o pensamento do silêncio; mas jamais conheci o silêncio da mente. Dissestes judiciosamente que toda especulação é vã. Mas deve haver um estado de silêncio; e como pode surgir esse estado?"

Existe um método para fazer surgir aquilo que não é produto da imaginação, aquilo que não é construído pela mente?

"Não, suponho que não. O único silêncio que experimentei é o que surge quando a mente está sob perfeito controle; mas dizeis que isso não é silêncio. Eduquei minha mente para a obediência, só a soltando sob rigorosa vigilância; ela foi treinada e tornada penetrante pelo estudo, a argumentação, a meditação e a reflexão profunda; mas o silêncio de que falais nunca se manifestou na esfera de minha experiência. Como experimentar esse silêncio? Que devo fazer?"

Senhor, a experiência tem de cessar para que o silêncio venha à existência. O experimentador está sempre em busca de mais experiências; ele deseja novas sensações, ou repetição das velhas; ele anseia preencher-se, ser ou vir a ser alguma coisa. O experimentador é o criador de motivos; e, enquanto houver qualquer motivo, por mais sutil que seja, só haverá "compra" de silêncio; mas isso não é silêncio.

"Como então sobrevirá o silêncio? É um acidente na vida? Um dom?"

Consideremos juntos a questão. Estamos sempre em busca de alguma coisa, e usamos muito prontamente a palavra "buscar". O fato de estarmos buscando se torna de suma importância, e não o que se está buscando. O que buscamos é a projeção de nosso próprio desejo. Buscar não é o "estado de busca"; é uma reação, processo de negação e asserção, em relação a uma idéia criada pela mente. Para se procurar a proverbial "agulha em palheiro", tem de haver conhecimento prévio da agulha. Analogamente, buscar Deus, a felicidade, o silêncio, ou seja o que for, significa que já o conhecemos, formulamos ou imaginamos. O buscar, como o chamam, visa sempre a uma coisa conhecida. Encontrar é reconhecer, e o reconhecimento se baseia em conhecimento prévio. Êsse processo de buscar não é o "estado de busca". A mente que busca está aguardando, esperando, desejando, e o que encontra é coisa reconhecível, portanto já conhecida. O buscar é ação do passado. Mas o estado de busca é inteiramente diferente, sob nenhum aspecto semelhante ao buscar. As duas coisas nenhuma relação têm entre si.

"Que é então o estado de busca?"

Ele não pode ser descrito, mas é possível ingressar nesse estado quando há compreensão do significado de buscar. Buscamos por descontentamento, infelicidade, medo, não é verdade? O buscar é um enredado conjunto de atividades em que nenhuma liberdade existe. Esse conjunto tem de ser compreendido.

"Que entendeis por compreensão?"

Não é a compreensão um estado mental em que não está funcionando diretamente o saber, a memória ou o reconhecimento? Para compreender, a mente tem de estar quieta; as atividades do conhecimento têm de ficar em suspenso. Essa tranqüilidade da mente se verifica espontaneamente, quando um mestre ou pai deseja realmente compreender uma criança. Quando existe a intenção de compreender, existe atenção sem a distração pelo desejo de dar atenção. A mente não está então disciplinada, controlada, concentrada, e *posta* tranqüila. Sua tranqüilidade é natural quando há a intenção de compreender. Não há esforço, não há conflito, na compreensão. Com a compreensão do pleno significado do buscar, surge o estado de busca. Ele não pode ser procurado e achado.

"Enquanto escutava vossa explicação, eu observava com precisão a minha mente. Percebo agora a verdade relativa ao que se chama buscar, e percebo que é possível o não buscar; no entanto, continua inexistente o estado de busca."

Por que dizer que ele é inexistente ou existente? Uma vez cônscia da verdade e da falsidade do buscar, já não está a mente presa ao mecanismo do buscar. Há o sentimento de estar livre de um fardo, um sentimento de alívio. A mente está tranqüila; já não faz esforço, já não luta por alguma coisa; mas não está adormecida, nem a aguardar, a esperar. Está simplesmente quieta, desperta. Não é assim, senhor?

"Por favor, não me chameis "senhor". Eu sou quem está sendo instruído. O que dizeis é patentemente verdadeiro."

Essa mente despertada é o estado de busca. Ela já não busca partindo de um motivo; não há objetivo para conquistar. A mente não foi *posta* tranqüila; não sofre pressão para se tornar tranqüila, e por isso fica tranqüila. Sua quietude não é a quietude de uma folha pronta a dançar ao sopro da primeira brisa; não é um joguete do desejo.

"Há a percepção de um movimento, nessa tranqüilidade."

Esse percebimento não é silêncio? Estamos descrevendo, mas não da maneira como o experimentador descreve. O experimentador nasce de muitas causas; ele é um efeito que, por sua vez, se torna causa de outro efeito. O experimentador tanto é causa como efeito, numa série infinita de causas e efeitos. O percebimento dessa verdade torna a mente livre. Não há liberdade na rede da causa e efeito. Liberdade não significa estar livre da rede; a liberdade existe quando a rede não existe. Estar livre *de* uma coisa não é liberdade; é apenas reação, o oposto do cativeiro. Há liberdade ao compreender-se o cativeiro. A verdade não é coisa permanente, fixa e, portanto, não pode ser buscada; a verdade é uma coisa viva, é o "estado de busca".

"Esse estado de busca é Deus. Não há um fim para alcançar e conservar. O buscar sem achar de todos estes anos não me trouxe azedume ao coração, e nem sinto pesar por todos esses anos consumidos. Somos ensinados, mas não aprendemos, e nisso consiste a nossa desdita. A compreensão abole o tempo e a idade, elimina a diferença entre mestre e discípulo. Compreendo e sinto intensamente. Tornaremos a ver-nos."

POR QUE CONDENAM AS ESCRITURAS O DESEJO?

Era uma dessas cidades imensas, que se estendem cada vez mais, devorando os campos, e para ultrapassar os seus limites tivemos de percorrer milhas aparentemente intermináveis, por ruas feias, passando por fábricas, favelas, depósitos ferroviários, atravessando subúrbios exclusivamente residenciais, até afinal alcançarmos os começos da zona rural, onde os céus eram amplos e as árvores altas e livres. Belo dia, claro e não muito quente, pois chovera recentemente — uma daquelas chuvas macias, suaves, que penetram fundo na terra. Subitamente, quando a estrada atingiu a crista de um morro, apareceu o rio, rutilando ao sol, em seu curso através dos verdes campos, rumo ao mar distante. Sôbre o rio, apenas uns poucos e desgraciosos barcos, de velas quadradas, pretas. Muitas milhas mais acima havia uma ponte flutuante, por onde o tráfego só corria numa direção, de cada vez, e vimos uma longa fila de caminhões, carros de bois, e automóveis, e dois camelos a aguardarem a vez de atravessarem. Não querendo entrar naquela extensa fila, o que obrigaria a longa espera, retrocedemos por outra estrada, deixando o rio a seguir o seu curso por entre morros e prados, banhando esta e aquela aldeia, até alcançar o mar aberto.

O céu estava intensamente azul, o horizonte coberto de enormes nuvens brancas, encimadas pelo sol da manhã. Tinham formas fantásticas, imóveis, distantes. Não se poderia alcançá-las, ainda que percorrêssemos milhas e milhas em sua direção. À margem da estrada crescia capim nôvo e verde. O verão próximo iria tostá-lo, torná-lo marrom, e os campos perderiam seu verde frescor; mas, agora, tudo se renovava e a região era toda alegria. A estrada era bastante rude e semeada de buracos e, embora o motorista os evitasse o mais possível, dávamos pulos a todo instante, quase tocando o teto com a cabeça; mas o motor funcionava impecavelmente, sem estampidos.

A mente notava as majestosas árvores, os montes rochosos, os aldeões, o largo céu azul, mas ao mesmo tempo estava em meditação. Nem um pensamento a perturbava. Não havia movimentação da memória, nem esforço para conservar e resistir, nem coisa alguma para ganhar no futuro. Com mais rapidez que a vista, tudo percebia a mente, mas não guardava o que percebia; cada ocorrência passava por ela como a brisa passa por entre os ramos de uma árvore. A pessoa ouvia a conversa que se travava atrás de si, via o carro de bois e o caminhão que se aproximava, e ao mesmo tempo a mente se mantinha perfeitamente tranqüila; e o movimento contido nessa tranqüilidade era o impulso de um novo começo, um renascimento. Mas o novo começo nunca se tornaria velho; jamais conheceria o ontem e o amanhã. A mente não estava experimentando o novo; ela própria era o novo. Não tinha continuidade e, portanto, não tinha morte; era nova, não *tornada* nova. A chama não nascia das brasas de ontem.

Disse ele que trouxera o amigo para ajudá-lo a melhor formular os seus conceitos. Eram ambos um tanto reservados, sóbrios de palavras, mas disseram que sabiam o Sânscrito e conheciam algo de sua literatura. Provavelmente já quarentões, esbeltos e de aparência sadia, cabeças bem formadas e olhos pensativos.

"Por que condenam as Escrituras o desejo?" — perguntou o mais alto. "Praticamente todos os instrutores antigos parecem tê-lo condenado, mormente o desejo sexual, dizendo ser necessário controlá-lo, subjugá-lo. Evidentemente consideravam o desejo como obstáculo à vida superior. O Buda falou do desejo como a causa de todo o sofrer, e pregava a extinção dele. Shankhara, em sua complexa filosofia, disse que o desejo e o impulso sexual devem ser contidos, e todos os outros instrutores religiosos mantiveram mais ou menos a mesma atitude. Alguns dos santos cristãos castigavam o próprio corpo e se torturavam de várias maneiras, enquanto outros sustentavam que o corpo, tal como o jumento e o cavalo, deve ser bem tratado, porém refreado. Não temos lido muito, mas, pelo que conhecemos da literatura religiosa, toda ela parece encarecer que o desejo deve ser disciplinado, subjugado, sublimado, etc. Somos simples principiantes da vida religiosa, mas, de algum modo, sentimos que alguma coisa deve estar faltando, no meio de tudo isso — uma flor com perfume. Podemos estar completamente enganados e não temos a pretensão de contestar os grandes instrutores, mas gostaríamos, se permitido, conversar convosco sobre o assunto. Segundo depreendemos de nossas leituras, nunca dissestes que o desejo deve ser reprimido ou sublimado mas, sim, compreendido, mediante um percebimento isento de condenação ou justificação. Embora o tenhais explicado de diferentes maneiras, achamos difícil apreender o exato significado disso, e esta nossa entrevista convosco nos será muito útil."

Qual é, precisamente, o problema que desejais examinar?

"O desejo é natural, não é, senhor?", perguntou o outro. Desejo de alimento, desejo de sono, desejo de um certo conforto, desejo sexual, desejo de Verdade — em todas essas formas o desejo é perfeitamente natural, e por que nos dizem que ele deve ser eliminado?"

Deixando de parte o que dizem, podemos investigar a verdade e a falsidade a respeito do desejo? Que entendeis por desejo? Não quero a significação do dicionário, porém a significação, a essência do desejo. E que importância lhe atribuís?

"Eu tenho muitos desejos", respondeu o mais alto, "e esses desejos variam em valor e importância, de tempos a tempos. Há desejos permanentes e desejos passageiros. O desejo que tenho um dia pode, no dia seguinte, haver desaparecido ou ter-se intensificado. Mesmo quando já não tenho o desejo sexual, posso desejar o poder; posso ter ultrapassado a fase sexual, mas meu desejo de poder permanece constante."

Isto é exato. Desejos infantis se tornam desejos mais evoluídos, com a idade, o hábito, a repetição. O objeto do desejo pode variar, com o ficarmos mais velhos, mas o desejo permanece. O preenchimento e a dor da frustração estão sempre na esfera do desejo, não?

Ora, existe desejo, se não existe objeto de desejo? O desejo e seu objeto são inseparáveis? Só conheço o desejo por causa de seu objeto? Vejamos.

Vejo uma caneta-tinteiro nova, e não sendo a minha tão boa quanto ela, desejo-a; pôs-se, assim, em movimento um processo de desejo, uma cadeia de reações, até à obtenção ou não obtenção do objeto desejado. Um dado objeto nos atrai o olhar, surgindo um sentimento de desejo ou não desejo. Em que ponto desse processo aparece o "eu"?

"Essa é uma boa pergunta."

O "eu" existe antes do sentimento de desejo, ou surge com o sentimento? Vedes um certo objeto, por exemplo, um novo modelo de caneta-tinteiro, e logo se movimenta uma série de reações perfeitamente normais; mas com elas vem o desejo de possuir o objeto, e começa então outra série de reações que geram o "eu"; e este diz, então: "Quero possuir esse objeto!" Por conseguinte, o "eu" é formado pelo sentimento ou desejo que surge da reação natural produzida pelo ato de ver. Sem ver, sem sentir, sem desejar, existe um "eu" como entidade separada, isolada? Ou é esse processo total de ver, sentir, desejar, que constitui o "eu"?

"Quereis dizer, senhor, que o "eu" é antes inexistente? Não é o "eu" que percebe e depois deseja?", perguntou o mais baixo.

Que dizeis *vós?* O "eu" não se separa apenas no processo de perceber e desejar? Antes de começar esse processo, existe "eu", como entidade separada?

"É difícil pensar no "eu" como mero resultado de um certo processo físico-psicológico, pois isso tem laivos de materialismo e é contrário à nossa tradição e a todos os nossos hábitos de pensamento, que nos dizem que o "eu", o observador, existe previamente, e não que foi "formado". Mas, apesar da tradição e dos livros sagrados, e de minha própria e hesitante inclinação a crer neles, vejo que o que dizeis é um fato."

Não é o que outro diga que produz a percepção de um fato, porém vossa própria observação direta e clareza de pensar; não é assim?

"Naturalmente", respondeu o mais alto. "Eu posso no primeiro instante tomar um pedaço de corda por uma serpente, mas logo que percebo a coisa com clareza, já não há errar nem pensar arbitrário a respeito dela."

Se este ponto está claro, podemos prosseguir examinando a questão da repressão ou sublimação do desejo? Ora, qual é o problema?

"O desejo existe sempre, ora ardendo furiosamente, ora adormecido mas prestes a despertar; e o problema é: Que se deve fazer com ele? Quando o desejo dorme, todo o meu ser se acha razoavelmente tranqüilo; mas, uma vez despertado, sinto-me muito perturbado; torno-me inquieto, febril, ativo, até que seja satisfeito tal desejo. Torno-me, então, relativamente calmo — mas só enquanto o desejo não recomeça, com outro objeto, talvez. Ele é como a água sujeita à pressão: por mais alto que seja o dique, ela está sempre a coar-se pelas fendas, a escapar pelas extremidades, ou a transbordar por cima. Tenho chegado quase ao ponto de torturar-me, tentando transceder o desejo, mas, ao fim de meus melhores esforços, o desejo continua existente, sorridente ou carrancudo. Como libertar-me dele?"

Estais tentando reprimir, sublimar o desejo? Desejais domesticá-lo, entorpecê-lo, torná-lo respeitável? Independente dos livros, ideais e *gurus*, que sentis a respeito do desejo? Qual o vosso impulso? Que pensais?

"O desejo não é natural, senhor?", perguntou o mais baixo.

Que entendeis por "natural"?

"A fome, o sexo, a necessidade de conforto e segurança — tudo isso é desejo e parece perfeitamente saudável e normal. Afinal, somos feitos assim."

Se ele é tão normal como o dizeis, por que vos incomoda?

"O inconveniente é que não existe só um desejo, porém muitos desejos contraditórios, todos a puxar-nos em diferentes direções; vejo-me interiormente dilacerado. Dois ou três desejos predominam, suplantando os desejos contraditórios menos importantes; mas, até entre os desejos mais importantes, existe contradição. E essa contradição, com suas tensões, é que ocasiona o sofrimento."

E para superardes esse sofrimento, ensina-se-vos que deveis controlar, reprimir ou sublimar o desejo. Não é verdade? Se o preenchimento do desejo só trouxesse prazer e nenhum sofrimento, vós passaríeis muito bem com ele, não é exato?

"É claro", respondeu o mais alto. Mas há sempre uma certa dor, um certo medo, e é isso que desejamos eliminar."

Sim, todo o mundo o deseja, e esta é a razão por que tôda tenção e finalidade de nosso pensar é continuar com os prazeres, evitando ao mesmo tempo as dores do desejo. Não é o que também desejais?

"Assim parece."

Esta luta entre os prazeres do desejo, e o sofrimento que também os acompanha, é o conflito da dualidade. Não há nada de muito enigmático a esse respeito. O desejo busca preenchimento, e a sombra do preenchimento é a frustração. Não queremos admitir isso, e por essa razão buscamos o preenchimento, esperando nunca ser frustrados; mas as duas coisas são inseparáveis.

"*Nunca* é possível preenchimento sem a dor da frustração?"

Não o sabeis? Não tendes experimentado o breve prazer do preenchimento, e não é ele sucedido, invariavelmente, por ansiedade, dor?

"Tenho-o notado, mas sempre procuramos esta ou aquela maneira de não nos deixarmos apanhar pelo sofrimento."

E tendes conseguido isso?

"Até agora, não; mas sempre há esperanças de o conseguir."

Como proteger-se desse sofrimento é a principal preocupação de todos a vida inteira; por isso começamos a disciplinar o desejo; dizemos: "Este é o desejo correto, e o outro é incorreto, imoral." Cultivamos o desejo ideal, *o que deveria ser*, continuando presos ao que *não* deveria ser. O que *não* deveria ser é o fato real, e *o que deveria ser* nenhuma realidade tem, a não ser como símbolo imaginário. Não é isso mesmo?

"Mas, embora imaginários, não são necessários os ideais?", perguntou o mais baixo. "Eles nos ajudam a livrar-nos do sofrimento."

Ajudam? Vossos ideais vos ajudaram a vos libertar do sofrimento, ou simplesmente vos ajudaram a continuar apegados ao prazer, dizendo ao mesmo tempo, idealmente, para vós mesmos, que não o deveis fazer? E subsiste, assim, a dor e o prazer do desejo. Em verdade, não desejais ficar livre de nenhum dos dois; preferis deixar-vos levar pela corrente, com a dor e o prazer do desejo, ao mesmo tempo falando de ideais e coisas de igual jaez.

"Tendes toda a razão", admitiu.

Continuemos daí. O desejo não pode ser dividido em agradável e doloroso, nem como desejo correto e desejo incorreto. Só há desejo, que se manifesta sob formas diferentes, com diferentes objetivos. A menos que compreendais isso, estareis simplesmente lutando para vencer as contradições que constituem a natureza mesma do desejo.

"Existe então um desejo central que cumpre dominar, um desejo do qual nascem todos os outros desejos?", perguntou o mais alto.

Estais-vos referindo ao desejo de segurança?

"Estava pensando nele; mas há também o desejo sexual, e desejos de tantas outras coisas."

Existe um desejo central do qual, como filhos, nascem todos os outros desejos, ou o desejo só muda, de vez em quando, o objeto de seu preenchimento, da infância à maturidade? Há o desejo de possuir, de sentir entusiasmo, de ter êxito, de ter segurança, interior e exteriormente. O desejo se entretece com o pensamento e a ação, com a chamada vida espiritual e também com a mundana, não é verdade?

Ficaram em silêncio por algum tempo.

"Não podemos penetrar mais longe", disse o mais baixo. "Estamos verdadeiramente "embatucados"."

Se refreais o desejo, ele torna a surgir sob outra forma, não é exato? Controlar o desejo é restringi-lo e ser egocêntrico; disciplinar é construir uma muralha de resistência, a qual é demolida constantemente — a menos, naturalmente, que a pessoa se torne neurótica, fixada num só padrão de desejo. Sublimar o desejo é um ato de vontade; mas a vontade é, essencialmente, a forma concentrada do desejo, e sempre que uma forma de desejo, domina outra, vos encontrais novamente em vosso antigo padrão de luta.

Controle, disciplina, sublimação, repressão — tudo isso implica esforço de alguma espécie, e tal esforço está ainda na esfera da dualidade — desejo "correto" e desejo "incorreto". A preguiça pode ser dominada por ato de vontade, mas a pequenez da mente continua. Uma mente inferior pode estar muito ativa — e em geral está — causando assim danos e sofrimentos a si mesma e a outros. Dessarte, por mais que uma mente inferior lute para dominar o desejo, ela continuará a ser uma mente inferior. Tudo isso está bem claro, não?

Entreolharam-se.

"Penso que sim", respondeu o mais alto. "Mas, por favor, ide um pouco mais devagar, senhor, e não amontoeis muitas idéias numa só frase."

Como o vapor, o desejo é energia, não? E assim como o vapor pode ser dirigido para mover tôda espécie de máquinas, benéficas ou destrutivas, assim também pode o desejo ser dissipado ou ser aplicado à compreensão, sem haver *dirigente* dessa espantosa energia. Se há dirigente — um só ou muitos — o indivíduo ou a coletividade, que é tradição — começam os inconvenientes; existe então o círculo fechado de dor e prazer.

"Se nem o indivíduo nem a coletividade deve dirigir essa energia, *quem então deverá dirigi-la?*"

Não estais fazendo uma pergunta errônea? Uma pergunta errônea só pode ter resposta errônea, mas uma pergunta correta pode abrir a porta à compreensão. Só há energia; não há questão sobre quem a deve dirigir. Não é essa energia, porém o seu "dirigente", quem mantém a confusão e as contradições de dor e prazer. O *dirigente* — indivíduo ou coletividade — diz: "Isto é correto e aquilo é incorreto, isto é bom e aquilo é mau", e dessa maneira perpetua o conflito da dualidade. É ele o verdadeiro malfeitor, o criador do sofrimento. Pode esse dirigente da energia que se chama desejo deixar de existir? Pode o observador deixar de ser operador, entidade separada, corporificando esta ou aquela tradição, e se tornar aquela própria energia?

"Não é muito difícil isso?"

Esse é o único problema, e não como controlar, disciplinar ou sublimar o desejo. Quando se começa a compreender isso, o desejo tem significado inteiramente diferente; ele é então, criação pura, movimento da Verdade. Mas se nos limitamos a repetir que o desejo é "O Supremo", etc., isso não só é inútil, mas também positivamente nocivo, porquanto atua como soporífero, uma droga para quietar a mente inferior.

"Mas, como pode extinguir-se o *dirigente* do desejo?"

Se a pergunta "como?" reflete a busca de um método, nesse caso o *dirigente* do desejo será produzido de novo, com outra forma. O importante é o findar desse dirigente, e não *como* pôr fim a ele. Não há "como". Só há compreensão, o impulso que destrói o velho.

PODE-SE ESPIRITUALIZAR A POLÍTICA?

Além da ponte, estende-se a perder de vista o mar azul. Areias amarelas cobrem a praia curvilínea, orlada de copadas palmeiras. Aqui costuma refugiar-se a gente da cidade, trazendo os filhos bem trajados, que gritam de alegria, libertados de suas estreitas moradas e das ruas áridas e monótonas.

Pela madrugada, pouco antes de o sol levantar-se do mar, quando abundante o orvalho no solo e as estrelas ainda visíveis no céu, é belíssimo o local. Uma pessoa pode quedar-se ali, rodeada de um mundo de intenso silêncio. O mar inquieto e escuro, como que enraivecido pela lua, rola com furor as suas vagas. Mas, apesar do estrondear do mar, reina extraordinária quietude; não sopra a mais leve aragem e os pássaros dormem ainda. Perdeu a mente o impulso para vaguear pela face da Terra, em velhas e familiares paragens, abandonando seu silencioso monologar. Súbita e inesperadamente, essa tremenda energia se concentra toda, mas não para se consumir em movimento. Só há movimento quando existe "experimentador", a buscar, a ganhar, a perder. A concentração dessa energia libertada das pressões e influências do desejo — fracas ou intensas — produziu completo e íntimo silêncio. A mente está toda iluminada, sem sombras e sem projetar sombras. Apresenta-se muito clara, imperturbável no seu brilho, a estrela matutina, e do lado do nascente aparece um clarão no céu. Não fez a mente o mínimo movimento; não está paralisada, mas a luz daquele silêncio interior se tornou ação, sem as palavras e as imagens mentais. Essa luz não emana de um centro produtor de sombras; é só luz.

Começa a desmaiar a estrela da manhã e logo se mostra, além das águas inquietas, a orla de um disco de ouro. A pouco e pouco se vão delineando sombras na paisagem. Tudo começa a despertar, e uma leve brisa sopra do norte. Seguimos pela trilha que acompanha o rio e vai ter à estrada principal. A essa hora poucas pessoas andam por ali, exceto um ou outro passeante matutino; quase não se vêem carros, e há relativo sossego. A estrada atravessa uma aldeia sonolenta, onde dois pequeninos estão fazendo suas "necessidades" à beira da estrada, completamente despreocupados dos passantes. Uma cabra está deitada no meio da estrada e um carro passa, contornando-a. Um pouco além da aldeia, entra-se por um grande portão num bem tratado parque, onde há flores garridas e um grande tanque quadrado abundante de lírios. As sombras já são profundas, mas há ainda orvalho na grama.

Era um homem de meia-idade, simples advogado de aldeia. Não trabalhava muito, disse, pois tinha um modesto pecúlio que lhe permitia dedicar parte de seu tempo a outras coisas. Naquela ocasião estava escrevendo um livro sobre as condições sociais do país. Tivera encontros com preeminentes membros do governo e tomara parte no mais recente movimento de reforma agrária, percorrendo com seus companheiros as aldeias, uma a uma. Seu entusiasmo era extraordinário quando falava sobre reformas políticas e sociais, e o tom de sua voz alterava-se completamente. Tornava-se agudo, exigente, apaixonado; a cabeça erguia-se, em seus olhos surgia um brilho agressivo, as maneiras se tornavam arrogantes. Ele não tinha consciência disso. Palavras e estatísticas lhe acudiam prontamente, e parecia acumular forças, à medida que discorria. Como ficáramos a ouvi-lo, sem interromper-lhe a torrente de explicações e apreciações, deu-se conta de repente do lugar onde estava e deteve-se embaraçado.

"Sempre me apaixono quando falo de política e reformas sociais; não posso evitá-lo. Está-me na massa do sangue. A mesma coisa parece suceder com todos, pelo menos os desta geração: a política está em nosso sangue. Depois de concluirmos os estudos, nossa educação prossegue principalmente através dos jornais, que, pela maior parte, se dedicam à política. Creio que a política pode alcançar um bem imenso, e por essa razão lhe dedico tão grande parte de meu tempo. Gosto dela, também; é excitante."

Tal como a bebida, o sexo, o comer, a brutalidade, etc. Excitamento, sob qualquer forma, dá-nos um sentimento de vitalidade, e até na religião o exigimos.

"Considerais isso errado?"

Que achais? O ódio e a guerra causam grande excitamento, não é verdade?

"Pessoalmente, não interpreto levianamente a política", prosseguiu, sem dar atenção à pergunta; "para mim, ela é uma coisa muito séria, pois tenho a convicção de ser ela um maravilhoso instrumento para a promoção das reformas essenciais. A ação política produz resultados, não em remoto futuro, e portanto nela há positivas esperanças para o homem comum. A maioria dos indivíduos religiosos não parecem perceber a importância da ação política, e isso se me afigura muito lamentável; pois, como disse um dos nossos líderes, a política precisa ser espiritualizada. Concordais com isso, não?"

Um homem verdadeiramente religioso não se preocupa com política; para ele só há ação, ação religiosa total, e não aquelas atividades fragmentárias, chamadas políticas e sociais.

"Oponde-vos à introdução da religião na política?"

Oposição só pode gerar antagonismo, não achais? Consideremos o que se entende por religião. Mas, antes de mais nada, que entendeis por política?

"Toda a ação legislativa: ministrar justiça, traçar planos para o bem-estar do Estado, garantir igualdade de oportunidades para todos os cidadãos, etc. Cabe aos governantes governar sabiamente e evitar o caos."

Por certo, a execução de reformas, de toda e qualquer natureza, é também função do governo; isso não deve ser deixado ao sabor dos caprichos e fantasias — chamados ideais — de indivíduos fortes e seus grupos respectivos, porquanto daí resulta a fragmentação do Estado. Num sistema de dois partidos ou de partidos múltiplos, devem os reformadores trabalhar mediante o governo, ou como partido oposicionista. Que necessidade há de reformadores sociais?

"Se não fossem eles, muitas das reformas já levadas a cabo nunca se teriam realizado. Os reformadores são necessários porque impelem o governo à ação. São dotados de visão mais ampla do que o político em geral, e pelo seu exemplo obrigam o governo a realizar as reformas necessárias, ou a modificar sua política. O jejum é um dos meios adotados por nossos virtuosos reformadores para forçar o governo a seguir suas recomendações."

E isso não é uma espécie de chantagem?

"Talvez seja; mas obriga o governo a estudar e mesmo a levar a cabo as reformas necessárias."

O reformador virtuoso pode estar enganado, e muitas vezes está, quando se mete em política. Devido à influência que exerce no público, o governo pode ser obrigado a ceder a suas exigências — às vezes com desastrosas conseqüências, como vimos ultimamente. Uma vez que qualquer espécie de reforma, mediante adequada legislação, é função precípua de um governo humano e inteligente, por que não ingressam no governo esses santos de mentalidade política, ou por que não fundam um partido político? Querem fazer o jogo da política, e ao mesmo tempo manterem-se afastados dela?

"Penso que desejam espiritualizar a política."

Pode-se espiritualizar a política? A política está em relação com a sociedade, a qual está sempre em conflito consigo mesma, sempre a deteriorar-se. As relações entre os seres humanos constituem a sociedade, e essas relações se baseiam realmente na ambição, na frustração, na inveja. A sociedade não conhece compaixão. Compaixão é ato próprio do indivíduo total, "integrado".

Ora, cada um desses reformadores político-religiosos assevera que o *seu* é o verdadeiro caminho da salvação, não é exato?

"A maioria deles o faz, mas há uns poucos que não são tão presunçosos."

Não pode acontecer que todos eles estejam redondamente enganados, aprisionados em seu próprio condicionamento, com fortes preconceitos e tendências tradicionalistas? Não existe, em cada líder político virtuoso e seu grupo de seguidores, a tendência para agravar a fragmentação e desintegração do Estado?

"Mas isso não é um risco que temos de assumir? Pode-se promover a unidade pela simples legislação?"

Claro que não. Poderá haver um simulacro de unidade, o seguir ostensivo de um padrão universal, social ou político, mas a unidade do homem nunca será possível por meio de legislação, por mais esclarecida que esta seja. Quando há amizade, compaixão, torna-se desnecessária a organização da justiça; e, mediante a organização da justiça, não se cria necessariamente a compaixão. Pelo contrário, isso poderá banir a compaixão. Mas esta é outra questão.

Como dizia, por que não ingressam no governo esses políticos virtuosos, ou fundam um partido para levar a cabo os seus programas? Que necessidade há desses reformadores, fora do campo político?

"Eles têm mais força fora do Parlamento do que teriam como membros dele; atuam como "chicoteadores morais" do governo. De fato, em certa proporção, eles dividem o povo, mas isso é um mal necessário, do qual pode resultar algum bem."

O problema é mais profundo do que isso, não achais? As reformas políticas, econômicas e sociais são evidentemente necessárias; mas se não começamos por compreender o ponto mais importante, que é a totalidade do homem e sua ação total, tais reformas só podem criar mais malefícios, tornando necessárias outras reformas, em sucessão infinita — e nessa cadeia fica o homem aprisionado.

Ora, não existirão interesses mais profundos a impelirem esses santos líderes políticos a atuar como atuam? "Liderança" subentende poder, poder para influir, guiar, dominar, e, sutil ou declaradamente, esses líderes são homens que estão à caça do poder. O poder, sob qualquer forma, é coisa má e inevitavelmente conduz a desastres. A maioria das pessoas desejam ser guiadas, que se lhes diga o que fazer, e na sua confusão criam líderes, tão confusos quanto elas próprias.

"Mas por que dizeis que nossos líderes estão à caça do poder?" — perguntou um tanto cepticamente. "São homens altamente respeitáveis, bem intencionados e de boa conduta."

Os homens respeitáveis são convencionais; seguem a tradição, ampla ou estreita, reconhecida ou não reconhecida. Os homens respeitáveis têm a autoridade do Livro, do passado. Poderão não estar conscientemente à caça do poder, mas o poder lhes vem, em virtude da sua posição, suas atividades, etc. E este poder é que os conduz. A humildade está distante deles. São líderes e têm seguidores. O homem que segue a outro, seja o maior dos santos ou qualquer pregador de esquina, é essencialmente irreligioso.

"Percebo o que quereis dizer, senhor; mas por que buscam o poder esses homens?", perguntou, mais sério.

Por que *um homem* busca o poder? Exercer poder, sobre um ou sobre milhares, proporciona um intenso prazer de domínio, não é exato? É um grato prazer para uma pessoa sentir sua própria importância, achar-se em posição que lhe confere autoridade.

"É verdade, sei-o muito bem. Tenho esse agradável sentimento de "ser autoridade" quando me consultam a respeito de assuntos legais ou políticos."

Por que buscamos e procuramos manter esse excitante senso de poder?

"Ele surge tão espontaneamente que parece ser-nos inato."

Uma explicação dessas impossibilita o prosseguimento e aprofundamento da investigação, não achais? Se desejais encontrar a verdade a respeito desse assunto, não deveis satisfazer-vos com explicações, por mais plausíveis e mais gratas que sejam.

Por que desejamos ser líderes? Para nos sentirmos importantes, é-nos necessário reconhecimento de nossa importância; se como tais não somos reconhecidos, a importância nada significa. O reconhecimento é parte do processo inerente à liderança. Não só o líder adquire importância, mas também o seguidor. Declarando-se ligado a tal ou tal movimento, liderado por fulano de tal, o seguidor se torna pessoa importante. Não é exato isso?

"Parece-me que sim."

Tal como sucede ao seguidor, sucede ao líder. Interiormente insuficientes, vazios, tratamos de preencher esse vazio com um sentimento de posse, de poder, posição, ou com conhecimentos, ideologias satisfatórias, etc.; enchemo-lo com os produtos da mente. Esse processo de encher, fugir, "vir a ser", consciente ou inconsciente, é a rede do "eu" — o "ego", o "eu", a entidade que se identificou com uma ideologia ou reforma ou determinado padrão de ação. Nesse processo de "vir a ser", que é autopreenchimento, está sempre projetada a sombra da frustração. Enquanto não se compreender profundamente esse fato, libertando-se assim a mente do ato de autopreenchimento, existirá sempre esse mal que é o poder, com diferentes rótulos de respeitabilidade.

"Se permitis perguntar, quando há muitos anos vos recusastes a continuar como chefe de uma organização religiosa, tínheis pensado tudo isso? Éreis então muito jovem, e como fostes capaz de tal?"

A pessoa tem uma intuição, um vago sentimento do que é correto, e atua sem pensar nas conseqüências. Mais tarde vem a explicação racional; e porque o ato é verdadeiro, as razões serão adequadas e verdadeiras. Mas isso é também outro assunto. Estávamos falando sobre o mecanismo interno dos líderes e seguidores.

O homem que busca o poder ou aceita o poder, em qualquer forma que seja, é fundamentalmente irreligioso. Ele pode buscar o poder pela prática da austeridade, da disciplina e abnegação — a que se chama virtude — ou pela interpretação dos livros sagrados; mas esse homem não conhece o imenso significado daquilo que se pode chamar "religião".

"Que *é*, então, religião? Percebo agora claramente que a política não pode ser espiritualizada, mas que tem um claro significado, no seu lugar próprio, que abrange o mundo da reforma; e, em relação a esse mundo, continuo entusiasmado. Mas sou por natureza religioso e desejo saber de vós o que significa religião."

Não podeis sabê-lo por intermédio de outro; mas que significa para vós "religião"?

"Fui educado no hinduísmo, e o que ele ensina aceito-o como religião."

É o que faz também o cristão, o budista, o maometano; cada um aceita como religião o padrão de crença, dogma, ritual em que por acaso foi educado. Aceitação implica escolha, pois não? E há escolha, em matéria de religião?

"Quando digo que aceito o que ensina a religião a que pertenço, quero dizer que satisfaz minha razão. Há algo errado nisso?"

Não é questão de "certo" ou "errado", mas procuremos compreender o de que estamos falando. De pequenino, um indivíduo é influenciado pelos pais e pela sociedade para pensar de acordo com um certo padrão de crenças e dogmas. Mais tarde poderá revoltar-se contra tudo isso e adotar outro padrão de "religião"; mas, revoltado ou não, sua razão se baseia no desejo de segurança de estar "espiritualmente" bem abrigado, e desse desejo depende sua escolha. Considerando bem, a razão ou pensamento é também produto de condicionamento, tendência, preconceito, medo consciente ou inconsciente, etc. Por mais lógico e eficiente que seja o nosso raciocinar, ele não nos leva além da esfera da mente. Para que possa surgir o que se encontra além de sua esfera, a mente precisa estar totalmente tranqüila.

"Mas, sois contra a razão?" perguntou.

Aqui também a questão é de compreensão e não de ser pró ou contra alguma coisa. Ainda que a pessoa tenha a capacidade de pensar num problema eficiente e cabalmente, seu pensamento é sempre limitado. A razão é incapaz de ultrapassar um certo limite. O pensamento jamais pode ser livre, porquanto todo pensar é reação da memória; sem memória, não há pensamento. A memória, ou conhecimento, é mecânica; enraizada que está no passado, sempre pertence ao passado. Toda investigação, todo arrazoado ou desarrazoado, parte do conhecimento do que *foi*. Como não é livre, o pensamento não pode ir longe; sempre se move dentro dos limites de seu próprio condicionamento, de seus conhecimentos e experiência. Cada experiência nova é interpretada em conformidade com o passado, que é tradição, estado condicionado. O pensamento, pois, não é o meio para a compreensão da realidade.

"Se não podemos fazer uso de nossa mente, que possibilidade temos de descobrir o que é religião?"

No próprio processo de fazer uso da mente, de pensar com clareza, raciocinar crítica e sadiamente, uma pessoa descobre por si mesma as limitações do pensamento. O pensamento, que é a reação da mente nas relações humanas, está ligado aos interesses do "eu"; vinculado pela ambição, a inveja, a ânsia de posse, o medo, etc. Só ao libertar-se da servidão a que a sujeita o "eu", a mente é livre. A compreensão dessa servidão é autoconhecimento.

"Ainda não dissestes o que é religião. Para mim, religião sempre foi: crença em Deus, e todo o respectivo complexo de dogmas, rituais, tradições e ideais."

A crença não é o caminho da realidade. Crença e não-crença são conseqüência de influência, pressão, e a mente sujeita a pressão, declarada ou oculta, nunca voará na direção certa. A mente precisa estar libertada da influência, das compulsões e impulsos interiores, para estar só, desembaraçada do passado; só então poderá surgir o estado atemporal. Não há caminho para lá. Religião não é questão de dogma, ortodoxia, e ritual; não é crença organizada. A crença organizada mata o amor e a afeição. Religião é o sentimento do sagrado, da compaixão, do amor.

"Temos de abandonar crenças, ideais, o templo — tudo aquilo em que crescemos? Isso seria dificílimo; faz medo estar só. Essa coisa é realmente possível?"

É possível, tão logo percebamos sua urgente necessidade. Mas a isso não podeis ser compelido; tendes de vê-lo por vós mesmo. Crenças e dogmas têm muito pouco valor; são, de fato, ativamente nocivas, porquanto separam o homem do homem e geram animosidade. O que importa é que a mente se liberte da inveja, da ambição, do desejo de poder, porque estas coisas destroem a compaixão. Amar, ser compassivo, isso procede do Real.

"Muito profundamente, o que dizeis tem a ressonância da verdade. Em geral vivemos tanto na superfície, somos tão imaturos e sujeitos a influências, que a coisa real nos escapa. E queremos reformar o mundo! Eu devo começar em mim mesmo, purificar meu coração e não me deixar arrastar pela idéia de reformar outrem. Senhor, espero me permitais voltar."

VIGILANCIA E CESSAÇÃO DOS SONHOS

NO NASCENTE, o céu estava mais esplêndido do que no ponto onde o sol se deitara; havia nuvens maciças, de formas fantásticas e que pareciam iluminadas interiormente por um fogo de ouro. Outra massa de nuvens era de um azul profundo, violáceo, prenhe de ameaças e escuridão; fendiam-na continuamente coriscos tortuosos, intensos, fulgurantes. Acima e além, outras formas estranhas se mostravam, incrivelmente belas e fulgindo em todas as cores imagináveis. Mas o sol se deitara num céu límpido, e para os lados do poente difundia-se uma luminosidade de um alaranjado puro. Sobre esse fundo, acima das copas das outras árvores, recortava-se a silhueta de uma palmeira, distinta, imóvel, esguia e escura. Algumas crianças brincavam, cheias de animação e alegria num campo verde. Logo teriam de ir-se, pois começava a escurecer; já de uma das casas esparsas alguém chamava, e uma criança respondia com voz estridente. Começavam a aparecer luzes nas janelas, e uma estranha quietude se estendia sobre a região. Podia-se sentir a sua vinda, de longe, passando por sobre nós e estendendo-se para os confins da Terra. Ficamos ali sentado, completamente imóvel, nossa mente acompanhando aquela tranqüilidade, expandindo-se infinitamente, sem centro, sem ponto de reconhecimento ou referência. Sentado à beira daquele prado, nosso corpo não se movia, porém se mantinha muito ativo. Muito mais ativa estava a mente; num estado de completo silêncio, ela percebia entretanto os coriscos, os gritos das crianças, os pequenos barulhos no capinzal, o som distante de uma buzina. Estava silenciosa, em profundezas onde o pensamento não podia atingi-la, e esse silêncio era uma bênção — palavra sem importância, a não ser como meio de comunicação — que nos penetrava mais e mais; era um movimento, não em termos de tempo e distância, porém infinito. Extraordinariamente compacto, podia entretanto ser dissipado com um sopro.

A trilha passava por espaçoso cemitério, cheio de lápides brancas, nuas — tristes efeitos da guerra. Era um jardim verde e bem tratado, cercado por uma sebe e uma cerca de arame farpado, com um portão. Jardins como esse se encontram por toda a Terra, plantados para entes que foram amados, e educados, e mortos, e enterrados. A trilha continuava, descendo uma encosta onde havia algumas árvores velhas e altas, por entre as quais corria um pequeno regato. Atravessando uma ponte precária, galgamos outra encosta, seguindo a trilha até sairmos em campo aberto. Já estava completamente escuro, mas sabíamos o caminho, pois já o percorrêramos antes. As estrelas luziam brilhantes, mas as nuvens tempestuosas aproximavam-se. Levaria ainda algum tempo para desencadear-se a tempestade, e até lá já estaríamos abrigado.

"Por que será que sonho tanto? Praticamente toda noite tenho um sonho qualquer. Meus sonhos são às vezes agradáveis, porém mais freqüentemente desagradáveis, aterradores mesmo, e ao despertar, pela manhã, me sinto exausto."

Homem um tanto moço ainda, mostrava-se preocupado e ansioso. Exercia satisfatório emprego público, explicou, de futuro promissor, e não o afligia a necessidade de prover ao próprio sustento. Capaz, sempre lhe seria possível encontrar ocupação. Sua mulher morrera e tinha um filho pequeno, que deixara com uma irmã, pois, disse, era um garoto muito traquinas e não conviera trazê-lo consigo. Algo corpulento, tinha o falar lento e um certo ar de simplicidade.

"Não sou homem muito lido", prosseguiu, "embora fosse bom aluno no colégio e me tenha graduado com distinção. Mas isso nada significa, a não ser pelo que me valeu para obter um bom emprego — emprego que não me interessa grandemente. Umas poucas horas de trabalho aplicado cada dia bastam para preencher minhas funções. Considero-me um homem normal e poderia casar-me de novo, mas não me sinto fortemente atraído pelo sexo oposto. Gosto de jogos e levo uma vida sadia e ativa. Minhas funções põem-me em contato com alguns dos políticos preeminentes, mas não me interessa a política nem suas sórdidas intrigas, e deliberadamente me mantenho afastado dela. Uma pessoa pode subir muito alto mediante proteção e corrupção, mas conservo-me em meu cargo porque o exerço com proficiência, e tanto me basta. Estou-vos contando tudo isso, não para tagarelar mas para lhe dar uma idéia do meio em que vivo. Tenho uma dose normal de ambição, mas que não me faz perder a cabeça. Terei bom êxito, se não adoecer e se não houver muita manobra política. Afora meu trabalho, tenho bons amigos e freqüentemente conversamos sobre coisas sérias. Agora estais mais ou menos informado a meu respeito."

Se permitis perguntar, sobre o que desejais falar?

"Um amigo levou-me a ouvir uma de vossas palestras noturnas, e com ele assisti também a uma das discussões matinais. Senti-me muito tocado pelo que ouvi e interessa-me investigar mais. Mas o que no momento me preocupa é o meu sonhar noturno. Meus sonhos são muito perturbadores e desejo livrar-me deles; quero passar noites tranqüilas. Que devo fazer? Ou estou fazendo uma pergunta tola?"

Que entendeis por "sonhos"?

"Quando durmo, tenho visões as mais variadas; uma série de quadros ou aparições surgem-me no espírito. Uma noite me vejo prestes a cair da borda de um precipício e desperto sobressaltado; outra noite, encontro-me num vale ameno, rodeado de altas montanhas e cortado por um rio; outra noite me vejo empenhado em tremenda discussão com meus amigos, ou perdendo um trem, ou jogando importante partida de tênis; ou aparece-me subitamente o cadáver de minha mulher, etc. Raramente meus sonhos são eróticos, porém freqüentemente convertem-se em pesadelos, cheios de terrores, e não raro são fantasticamente complicados."

Quando sonhais, acontece alguma vez vos verdes interpretando o sonho quase simultaneamente com ele?

"Não, tal experiência nunca tive; apenas sonho, e depois fico atormentado por causa do sonho. Nunca li livros de Psicologia ou de interpretação dos sonhos. Já conversei sobre esse problema com alguns de meus amigos, mas eles pouco me podem ajudar, e sinto certa relutância em procurar um analista. Podeis dizer-me por que sonho e que significam meus sonhos?"

Desejais uma interpretação de vossos sonhos? Ou desejais compreender o complexo problema do sonhar?

"Não é necessário interpretarmos nossos sonhos?"

Pode não haver necessidade nenhuma de sonharmos. Por certo, deveis descobrir por vós mesmo a verdade ou falsidade de todo esse processo que chamamos sonhar. Esse descobrimento é muito mais importante do que terdes uma interpretação de vossos sonhos, não é verdade?

"Naturalmente. Se eu pudesse perceber por mim mesmo o inteiro significado do sonhar, isso deveria aliviar-me de minha ansiedade e inquietação noturna. Mas nunca refleti verdadeiramente nesses assuntos, e tereis de ser paciente comigo."

Estamos procurando compreender o problema, juntos, portanto não existe impaciência da parte de ninguém. Estamos ambos empreendendo a viagem de exploração, e isso significa que temos de manter-nos vigilantes e não nos deixarmos reter por nenhum preconceito ou temor que porventura descubramos em nosso caminhar.

Vossa consciência é a totalidade do que pensais e sentis, e muito mais ainda. Vossos propósitos e "motivos", ocultos e declarados; vossos desejos secretos; a sutileza e solércia de vosso pensar; os obscuros impulsos e compulsões que jazem nas profundezas de vosso coração — tudo isso é vossa consciência. Tudo isso é vosso caráter, vossas tendências, vosso temperamento, vossos preenchimentos e frustrações, vossas esperanças e temores. Independentemente de crerdes ou não crerdes em Deus, ou na alma, no *Atman*, em alguma entidade espiritual, todo o processo de vosso pensar é consciência, não?

"Não refleti sobre isso antes, senhor, mas percebo que minha consciência é constituída de todos esses elementos."

Ela é também tradição, conhecimento e experiência; é o passado em relação com o presente, formador do caráter; é a totalidade coletiva, racial, do homem. A consciência abrange toda a esfera do pensamento, do desejo, da afeição, e das virtudes cultivadas — que em absoluto não são virtudes; ela é inveja, ânsia de aquisição, etc. Não é tudo isso que constitui o que chamamos consciência?

"Posso não percebê-lo com todas as minúcias, mas tenho o sentimento dessa totalidade", respondeu hesitantemente.

A consciência é algo mais ainda: o campo de batalha dos desejos contraditórios, campo de competição, luta, dor, sofrimento. É também a revolta contra esse campo, a busca da paz, da bondade, da afeição duradoura. Surge a consciência do "eu", quando, percebendo o conflito e o sofrimento, vem-nos o desejo de nos libertarmos deles; também quando há percebimento da alegria e o desejo de mais alegria. Tudo isso constitui a totalidade da consciência; é um vasto processo de memória, ou do passado, que se serve do presente como passagem para o futuro. A consciência é tempo — tempo que compreende tanto o período de vigília como o de sono, o dia e a noite.

"Mas podemos tornar-nos plenamente cônscios dessa totalidade da consciência?"

A maioria de nós só percebe um cantinho dela, e nossas vidas se consomem nesse cantinho, onde fazemos enorme barulho, empurrando-nos e destruindo-nos mutuamente, e mostrando ocasionalmente um pouquinho de amizade e afeição. Da maior parte não temos percebimento, e por essa razão existe consciente e inconsciente. Na realidade, naturalmente, não existe divisão entre os dois; o que há é só que damos mais atenção a um do que ao outro.

"Isso está perfeitamente claro — claro demais, até. A mente consciente está ocupada com mil e uma coisas, quase todas enraizadas no interesse egoísta."

Mas existe a parte restante, oculta, ativa, agressiva e muito mais dinâmica do que a prosaica mente consciente. Aquela parte oculta da mente está-nos sempre a impelir, influenciar, controlar, mas raramente nos comunica suas intenções durante as horas de vigília, porque está então ativa a camada superficial da mente; assim, pois, ela nos transmite sugestões e mensagens durante o chamado sono. A mente superficial poderá revoltar-se contra essa influência invisível, porém, suavemente, ela é posta de novo em forma, porque à totalidade da consciência interessa o estado de segurança, permanência; e toda e qualquer alteração sempre se verifica no sentido de mais segurança, de mais permanência para si própria.

"Devo dizer que não estou entendendo bem."

É bem de ver que a mente deseja certeza em todas as suas relações, não é verdade? Deseja estar bem segura em suas relações com idéias e crenças, e também em suas relações com pessoas e posses. Já não notastes isso?

"Mas isso não é natural?"

Somos educados para achá-lo natural; mas o é de fato? Por certo, só a mente que não se aferra à segurança, é livre para descobrir aquilo que permanece inteiramente incontaminado pelo passado. Mas a mente consciente começa com esse impulso para se pôr segura, abrigada, para se tornar permanente; e a parte oculta e desprezada da mente, o inconsciente, está também atenta aos seus interesses próprios. A mente consciente pode ser forçada pelas circunstâncias a reformar-se, modificar-se, pelo menos exteriormente. Mas a mente inconsciente, profundamente arraigada que está no passado, é conservadora, cautelosa, cônscia dos fatores mais profundos e suas mais profundas conseqüências; por esta razão existe conflito entre as duas partes da mente. Esse conflito, realmente, produz uma certa mudança, uma continuidade "modificada", que é o que interessa à maioria de nós; mas a revolução real está fora desse campo dualista da consciência.

"Mas que têm os sonhos que ver com tudo isso?"

Temos de compreender a totalidade da consciência antes de atendermos a determinada parte dela. A mente consciente, ocupada que está nas horas de vigília com os diários eventos e pressões, não tem tempo ou oportunidade para dar atenção à parte mais profunda de si mesma; por isso, quando a mente consciente adormece, quer dizer, quando se põe relativamente quieta, relativamente livre de preocupações, pode o inconsciente entrar em comunicação com ela, e essa comunicação assume a forma de símbolos, visões, cenas. Ao despertar, dizeis: "Tive um sonho" e tentais descobrir o seu significado; mas qualquer interpretação será necessariamente tendenciosa, condicionada.

"Não há pessoas preparadas para interpretar os sonhos?"

Poderá haver; mas se esperais de outrem a interpretação de vossos sonhos, tereis mais um problema, ou seja a dependência da autoridade — problema causador de muitos conflitos e aflições.

"Nesse caso, como posso eu mesmo interpretá-los?"

Esta pergunta é correta? Perguntas inadequadas só poderão provocar respostas inadequadas. A questão não é de como interpretar os sonhos, mas de saber se os sonhos são realmente necessários.

"Como posso, então, pôr termo aos meus sonhos?", insistiu ele.

Os sonhos constituem o sistema de comunicação de uma parte da mente com a outra. Não é verdade?

"Sim, isso parece bastante evidente, agora que compreendi um pouco melhor a natureza da consciência."

Não poderia essa comunicação verificar-se a todas as horas, isto é, também nas horas de vigília? Não nos é possível manter-nos cônscios de nossas reações — quando entramos num ônibus, quando reunidos com a família, quando falamos com o patrão no escritório, ou com o nosso criado em casa? Estar cônscio, simplesmente, de tudo isso — cônscio das árvores e dos pássaros, das nuvens e das crianças, de nossos próprios hábitos, reações e tradições — isso é observar sem julgar nem comparar; e se uma pessoa puder estar cônscia assim, sempre vigilante, sempre atenta, não mais sonhará. Porque a mente está então intensamente ativa, tudo tem seu significado, sua importância. A essa mente são desnecessários os sonhos. Descobre-se, então, que, durante o sono, não só há completo repouso e renovação, mas também um estado inatingível pela mente. Não é um estado que podemos lembrar e a que podemos voltar; é algo inteiramente inconcebível, uma renovação total, impossível de formular.

"Posso estar cônscio assim em todo o correr do dia?", perguntou ansioso. "Mas devo estar, e estarei, porque percebo sinceramente a necessidade disso. Senhor, aprendi muito hoje, e espero me permitais voltar."

QUE SIGNIFICA "SER SÉRIO"?

SENTADO NO CARRO de bois, uma longa vara na mão, ia um velho tão magro que se lhe viam os ossos. Tinha o rosto bondoso sulcado de rugas, e a pele muito escura, tostada por muitos sóis. O carro transportava pesada carga de lenha, e o velho fustigava os bois; podia-se ouvir as pancadas da vara nas costas deles. Vinham do campo para a cidade, após um longo dia. Condutor e animais estavam extenuados e ainda havia uma boa distância para percorrer. Os bois escumavam da boca, e o velho parecia prestes a cair de cansaço; mas havia vitalidade naquele corpo rijo e velho, e os bois iam andando. Ao passarmos ao lado do carro, o velho, olhando-nos nos olhos, sorriu e parou de bater nos bois. Os bois eram seus, e ele os conduzia há muitos anos já; sabiam que ele lhes tinha afeto e que as pancadas que lhes dava eram passageiras. Ele os afagava agora, enquanto continuavam a locomover-se, pachorrentamente. Os olhos do velho revelavam paciência infinita e a boca expressava fadiga e trabalho incessante. Não ia receber muito dinheiro pela sua lenha, porém o bastante para manter-se. Repousariam durante a noite à margem da estrada, para partirem de regresso a casa pela madrugada. O carro iria então vazio, e a viagem de volta seria mais suave. Fomos percorrendo juntos a estrada, e os bois não pareciam importar-se de serem afagados pelo estranho que caminhava ao lado deles. Começava a escurecer e, em pouco, o condutor deteve o carro, acendeu uma lanterna, pendurou-a debaixo do carro, e continuou seu caminho para a cidade barulhenta.

Na manhã seguinte, o sol se ergueu atrás de espessas nuvens escuras. Chovia muito freqüentemente nesta grande ilha, e a terra era opulenta de verde vegetação. Por toda a parte havia árvores imensas e bem cuidados e floridos jardins. O povo era bem nutrido e o gado gordo e de olhos mansos. Numa árvore viam-se dúzias de pássaros de asas negras e corpo amarelo; eram de grande porte, mas de voz suave. Saltitavam de ramo em ramo, semelhando fachos de luz dourada, e mais brilhantes ainda pareciam naquele dia nublado. Uma pega soltava pios profundos, e os corvos faziam sua costumeira grazinada. Estava relativamente fresco, e um passeio seria aprazível. O templo achava-se repleto de gente ajoelhada, a rezar, e o terreno que o circundava era limpo. Além do templo havia um clube esportivo, onde jogavam tênis. Por toda a parte crianças, e pelo meio delas caminhavam sacerdotes de cabeças tonsuradas e o indefectível leque. As ruas estavam decoradas, pois ia haver procissão no dia seguinte, dia de lua cheia. Acima das copas das palmeiras aparecia uma grande extensão de céu azul-pálido, que as nuvens se apressavam a encobrir. Por entre as pessoas, pelas ruas barulhentas, e nos jardins dos abastados, prevalecia uma grande beleza; ela sempre lá estava, mas poucos lhe davam atenção.

Os dois — um homem e uma mulher — haviam percorrido longa distância para assistirem às palestras. Podiam ser marido e mulher, irmão e irmã, ou simplesmente amigos. Eram joviais e amistosos, e os olhos deixavam transparecer o fundo de cultura clássica existente atrás deles. De voz agradável e algo acanhados, por respeito, pareciam extraordinariamente lidos, e ele sabia o Sânscrito. Havia também viajado um pouco e conhecia as "modas" do mundo.

"Nós dois já passamos por muita coisa", começou ele. "Seguimos alguns dos líderes políticos, andamos no mesmo barco com os comunistas e conhecemos em primeira mão sua horrível brutalidade, fizemos a ronda dos instrutores espirituais, e praticamos certas formas de meditação. Consideramo-nos pessoas *sérias,* mas pode ser que estejamos enganados. Todas essas coisas, fizemo-las com intentos sérios, mas nenhuma delas parece ter grande profundeza, embora em cada ocasião pensássemos que tivessem. Somos ativos por natureza, sem sermos do tipo sonhador, mas agora atingimos o ponto em que já não desejamos "chegar a alguma parte", ou tomar parte em práticas e atividades organizadas de ínfima significação. Não tendo encontrado em tais atividades outra coisa senão palavras insinceras e ilusões, desejamos agora compreender vosso ensino. Meu pai conhecia regularmente vossa concepção da vida, e costumava falar-me a esse respeito, mas nunca me mexi para investigar a questão por mim mesmo, provavelmente porque estava acostumado a ser ensinado — reação talvez normal, quando se é novo. Mas aconteceu que um de nossos amigos assistiu a vossas conferências no ano passado e, ao relatar-nos algo do que ouviu, decidimos vir. Não sei como começar, e talvez possais ajudar-nos neste sentido."

Embora a companheira não houvesse pronunciado palavra, seus olhos brilhavam e as maneiras indicavam que ela estava prestando toda a atenção ao que se dizia.

Já que dissestes que ambos sois *sérios,* comecemos daí.

Pergunto a mim mesmo o que se entende quando falamos de "ser sério". A maioria das pessoas são sérias a respeito desta ou daquela coisa. O político, com seus planos de ascensão ao poder; o colegial, no seu desejo de passar nos exames; o homem empenhado em ganhar dinheiro; o profissional e o homem dedicado a certa ideologia ou aprisionado na rede de uma crença — todos esses são sérios, cada um à sua maneira. O neurótico é *sério*, e também o é o *sannyasi*. Que significa, então, ser sério? Por favor, não penseis que estou sofismando, mas se pudéssemos compreender isso, muita coisa poderíamos aprender sobre nós mesmos; e esse, afinal de contas, é o começo correto.

"Eu sou *séria*", disse a companheira, "no desejo de clarificar minha própria confusão, e por essa razão foi que andei a buscar a ajuda daqueles que se diziam capazes de guiar-me para o esclarecimento. Procurei esquecer-me de mim mesma, na prática de boas obras, no levar um pouco de felicidade a outros, e nesses esforços sempre fui séria. Sou também séria em meu desejo de encontrar Deus."

Sérias são, a respeito disto ou daquilo a maior parte das pessoas. Negativa ou positivamente, sua seriedade sempre tem um alvo, religioso ou de outra natureza, e da esperança de alcançar esse alvo é que depende a sua seriedade. Se por uma razão qualquer desaparece a esperança de alcançar o alvo de sua satisfação, elas continuam sérias? Uma pessoa é séria quando quer alcançar, ganhar, ter bom êxito, "vir a ser"; é o fim — a coisa que desejamos alcançar ou evitar — o que nos faz ser sérios. O fim, portanto, é que é importante, e não a compreensão do "ser sério". Estamos interessados, não no amor, porém no que o amor fará. A prática, o resultado, o feito, é que tem a máxima importância, e não o próprio amor, que tem sua ação própria.

"Não compreendo como possa haver seriedade, se não somos *sérios a respeito de alguma coisa*", respondeu ele.

"Acho que estou entendendo o que quereis dizer", disse a companheira. "Eu desejo encontrar Deus, e isso me é muito importante, pois do contrário a vida é sem significação — nada mais que um caos, cheia de confusão e misérias. A vida só me é compreensível através de Deus — o começo e o fim de todas as coisas; só Ele poderá guiar-me por esse labirinto de contradições, e tal é a razão por que sou *séria* em meu desejo de encontrá-Lo. Mas vós perguntais: *isso* é seriedade?"

Sim. A compreensão do viver com todas as suas complicações é uma coisa, e a busca de Deus outra coisa. Dizendo que Deus, o alvo supremo, dará significação à vida, fizestes nascer dois estados opostos: o viver e Deus. Estais lutando por descobrir uma coisa separada da vida. Estais seriamente empenhada em alcançar um alvo, um fim, a que chamais Deus; e *isso* é seriedade? Talvez não haja possibilidade de primeiro achar Deus e depois viver; bem pode ser que Deus se encontre na própria compreensão desse complexo processo que se chama a vida.

Estamos tentando compreender o que se entende por "seriedade". Vós sois "séria" a respeito de uma formulação, autoprojeção, crença que nada tem em comum com a realidade. Sois "séria" a respeito das coisas da mente, e não a respeito da própria mente — o fabricante dessas coisas. Aplicando vossa "seriedade" ao alcançar de um dado resultado, não estais a buscar vossa própria satisfação? É a êste respeito que todos são sérios: obter o que desejam. E é só isso que se entende por "seriedade"?

"Nunca considerei a questão por essa maneira", exclamou ela. "Evidentemente, não sou nada "séria", na realidade."

Não tiremos conclusões precipitadas. Estamos tentando compreender o que se entende por "ser sério". Pode-se ver que desejar preenchimento, em qualquer forma, nobre ou estulta, não é ser realmente "sério." O homem que bebe para fugir à sua aflição, o homem que busca o poder, e aquele que busca a Deus, todos estão percorrendo o mesmo caminho, embora possa ser diferente o significado social de suas respectivas buscas. Essas pessoas são "sérias"?

"Se o não são, então parece que ninguém é sério", replicou ele. "Sempre estive convencido de "ser sério" em todas as minhas iniciativas, mas começo a perceber que existe uma seriedade de qualidade inteiramente diferente. Ainda não me considero capaz de formulá-la em palavras, mas começo a sentir-lhe a existência. Tende a bondade de prosseguir."

"Eu estou um pouco desorientada", atalhou a companheira. "Pensava estar compreendendo a coisa, porém ela me foge."

Quando somos "sérios", somos sérios "a respeito de alguma coisa", não é verdade?

"É."

Pois bem. Existe seriedade não dirigida a um fim e que não suscita resistência?

"Não entendo bem."

"A pergunta, em si, é muito simples", explicou ele. "Quando desejamos uma coisa, pomo-nos em atividade para obtê-la, e nesse esforço nos consideramos "sérios". Ora, ele está perguntando se isso é realmente "seriedade". Ou seriedade é um estado mental em que não existe busca de um fim nem resistência?"

"Deixai-me ver se compreendo", respondeu ela. "Enquanto estou tentando alcançar ou evitar uma coisa, estou interessada em mim mesma. A busca de um fim é, realmente, interesse egoísta; é uma forma de satisfação, grosseira ou sutil, e vós, senhor, estais dizendo que satisfação não é seriedade. Sim, agora está-me perfeitamente claro. Mas, então, que é seriedade?"

Investiguemos juntos, para aprender. Vós não estais sendo ensinada por mim. Ser ensinado, e ser livre para aprender, são duas coisas inteiramente diferentes, não?

"Por favor, um pouco mais devagar. Não sou muito arguta, mas compreenderei à força de perseverança. Sou também um pouco teimosa — virtude modesta, às vezes bastante incômoda. Espero tenhais paciência comigo. De que maneira "ser ensinado" é diferente de "ser livre para aprender?"

Quando se é ensinado, há sempre o instrutor, o *guru*, que sabe e o discípulo que não sabe; mantém-se assim, sempre, uma separação entre os dois. Isso cria uma perspectiva essencialmente autoritária, hierárquica, em que não existe amor. Embora o instrutor fale de amor e o discípulo lhe afiance sua devoção, as relações entre os dois são antiespirituais, profundamente amorais, conducentes à confusão e ao sofrimento em grande escala. Está claro, não?

"*Assustadoramente* claro", retorquiu ele. Demolistes de um só golpe toda a estrutura da autoridade religiosa; mas vejo que tendes razão."

"Mas a gente necessita de orientação, e quem atuará como nosso guia?", perguntou a companheira.

Há necessidade de sermos guiados quando estamos constantemente aprendendo, não de uma dada pessoa, mas de todas as coisas que vamos encontrando? Por certo, só precisamos de ser guiados ao desejarmos estar numa situação de segurança, de conforto. Quando somos livres para aprender, aprenderemos da folha que cai, de toda espécie de relação, do percebimento das atividades de nossa mente. Mas a maioria de nós não é livre para aprender, porque estamos acostumados a ser ensinados; o que devemos pensar é-nos ensinado pelos livros, por nossos pais, pela sociedade e, como um gramofone, repetimos o que está gravado no disco.

"E o disco, não raro, está todo arranhado, tantas vezes já o tocamos", acrescentou ele. "Todo o nosso pensar é de segunda mão."

O sermos ensinados nos tornou repetidores, medíocres. A ânsia de ser guiado, com tudo o que implica — autoridade, obediência, desamor, etc., só pode levar à treva. Ser livre para aprender é outra coisa, completamente diferente. E não pode haver "liberdade para aprender" quando já existe uma conclusão, uma pressuposição; ou quando nossa perspectiva se baseia no conhecimento; ou quando a mente está aprisionada na tradição, acorrentada a uma crença; ou quando há o desejo de segurança, o desejo de alcançar um dado fim.

"Mas é impossível libertarmo-nos de tudo isso!" — exclamou ela.

Não podeis saber se é possível, ou impossível, antes de o tentardes.

"Quer nos agrade, quer não", insistiu ela, "nossa mente é ensinada. E se, como dizeis, a mente que se deixa ensinar não pode aprender, que se pode fazer?"

A mente pode tornar-se cônscia de sua própria servidão, e nesse mesmo percebimento aprende-se. Mas, em primeiro lugar, está bem claro para nós que a mente que está cega, aprisionada nas coisas que lhe ensinaram, é incapaz de aprender?

"Por outras palavras, estais dizendo que, enquanto eu me limitar a seguir a tradição, nada de novo posso aprender. Sim, até aqui está bastante claro. Mas, como posso libertar-me da tradição?"

Não vos apresseis tanto, por favor. As acumulações feitas pela mente impedem a liberdade de aprender. Para se aprender, não deve existir acumulação de conhecimentos, acumulação das experiências do passado. Percebeis por vós mesma a verdade disso? É um fato para vós, ou apenas algo que eu disse, a respeito de que podeis concordar ou discordar?

"Acho que o estou vendo como a um fato", retorquiu ele. "Naturalmente, não quereis dizer que devamos lançar fora todos os conhecimentos acumulados pela Ciência, pois isso seria absurdo. O importante é que, se desejamos aprender, não devemos pressupor nada."

Aprender é um movimento, mas não de um ponto fixo para outro, e esse movimento se torna impossível se a mente leva a carga de uma acumulação do passado, com conclusões, tradições, crenças. Essa acumulação, ainda que seja chamada *Atman*, alma, "eu superior", etc., é "eu", "ego". O "eu" e sua conservação impede o movimento do aprender.

"Começo a compreender o que se entende por "movimento do aprender", disse ela, lentamente. "Enquanto estou aprisionada no meu próprio desejo de conforto, segurança, paz, não é possível o "movimento do aprender". Como posso, então, libertar-me desse desejo?"

Não é incorreta esta pergunta? Não há método de nos libertarmos. A própria urgência e importância de nos tornarmos capazes de aprender libertará a mente das conclusões, do "eu", que se constitui de palavras, de memória. A prática de um método, o "como" e a disciplina respectiva, é outra forma de acumulação; nunca liberta a mente, pondo-a unicamente a funcionar dentro de um diferente padrão.

"Parece-me estar compreendendo alguma coisa", disse êle, "mas há tanto para compreender, que não sei se chegarei a compreender tudo."

Não é tão difícil assim. Com a compreensão de um ou dois fatos centrais, todo o quadro se torna claro. A mente que se deixa ensinar, ou que deseja ser guiada, não pode aprender. Já estamos percebendo isso claramente; voltemos, pois, à questão da seriedade, pela qual começamos. Vimos que a mente não é *séria*, quando tem um fim: evitar ou alcançar uma dada coisa. Que é então seriedade? Para o averiguarmos, temos de estar cônscios de que nossa mente está voltada para o exterior ou para o interior, a fim de preencher-se, de obter ou de "vir a ser" alguma coisa. É êsse percebimento que liberta a mente para aprender o que significa "ser sério"; e o aprender não tem fim. Para a mente que está sempre aprendendo, o céu está aberto.

"Muito aprendi nesta breve palestra," disse a companheira, "mas poderei aprender mais, sem vossa ajuda?"

Estais vendo como levantais barreiras para vós mesma? Se é permitido dizê-lo, estais ávida de *mais*, e essa avidez vos impede o movimento do aprender. Se estivésseis cônscia do significado do que estáveis sentindo e dizendo, isso teria aberto a porta àquele movimento. Não há aprender *mais*, mas, tão-só, *aprender sempre*. Só aparece comparação quando há acumulação. Morrer para tudo o que se aprendeu, é aprender. Êsse morrer não é um ato final: é morrer a cada momento.

"Eu vi e compreendi; e a bondade florescerá daí."

EXISTE ALGUMA COISA PERMANENTE?

A CASA FICAVA no alto de um morro que dominava a estrada principal e, além, estendia-se o mar, cinzento-baço, que parecia sempre sem vida. Não era como o mar das outras partes do mundo — azul, inquieto, imenso — mas sempre pardo ou cinzento; e o horizonte parecia tão perto! Mas era bom ele estar ali, porque dele vinha uma brisa fresca, ao descer do sol. Em raras ocasiões não soprava a mais leve aragem, e o calor era então sufocante; da estrada subia um cheiro de alcatrão, juntamente com as exalações do incessante tráfego.

Abaixo da casa havia um pequeno jardim muito florido, que deleitava os passantes. Dos arbustos sobranceiros caíam flores amarelas na margem da estrada, e ocasionalmente um pedestre se curvava para apanhar uma delas. Passavam crianças acompanhadas de suas amas, mas à maioria vedava-se o apanhar as flores; a estrada era suja e elas não deviam tocar em coisas sujas!

Não longe dali havia um templo, à beira de um tanque e, ao redor do tanque, bancos. Neles sempre se via gente sentada e nos degraus de tijolo que desciam até à água. De um terreiro, à margem do tanque, quatro ou cinco degraus conduziam ao interior do templo. O templo, os degraus, e o terreiro apresentavam-se bem limpos, e as pessoas tiravam o calçado antes de ali chegar. Cada um dos fiéis fazia soar um sino que pendia do teto, colocava flores aos pés do ídolo, juntava as mãos em oração, e ia-se embora. O local era relativamente tranqüilo, e, embora se pudesse ver o tráfego, o barulho não chegava até lá.

Todas as tardes, depois de posto o sol, aparecia um moço que se sentava perto da entrada do santuário. Banhado e de roupas limpas, parecia pessoa instruída e provavelmente era funcionário em algum escritório. Lá ficava sentado, de pernas cruzadas, durante uma hora ou mais, o tronco ereto e os olhos fechados; na mão direita, sob um pano bem lavado e ainda úmido, segurava um rosário. Os dedos cobertos moviam-se de uma conta para outra, enquanto os lábios pronunciavam as palavras de cada oração. Afora isso, não movia um músculo, e ali ficava sentado, esquecido do mundo, até escurecer completamente.

Encontrava-se sempre um ou outro vendedor à entrada do templo, a oferecer nozes, flores e cocos. Uma tarde chegaram três jovens e se sentaram ali. Todos aparentavam menos de vinte anos de idade. De repente um deles ergueu-se e começou a dançar, enquanto outro batia o ritmo numa lata. Trajava apenas uma camiseta e uma tanga, e estava dando uma exibição. Dançava com extraordinária agilidade, movendo os quadris e os braços com gracioso desembaraço. Devia ter observado não só as danças indianas, mas também as que se dançavam no clube elegante das vizinhanças. Uma certa aglomeração já se formara a aplaudi-lo; mas ele não necessitava de aplausos para estimulá-lo, e a dança começou a tornar-se um tanto deselegante. Durante todo aquele tempo o homem das orações ficara sentado no seu lugar, o tronco ereto, só movendo os lábios e os dedos. O pequeno tanque do templo refletia a luz das estrelas.

Estávamos numa sala pequena e desmobiliada, que dava para uma rua barulhenta. Havia uma esteira, em redor da qual nos sentamos todos. Pela janela aberta via-se uma palmeira e, nela pousado, um gavião, de olhos ferozes e bico agudo, recurvo. O grupo visitante se compunha de três homens e duas mulheres. As mulheres se sentaram a um lado, frente aos homens, e nada diziam; mas ouviam com atenção e, de vez em quando, a compreensão lhes luzia nos olhos e um leve sorriso lhes aflorava aos lábios. Eram todos bastante jovens e tinham cursado a faculdade, exercendo agora cada um deles seu emprego ou profissão. Todos bons amigos, chamavam-se por apelidos familiares e era evidente que haviam conversado entre si a respeito de muitas coisas. Um dos homens, de ares de artista, deu início à conversação.

"Sempre me pareceu", disse, "que mui poucos artistas são realmente criadores. Alguns sabem manejar bem as cores e o pincel; estudaram desenho e são mestres do detalhe; conhecem perfeitamente Anatomia e fazem prodígios na tela. Dotados de capacidade e técnica, e impelidos por profundo impulso criador, eles pintam. Mas não tardam a tornar-se famosos e, uma vez firmados, algo lhes acontece — por efeito do dinheiro e da lisonja, talvez. Foi-se-lhes a visão criadora, mas conservam ainda a técnica soberba e passam o resto da vida a manipulá-la. Ora é abstracionismo, ora são mulheres de duas caras, ora uma cena de batalha consistente em uns poucos traços, espaço e pontos. Passa essa fase e inicia-se outra: tornam-se escultores, ceramistas, construtores de igrejas, etc. Mas o íntimo esplendor perdeu-se, e eles só conhecem os exteriores atrativos. Eu não sou artista, não sei sequer segurar um pincel; mas tenho a impressão de que todos estamos perdendo algo de imensamente significativo."

"Eu sou advogado", disse um dos outros, "mas pratico a advocacia apenas como meio de subsistência. Sei que é coisa corrupta, que é preciso fazer muitas coisas sórdidas para se ir para diante, e eu a abandonaria amanhã mesmo, se não fossem minhas responsabilidades de família, e meu próprio medo, que é um peso maior do que as responsabilidades. Desde pequeno atrai-me a religião; quase cheguei a tornar-me *sannyasi*, e ainda hoje procuro meditar todas as manhãs. Mas, positivamente, parece-me que o mundo nos é excessivo. Não sou feliz nem infeliz; apenas existo. Mas, apesar de tudo, existe um profundo ansiar por algo maior do que esta prosaica existência. O que quer que seja, sinto sua presença, mas a vontade me parece demasiado fraca e ineficaz para romper a mediocridade em que vivo. Procurei afastar-me para longe, mas fui obrigado a voltar, por causa da família, etc. Interiormente, vejo-me arrastado em duas direções. Eu poderia refugiar-me desse conflito nos dogmas e rituais de alguma igreja ou templo, mas isso me parece sobremodo absurdo e infantil. A mera respeitabilidade social, com sua amoral moralidade, nada significa para mim, mas eu sou respeitado na prática da advocacia, e podia progredir nessa profissão; mas isso é um meio de fuga, pior do que o templo ou a igreja. Estudei os livros e os pregões insinceros do comunismo, e seu absurdo "chauvinismo" é uma coisa terrível. Onde quer que eu esteja — em casa, no tribunal, em meus passeios solitários — acompanha-me, como um mal incurável, essa íntima agonia. Aqui vim com meus amigos, não em busca de remédio, pois tenho lido o que dizeis a respeito dessas coisas, porém, se possível, a fim de compreender essa febre interior."

"Quando menino, meu desejo era ser médico", disse o terceiro, "e agora o sou. Sou capaz de ganhar — e de fato ganho — bom dinheiro; poderia talvez ganhar mais ainda, mas, para quê? Procuro ser muito consciencioso com meus doentes, mas vós sabeis como é a coisa. Tenho clientes abastados, mas há também doentes sem vintém e estes tão numerosos que, se eu atendesse a mil deles por dia, mais haveria ainda para atender. Não posso dar-lhes todo o meu tempo e, assim, atendo aos ricos de manhã e aos pobres de tarde e, às vezes, até tarde da noite; e, com tanto trabalho, qualquer pessoa tem a tendência para tornar-se algo endurecida. Procuro dispensar aos pobres os mesmos cuidados que dispenso aos ricos, mas noto que me estou tornando menos compassivo e que estou perdendo aquela sensibilidade tão necessária ao clínico. Uso todas as palavras adequadas e adquiri boas maneiras de lidar à cabeceira dos leitos, mas interiormente estou secando. Os doentes poderão não perceber isso, mas eu o percebo muito bem. Houve tempo em que eu amava meus doentes, principalmente os indigentes; compadecia-me deles sinceramente, apesar de seu desasseio e suas doenças. Mas, com o decorrer dos anos, tenho perdido tudo isso; meu coração começa a secar, minha compaixão a mirrar-se. Viajei por algum tempo, na esperança de que, com a completa mudança de ambiente e repouso, a chama se reacendesse; mas em pura perda. A chama simplesmente já não existe e só me restam as cinzas frias da memória. Atendo aos meus doentes, porém com o coração vazio de amor. Fez-me bem contar-vos tudo isso — mas isso é apenas um alívio, e não a coisa real. E pode-se achar, em algum tempo, a coisa real?"

Todos ficamos em silêncio. O gavião se fora e, na palmeira, um corvo grande ocupara o seu lugar. Seu bico preto e forte luzia ao sol.

Estes problemas não estão todos relacionados entre si?

Devemos desconfiar das semelhanças; mas esses três problemas não são essencialmente dissimilares, são?

"Pensando bem", replicou o advogado, "quer-me parecer que meus dois amigos e eu estamos navegando no mesmo barco. Estamos à procura da mesma coisa. Podemos chamá-la por nomes diferentes — amor, criação, algo maior do que esta existência prosaica — mas realmente se trata da mesma coisa."

"De fato?" — perguntou o artista. "Em certos momentos tenho sentido a extraordinária beleza e vastidão da vida; mas tais momentos logo passam, deixando um vazio. Esse vazio tem sua vitalidade própria, que porém não é a mesma que a outra. A outra ultrapassa os limites do tempo, das palavras e do pensamento. Quando essa "outra coisa" se manifesta, é como se nunca tivéssemos existido; toda a vulgaridade da vida, todas as torturas da existência diária desaparecem, e só fica aquele estado. Conheci esse estado, e de alguma maneira preciso revivê-lo. Nada mais me interessa."

"Vós, os artistas", disse o médico, "julgais-vos uma classe separada de nós outros. Estais situado acima dos outros homens; tendes um dom especial, com privilégios especiais; supõe-se que vedes mais, sentis mais, viveis mais intensamente. Mas não me parece que sois diferentes do engenheiro, do advogado, do médico, que também podem viver intensamente. Eu sofria com meus pacientes; eu os amava, sabia o que estavam sofrendo, sabia de seus temores, suas esperanças e desesperanças. Eu sentia tão intensamente por eles, como vós porventura sentis diante de uma nuvem, uma flor, uma folha levada pelo vento, ou um rosto humano. Vossa intensidade de sentimento não é diferente da minha ou da deste nosso amigo aqui. Essa intensidade de sentimento é que tem importância, e não a coisa *a respeito da qual* sentimos intensamente. O artista se compraz em pensar que seu modo especial de expressá-la é algo muito superior, muito mais perto do céu, e sei com que reverência o mundo pronuncia a palavra "artista"; mas vós sois tão humanos como nós outros, e a nossa intensidade é tão penetrante, tão viva, tão vibrante, como a vossa. Não estou diminuindo o artista, e tampouco lhe tenho inveja; só estou afirmando que a intensidade de sentimento é que é a coisa importante. Naturalmente, ela pode ser dirigida em mau sentido e o resultado, então, é o caos e o sofrimento para a própria pessoa e para outros, principalmente se a pessoa se encontra, por acaso, em posição poderosa. O ponto essencial é que vós e eu estamos buscando a mesma coisa — vós desejais recuperar o que chamais a beleza e a vastidão da vida, eu desejando novamente amar."

"E eu também estou buscando essa mesma coisa, em meu desejo de libertar-me da mediocridade de minha vida", acrescentou o advogado. "Esta dor, que eu sinto ser idêntica à vossa — posso não ser capaz de expressá-la em palavras ou na tela — é tão intensa como a cor que vedes naquela flor. Também eu anseio por algo infinitamente maior do que tudo isso, algo que trará a paz e a plenitude."

"Está certo, rendo-me; vós dois tendes razão", admitiu o artista. "A vaidade é às vezes mais forte do que a razão. Todos somos vaidosos, cada um à sua maneira, e como dói admiti-lo! Naturalmente, estamos navegando no mesmo barco, como dizeis. Todos desejamos algo que esteja além de nosso pequenino "eu", mas sua pequenez nos invade e esmaga."

Qual é então o problema de que vamos tratar? Ele está claro para todos nós?

"Parece-me que sim", respondeu o médico. "Eu o enunciaria da seguinte maneira: Existe um estado permanente de amor, de criação, um termo definitivo do sofrimento? Acho que todos aqui aprovarão este enunciado, não?"

Os outros acederam com um movimento de cabeça.

"Existe um estado de amor, ou de paz criadora", continuou o médico, "o qual, uma vez atingido, nunca degenerará, nunca se perderá?"

"Sim, esta é a questão", concordou o artista. "Existe essa extraordinária exultação, que surge inesperadamente e se desvanece como um perfume. Pode-se reter essa intensidade, sem a reação de melancólico vazio? Existe um estado de inspiração que não se rende ao tempo e à emoção?"

Estais pedindo muito, não? Se necessário, consideraremos depois esse estado. Mas, em primeiro lugar, existe alguma coisa permanente?

"Deve existir", disse o advogado. "Seria muito desalentador e algo assustador descobrir que nada existe de permanente."

Podemos descobrir a existência de algo muito mais significativo do que a permanência. Mas, antes de examinarmos este ponto, percebemos que não deve haver nenhuma conclusão, nem apreensão, nem desejo de projetar um padrão de pensamento? Para pensar claramente, não deve a pessoa partir de uma suposição, uma crença, ou uma exigência interior, deve?

"Está-me parecendo que isso vai ser dificílimo", respondeu o artista. "Tenho uma lembrança tão clara e tão precisa do estado que experimentei, que me é quase impossível afastá-la de mim."

"Senhor, o que dizeis é perfeitamente verdadeiro", atalhou o médico. "Se desejo descobrir um novo fato, ou perceber a verdade acerca de alguma coisa, minha mente não pode estar atravancada das coisas que se foram. Vejo quanto é necessário a mente afastar tudo o que conheceu ou experimentou; mas, considerando-se a natureza da mente, isso é possível?"

"Se não deve haver nenhuma exigência interior", disse o advogado, pensando em voz alta, "então eu não devo desejar libertar-me de minha mesquinha condição atual, ou pensar em algum outro estado, que só pode ser produto do que *foi*, projeção do que já sei. Mas, isso não é quase impossível?"

Não me parece que o seja. Se desejo compreender-vos, por certo não devo ter conclusões nem preconceitos a vosso respeito.

"Assim é."

Se para mim a coisa mais importante é compreender-vos, então esse próprio sentimento de vivo interesse prevalece sobre todos os meus preconceitos e opiniões a vosso respeito, não é verdade?"

"Naturalmente, não se pode diagnosticar antes de examinar o doente", disse o médico. "Mas é possível tal ponto de vista num terreno da experiência humana onde existe tanto interesse egoísta?"

Se existe "intensidade" para compreender o fato, a verdade, então tudo é possível; e tudo se torna obstáculo, quando não existe essa intensidade. Até aqui está claro, não?

"Sim, pelo menos verbalmente", respondeu o artista. "Talvez eu possa penetrar mais, à medida que prosseguirmos."

Estamos tentando descobrir se existe, ou não existe, um estado permanente; tentando descobrir, não o que desejamos, mas o fato real, a Verdade. Tudo o que nos rodeia, interior e exteriormente, nossas relações, nossos pensamentos, nossos sentimentos, tudo é impermanente, em constante fluidez. Percebendo esse fato, a mente anseia por permanência, um perpétuo estado de paz, de amor, de bondade, de segurança, que nem o tempo nem as circunstâncias possam destruir; por conseguinte, ela cria a alma, o *Atman*, e as visões de um paraíso permanente. Mas essa permanência nasce da impermanência e, portanto, contém o germe do impermanente. Só um fato existe: a impermanência.

"Sabemos que as células do corpo passam por constante transformação", disse o médico. "O corpo, ele próprio, é impermanente; o organismo se consome. Entretanto, sentimos que existe um estado não atingido pelo tempo, e é esse o estado que buscamos."

Não especulemos; atenhamo-nos aos fatos. O pensamento está cônscio de sua natureza impermanente; as coisas da mente são transitórias, por mais que afirmemos que o não são. A própria mente é resultado do tempo; ela foi construída através do tempo, e através do tempo pode ser desmantelada. Ela pode ser condicionada para pensar que existe permanência, e pode também ser condicionada para pensar que nada existe permanente. O próprio condicionamento é impermanente, como se pode observar todos os dias. O fato é que existe a impermanência. Mas a mente anseia por permanência, em todas as suas relações, deseja perpetuar no filho o nome da família, etc. Ela não pode suportar a incerteza de seu próprio estado e, por conseguinte, trata de criar a certeza.

"Percebo esse fato", disse o médico. "Eu sabia outrora o que significava amar meus doentes, e enquanto existia esse amor, pouco me importava se ele era permanente ou impermanente; mas, agora, que ele se foi, desejo torná-lo permanente. O desejo de permanência só surge quando experimentamos o impermanente."

"Mas não existe um estado duradouro dessa coisa que se pode chamar "inspiração criadora"?, perguntou o artista.

Talvez venhamos a compreender isso mais adiante. Tratemos primeiramente de ver, com toda a clareza, que a própria mente é produto do tempo, e que tudo o que ela constrói é impermanente. A mente poderá, em sua impermanência, ter tido uma momentânea experiência de algo a que chama agora "o permanente"; e, uma vez que experimentou esse estado, lembra-se dele e deseja *mais*. Assim, partindo do conhecido, a memória constrói e projeta aquilo a que chama "o permanente"; mas essa projeção continua no plano mental — a esfera do transitório.

"Percebo que tudo o que nasce da mente deve achar-se em constante fluidez", disse o médico. "Mas quando existia o amor, ele não nascia da mente."

Mas agora se tornou coisa da mente, pela memória, não achais? A mente exige agora sua ressurreição; e essa coisa ressuscitada será impermanente.

"Isto é perfeitamente exato, senhor", atalhou o advogado, "vejo-o com toda a clareza. Minha dor é a lembrança das coisas que não deveriam ser, e o ansiar pelas coisas que deveriam ser. Nunca vivo no presente, porém no passado ou no futuro. Minha mente está sempre confinada no tempo."

"Parece-me que começo a perceber", disse o artista. "A mente com toda a sua astúcia, suas intrigas, vaidades, invejas, é um torvelinho de contradições. Ocasionalmente, ela poderá captar uma vaga idéia de algo transcendente a seu próprio barulho, e isso que ela captou torna-se lembrança. É com essas cinzas das lembranças que vivemos, entesourando coisas mortas. Foi o que estive fazendo — e como isso é insensato!"

Ora, pode a mente morrer para suas lembranças, suas experiências, todas as coisas que conheceu? Sem buscar o permanente, pode ela morrer para o impermanente?

"Preciso compreender isso", disse o médico. "Eu conheci o amor — perdoai-me, vós todos, o empregar esta palavra — e não posso tornar a "conhecê-lo" porque minha mente está cativa da lembrança do que *foi*. É a esta lembrança que ela deseja tornar permanente, a lembrança daquilo que ela conheceu; e a lembrança, com todas as suas associações, é puramente cinzas. Das cinzas mortas não pode nascer uma chama nova. E então? Deixai-me continuar. Minha mente está vivendo de lembranças, e a própria mente é lembrança — a lembrança do que *foi;* e esta lembrança do que *foi* deseja tornar-se permanente. Por isso não existe amor, mas tão-só a lembrança do amor. Mas eu desejo a coisa real, e não apenas a sua lembrança."

O desejo da coisa real continua a ser um anseio proveniente da lembrança, não?

"Quereis dizer que não devo desejá-la?"

"Exatamente", respondeu o artista. "O desejar é um anseio nascido da lembrança. Quando existia a coisa real não a desejáveis nem a ela vos apegáveis; ela existia, simplesmente, como uma flor. Mas, assim que se desvaneceu, começou o ansiar por ela. Desejá-la é ter as cinzas da lembrança. O momento supremo que tanto ansiei não é o Real. Meu ansiar nasce da lembrança de algo que sucedeu uma vez, e, portanto, estou de novo entre as névoas da memória, que, como agora vejo, é escuridão."

Anseio é lembrança; não há ansiar sem *o conhecido* — a lembrança do que *foi* — e é esse ansiar que sustenta o "eu", o "ego". Ora, pode a mente morrer para o conhecido — esse "conhecido" que está a exigir permanência? Não é este o verdadeiro problema?

"Que entendeis por "morrer para o conhecido?", perguntou o médico."

Morrer para o conhecido é não ter a continuação de ontem. O que tem continuidade é só lembrança. O que nenhuma continuidade tem não é permanente nem impermanente. Só surge a permanência ou continuidade quando há o medo do transitório. É possível o findar da consciência como continuidade, o morrer para todo o sentimento de "vir-a-ser", sem tornar a acumular no próprio ato de morrer? Só existe esse sentimento de "vir a ser" quando existe a memória do que foi o do que devia ser, sendo o presente usado como passagem entre os dois. Morrer para o conhecido é a quietude completa da mente. O pensamento, sob a pressão do anseio, nunca pode estar quieto.

"Eu vos vinha seguindo e compreendendo até o ponto em que mencionastes o morrer", disse o advogado. "Agora estou confuso."

Só o que tem fim pode conhecer o Novo, o Amor, ou o Supremo. O que tem continuidade, "permanência", é lembrança de coisas passadas. A mente, embora constituída do passado, deve morrer para o passado. A totalidade da mente deve estar completamente tranqüila, sob nenhuma pressão, influência ou movimento proveniente do passado. Só então é possível "o outro estado".

"Preciso refletir muito a este respeito", disse o médico. "Isso será a meditação verdadeira."

POR QUE TANTA ANSIA DE POSSUIR?

CHOVIA HAVIA vários dias e ainda não existiam sinais de que o tempo fosse melhorar. As colinas e montanhas estavam cobertas de nuvens escuras e a verde margem, do outro lado do lago, oculta por denso nevoeiro. Por toda parte viam-se poças d'água e a chuva penetrava pelas janelas entreabertas do carro. Deixando o lago para trás e coleando por entre os morros, a estrada passava por várias pequenas cidades e aldeias e, depois, galgava a encosta de uma montanha. A chuva já cessara, então, e assim que chegamos mais alto, começaram a aparecer os picos nevados, reluzindo ao sol da manhã.

Dentro em pouco o carro parou, e fomos andando por uma vereda que saía da estrada, por entre as árvores, até chegarmos a campo aberto. O ar ainda era calmo e frio e imperava um silêncio surpreendente; não se viam as costumeiras vacas com seus chocalhos. Não encontramos outros seres humanos por aquele caminho, mas na terra úmida havia pegadas de pesados sapatos ferrados. O caminho não estava muito molhado, mas os pinheiros estavam pejados de água da chuva. Aproximando-nos da borda de um penhasco pudemos ver, muito abaixo de nós, um rio que descia das geleiras distantes. Nutriam-no várias cascatas, cujo barulho não chegava até nós, e o silêncio era completo.

Não pudemos deixar de ficar tranqüilos, também. Não era uma tranqüilidade forçada; tornamo-nos tranqüilos natural e facilmente. A mente abandonou suas intermináveis divagações. Seu movimento exterior detivera-se e ela se achava numa jornada interior, uma jornada que levava a grandes alturas e espantosas profundidades. Mas, não tardou, também essa jornada cessou, e não havia mais nenhum movimento da mente, exterior ou interior. Estava completamente serena, e todavia existia movimento — um movimento sem nenhuma relação com o ausentar-se e o regressar da mente, um movimento sem causa, sem fim, sem centro. Era um movimento existente dentro da mente, através da mente, e além da mente. Podia ela seguir todas as suas atividades próprias, por mais intricadas e sutis, mas não podia seguir esse outro movimento, que não se originava dela própria.

A mente estava, pois, tranqüila. Não fora posta tranqüila; não era uma tranqüilidade "arranjada", nem produzida por qualquer desejo de estar tranqüila. Estava simplesmente tranqüila, e porque assim estava, existia esse movimento livre do tempo. A mente nunca poderia pegá-lo e pô-lo entre suas lembranças; ela o faria, se pudesse, mas não havia reconhecimento desse movimento. A mente não o reconhecia, porque nunca o conhecera; por isso estava tranqüila, e esse movimento livre do tempo continuava, irrevogável.

O sol estava agora atrás dos picos distantes, de novo cobertos de nuvens.

"Há muitos dias aguardo com ansiedade esta palestra e, agora que aqui estou, não sei por onde começar."

Era um homem moço, um pouco alto e magro, e de boas maneiras. Cursara a Faculdade, disse, porém sem muito brilho, chegando com dificuldade até o fim do curso, e somente graças à influência de seu pai conseguira um bom emprego. Esse emprego era de futuro, como o é qualquer emprego para um homem trabalhador, mas não sentia por ele muito entusiasmo; ir-se-ia conservando nele, e pouco ou nada mais. Também, com toda essa confusão reinante no mundo, isso não parecia de muita importância. Era casado e tinha um filhinho — menino interessante e admiravelmente inteligente, acrescentou, considerando-se a mediocridade de seus pais. Mas, quando crescesse, provavelmente se tornaria como o resto do mundo, ávido de êxito e de poder, se até lá ainda restasse alguma coisa do mundo.

"Como estais vendo, posso discorrer com facilidade a respeito de certas coisas, mas o verdadeiro assunto de que desejo tratar parece sobremodo complexo e difícil. Nunca falei sobre ele com ninguém, nem mesmo com minha mulher, e por isso mesmo, talvez, se me torna agora tão difícil falar; mas, se tiverdes paciência, chegarei a ele."

Calou-se por momentos e, depois, prosseguiu:

"Sou filho único, e fui um tanto mimado. Gosto muito de Literatura e gostaria também de escrever, mas falta-me o dom e o estímulo necessário. Como não sou indivíduo totalmente obtuso, poderia fazer algo de minha vida, mas tenho um problema que me absorve inteiramente: meu desejo de possuir as pessoas — corpo e alma. Não é a simples posse o que quero, mas o domínio completo. Não posso tolerar liberdade alguma para a pessoa possuída. Tenho observado outros, e embora note que têm também o instinto de posse, esse instinto é neles muito mais moderado, sem real intensidade. A sociedade, com seu conceito das boas maneiras, os mantém dentro de certos limites. Mas eu não conheço limites; quero possuir sem restrições. Acho que ninguém poderá conceber as agonias que atravesso, as torturas a que estou sujeito. Não são simples ciúmes mas, sim, puramente, as chamas do inferno. Alguma coisa acabará "quebrando", embora isso não tenha acontecido ainda. Exteriormente, consigo controlar-me e provavelmente conservo uma aparência normal; mas interiormente estou conflagrado. Por favor, não penseis que estou exagerando; quem dera que o estivesse!"

Que nos faz desejar possuir, não somente pessoas mas também coisas e idéias? Por que esse impulso para possuir, com todas as suas lutas e dores? E, uma vez alcançada a posse, não está terminado o problema, porém outros problemas começam a surgir. Se permitis perguntar, sabeis por que desejais possuir, e o que significa *posse?*

"Possuir bens é coisa diferente de possuir pessoas. Enquanto perdurar o atual sistema de governo, a propriedade pessoal de bens materiais será permitida — não em excesso, naturalmente, mas pelo menos alguns acres de terra, uma ou duas casas, etc. Cada um pode tomar providências para proteger sua propriedade, conservá-la em seu próprio nome. Mas com pessoas o caso é diferente. Não podemos "espetá-las" no chão nem fechá-las a chave. Mais tarde ou mais cedo, elas nos escorregam das mãos e começa então a tortura."

Mas por que essa ânsia de possuir? E que se entende por "possuir"? No possuir, no "sentir-se dono", há orgulho, um certo sentimento de poder e prestígio, não é verdade? Há prazer no sabermos que uma coisa é nossa — a casa, um pedaço de pano, ou um quadro raro. A posse de capacidade, de talento, aptidão para realizar, e a admiração que provoca — isso também confere um sentimento de importância, uma perspectiva segura da vida. No que se refere às pessoas, possuir e ser possuído é, muitas vezes, uma relação mutuamente satisfatória. Há também posse em referência a crenças, idéias, ideologias, não é verdade?

"Não estamos penetrando num campo vasto demais?"

Mas a posse implica tudo isso. Vós podeis desejar possuir pessoas, outro possuir toda uma série de idéias, enquanto outros mais poderão satisfazer-se com possuir alguns acres de terra;

mas, por mais que variem os objetos, toda posse é essencialmente a mesma coisa, e cada um defenderá o que é *seu* — ou, no próprio ato de abandoná-lo, quererá possuir outra coisa noutro nível. A revolução econômica poderá limitar ou abolir a propriedade privada, mas o nos libertarmos da posse psicológica de pessoas ou idéias, isso é coisa muito diferente. A todo custo, queremos possuir.

Ora, há algum momento em que a mente não esteja possuindo ou sendo possuída? E por que desejamos possuir?

"Suponho que é por que quando possuímos nos sentimos fortes, seguros; e, naturalmente, há sempre um confortador prazer no possuir, como dizeis. Eu desejo possuir pessoas, por várias razões. Uma delas é que o exercer poder sobre outro me faz sentir-me importante. No possuir há também sentimento de bem-estar; sentimo-nos confortavelmente seguros."

No entanto, com tudo isso há conflito e sofrimento. Desejais conservar o prazer de possuir, sem a dor que a posse ocasiona. Isso é possível?

"Talvez não seja, mas continuo tentando. Alço-me na onda estimulante da posse, sabendo perfeitamente o que acontecerá depois; e quando vem a queda, como sempre acontece, ergo-me e salto para a onda seguinte."

Então não tendes problema nenhum, não é verdade?

"Eu desejo que se acabe esta tortura. É realmente impossível possuir completamente e para sempre?"

Isso parece impossível em relação à propriedade e às idéias; e não o é muito mais em relação a pessoas? Posses, ideologias, e tradições profundamente arraigadas, são coisas estáticas, fixas, que podem ser defendidas por longo período por meio da legislação e várias formas de resistência; mas as pessoas não são assim; como vós, elas também desejam dominar, possuir ou ser possuídas. A despeito dos códigos de moral e das sanções da sociedade, as pessoas sempre escapam de um padrão de posse para outro. Não existe posse completa de coisa alguma em tempo algum. O amor nunca é posse ou apego.

"Que devo então fazer? Posso libertar-me desta angústia?"

É claro que podeis, mas esta é outra questão. Vós estais cônscio de que possuís; mas alguma vez ficais cônscio de um momento em que a mente não está possuindo nem sendo possuída? Nós possuímos porque nós mesmos nada somos e, possuindo, sentimos que nos tornamos *alguém*. Ao nos chamarmos americanos, alemães, russos, indianos, ou o que quer que seja, esse rótulo nos confere um sentimento de importância, e por isso defendemo-lo com a espada e com a mente astuciosa. Somos apenas aquilo que possuímos — o rótulo, a conta bancária, a ideologia, a pessoa — e essa identificação gera inimizade e luta incessante.

"Conheço tudo isso muito bem; mas dissestes uma coisa que fez vibrar algo em mim. Alguma vez fico cônscio de um momento em que a mente não está possuindo nem sendo possuída? Acho que nunca."

Pode a mente deixar de possuir, ou de ser possuída pelo passado e pelo futuro? Pode libertar-se tanto da influência da experiência, como da ânsia de experimentar?

"É possível isso?"

É o que deveis averiguar; deveis tornar-vos plenamente cônscio dos movimentos de vossa mente. Conheceis a verdade relativa à posse, as aflições e prazeres que proporciona, mas aí vos detendes, procurando dominar uma coisa com a outra. Não conheceis um momento em que a mente não esteja possuindo nem sendo possuída, em que esteja totalmente livre da influência do que *foi*, e do desejo de "vir a ser". Investigar e descobrir, por vós mesmo, a verdade relativa a essa liberdade, esse é que é o fator libertador, e não a vontade de ser livre.

"Sou capaz de tão difícil investigação e descobrimento? De certa maneira, aliás curiosa, sou-o. Sempre fui sagaz e resoluto, no que respeita ao possuir, e com essa mesma energia posso agora começar a investigar a questão da libertação da mente. Gostaria de voltar aqui, se o permitis, depois de experimentar isso."

O DESEJO E A DOR DA CONTRADIÇÃO

Dois homens cavavam uma cova longa e estreita. A terra fina, arenosa, sem muito barro, facilitava a cavação. Davam agora à cova, nos cantos e em redor, os últimos retoques. Erguiam-se acima dela uns coqueiros com grandes cachos de dourados cocos. Vestidos com simples tangas, os corpos nus dos homens reluziam ao sol matinal. A terra leve, por efeito das últimas chuvas, ainda se conservava úmida, e as folhas das árvores, agitadas por ligeira brisa, faiscavam na claridade da manhã. Belo dia e, como o sol apenas despontava sobre as árvores, ainda não fazia calor. O mar, muito calmo, era de um pálido azul e, na praia, espreguiçavam-se alvas ondas. No céu sem nuvem, bem no centro a lua estava em minguante. Solo de capim muito verde com passarinhos por toda a parte a chamarem uns aos outros em diferentes notas. Uma paz extraordinária imperava sobre a região.

Os homens colocaram de través sobre a estreita cova duas tábuas compridas e, cruzando-as, uma forte corda. As cores vivas das tangas e aqueles corpos escuros, tostados pelo sol, davam vida àquela cova vazia; mas, agora já tinham partido e a terra secava rapidamente ao calor do sol. Era um vasto cemitério, não muito simétrico, porém bem tratado. Desbotaram-se pela ação das chuvas as fileiras de brancas lápides. Dois jardineiros trabalhavam ali o dia inteiro, regando, podando, plantando e mondando. Um deles era alto e o outro, baixo e gordo. Afora um pano que lhes protegia a cabeça do sol abrazador, também só usavam tangas, tendo a pele quase negra. Nos dias chuvosos, o pano sujo que lhes cingia os quadris era a única peça que os cobria, e a chuva lhes lavava os escuros corpos. O alto regava agora um florido arbusto que acabara de plantar. De uma bilha de barro, grande e bojuda e de estreito gargalo, salpicava a água sobre as folhas e flores. A bilha brilhava ao sol, enquanto os músculos de seu corpo escuro se moviam livremente, e sua postura tinha graça e dignidade. Era uma coisa bela, digna de observar. O sol da manhã projetava longas sombras.

A atenção é uma coisa estranha. Nunca olhamos as coisas senão através de uma cortina de palavras, explicações e preconceitos; nunca escutamos sem ser através de nossos preconceitos, comparações e lembranças. O simples ato de pronunciar o nome da flor ou do pássaro é uma distração. A mente nunca está tranqüila para olhar, para escutar. No momento de olhar, já está a afastar-se em suas incansáveis divagações; o próprio ato de escutar é acompanhado de interpretação, lembrança, aprazimento, obstando-se à atenção. Poderá a mente absorver-se numa coisa, como uma criança se absorve num brinquedo, mas isso não é atenção. A concentração tampouco é atenção, porque concentração é uma maneira de excluir e resistir. Só há atenção quando a mente não está absorta numa idéia ou objeto, interior ou exterior. A atenção é o bem completo.

Era homem de meia-idade, quase calvo, de olhos claros, observadores, o rosto sulcado pela apreensão e a ansiedade. Pai de muitos filhos, explicou que a mulher morrera ao dar à luz o último bebê, e todos agora estavam morando com um parente. Embora continuasse empregado, o pequeno salário dificultava-lhes a manutenção, mas, como quer que fosse, conseguiam chegar até o fim de cada mês sem demasiado sacrifício. O filho mais velho ganhava o próprio sustento e o segundo cursava o colégio. Ele próprio procedia de uma família que conservava as austeras e seculares tradições, e esse fundo lhe era agora de grande valia. Mas, para a geração vindoura as coisas iam ser muito diferentes;

o mundo estava em rápida transformação e as velhas tradições a esboroarem-se. Em todo o caso, a vida iria seguindo o seu curso, e era vão queixar-se. Não viera para falar a respeito de sua família, ou do futuro, mas de si mesmo.

"Parece-me que sempre, desde que me entendo, tenho vivido num estado de contradição. Sempre tive ideais e sempre fiquei muito longe de atingi-los. Desde meus primeiros anos sentia-me atraído para a vida monástica, vida de solidão e meditação, e fui acabar como chefe de família. Aspirava outrora a tornar-me um letrado mas, em vez disso, fui mourejar num escritório. Toda a minha vida tem sido uma série de perturbadores contrastes e ainda agora me vejo em meio a autocontradições que grandemente me incomodam; pois desejo estar em paz comigo mesmo e não pareço capaz de harmonizar esses desejos antagônicos. Que devo fazer?"

Por certo, não é possível nenhuma harmonia ou integração de desejos opostos. Pode-se harmonizar o amor e o ódio? Podem-se juntar a ambição e o desejo de paz? Não deverão ser sempre necessariamente contraditórios?

"Mas os desejos em conflito não podem ser submetidos a controle? Não podem ser domados esses selvagens corcéis?"

Vós o tentastes, não?

"Sim, por muitos anos."

E tivestes êxito?

"Não, mas isso foi porque não disciplinei devidamente o desejo, não o tentei com suficiente força. A culpa não é da disciplina, mas de quem falha na disciplina."

Esse próprio disciplinar do desejo não é o criador da contradição? Disciplinar é resistir, reprimir; e resistência e repressão não são o elemento próprio do conflito? Quando disciplinais o desejo, quem é esse "vós" que opera o disciplinamento?

"O eu superior."

De fato? Ou trata-se apenas de uma parte da mente que quer dominar a outra, um desejo a reprimir outro desejo? Essa repressão de uma parte da mente por outra parte que chamais "eu superior" só pode levar a conflito. Toda resistência é produtiva de conflito. Por mais que um desejo chegue a reprimir ou disciplinar outro, esse suposto "desejo superior" gera outros desejos que logo se põem em revolta. O desejo multiplica a si mesmo; não há um desejo só. Nunca notastes isso?

"Sim, já notei que, quando se disciplina um dado desejo, outros desejos surgem em torno dele. Temos de pegá-los um por um."

E passar assim a vida inteira a pegar e a dominar os desejos, um a um — e, no final de tudo, descobrir que o desejo continua existente. A vontade é desejo, e pode dominar tiranicamente todos os outros desejos; mas o que se domina dessa maneira, tem de ser dominado de novo, repetidamente. A vontade pode tornar-se hábito; e a mente que funciona na rotina do hábito é mecânica, está morta.

"Não sei se compreendo todos os pontos sutis disso que estais explicando, mas percebo as complicações e contradições do desejo. Se existisse em mim apenas uma contradição, eu poderia suportar esse conflito, mas há várias. Como poderei ter paz?"

Compreender é uma coisa, e desejar ter paz outra coisa. Com a compreensão vem a paz, mas o mero desejo de ter paz só dá mais força ao desejo, fonte de todo conflito. Um desejo forte, dominador, nunca produz paz, pois apenas levanta uma muralha--prisão em tôrno de si.

"Como pode então uma pessoa soltar-se dessa rede de desejos contraditórios?"

Esse "como" é uma indagação ou é exigência de um método para pôr fim à contradição?

"Suponho que estou pedindo um método. Pois não é só pela prática paciente e rigorosa de um método adequado que se pode pôr fim a essa luta?"

Mais uma vez, todo método implica esforço para controlar, reprimir ou sublimar o desejo, e nesse esforço se levanta a resistência, em diferentes formas, sutis ou brutais. Isso é como viver num estreito corredor que nos veda a vastidão da vida.

"Pareceis muito contrário à disciplina."

Estou apenas assinalando que uma mente disciplinada, moldada, não é livre. Com a compreensão do desejo, perde a disciplina toda significação. A compreensão do desejo é muito mais importante que a disciplina, mero ajustamento a um certo padrão.

"Se não houver disciplina nenhuma, como poderá então a mente libertar-se do desejo, produtor de todas essas contradições?"

O desejo não produz contradição. *O desejo é contradição.* Eis porque é importante compreender o desejo.

"Que entendeis por "compreender o desejo"?"

É estar cônscio do desejo, sem lhe dar nome, sem rejeitá-lo ou aceitá-lo. Estar simplesmente cônscio do desejo, como se estaria cônscio de uma criança. Se se deseja compreender uma criança, cumpre observá-la, e essa observação não é possível se existe qualquer tendência para a condenação, a justificação ou a comparação. Analogamente, para se compreender o desejo, é necessário esse simples percebimento dele.

"Cessará então a autocontradição?"

Em tais assuntos, pode-se garantir alguma coisa? E essa própria certeza, garantia, não constitui outra forma de desejo?

Senhor, já alguma vez conhecestes um momento completamente livre de autocontradição?

"Talvez durante o sono, mas de outra maneira não."

O sono não é necessariamente um estado de paz, ou um estado livre de autocontradição — mas isso é outra questão. Por que nunca conhecestes um tal momento? Nunca experimentastes a ação total — ação que abarca a mente, o coração, o corpo, a totalidade de nosso ser?

"Infelizmente nunca conheci momento tão puro. O completo auto-esquecimento deve ser uma verdadeira bênção, mas nunca a recebi e acho que bem poucos são de tal maneira abençoados."

Senhor, quando o "eu" está ausente, não é então que conhecemos o amor — não esse amor intitulado "pessoal" ou "impessoal", mundano ou divino, porém amor sem interpretação mental?

"Às vezes, quando sentado à minha mesa de trabalho, no escritório, invade-me estranho sentimento de "um estado diferente" — mas isso é coisa tão rara! Oxalá que ele durasse, sem desvanecer-se."

Como somos ávidos! Queremos prender aquilo que não se deixa prender; queremos reter na lembrança uma coisa que não é da mesma essência que a memória. Todo esse desejar, perseguir, alcançar, decorrente do desejo de ser, de "vir a ser", redunda em autocontradição, desenvolvimento do "eu". O "eu" é incapaz de conhecer o amor; só pode conhecer o desejo, com suas contradições e desditas. O amor não é coisa que devemos buscar, conquistar; não podemos comprá-lo pela prática da virtude. Essas atividades são todas próprias do "eu", do desejo; e o desejo está sempre acompanhado da dor da contradição.

"QUE DEVO FAZER?"

O VENTO SOPRAVA forte e fresco. Não era o ar seco do semi deserto circundante, mas das montanhas longínquas. Aquelas montanhas eram das mais altas do mundo, estendendo-se em longa cordilheira de noroeste para sudeste. Maciças e sublimes, formavam incrível espetáculo nas primeiras horas da manhã, antes de o sol assumir o domínio da sonolenta região. Seus picos altaneiros, de delicado fulgor róseo, distinguiam-se com extraordinária nitidez contra o céu azul-pálido. Ao subir mais o sol, longas sombras se desenhavam sobre a planície. Logo aqueles misteriosos picos iriam desaparecer entre as nuvens, porém antes de se despedirem deixariam sua bênção sobre os vales, os rios e as cidades. Embora então já não pudessem ser vistos, poder-se-ia sentir sua presença silenciosa, imensa, eterna.

O mendigo descia a rua cantando; era cego, e uma criança o guiava. Passavam pessoas por perto dele e, ocasionalmente, alguém deixava cair umas poucas moedas na lata que segurava na mão; mas ele seguia seu caminho, com sua canção, sem dar atenção ao chocalhar das moedas. Uma criada saiu de uma casa grande, depositou uma moeda na lata, murmurou qualquer coisa e tornou o entrar, fechando o portão atrás de si. Os papagaios partiam, em seu vôo tonto e barulhento, para passar o dia nos campos e matas; mas ao anoitecer voltariam para pernoitar nas árvores que orlavam a via pública; lá estavam mais seguros, embora as lâmpadas da rua estivessem quase entre as folhas. Muitos outros pássaros pareciam permanecer o dia todo na cidade, e sobre um vasto gramado alguns deles tentavam agarrar as sonolentas minhocas. Passou um menino tocando flauta. Era magro e tinha os pés descalços; havia algo pomposo no seu andar, e os pés pareciam indiferentes ao lugar onde pisavam. Ele *era* a flauta, e nos seus olhos se achava a canção. Caminhando atrás dele, sentíamos como se fosse ele o primeiro flautista juvenil deste mundo; e de certa maneira o era, pois nenhuma atenção dispensava ao carro que passava em disparada, nem ao policial postado na esquina, a cair de sono, nem à mulher que levava sua trouxa à cabeça. Estava completamente alheado do mundo, mas sua canção prosseguia.

E agora — o dia tinha começado.

Sala não muito espaçosa, e os poucos visitantes quase a enchiam. Eram pessoas de todas as idades. Lá estava um velho com sua filha muito nova, um casal, e um acadêmico. Evidentemente não se conheciam entre si, e cada um estava ansioso por falar de seu próprio problema, mas sem desejar prejudicar os outros. A menina conservava-se sentada ao lado do pai, acanhada e muito quieta; devia ter uns dez anos. Tinha as vestes limpas e uma flor no cabelo. Ficamos todos sentados por instantes, sem dizer palavra. O estudante aguardava que os mais idosos falassem, porém o velho preferia que os outros falassem primeiro. Por fim, um pouco nervoso, começou o jovem:

"Estou agora no último ano da Faculdade de Engenharia, mas, por alguma razão, parece-me que nenhuma carreira me interessa. Francamente, não sei o que quero fazer. Meu pai, que é advogado, pouco se importa com o que eu faça, desde que faça *alguma coisa*. Naturalmente, já que estou estudando Engenharia, deseja ele que eu seja engenheiro; mas não sinto por isso real interesse. Já lho disse, porém ele acha que o interesse virá quando eu começar a exercer a profissão como meio de vida. Tenho vários amigos que estudaram para diferentes carreiras e estão agora ganhando o seu sustento; mas a maioria deles se estão tornando embotados e cansados, e a que estado estarão reduzidos daqui a pouco anos, só Deus sabe. Eu não quero que isso aconteça comigo — e estou certo que acontecerá se me tornar engenheiro. Não é que eu tenha medo dos exames. Posso passar neles com bastante facilidade, e não o digo por gabolice. Simplesmente não desejo ser engenheiro — e nenhuma outra coisa parece interessar-me. Andei escrevendo um pouquinho e também mexendo com pintura, mas esse gênero de ocupação não leva muito longe. A meu pai só interessa jogar-me num emprego, e ele podia arranjar-me uma boa colocação; mas eu sei o que me acontecerá, se a aceitar. Tenho vontade de mandar tudo às urtigas e deixar a Academia sem aguardar os exames finais."

Isso seria pouco sensato, não achais? Afinal, já estais quase a terminar o curso; porque não concluí-lo? Não há mal nenhum nisso, não é verdade?

"Parece que não. Mas que irei fazer depois?"

Independentemente das carreiras comuns, que lhe agradaria realmente fazer? Deveis ter algum interesse, ainda que vago. Em alguma parte, muito profundamente, sabeis qual é esse interesse, não?

"Vede, senhor, não desejo enriquecer; não me interessa criar filhos, e não desejo ser escravo de uma rotina qualquer. A maioria dos meus amigos que têm emprego ou que abraçaram uma dada carreira ficam presos em seus escritórios da manhã à noite; e que ganham eles com isso? Casa, mulher, filhos — e tédio. Esta é para mim uma perspectiva verdadeiramente aterradora, e não desejo cair nesta rede; mas continuo sem saber o que fazer."

Já que tendes pensado tanto a esse respeito, não procurastes descobrir em que consiste vosso verdadeiro interesse? Que diz vossa mãe?

"Não lhe importa o que eu faça, desde que fique em segurança, quer dizer, firmemente casado e amarrado; está portanto do lado de meu pai. Em meus passeios, tenho pensado muito sobre o que realmente gostaria de fazer, bem como conversado sobre o assunto com amigos. Mas meus amigos estão quase todos determinados a seguir esta ou aquela carreira, e de nada serve falar-lhes. Uma vez aprisionados numa carreira, acham que estão fazendo o que é certo — dever, responsabilidade, etc. Eu é que não desejo cair numa rotina dessa ordem. Mas que é que eu gostaria realmente de fazer? Desejo sabê-lo."

Gostais das pessoas?

"De certa maneira vaga. Por que perguntais?"

Quem sabe se não vos agradaria trabalhar em alguma obra social?

"Curioso dizerdes isso. Já pensei em prestar serviços sociais, e houve tempo em que fiz companhia àqueles que dedicaram suas vidas a isso. Geralmente falando, é uma classe de gente seca, frustrada, tremendamente interessada nos pobres e incessantemente ativa em seus esforços para melhorar as condições sociais, mas interiormente infeliz. Conheço uma mulher ainda jovem que daria seu olho direito pelo ensejo de casar-se e ter vida de família, mas o seu idealismo a está destruindo. Ela está presa a essa rotina de praticar boas obras e mostra-se muito contente em meio a seu tédio. É puro idealismo, sem ardor, sem alegria interior."

Suponho que a religião, no sentido comum, nada significa para vós?

"Quando menino, acompanhava freqüentemente minha mãe ao templo, onde há sacerdotes, rezas e cerimônias, mas faz anos que lá não vou."

Isso também se torna rotina, sensações sempre repetidas, uma existência dependente de palavras e explicações. A religião é muito mais do que tudo isso. Tendes espírito aventureiro?

"Não no sentido comum da palavra — escalada de montanhas, explorações polares, descidas às profundezas do mar, etc. Não tenho pretensões a superior, mas vejo nisso tudo uma certa falta de madureza. Tampouco me agradaria escalar montanhas ou pescar baleias."

E quanto à política?

"O habitual jogo político não me interessa. Tenho amigos comunistas e já andei lendo algo sobre a matéria, tendo mesmo certa vez pensado em filiar-me ao partido; mas não posso suportar suas falas insinceras, sua violência e tirania. São essas as coisas que eles realmente representam, apesar de sua ideologia oficial e suas pregações pacifistas. Atravessei essa fase muito rapidamente."

Já eliminamos muita coisa, não? Se não desejais fazer nenhuma dessas coisas, que resta ainda?

"Não sei. Ou tenho ainda muito pouca idade para sabê-lo?"

Isso não é questão de idade, é? O descontentamento faz parte da existência, mas em geral encontramos uma maneira de domá-lo, seja seguindo uma carreira, seja por meio do matrimônio, da crença, do idealismo das boas obras. Desta ou daquela maneira, em geral conseguimos sufocar a chama do descontentamento, não é verdade? Depois de a sufocarmos com pleno êxito, pensamos que enfim somos felizes — e talvez o sejamos, pelo menos temporariamente. Ora, em lugar de sufocarmos essa chama do descontentamento por meio de uma dada satisfação, é possível a mantermos sempre ardendo? E há então descontentamento?

"Quereis dizer que devo permanecer como sou, insatisfeito com tudo o que me cerca e dentro em mim mesmo, não devendo buscar nenhuma ocupação satisfatória que faça essa chama apagar-se? É isso que quereis dizer?"

Sentimos descontentamento porque pensamos que deveríamos estar contentados; a idéia de que deveríamos viver em paz com nós mesmos torna o descontentamento doloroso. Pensais que deveríeis *ser* alguma coisa, pois não? — pessoa respeitável, cidadão útil, e tudo o mais. Com a compreensão do descontentamento, podeis ser essas coisas e muito mais ainda. Mas vós quereis fazer algo que dê satisfação, algo que vos ocupe a mente, para dessa maneira pordes fim a essa perturbação interior; não é assim mesmo?

"Sim, sob certo aspecto, mas agora vejo aonde leva uma tal ocupação."

A mente ocupada é uma mente embotada, rotineira; ela é essencialmente medíocre. Tendo-se estabilizado no hábito, na crença, numa rotina respeitável e vantajosa, a mente sente-se segura, tanto interior como exteriormente; por conseguinte, cessa de ser perturbada. Isto é exato, não?

"De modo geral, sim. Mas que devo eu fazer?"

Podereis descobrir a solução, se continuardes a penetrar esse sentimento de descontentamento. Não penseis nele, visando ao contentamento. Verificai por que ele existe e se não deveríamos conservá-lo a arder. Afinal, não vos preocupa muito o ganho de vosso sustento, pois não?

"Com toda a franqueza, não. Sempre é possível viver de uma maneira ou de outra."

Isso, portanto, não constitui para vós nenhum problema. Mas não desejais prender-vos a uma rotina, à roda da mediocridade; não é isso o que vos preocupa?

"Parece que sim, senhor."

O não deixar-se prender por essa maneira exige muito esforço, incessante vigilância; significa não chegar a conclusões, como ponto de partida para pensar; porque pensar partindo de uma conclusão não é pensar, absolutamente. É pelo fato de partir de uma conclusão, crença, experiência, conhecimento, que a mente cai na rotina, na rede do hábito, sufocando-se então a chama do descontentamento.

"Vejo que tendes toda a razão, e compreendo agora o que realmente me estava ocupando a mente. Não quero ser como aqueles cuja vida é rotina e tédio, e digo-o sem nenhuma presunção de superioridade. Também me parece sem significação uma pessoa se lançar a aventuras de vária ordem; e, tampouco, não desejo estar simplesmente "contentado". Começo a enxergar numa direção de cuja existência nunca soube. Era a esta nova direção que vos referíeis quando, há dias, falastes de um estado, ou movimento, atemporal e criador?"

Talvez. A religião nada tem que ver com igrejas, templos, rituais e crenças; ela é o descobrimento, momento por momento, desse movimento, que pode ter qualquer nome ou nome nenhum.

"Receio já ter tomado mais do que a parte que me tocava do tempo disponível", disse, voltando-se para os outros. "Espero que isso não vos desagrade."

"Pelo contrário", replicou o senhor idoso. "Eu pela minha parte escutei com toda a atenção e muito aproveitei; também eu divisei algo além de meu problema. Quando escutamos tranqüilamente as preocupações de outrem, nossas próprias cargas se tornam às vezes mais leves."

Ficou em silêncio alguns minutos, como a considerar de que maneira expressar o que queria dizer.

"Pessoalmente, atingi uma idade", prosseguiu, "em que já não preciso perguntar o que devo fazer; em vez disso, olhando retrospectivamente, considero o que fiz na vida. Freqüentei também a faculdade, mas não era tão refletido como este nosso jovem amigo. Ao formar-me, saí à procura de trabalho e, uma vez empregado, passei os seguintes quarenta e mais anos trabalhando para viver e manter uma família algo numerosa. Durante todo esse tempo estive preso na rotina de obrigações, a que vos referistes, e nos hábitos da vida doméstica, conhecendo seus prazeres e tribulações, suas lágrimas e passageiras alegrias. Envelheci de luta e de tédio e nos últimos anos o declínio se tornou rápido. Relembrando tudo isso, pergunto agora a mim mesmo: "Que fizestes de tua vida? Fora da família e do emprego, que realizastes efetivamente?"

O velho fez uma pausa, antes de responder à sua própria pergunta.

"Através dos anos, ingressei em várias associações pelo melhoramento disto e daquilo; pertenci a diferentes grupos religiosos, retirando-me de um para outro; e li, muito esperançoso, a literatura da extrema esquerda, para descobrir, apenas, que a organização deles é tão tiranicamente autoritária como a da igreja. Agora, que estou aposentado, percebo que vivi apenas na superfície da vida; deixei-me apenas levar pela corrente. Embora tivesse lutado um pouco contra a forte corrente da sociedade, vi-me afinal arrastado por ela. Mas não me desentendais. Não estou a deplorar o passado; não lamento as coisas que ocorreram. O que me preocupa são os poucos anos que ainda me restam. Entre hoje e o dia, já tão próximo, de minha morte, como irei enfrentar essa coisa que se chama a vida? Eis o meu problema."

O que somos é feito com o que fomos; e o que fomos também nos molda o futuro, sem dar, precisamente, direção e substância a cada pensamento e ação. O presente é um movimento do passado para o futuro.

"Que foi meu passado? Praticamente, nada. Não houve nele grandes pecados, nem ambições desmedidas, nem aflições acabrunhadoras, nem degradante violência. Minha vida foi como a do comum dos homens, nem quente nem fria — um fluir uniforme, uma vida completamente medíocre. Construí um passado, no qual nada existe de que possa orgulhar-me ou envergonhar-me. Toda a minha existência foi monótona, vazia, sem muito significação. Teria sido a mesma, se eu tivesse vivido num palácio ou numa choupana de aldeia. Como é fácil deslizarmos para a corrente da mediocridade! É possível libertar-me de meu passado insignificante e cada dia maior?"

Que é o passado? Quando empregais a palavra "passado", que significa ela para vós?

"A mim me parece que o passado é, principalmente, um caso de associação e memória."

Quereis referir-vos à totalidade da memória, ou apenas à memória de incidentes comuns? Os incidentes que não têm significação psicológica, não criam raízes no solo da mente. Eles vêm e vão-se; não ocupam nem oprimem a mente. Só permanecem os que têm significação psicológica. Assim, que entendeis por "passado"? Existe um passado que permanece sólido, irremovível, do qual ninguém pode libertar-se completa e positivamente?

"Meu passado é formado de uma multidão de pequenas coisas, reunidas, e suas raízes são superficiais. Um bom choque poderia, como um vendaval, levá-lo consigo."

E estais esperando pelo vendaval. É este vosso problema?

"Não estou esperando por nada. Mas, terei de continuar assim pelo resto de meus dias? Não posso libertar-me do passado?"

Repito, que é esse passado de que quereis libertar-vos? O passado é estático ou uma coisa viva? Se é coisa viva, como sustenta sua vida? Por que meios ele se vitaliza? Se é coisa viva, podeis libertar-vos dele? E quem é esse "vós" que deseja libertar-se?

"Agora estou ficando confuso", queixou-se. "Fiz uma pergunta simples, e vós retrucais com uma porção de perguntas mais complicadas. Quereis ter a bondade de explicar o que quereis dizer?"

Dizeis, senhor, que desejais livrar-vos do passado. Que é esse passado?

"Ele consiste em experiências e em nossas lembranças delas."

Ora, essas lembranças, como dizeis, estão à superfície, não têm raízes profundas. Mas não terão algumas delas cravado raízes profundas no inconsciente?

"Não creio que tenha lembranças profundamente arraigadas. A tradição e a crença têm raízes profundas em muitas pessoas, mas eu as sigo apenas por questão de conveniência social. Não têm papel muito significativo em minha vida."

Se o passado pode ser despachado com tanta facilidade, não há problema algum; se só ficou a crosta externa do passado, que pode ser sacudida a qualquer momento, então já estais libertado dele. Mas o problema contém mais do que isso, não é verdade? Como romper as barreiras de vossa vida medíocre? Como despedaçar a mediocridade de vossa mente? Não tendes também este problema, senhor? Mas o "como", neste caso, é um estímulo à investigação, e não exigência de método. Foi a prática de método, baseada no desejo de resultados e, principalmente, sempre ligada ao medo e à autoridade, que produziu a mediocridade.

"Vim com a intenção de dissolver meu passado, tão pouco significativo, mas vejo-me agora em face de outro problema."

Por que dizeis que vosso passado é pouco significativo?

"Flutuei à deriva pela superfície da vida, e quem anda à deriva não pode criar raízes, nem mesmo na família. Vejo que, para mim, a vida não significou muita coisa; nada fiz através dela. Só me restam agora uns poucos anos e não desejo mais andar à deriva; desejo fazer alguma coisa do restante de minha vida. Isso é possível?"

Que desejais fazer de vossa vida? O padrão, aquilo que desejais ser não se desenvolveu daquilo que *fostes?* Por certo, vosso padrão é uma reação procedente das coisas passadas; é produto do passado.

"Como poderei então fazer algo da vida?"

Que entendeis por "vida"? Podeis atuar sobre ela? Ou a vida é imensurável, e não pode ser aprisionada dentro dos limites da mente? A vida é tudo, não? Ciúme, vaidade, inspiração e desespero; moralidade social, e a virtude que está fora dos domínios da austeridade cultivada; conhecimento acumulado através de séculos; caráter, que é o encontro do passado com o presente; crenças organizadas, chamadas religiões, e a verdade existente além delas; ódio e afeição; o amor e a compaixão, que não residem na esfera da mente — tudo isso, e mais ainda, é a vida, não? E vós desejais fazer dela alguma coisa, dar-lhe forma, direção, significação. Ora, quem é esse "vós" que deseja fazer tudo isso? Sois diferente disso que procurais modificar?

"Quereis dizer que devemos simplesmente continuar "à deriva"?"

Quando desejais dar direção, dar forma à vida, vosso padrão só pode ser de acordo com o passado; ou, vendo-vos impossibilitado de moldá-la, vossa reação é deixar-vos levar pela corrente. Mas a compreensão da totalidade da vida produz sua ação própria, em que não se flutua ao sabor da corrente, nem há imposição de padrões. Essa totalidade precisa ser compreendida momento por momento. Ela exige a morte do momento passado.

"Mas sou capaz de compreender a totalidade da vida?", perguntou ansioso.

Se a não compreenderdes, ninguém mais a compreenderá para vós. Não podeis aprendê-la de outrem.

"Como devo proceder?"

Com o autoconhecimento; porque a totalidade, o tesouro da vida reside todo inteiro em vós mesmo.

"Que entendeis por autoconhecimento?"

Ele significa perceber os movimentos de vossa própria mente; conhecer vossos anseios, vossos desejos, vossos impulsos e buscas, tanto ocultos como patentes. Não há aprender quando há acumulação de conhecimento. Com o autoconhecimento, está a mente livre para se tornar tranqüila. Só então vem a despontar aquilo que reside além dos limites mentais.

O par de cônjuges estivera escutando todo o tempo; ficaram aguardando sua vez, sem interromperem a conversa, e só agora o marido se manifestou.

"Nosso problema era o ciúme, mas depois de ouvirmos o que se esteve dizendo aqui, acho que seremos capazes de resolvê-lo. Talvez tenhamos compreendido mais profundamente pelo tranqüilo escutar do que o conseguiríamos fazendo perguntas."

ATIVIDADES FRAGMENTÁRIAS E AÇÃO TOTAL

Dois corvos estavam empenhados em luta, e o caso era sério. Debatiam-se pelo chão, as asas trançadas, golpeando-se mutuamente com seus bicos pretos e afiados. Alguns de seus companheiros crocitavam para eles, de cima de uma árvore próxima e, de repente, ali se acharam todos os corvos da vizinhança, fazendo um barulho tremendo e procurando pôr fim à luta. Devia haver dúzias deles, mas, apesar de seus crocitos ansiosos e zangados, a briga continuava. Um grito nosso não os deteve; mas um forte bater de palmas afugentou-os todos, inclusive os lutadores, que continuaram a investir um para o outro por entre os ramos das árvores circundantes. Mas o caso estava liquidado. Uma vaca preta, amarrada a uma estaca, que estivera a olhar placidamente para os lados em que se travava a luta, prosseguiu pastando. Era um animal pequeno, como soem ser as vacas, e muito amigável, de olhos grandes, límpidos.

Veio pela estrada um cortejo fúnebre. Meia dúzia de automóveis encabeçados por um carro funerário, onde se via luxuoso ataúde, muito lustroso e com guarnições de prata. Chegados ao cemitério, todos desceram dos carros e o ataúde foi lentamente conduzido até à cova, cavada de manhã cedo. Deram duas voltas ao túmulo, depositando depois com muito cuidado o esquife sobre duas fortes tábuas colocadas transversalmente sobre ele. Todos se ajoelharam, enquanto o sacerdote pronunciava a bênção e, depois, foi o esquife baixado devagarinho a seu pouso final. Houve longa pausa; depois cada um lançou para dentro um punhado da terra fresca da escavação, e os coveiros, com suas tangas de cores vivas, começaram a jogá-la com pás para dentro da cova, enchendo-a rapidamente. Uma coroa de flores brancas, já a murcharem ao sol ardente, foi depositada sobre o túmulo e a comitiva se retirou solenemente.

Chovera recentemente e o capim, no cemitério, apresentava-se intensamente verde. Ao redor, havia palmeiras e bananeiras, e arbustos floridos. Era um lugar aprazível e as crianças costumavam brincar na grama, debaixo das árvores, onde não havia covas. De madrugada, muito antes de nascer o sol, havia abundante orvalho sobre a grama e as altas palmeiras se recortavam no céu estrelado. A brisa do norte soprava fresca, trazendo consigo o apito prolongado de um trem distante. Tudo mais estava muito quieto; não se viam luzes nas casas próximas e ainda não se começara a ouvir o estrondear dos caminhões na estrada.

A meditação é a florescência da bondade; não é cultivo da bondade. O que se cultiva nunca perdura; acaba-se, e tem-se de começar de novo. A meditação não é do meditador. O meditador conhece a técnica do meditar; ele pratica, controla, molda, luta, mas essa atividade mental não é a luz da meditação. A meditação não é construída pela mente; ela é silêncio total da mente, em que não existe o centro da experiência, do conhecimento, do pensamento. Meditação é ação integral, sem um objeto em que o pensamento se deixa absorver. O meditador não pode, jamais, conhecer a excelência da meditação.

Já não era moço aquele homem, muito conhecido por seu idealismo político e suas boas obras. Fundo, em seu coração, ocultava-se a esperança de descobrir algo superior a essas coisas, mas ele era um desses homens para quem a ação virtuosa constitui um indício de bondade. Estava sempre envolvido em trabalhos de reforma, que considerava como o meio de se atingir a meta final: o bem da sociedade. Singular mistura de piedade e atividade, vivia ele fechado na concha de seu mui racional modo de pensar; entretanto, qualquer coisa lhe fora sussurrada, de fora. Viera acompanhado de um amigo, devotado como ele à reforma social. O amigo era baixo, vigoroso, com um ar agressivo porém controlado. Devia ter percebido que a agressividade não é a maneira correta de agir, porém não conseguia dissimulá-la inteiramente; ela transparecia no seu olhar e mostrava-se, inconscientemente, no seu sorriso. Enquanto estávamos ali sentados, naquela sala, nenhum deles parecia notar a delicada florinha que uma brisa passageira jogara para dentro, pela janela aberta. Jazia no chão, ao sol.

"Meu amigo e eu não viemos aqui para discorrer sobre ação política", começou o primeiro deles. "Sabemos muito bem o que pensais a esse respeito. Para vós, ação não é atividade política, reformadora, ou religiosa; só há ação, ação total. Porém, em geral, nós não pensamos dessa maneira. Pensamos em compartimentos, às vezes impermeáveis, outras vezes flexíveis, elásticos; mas nossa ação é sempre fragmentária. Simplesmente não sabemos o que é ação total. Só conhecemos as atividades da parte e esperamos, pela junção das partes, construir o todo."

É possível construir o todo pelo ajuntamento das partes, a não ser em coisas mecânicas? Para estas, há um plano, o desenho, que ajudará a juntar as partes. Tendes desenho semelhante, com a ajuda do qual produzireis a perfeição social?

"Temos", respondeu o amigo.

Já sabeis, então, qual será o futuro do homem?

"Não temos tal presunção, mas desejamos sejam efetuadas certas reformas a que ninguém poderá objetar."

Positivamente, qualquer reforma será sempre fragmentária. Estar ativo, executando "boas obras", sem compreensão da ação total, equivale, no fim, a praticar más obras, não achais?

"Que é ação total?"

Ela certamente não é a coordenação de várias atividades separadas. Para se compreender a ação total, a atividade fragmentária tem de cessar. Não é possível correr os olhos por toda a amplidão do firmamento, passando-se de uma janelinha para outra. Temos de abandonar todas as janelas, não achais?

"Isso parece finamente intelectual, mas ao ver os que padecem fome, os indigentes, um homem se revolta e deseja fazer alguma coisa."

E isso é naturalíssimo. Mas a mera reforma torna sempre necessárias reformas adicionais, e prosseguir com essas diferentes atividades fragmentárias, sem compreensão da ação total, parece-me muito nocivo e destrutivo.

"Como chegaremos a compreender essa ação total a que vos referis?", perguntou o outro.

Em primeiro lugar, é claro, devemos abandonar a parte, que é o grupo, a nação, e a ideologia. Aferrados a essas coisas, esperamos ser capazes de compreender o todo, sendo isso uma impossibilidade. É a mesma coisa que um homem ambicioso querer amar. Para se alcançar o amor, tem de desaparecer o desejo de êxito, de poder e posição. Não se pode ter as duas coisas ao mesmo tempo. De modo idêntico, a mente, cujo pensar é necessariamente fragmentário, é incapaz de descobrir essa ação total.

"Como descobri-la, então?" indagou o amigo.

Não há fórmula para esse descobrimento. O sentimento de ser integral, completo, difere sobremodo da descrição intelectual desse estado. Não sentimos esse "ser total", mas esperamos que, juntando os fragmentos, teremos o todo. Senhor, se permitis perguntar, porque fazeis o que quer que seja?

"Sinto e penso, e daí deflui a ação."

Isso não leva à contradição, em vossas diferentes atividades?

"Freqüentemente isso acontece, mas pode-se evitar essa contradição se nos atemos a uma clara norma de ação."

Por outras palavras, excluís todas as atividades que não tenham relação com aquela que escolhestes. Mais cedo ou mais tarde, isso não criará confusão?

"Talvez. Mas que fazer?", perguntou um pouco agastado.

Esta é apenas uma pergunta verbal, ou estais começando a sentir que o ater-se a um padrão de ação escolhido é limitativo e danoso? É porque não sentis a necessidade de ação total que andais às voltas com atividades contraditórias. Mas para sentirdes a necessidade de ação total, deveis investigar profundamente em vós mesmo. Não há investigação sem humildade. Para aprender, necessita-se de humildade; mas vós já sabeis, e como pode um homem que sabe, ser humilde? Quando há humildade, não se pode ser reformador ou político.

"Então, nada podemos fazer e seremos reduzidos à escravidão por aqueles da extrema-esquerda, cuja ideologia promete um paraíso sobre a Terra! Eles se tornarão poderosos e nos liquidarão. Mas tal eventualidade pode positivamente ser evitada pela legislação inteligente, e pela reforma, e pela gradual socialização da indústria. É o que visamos."

"Mas — e quanto à humildade?, perguntou o primeiro. "Percebo sua importância, mas como alcançá-la?"

Não será, por certo, por meio de um método. Praticar humildade é cultivar o orgulho. Um método implica êxito, e êxito é arrogância. A dificuldade é que a maioria de nós deseja ser *alguém,* e essa atividade reformadora parcial oferece-nos uma oportunidade de satisfazermos esse anelo. A revolução econômica ou política é também parcial, fragmentária, e leva a mais tirania e mais sofrimentos, como recentemente se viu. Só há uma revolução total, a revolução religiosa, que nenhuma relação tem com a religião organizada, outra forma de tirania. Mas, por que não existe humildade?

"Pela simples razão que, se fôssemos humildes, nada poderíamos fazer", afirmou o amigo. "A humildade é para o recluso, e não para o homem de ação."

Vê-se que não vos afastastes de vossas conclusões, não é verdade? Entrastes com elas e com elas saireis; e pensar partindo de conclusões não é pensar, absolutamente.

"Que impede a humildade?", perguntou o primeiro.

O medo. O medo de dizer "não sei"; medo de não ser um líder, de não ser importante; medo de não tomar parte no espetáculo, seja um espetáculo tradicional, seja a mais nova ideologia.

"Eu tenho medo?", perguntou, pensativamente.

Pode outra pessoa responder a esta pergunta? Não deve o indivíduo descobrir por si mesmo a verdade contida na questão?

"Suponho que, por me achar há tanto tempo em posição de evidência, acabei-me convencendo de que as atividades que exerço são as únicas boas e verdadeiras. Tendes toda a razão. Verifica-se, de fato, uma certa modificação e ajustamento de nossa parte, mas não ousamos pensar muito profundamente, pois desejamos ombrear com os líderes, ou pelo menos ser partidários deles; não queremos ficar esquecidos."

Tudo isso, por certo, indica que não estais realmente interessado no povo, porém em ideologias, planos e Utopias. Não amais o povo, nem sentis compaixão por ele; amais a vós mesmo, através de vossa identificação pessoal com certas teorias, ideais e atividades reformadoras. *Vós* subsistis, revestido de uma diferente respeitabilidade. Ajudais o povo em nome de alguma coisa, em benefício de alguma coisa. Em verdade, não vos interessa ajudar o povo, porém, sim, favorecer o plano ou essa organização que afirmais se destina a ajudar o povo. Não é aí que reside vosso verdadeiro interesse?

Ficaram em silêncio, e retiraram-se.

LIBERDADE DO "CONHECIDO"

NOITE MUITO clara e estrelada. Não se via uma nuvem no céu. O surdo bramir da cidade vizinha se abatera, e grande era a tranqüilidade, não quebrada sequer por um pio de coruja. A lua, em minguante, estava exatamente acima das altas palmeiras, muito quietas, no encantamento do silêncio. Orion já ia bem alto, na parte ocidental do céu, e o Cruzeiro do Sul encimava as colinas. Não havia uma só casa iluminada e o estreito caminho era deserto e escuro.

Repentinamente, de alguma parte dentre as árvores, ouviu-se um som de lamentações. A princípio era um som abafado, produzindo estranha impressão de mistério e terror. Ao aproximarem-se mais, as lamentações se tornaram estridentes e barulhentas, parecendo artificiais; a tristeza não tinha bem a ressonância de autenticidade. Afinal surgiu, no campo livre, um cortejo de pessoas munidas de lanternas, e as lamentações prosseguiram ainda mais barulhentas. Sobre os ombros transportavam o que, ao pálido luar, parecia ser um defunto. Seguindo lentamente por um caminho que atravessava o terreno livre e virava para a direita, o cortejo tornou a desaparecer entre as árvores. Mais uma vez houve silêncio completo — aquele estranho silêncio que se manifesta quando a terra dorme, e que tem uma qualidade toda peculiar. Não era o silêncio da floresta, do deserto, das paragens remotas, ermas; tampouco era o silêncio de uma mente desperta. Era o silêncio do labor e do cansaço, da tristeza e do superficial adejar da alegria. Esse silêncio cessaria com a vinda da aurora e retornaria ao chegar de novo a noite.

Na manhã seguinte, nosso hospedeiro perguntou: "Aquele cortejo, ontem à noite, vos incomodou?"

Que era aquilo?

"Quando uma pessoa se acha gravemente doente, chamam um médico, mas, como medida de precaução, levam também um homem que supõem ser capaz de expulsar o mal mortal. Depois de entoar um cantochão sobre o doente e de executar uma porção de coisas fantásticas, o próprio exorcista se deita e toma o aspecto de quem está passando pelos estertores da morte. Depois atam-no a uma padiola e o conduzem em procissão, com muitas lamentações, para o cemitério ou crematório, deixando-o lá. Pouco depois, seu ajudante desata as cordas e o homem retorna à vida; torna-se a executar o cantochão perto do doente e, após, todos voltam placidamente a suas casas. Se o doente sara, a mágica foi eficaz; se não, é porque o mal era forte demais."

O senhor de meia-idade que viera era *sannyasi*, asceta religioso que tinha abandonado o mundo. A cabeça rapada, tinha por vestimenta apenas uma tanga limpa, cor de açafrão, e empunhava longo cajado que depositou a seu lado, após sentar-se no chão com o desembaraço criado pela longa prática. O corpo era magro e bem disciplinado, ligeiramente reclinado para a frente, em atitude de quem escuta, mas o dorso perfeitamente ereto. Homem muito asseado, de rosto limpo e fresco, e com um ar de dignidade extramundana. Quando falava, erguia os olhos, mas, do contrário, conservava-os baixos. Notava-se nele algo muito agradável e amistoso. Percorrera a pé todo o país, peregrinando de aldeia em aldeia, de cidade em cidade. Só caminhava nas horas da manhã e ao entardecer, e não quando o sol era quente. Sendo *sannyasi* e membro da mais alta casta, não tinha dificuldade em obter comida, pois era recebido com respeito e alimentado com desvelo. Quando, em raras ocasiões, viajava de trem, ia sempre sem bilhete de passagem, pois era um "santo" e seu ar o de um homem cujos pensamentos não estão neste mundo.

"Desde pequeno, sentíamos pouca atração pelo mundo, e quando abandonamos a família, a casa paterna, a propriedade, foi para sempre. Nunca mais voltamos. Foi uma vida árdua, mas agora a mente está bem disciplinada. Ouvimos os instrutores espirituais do norte e do sul; peregrinamos a diferentes santuários e templos, onde havia santidade e o ensino correto. *Buscamos*, no silêncio de lugares solitários, longe das moradas humanas, e conhecemos os efeitos benéficos da solidão e da meditação. Testemunhamos as convulsões que nosso país atravessou em anos recentes — a instigação do homem contra o homem, de seita contra seita, a matança, e as idas e vindas dos líderes políticos, com seus planos e promessas de benefícios. Os astutos e os inofensivos, os poderosos e os fracos, os ricos e os pobres, sempre coexistiram e sempre coexistirão; porque tal é a lei do mundo."

Calou-se por minutos e depois continuou.

"Na palestra de uma dessas noites, foi dito que a mente deve estar livre de idéias, conclusões. Por quê?"

Pode a busca iniciar-se de uma conclusão, de uma coisa já conhecida? A busca não deve iniciar-se em liberdade?

"Quando há liberdade, há necessidade de busca? A liberdade é o fim da busca."

Por certo, a liberdade do conhecido é apenas o começo da busca. A não ser que a mente esteja livre do conhecimento, como experiência e conclusão, não há descobrimento, mas tão-só continuação, embora modificada, do que já existia. O passado dita e interpreta a nova experiência e desse modo fortalece a si mesmo. Pensar partindo de uma conclusão, de uma crença, não é pensar, absolutamente.

"O passado é o que somos agora, é constituído das coisas que acumulamos, mercê do desejo e suas atividades. Existe a possibilidade de se estar livre do passado?"

Não existe? Nem o passado, nem o presente é estático, fixo, definitivamente estabelecido. O passado resulta de muitas pressões, influências e experiências em conflito, e ele se torna o presente móvel, que também se vai modificando, transformando, sob a incessante pressão de muitas influências diferentes. A mente é resultado do passado, formada pelo tempo, pelas circunstâncias, por incidentes e experiências baseadas no passado. Mas tudo o que lhe sucede, interior e exteriormente, nela influi. Ela não continua a ser o que era, nem continuará a ser o que é.

"É sempre assim?"

Só uma coisa "especializada" está posta para sempre num molde. Uma semente de arroz nunca, em circunstância alguma, se tornará um pé de trigo, e a rosa nunca poderá tornar-se palmeira. Mas, felizmente, a mente humana não é "especializada" e tem sempre a possibilidade de libertar-se do que foi; ela não tem de ser, necessariamente, escrava da tradição.

"Mas não se pode com tanta facilidade acabar com o *karma;* o que se construiu através de muitas vidas não pode ser prontamente quebrado."

Por que não? O que foi construído no decorrer de séculos ou ainda ontem, pode ser desfeito imediatamente.

"De que maneira?"

Pela compreensão dessa cadeia de causa-efeito. Nem causa nem efeito é coisa definitiva, imutável; isso significaria perpétua escravização e degenerescência. Cada efeito de uma causa está sujeito a muitas influências, internas e externas, está a modificar-se incessantemente e a se tornar por sua vez a causa de outro efeito. Pela compreensão do que está realmente sucedendo, esse processo pode ser detido instantaneamente, e há então liberdade daquilo que foi. *Karma* não é uma cadeia perpétua; é uma cadeia que pode ser quebrada a qualquer momento. O que ontem foi feito pode ser desfeito hoje; não há continuidade permanente de coisa alguma. A continuidade pode e deve ser dissolvida pela compreensão de seu processo.

"Tudo isso pode ser percebido claramente, mas há outro problema para esclarecer. É este: O apego à família e à propriedade desapareceu há muito tempo; mas a mente continua apegada a idéias, a crenças, a visões."

Por quê?

"Foi fácil sacudir o apego às coisas mundanas, mas com as coisas do espírito o caso é diferente. A mente se constitui de pensamento, e o pensamento existe na forma de idéias e crenças. A mente não ousa estar vazia, porque, se ficasse vazia, deixaria de existir; por isso está apegada a idéias, a esperanças, e à sua crença em coisas existentes além dela própria."

Dissestes que foi fácil sacudir o apego à família e à propriedade. Por que então não é fácil vos livrardes do apego às idéias e crenças? Não estão presentes os mesmos fatores, em ambos os casos? Um homem se apega à família e à propriedade porque, privado delas, se sente perdido, vazio, sozinho; e é pela mesma razão que a mente está apegada a idéias, visões e crenças.

"Sim, de fato. Estar fisicamente, em lugares solitários, nenhuma preocupação causa, porque se pode estar só também no meio de uma multidão; mas a mente reluta em se despojar das coisas da mente."

Esta relutância é medo, não? O medo é causado, não pelo fato de se estar exterior ou interiormente só, porém pela previsão do *sentimento* de solidão. Tememos, não o fato, porém o efeito previsto do fato. A mente prevê, e tem medo do que *possa acontecer*.

"O medo, então, é sempre do futuro que se prevê, e nunca do fato?"

Não é? Quando há medo ao que *foi*, esse medo não é do próprio fato, mas de que ele seja descoberto, revelado, e isso, por sua vez, está no futuro. A mente teme, não o desconhecido, porém a perda do conhecido. Não há medo ao passado; o medo é causado pelo pensamento nos possíveis efeitos desse passado. A pessoa tem medo da solidão interior, do sentimento de vazio que poderá surgir se a mente já nada tiver a que se apegar; por isso existe o apego a uma ideologia, uma crença, o qual impede a compreensão do que *é*.

"Isso também está claro."

E não deve a mente estar só, vazia? Não deve ficar intata do passado, do coletivo, e da influência de nosso próprio desejo?

"Isto ainda é preciso descobrir."

TEMPO, HÁBITO E IDEAIS

TINHAM CAÍDO copiosas chuvas, elevando-se a água sete polegadas por dia, durante uma semana, e o rio estava cheio. Já transbordara e algumas das aldeias estavam inundadas. Os campos jaziam debaixo d'água e o gado tivera de ser removido para terreno mais elevado. Algumas polegadas mais e a água cobriria a ponte, e isso seria um sério contratempo; mas justamente quando começava a alcançar o ponto perigoso, a chuva cessou e o rio começou a baixar. Uns macacos que se tinham refugiado nas árvores ficaram isolados e ali teriam de ficar por mais uns dias.

Certa manhã, muito cedo, depois de baixarem as águas, saímos pelo campo aberto, plano quase até à raiz da serra. A estrada passava por uma série de aldeias e fazendas equipadas de modernas máquinas. Estávamos na primavera e as árvores frutíferas, ao longo da estrada, cobriam-se de flores. O carro corria suavemente. Ouvia-se o zumbir do motor e o chiar dos pneumáticos na estrada; entretanto, havia em toda a parte um silêncio extraordinário — entre as árvores, sobre o rio, e sobre os campos plantados.

A mente só está silenciosa, rica de energia, quando há aquela atenção em que toda contradição, todas as atrações, em diferentes sentidos, criadas pelo desejo, deixaram de existir. A luta do desejo para conquistar o silêncio não produz silêncio. O silêncio não se adquire por meio de compulsão, em qualquer forma que seja; não é a recompensa da repressão ou mesmo da sublimação. Mas a mente que não está silenciosa nunca será livre; e só para a mente silenciosa se abre o céu. A felicidade suprema que a mente busca não é encontrada por meio dessa busca e tampouco reside na fé. Só a mente silenciosa pode receber essa bênção, que não vem da igreja nem da crença. Para que a mente silencie, todas as suas partes contraditórias devem unir-se, fundir-se na chama da compreensão. A mente silenciosa não é uma mente reflexiva. Para refletir, há necessidade de observador e coisa observada — do experimentador carregado do passado. Na mente silenciosa nenhum centro existe, como ponto de partida para "vir a ser", ser ou pensar. Todo desejo é contradição, porque todo centro de desejo está oposto a outro centro. O silêncio da mente total é meditação.

Era homem um tanto jovem, de cabeça grande, olhos límpidos e mãos que pareciam eficientes. Falava com desembaraço e segurança e tinha trazido a mulher, matrona de ares presumidos, que evidentemente nada iria dizer. Viera provavelmente por persuasão dele, e preferia ficar escutando.

"Sempre tive interesse em assuntos religiosos", disse ele, "e de manhã cedo, antes de as crianças se levantarem e de começar o movimento doméstico, passo considerável espaço de tempo praticando a meditação. Acho muito útil a meditação, para se conseguir controlar a mente e cultivar certas virtudes necessárias. Ouvi há dias vossa palestra sobre meditação, mas como sou novato no vosso ensino, não consegui entendê-la. Mas não é sobre isso que vim falar. Vim falar a respeito do tempo — do tempo como meio para a "realização" do Supremo. No meu fraco entender, o tempo é necessário para o cultivo das qualidades e sensibilidades mentais tão necessárias para se alcançar o esclarecimento. Não é exato isso?"

Se se começa com certas suposições, é possível descobrir a verdade encerrada na questão? As conclusões não impedem a clareza do pensamento?

"Sempre me pareceu verdadeiro que o tempo é necessário para se alcançar a libertação. É o que afirma a maioria dos livros religiosos, e nunca contestei isso. Sabe-se de casos de indivíduos esparsos, que realizaram instantaneamente o "estado sublimado"; mas são poucos, muito poucos. Nós outros necessitamos de tempo, breve ou longo, para prepararmos a mente para receber aquela bem-aventurança. Mas percebo muito bem o que quereis dizer, ao afirmardes que, para pensar claramente, a mente deve libertar-se das conclusões."

E é dificílimo nos libertarmos delas, não?

Ora, que se entende por "tempo"? Temos o tempo marcado pelo relógio, o tempo como passado, presente e futuro. Há tempo como memória, tempo como distância — movimento de um ponto para outro — e tempo como realização — processo de "vir a ser" algo. Tudo isso é o que entendemos por tempo. E é possível à mente libertar-se do tempo, ultrapassar suas limitações? Comecemos com o tempo cronométrico. Pode uma pessoa libertar-se do tempo, no sentido concreto, cronológico?

"Decerto que não, quando precisa pegar um trem! Para que haja atividades sãs no mundo, para que se mantenha uma certa ordem, é essencial o tempo cronológico."

Temos ainda o tempo como memória, hábito, tradição; e o tempo como esforço para conseguir, realizar, "vir a ser". Naturalmente, precisa-se de tempo para aprender uma profissão, adquirir uma técnica. Mas o tempo é também necessário para a "realização" do Supremo?

"Parece-me que é."

Qual a entidade que procura conseguir, realizar?

"Suponho que seja isso que se chama "eu"."

E este é um feixe de lembranças e associações, tanto conscientes como inconscientes. É ele a entidade que goza e sofre, que praticou virtudes, adquiriu conhecimentos, acumulou experiência, a entidade que conheceu o preenchimento e a frustração, e que pensa que existe a alma, *Atman,* Eu Superior. Essa entidade, o "eu", "ego", é produto do tempo. O tempo é sua própria substância. Ela pensa no tempo, funciona no tempo e se completa no tempo. Esse "eu", que é memória, pensa que através do tempo alcançará o Supremo. Mas o seu "Supremo" é algo que ele próprio formulou, e portanto está contido também na esfera do tempo, não achais?

"Pela maneira como o revelais, de fato parece que o produtor de esforço e o fim que luta para alcançar estão ambos na esfera do tempo."

Através do tempo só se pode alcançar o que o tempo criou. O pensamento é reação da memória, e o pensamento só pode "realizar" aquilo que o pensamento construiu.

"Estais dizendo, senhor, que a mente deve libertar-se da memória e do desejo de conseguir, realizar?"

Lá chegaremos, daqui a pouco. Se o permitis, consideremos o problema de maneira diferente. Consideremos a violência, por exemplo, e o ideal da "não violência". Diz-se que o ideal de "não violência" coíbe a violência. Mas isso é verdade? Digamos que eu seja violento e meu ideal seja o de não ser violento. Há um intervalo, um vão, entre o que realmente sou, e aquilo que eu *deveria ser* — o ideal. Para se cobrir essa distância intermediária, requer-se tempo; o ideal tem de ser alcançado gradativamente, e esse intervalo de gradual aproximação me dá oportunidade para entregar-me ao prazer da violência. O ideal é o oposto daquilo que sou, e todos os opostos contêm as sementes dos respectivos opostos. O ideal é uma projeção do pensamento, que é memória, e a prática do ideal uma atividade egocêntrica, tal como o é a violência. Há séculos que se diz, e continuamos a repetir, que o tempo é necessário para nos libertarmos da violência; mas isso é mero hábito e nenhuma sabedoria contém. Continuamos violentos. O tempo, portanto, não é fator de libertação; o ideal da "não violência" não liberta a mente da violência. Mas, não pode a violência cessar, simplesmente — não amanhã, ou daqui a dez anos?

"Quereis dizer instantaneamente?"

Ao empregardes esta palavra, não estais ainda pensando ou sentindo em termos de tempo? Pode a violência *cessar* — só isso — sem ser num dado momento?

"É possível tal coisa?"

Só com a compreensão do tempo. Estamos acostumados com os ideais, temos o hábito de resistir, reprimir, sublimar, substituir, e tudo isso implica esforço e luta através do tempo. A mente pensa segundo seus hábitos; está condicionada para o "gradualismo" e chegou ao ponto de considerar o tempo como meio de alcançar-se a libertação da violência. Com a compreensão da falsidade de todo esse processo, vê-se a verdade relativa à violência, e *este* é que é o fator libertador, não o ideal ou o tempo.

"Acho que compreendo o que estais dizendo, ou, antes, sinto-lhe a verdade. Mas não é muito difícil libertar a mente do hábito?"

Só é difícil quando *lutamos* contra o hábito. Considere-se o hábito de fumar. Lutar contra esse hábito é dar-lhe vida. O hábito é mecânico, e resistir-lhe é apenas alimentar a máquina, dar-lhe mais força. Mas, se estudardes a mente e observardes a formação de seus hábitos, então com a compreensão do fator mais importante, o menos importante se torna insignificante e cai por si.

"Por que forma hábitos a mente?"

Observai com atenção os movimentos de vossa própria mente, e descobrireis por quê. A mente forma hábitos a fim de se pôr segura, protegida, certa, não perturbada, a fim de ter continuidade. A memória é hábito. Falar determinada língua é um processo de memória, de hábito; mas o que se expressa nessa língua, uma série de pensamentos e sentimentos, isso também é produto do hábito, coisa baseada no que nos disseram, na tradição, etc. A mente se move do conhecido para o conhecido, de uma certeza para outra; por isso nunca há libertação do conhecido.

Isso nos leva de volta aquilo com que começamos. Presume-se que o tempo é necessário para a realização do Supremo. Mas o que o pensamento pode pensar está sempre contido na esfera do tempo. A mente nenhuma possibilidade tem de formular o desconhecido. Poderá especular a respeito do desconhecido, mas sua especulação não é o desconhecido.

"Surge então o problema: como realizar o Supremo?"

Por nenhum método. Praticar um método é cultivar outra série de memórias, ligadas ao tempo; mas a "realização" só é possível quando a mente já não está vinculada ao tempo.

"Pode a mente libertar-se da sujeição por ela própria criada? Não há necessidade de um agente exterior?"

Quando buscais um agente exterior, vos encontrais de novo com vosso condicionamento, vossas conclusões. A única coisa que nos interessa é esta: Pode a mente libertar-se da prisão que ela própria criou? Todas as outras questões são impertinentes e impedem a mente de dar atenção a essa única questão. Não há atenção, quando há motivo, pressão para conseguir, realizar; isto é, quando a mente visa a um resultado, um fim. Descobrirá ela a solução deste problema, não através de argumentos, opiniões, convicções ou crenças, porém pela própria intensidade da questão em si.

PODE-SE BUSCAR DEUS POR MEIO DA RELIGIÃO ORGANIZADA?

O SOL POENTE banhava os verdes arrozais e as altas palmeiras. Os campos contornavam os agrupamentos de palmeiras, e um ribeiro que corria através dos campos e por entre os palmeirais espelhava o áureo fulgor, que lhe dava vida. A terra regurgitava de riquezas. Tinha chovido muito e a vegetação era densa; até das estacas das cercas brotavam folhas verdes. O mar estava cheio de peixes e não se passava fome na região; o povo andava bem nutrido e o gado gordo e preguiçoso. Por toda a parte se viam crianças, pouco vestidas e bronzeadas pelo sol.

Era uma tarde encantadora e fresca, após um dia de sol quente. Das colinas vinha suave viração, e as palmas ondulantes davam forma e beleza ao céu. O pequeno carro subia, arfante, uma ladeira e a menina que ocupava conosco o assento fronteiro tinha-se acomodado confortavelmente. Muito acanhada, não dizia palavra, mas era toda olhos, tudo notava. Na estrada havia muita gente, uns bem vestidos, outros quase nus. Um homem que por única vestimenta tinha um pedaço de pano atado com um barbante, estava de pé, dentro do ribeiro, perto da margem. Mergulhou na água várias vezes, esfregou-se bem, tornou a mergulhar e saiu. Depressa escureceu, e os faróis do carro clareavam os transeuntes e as árvores.

É estranho como a mente se acha sempre ocupada com seus próprios pensamentos, sempre observando e escutando. Nunca está verdadeiramente vazia; e quando por acaso parece estar, está simplesmente apagada ou a devanear. Ela pode encontrar-se ocupada, desejando tornar-se vazia, porém vazia nunca está; e tão completamente ocupada que está, não há possibilidade de nenhum outro movimento. Tornando-se cônscia de seu estado de ocupação constante, tenta desocupar-se, esvaziar-se. O método, a prática promissora de paz, torna-se sua nova ocupação. Este ou aquele pensamento — sobre as obrigações, a família, o futuro — ocupa perpetuamente a mente. Está ela sempre repleta de um confuso amontoado de coisas por ela própria ou por outrem fabricadas; há nela um movimento incessante e de pouca significação.

A mente ocupada é mente medíocre, quer sua ocupação tenha por objeto Deus, quer tenha por objeto a inveja ou o sexo. A solidão, o movimento egocêntrico da mente, é uma ocupação mais profunda, que ela procura encobrir com atividades. A mente nunca se enriquece do vazio completo; há nela sempre um canto em que está ativa, planejando, tagarelando, ocupada.

O vazio total da mente, quando alumiada até em seus mais recônditos recessos, tem uma intensidade que não é o frenesi de estar ocupada e que não está sujeita a diminuir, com a resistência que acompanha toda ocupação. Nada havendo a que resistir ou que vencer, essa intensidade é silêncio sem esforço. A mente ocupada não conhece esse silêncio. Mesmo os seus movimentos de desocupação constituem apenas soluções de continuidade de sua ocupação, as quais ela depressa corrige. O silêncio do vazio não é o oposto da ocupação. Todos os opostos estão contidos no padrão da luta. Aquele silêncio não é um resultado, um efeito, porquanto nenhum "motivo" tem, nem causa. Toda causa-efeito está contida na esfera da atividade egocêntrica. O "eu", entregue à sua ocupação, nunca conhecerá essa intensidade de silêncio, nem o que nela e além dela se acha.

Tinham vindo três homens, de uma cidade distante, de trem e de ônibus. Um dêles bem mais velho que os outros dois, de barba bem tratada, era o porta-voz dos outros, que, entretanto, de modo nenhum lhe pareciam subservientes. De falar lento e deliberado, citava profusamente as autoridades consagradas. Nunca se mostrava impaciente, aparentando certo ar de tolerância. Dos dois moços, um era quase calvo, e o outro muito cabeludo. O que estava a tornar-se calvo não parecia ter ainda firmado opinião a respeito de assuntos sérios e mostrava disposição para examinar o que se estava dizendo; mas, aqui e ali, transpareciam bem definidos padrões de pensamento. Sorria largamente quando falava, mas não gesticulava. O outro era algo tímido e muito pouco falava.

"Não é possível encontrar Deus por meio das organizações religiosas já solidamente alicerçadas?", inquiriu o mais velho.

Se permitis perguntar, por que fazeis essa pergunta? Trata-se de um problema sério em si, ou simplesmente de um intróito a um problema sério? Se há outro problema mais sério, na base deste, não seria mais simples irmos diretamente a ele?

"Esta questão, por enquanto, é muito séria, pelo menos para nós. Todos vos ouvimos falar há dois anos, da última vez que aqui estivestes, parecendo-nos, então, que éreis demasiado severo em vosso raciocinar a respeito das religiões organizadas. Meus dois amigos e eu pertencemos a uma delas; mas aos poucos começamos a compreender que talvez tenhais razão, e por isso desejamos conversar seriamente sobre o assunto."

Em primeiro lugar, que significa ser "sério"? Nós somos "sérios", passageiramente, a respeito de muitas coisas. Já que todos vos destes ao trabalho de vir aqui, não seria bom começarmos por compreender o que se estende por "seriedade"?

"Talvez não sejamos tão sérios como desejaríeis que fôssemos, mas consagramos todo o tempo disponível à busca de Deus."

O tempo que se consome com o fazer certa coisa é indicativo de seriedade? O negociante, o trabalhador de escritório, o cientista, o carpinteiro — todos dedicam muito tempo a suas respectivas ocupações. Vós os consideraríeis *sérios,* pois não?

"A certo respeito, sim. Mas a seriedade com que nos aplicamos à busca de Deus é completamente diferente. É difícil defini-la com palavras."

A *seriedade,* no primeiro caso, é exterior, superficial, enquanto, no segundo caso, ela é mais íntima, mais profunda, exigindo muito mais discernimento, etc.; não é assim?

"É mais ou menos isso o que ele quer dizer", atalhou o meio-calvo. "Dedicamos tanto tempo quanto possível à meditação, à leitura dos livros sagrados e à freqüência às reuniões religiosas. Em suma, somos muitos *sérios,* em nossa busca de Deus."

Agora, o tempo é fator de seriedade? Ou a seriedade depende do estado de nossa mente?

"Não percebo bem o que quereis dizer com "estado de nossa mente"."

Por mais séria que seja uma mente medíocre ou não amadurecida, ela é sempre limitada, superficial, dependente, sujeita a influências. Interessar-se apenas por uma parte da vida é ser apenas parcialmente *sério;* mas a mente que se interessa pela totalidade da vida apreciará todas as coisas com sério intento. Essa mente é totalmente *séria,* ardorosa.

"Parece que quereis dizer que nunca consideramos a vida como um todo", disse o mais velho, "e receio que tenhais razão."

A indagação parcial só encontra resposta parcial, e por mais séria que a pessoa seja, sua seriedade será sempre fragmentária. Essa mente nunca encontrará a verdade a respeito de coisa alguma.

"Como então adquirir a seriedade total?"

O "como" nenhuma importância tem. Não há nenhum método nem exercício para despertar esse sentimento — o sentimento da mente que visa à compreensão da totalidade de seu próprio ser. Encontraremos esse sentimento, espero-o, na continuação desta nossa palestra. Mas começastes perguntando se Deus pode ser encontrado por meio da religião organizada.

"Sim, foi essa a nossa pergunta", respondeu o semicalvo. "Tudo o que sabemos de religião é o que nos foi inculcado desde crianças. Através dos séculos, as religiões organizadas nos vêm ensinando a crer isso ou aquilo. Praticamente todos os santos de que temos conhecimento seguiram a religião de seus antepassados e submetiam-se à autoridade de seus livros sagrados. Nós três, aqui, pertencemos a uma das tradicionais organizações religiosas, mas desde que vos ouvimos, começamos a duvidar ou, pelo menos eu comecei a duvidar — da vantagem de pertencer a qualquer organização religiosa. É sobre isso que desejamos falar."

Que implica uma organização? Organizamo-nos, a fim de cooperarmos na execução de uma certa coisa. A organização é necessária, para a ação eficaz, se vós e eu desejamos cooperar em algo. Temos de organizar-nos, estabelecer relações adequadas entre nós, se desejamos levar a efeito um dado plano político, social, ou econômico. As organizações religiosas estão no mesmo pé? E que entendeis por religião?"

"Para mim, a religião é o caminho da vida", replicou o terceiro. "O caminho da vida é traçado para nós por nossos instrutores espirituais e pelos livros sagrados, e o seguir esse caminho, em nossa vida diária, é o que constitui religião."

Religião é questão de seguirmos um padrão traçado por outro, por maior que seja esse outro? Seguir é apenas ajustar-se, imitar, na esperança de receber uma confortadora recompensa; e isso, positivamente, não é religião. O libertar do indivíduo da inveja, da avidez e da violência, do desejo de êxito e de poder, de modo que sua mente fique livre de autocontradições, conflitos, frustrações — não é esse o "caminho" da religião? Pois só uma mente nesse estado pode descobrir o verdadeiro, o real. Essa mente, que de modo nenhum está sujeita a influências e pressões, é capaz de ficar serena, tranqüila; e é só quando a mente está totalmente tranqüila, que existe a possibilidade de despontar aquilo que ultrapassa os limites mentais. Mas as religiões organizadas apenas condicionam a mente a determinado padrão de pensamento.

"Mas nós fomos educados para pensar dentro do padrão, com seu código de moralidade", disse o meio-calvo. "O templo ou a igreja, com sua adoração, suas cerimônias, suas crenças e dogmas — para nós, isso sempre foi religião, e vós o estais destruindo, sem nada colocardes no seu lugar."

É preciso deitar fora o falso, para que surja o verdadeiro. A solidão da mente é essencial; e o "caminho" da religião é o desembaraçar da mente do padrão formado pelo "coletivo", pelo passado. Agora a mente está enredada na moralidade coletiva, com sua ânsia de aquisição, sua ambição, sua respeitabilidade e busca de poder. A compreensão de tudo isso tem sua ação própria, que liberta a mente do "coletivo", tornando-se ela então capaz de amar, de sentir compaixão. Só então se manifesta o Sublime.

"Mas ainda não somos capazes de tamanha compreensão", disse o mais velho. "Necessitamos ainda da cooperação e orientação de outros, para sermos guiados na direção correta. Essa cooperação e orientação nos é dada pelo que chamamos "religião organizada."

Necessitais realmente da ajuda de outrem para vos livrardes da inveja, da ambição? E quando contais com a ajuda de outrem, há então liberdade? Ou a liberdade só pode vir com o autoconhecimento? Autoconhecimento é coisa dependente de orientação, de ajuda organizada? Ou as ações do "eu" devem ser descobertas momento por momento em nossas relações diárias? A dependência de outrem, ou de uma organização, gera temor, não é verdade?

"Pode haver uns poucos fortes bastante para marcharem sozinhos e combaterem o mundo, mas a grande maioria de nós necessita do amparo confortante da religião organizada. Nossas vidas, em geral, são vazias, monótonas, sem muita significação, e parece-me melhor preencher esse vazio com crenças religiosas, do que preenchê-lo com divertimentos estúpidos, ou com o traquejo proveniente das idéias e desejos mundanos."

Enchendo esse vazio com crenças religiosas, vós o enchestes com palavras, não é verdade?

"Somos o que se considera pessoas estudadas", disse o meio calvo. "Cursamos a faculdade, exercemos cargos relativamente bons, etc. Além disso, a religião sempre foi para nós de sumo interesse. Mas percebo agora que o que considerávamos religião não é religião, absolutamente. Por outro lado, o libertar-se dessa prisão do "coletivo" requer mais energia e compreensão do que geralmente possuímos; assim, que devemos fazer? Se abandonássemos a organização religiosa a que pertencemos, ver-nos-íamos perdidos, e mais cedo ou mais tarde adotaríamos outra crença com que enganarmos a nós mesmos e preenchermos nosso vazio. É forte a atração exercida pelo "caminho" costumado, e por isso, indolentemente, o seguimos. Mas, depois de conversarmos sobre este assunto, certas coisas se me tornaram mais claras do que nunca; e essa claridade, talvez, produzirá sua ação própria."

ASCETISMO E "SER TOTAL"

VOÁVAMOS A GRANDE altura — mais de quatro mil metros. O avião ia completamente lotado, sem um único lugar vago. Nele viajava gente de todas as partes do mundo. Muito abaixo, o mar, da cor do capim novo da primavera, era de uma beleza delicada, encantadora. A ilha de onde partíramos, era de um tom verde-escuro; e as estradas escuras e caminhos vermelhos, claramente delineados, coleando por entre os palmeirais e a densa vegetação verde, e os telhados vermelhos das casas, ofereciam agradável espetáculo. Agora estávamos além das nuvens, que ocultavam a terra, alargando milha sobre milha tanto quanto a vista pudesse alcançar. O mar se foi tornando gradualmente verde-cinza e por fim azul. Acima de nós, o céu de um azul pálido, imenso, tudo abarcava. De trás soprava um vento leve, e voávamos a grande velocidade — mais de trezentas e cinqüenta milhas à hora. Subitamente as nuvens se fenderam e, lá embaixo, muito longe, mostrou-se a terra árida, vermelha, com pouca vegetação. Seu vermelho lembrava o clarão de uma floresta incendiada. Nenhuma floresta havia, mas a própria terra estava como em chamas, não de fogo, porém em colorido; era um espetáculo intenso, impressionante. Pouco depois sobrevoávamos terras férteis, com aldeias e povoados esparsos entre os verdes campos.

A terra era aqui dividida segundo a conveniência do homem, e cada seção cultivada tinha seu dono. Semelhava um tapete imenso, multicor, no qual cada cor pertencesse a alguém. Um rio seguia seu sinuoso curso através de toda a região e ao longo de suas margens havia árvores, que projetavam as longas sombras da manhã. Ao longe divisavam-se as montanhas, estendendo-se por sobre a região, de ponta a ponta. Bela região, onde havia espaço e antiguidade.

Acima do barulho das hélices e das conversas do viajantes, e acima de sua própria tagarelice, a mente estava em movimento. A sua era uma viagem completamente silenciosa, não no tempo e no espaço, porém para dentro de si mesma. Esse movimento interior não era o jornadear externo da mente pela esfera limitada ou extensa por ela própria criada, criada pelo seu agitado passado. Não era uma viagem empreendida pela mente; era um movimento todo diferente. A totalidade da mente, e não apenas uma parte dela — sua parte oculta e a patente — estava por inteiro tranqüila. Aqui, o registrar do fato não é o fato; o fato é de todo diferente das palavras que o registram. Aquela tranqüilidade não estava compreendida na medida do tempo. "Vir a ser" e "ser" nenhuma relação têm entre si; movem-se em direções completamente diversas; um não conduz ao outro. Na tranqüilidade do "ser", o passado, como observador, como experimentador, não existe. Não existe, nela, atividade temporal. Não é ela uma lembrança a comunicar-se, porém o próprio e real movimento — o movimento do silêncio para o infinito. É um movimento que não parte de um centro, que não vai de um ponto para outro; ele não tem centro, não tem observador. É uma jornada do ser total, e o ser total não encerra a contradição do desejo. Nessa jornada do todo, não há ponto de partida, nem ponto de chegada. A mente está totalmente tranqüila, e essa tranqüilidade é um movimento que não é o jornadear da mente.

A chuva encharcante viera e passara, mas ainda se ouvia o som do gotejar da água por toda a parte. Na sala havia muita umidade, e levaria dias até tudo secar.

O visitante era um homem de olhos fundos e corpo bem formado. Havia renunciado ao mundo e suas lides; e, conquanto não trajasse as vestes da renúncia, em sua fisionomia se estampava o pensamento noutras coisas. Não estava barbeado de fresco, pois estivera viajando, mas achava-se banhado e suas roupas lavadas. De maneiras agradáveis e amistosas, mãos expressivas, deixou-se ficar sentado, em grave silêncio, por considerável tempo, provando a atmosfera, como que a tatear o caminho. A breve trecho, explicou:

"Ouvi-vos falar há muitos anos, por simples acaso, e algo do que dissestes ficou-me sempre guardado na memória: que a realidade não pode ser alcançada pela disciplina, nem por nenhuma forma de autotortura. Desde aquela época tenho viajado por todo país, vendo e ouvindo muitas coisas. Disciplinei-me rigorosamente. O dominar da paixão física não foi demasiado difícil, porém de outras formas de desejo não tem sido tão fácil livrar-me. Pratiquei a meditação diariamente, por muitos anos, sem conseguir utrapassar um certo ponto. Mas o que desejo examinar convosco é a autodisciplina. O controle do corpo e da mente é essencial — e, em considerável extensão, *já estão* controlados. Mas, ao conversar com um companheiro de peregrinação a respeito do processo da autodisciplina, percebi seus perigos. Esse companheiro produziu em si uma lesão física, a fim de dominar a paixão sexual. Vejo que uma pessoa pode exceder-se neste particular. Mas a moderação, na autodisciplina, não é coisa fácil. Toda espécie de realização produz um senso de força. É uma sensação inebriante a de conquistar outros, porém maior ainda é a de dominarmos a nós mesmos."

O ascetismo tem seus deleites, tal como os tem a mundanidade.

"Isso é perfeitamente verdadeiro. Conheço os deleites do ascetismo, e a sensação de força que ele proporciona. Como sempre o fizeram todos os ascetas e santos, reprimi os impulsos físicos, a fim de tornar a mente penetrante e quieta. Sujeitei os sentidos e os desejos deles procedentes a rigorosa disciplina, a fim de ser libertado o espírito. Neguei ao corpo toda espécie de conforto, e dormi em qualquer lugar; ingeri todo e qualquer alimento, afora a carne, e em certa época jejuei dias seguidos. Meditei longas horas, com deliberado esforço; mas, apesar de todas as lutas e penas, com suas sensações de poder e de íntima alegria, a mente não parece haver ultrapassado um certo ponto. É como se fôssemos de encontro a uma parede que não podemos, por mais que nos esforcemos, deitar abaixo."

Aquém dessa parede, estão as visões, as boas ações, as virtudes cultivadas, a adoração, as orações, a abnegação, os deuses; e todas essas coisas só têm a significação que a mente lhes atribui. A mente continua a ser o fator dominante, não é verdade? E é capaz a mente de ultrapassar suas próprias barreiras, ultrapassar a si mesma? A questão não é esta?

"É. Após trinta anos de disciplinamento estrênuo e deliberado, consagrados à meditação e à total abnegação, por que não pode ser demolida essa parede que nos veda a passagem? Tenho conversado com vários outros ascetas que já passaram pela mesma experiência. Há naturalmente os que afirmam ser necessário exercitar-nos mais arduamente na abnegação, mais determinadamente na meditação, etc.; mas eu sei que nada mais posso fazer. Todos os meus esforços só conduziram ao atual estado de frustração."

Não há nenhuma quantidade de trabalho e esforço que possa demolir essa parede aparentemente impenetrável; mas talvez possamos compreender o problema se o examinarmos de maneira diferente. É possível examinarmos os problemas da vida como um todo, com a totalidade de nosso ser?

"Acho que não estou percebendo o que quereis dizer."

Em algum momento tendes consciência de vosso ser inteiro, sua totalidade? A totalidade não pode ser conhecida pela reunião das muitas partes em conflito, pode? Pode-se encontrar o sentimento da totalidade de nosso ser — não o todo especulativo, aquilo que pensamos ou formulamos como o todo, porém o sentimento real do todo?

"Esse sentimento talvez seja alcançável, mas eu nunca o experimentei."

No momento, uma parte da mente está lutando para captar o todo, não é verdade? Uma parte luta contra outra parte, um desejo contra outro desejo. A mente oculta está em conflito com a patente; a violência tentando tornar-se não-violenta. A frustração é seguida da esperança, do preenchimento e de nova frustração. É só o que conhecemos. Há a incessante busca do preenchimento, cuja própria sombra é a frustração; por isso jamais conhecemos ou experimentamos a totalidade do ser. O corpo está contra o sentimento; e o sentimento contra o pensamento; o pensamento está à caça do que *deveria ser*, do ideal. Estamos divididos em fragmentos, e esperamos que, juntando esses fragmentos, construiremos o todo. Isso é possível, em algum tempo?

"Mas, que mais se pode fazer?"

Por enquanto, não nos preocupemos com a ação; talvez cheguemos a essa parte mais adiante. Este sentimento da totalidade de nosso ser, de nosso corpo, mente e coração, não é junção de todos esses fragmentos. Não podeis transformar desejos contraditórios num todo harmônico. O esforço para assim agir é ato da mente, e a mente, ela própria, é apenas uma parte. Uma parte não pode criar o todo.

"Percebo. E daí?"

Nossa investigação não tem o fim de descobrir o que se deve fazer, e, sim, de descobrir esse sentimento da totalidade de nosso ser, experimentá-lo realmente. Esse sentimento tem sua ação peculiar. Quando há ação sem haver esse sentimento, surge o problema de como transpor o vão existente entre o fato e *o que deveria ser*, o ideal. Aí, nunca sentimos completamente, há sempre algo que fica retido; nunca pensamos totalmente, pois há sempre medo; nunca atuamos livremente, pois há sempre um "motivo", algo para ganhar ou para evitar. Nosso viver é sempre parcial, nunca total, e por isso nos tornamos insensíveis. Pela repressão do desejo, pelo mero controle da mente, pela negação das necessidades corporais, torna-se o asceta insensível.

"Os nossos desejos não devem ser domados?"

Se os domamos, reprimindo-os, eles perdem o seu vigor e, nesse processo, as percepções se embotam, a mente se insensibiliza; embora se busque a liberdade, não há energia para encontrá-la. Necessita-se de abundante energia para se descobrir a verdade, e essa energia se dissipa por causa do conflito resultante da repressão, do ajustamento, da compulsão. Mas o ceder ao desejo também gera autocontradição, e isso, por sua vez, dissipa a energia.

"Como conservar então a energia?"

O desejo de conservar a energia é avidez. Essa energia essencial não pode ser conservada ou acumulada; ela se torna existente com a cessação da contradição interior. Por sua própria natureza, o desejo produz contradição e conflito. O desejo é energia, e cumpre compreendê-lo; ele não pode ser simplesmente reprimido ou submetido a ajustamento. Todo esforço de coagir ou disciplinar o desejo produz conflito, que traz consigo a insensibilidade. Cumpre conhecer e compreender todos os complicados movimentos do desejo. Seus movimentos não podem ser ensinados e aprendidos. Compreender o desejo é estar cônscio, imparcialmente, de seus movimentos. Se se destrói o desejo, destrói-se a sensibilidade e bem assim a intensidade que é essencial para a compreensão da verdade.

"Não há intensidade quando a mente está determinada?"

Essa intensidade é um obstáculo ao alcance da realidade, porque resultante de um limitar, um estreitar da mente, pela ação da vontade; e a vontade é desejo. Há outra intensidade, completamente diferente: a extraordinária intensidade que surge com o ser total, isto é, quando todo o nosso ser está integrado, não constituído de partes ajuntadas pelo desejo de resultado.

"Podeis dizer algo mais a respeito desse ser total?"

É o sentimento de estarmos completos, não divididos, não fragmentados — uma intensidade em que não há tensão, em que não há impulso do desejo com suas contradições. Essa intensidade, esse impulso profundo, não premeditado, só ela quebrará a parede que a mente ergueu em torno de si mesma. Essa parede é o "ego", o "eu". Toda atividade do "eu" é separativa, aprisionante, e quanto mais ele luta para romper suas próprias barreiras, tanto mais fortes essas barreiras se tornam. Os esforços do "eu" para ser livre revigoram sua própria energia, seu próprio sofrer. Só ao perceber-se a verdade a esse respeito, verifica-se o movimento do todo. Esse movimento é sem centro, porquanto não tem nem começo nem fim; é um movimento fora dos limites da mente — a mente que foi construída pelo tempo. A compreensão das atividades das partes da mente que se acham em conflito entre si e constituem o "eu", o "ego", é meditação.

"Vejo o que estive fazendo todos estes anos. Sempre houve um movimento partindo do centro — e esse próprio centro é que precisa ser quebrado. Mas como?"

Não há método para isso, porque qualquer método ou sistema se torna *o centro*. O percebimento da verdade de que esse centro precisa ser quebrado, produz a sua quebra.

"Minha vida tem sido uma luta incessante, mas percebo agora a possibilidade de pôr termo a este conflito."

O DESAFIO DO PRESENTE

O BECO DESCIA até o mar, saindo da ampla e bem iluminada avenida e ladeando os muros dos jardins de muitas casas ricas. Lá era quieto, porque os muros pareciam vedar os barulhos da cidade. O beco era muito sinuoso e sobre os muros brancos dançavam sombras, quando a brisa agitava as árvores. A brisa trazia aromas diversos: o penetrante odor marinho, olores de ceia, perfumes de jasmim, exalações de motores. Ele vinha agora do mar, e havia uma estranha intensidade. Na terra escura que ladeava o caminho crescia uma grande flor branca, e a noite estava impregnada de sua fragrância. O caminho continuava descendo, para muito depois encontrar-se com outra avenida, à beira-mar. Sentado à margem da estrada, um moço tinha consigo um cão preso a uma correia. Descansavam ambos. Era um canzarrão vigoroso, nédio e bem nutrido. Seu dono parecia considerar o cão mais importante do que o homem, pois trajava roupas sujas e tinha um aspecto tímido, abatido. Mais importante que o homem era o cão, que parecia saber disso. Os cães de boa raça são sempre algo "aristocráticos". Duas pessoas aproximaram-se, falando e rindo, e à sua passagem, o cão rosnou ameaçador; mas eles não lhe deram atenção, porquanto o cachorro estava preso à correia, firmemente segura. Um menino transportava algo muito pesado, arranjando-se como podia; vinha extraordinariamente alegre e, ao passar por nós, sorriu.

Estava agora bastante quieto; não passavam carros e não se via ninguém na estrada. Gradualmente a intensidade foi aumentado. Não era uma intensidade produzida pela tranqüilidade da noite, nem pelo céu estrelado, nem pelas sombras dançantes, ou o cachorro preso à correia, ou a fragrância da brisa que passava; mas todas essas coisas estavam nela contidas. Só havia intensidade, simples e clara, sem causa, sem deus, sem o sussurro de uma promessa. Tão forte era ela, que o corpo se tornou temporariamente incapaz de qualquer movimento. Todos os sentidos adquiriram redobrada acuidade. A mente, essa coisa estranha e complexa, estava esgotada de todo pensamento e, portanto, completamente desperta; ela era luz, sem sombras. Todo o nosso ser era uma chama de tal intensidade que consumia o movimento do tempo. O símbolo do tempo é o pensamento, e nessa chama, se consumia o ruído do passar de um ônibus e o perfume da branca flor. Som e fragrância se confundiam, mas eram duas chamas distintas, separadas. Sem nenhum estremecimento, e livre do observador, estava a mente cônscia dessa intensidade atemporal; ela própria era chama, clara, intensa, pura.

Ele e a mulher estavam na pequena sala, cuja única janela olhava para o muro inexpressivo à frente do qual se destacava o tronco marrom de uma grande árvore. Só se podia ver o bojudo tronco, e não a ampla ramagem. O homem era alto, bem constituído, e um tanto gordo. De sorriso fácil e amistoso, mas nos olhos penetrantes podia luzir a cólera, e sua língua podia ser cortante. Evidentemente muito lido, e estava agora buscando além dos limites do conhecimento. A esposa tinha olhos límpidos e rosto agradável; era muito corpulenta, sem ser balofa. Quase não tomava parte na conversação, mas ouvia com evidente interesse. Não tinham filhos.

"É possível, em algum tempo, libertar a mente da memória?", começou ele. "A memória não constitui a própria substância da mente — sendo memória conhecimento e experiência seculares? Cada experiência não torna a memória mais forte? Em todo caso, nunca consegui compreender por que uma pessoa deve ficar livre do passado, como pareceis afirmar. O passado é rico de gratas associações e lembranças. Felizmente, é-nos muitas vezes possível esquecer os incidentes desagradáveis ou tristes, porém as lembranças agradáveis persistem. Seria extremamente pobre o nosso ser, se fossem abandonadas todas as experiências e conhecimentos adquiridos. Seria, em verdade, uma mente muito pobre aquela em que não houvesse profundidade de conhecimentos e de experiência. Seria uma mente primitiva."

Se não sentis a necessidade de ficar livre do passado, então não há problema nenhum para vós, não é verdade? Nesse caso, será conservada a riqueza do passado, com todos os seus sofrimentos e alegrias. Mas o passado é uma coisa viva? Ou é o movimento do presente que dá vida ao passado? O presente, com sua exigente intensidade e suas rápidas mutações, constitui um constante desafio à mente. O presente e o passado estão sempre em conflito, quando a mente não é capaz de corresponder de todo ao célere presente. Só se manifesta o conflito, quando a mente, carregada do passado, do conhecido, das coisas experimentadas, corresponde incompletamente ao desafio do presente sempre novo, provocante.

"Pode a mente corresponder plenamente ao presente? A mim me parece que nossa mente traz sempre o colorido do passado; e é possível nos livrarmos inteiramente desse colorido?"

Investiguemo-lo. O passado é tempo, não? — tempo como experiência, como conhecimento; e cada experiência adicional torna mais forte o passado.

"Como?"

Quando algo acontece em nossa vida e temos o que se chama uma "experiência", essa experiência é imediatamente traduzida nos termos do passado.

Se temos uma dada crença religiosa, essa crença pode produzir certas experiências que, por sua vez, tornam mais forte a crença. A mente superficial pode ajustar-se às pressões e exigências do ambiente imediato; mas a parte oculta da mente está sobremodo condicionada pelo passado, e é esse condicionamento, esse *fundo* (*background*) que dita a experiência. Todo movimento da consciência é reação do passado, não achais O passado é essencialmente estático, inerte, sem ação própria; mas ele ganha vida toda vez que se lhe apresenta um desafio; ele reage. Todo pensar é reação do passado, da experiência, do conhecimento, acumulados. Portanto todo pensar é condicionado; a liberdade está fora do alcance do pensamento.

"Como poderá então a mente libertar-se de suas limitações?"

Se permitis perguntar, por que deveria a mente — que é ela própria passado, resultado do tempo — ser livre? Qual o "motivo" existente atrás de vossa pergunta? Por que se apresentou ela? Trata-se de um problema teórico ou de um problema real?

"Acho que é uma e outra coisa. Há a curiosidade especulativa de saber, assim como se procura conhecer a estrutura da matéria, e há também um problema pessoal. Para mim é um problema neste sentido: que parece não haver maneira de sair de meu condicionamento. Posso libertar-me de um padrão de pensamento, mas nesse próprio processo se forma outro padrão. A quebra do velho pode tornar existente o novo?"

Se isso se reconhece como "o novo" é o novo? Por certo o que se reconhece como "o novo" é ainda produto do passado. O reconhecimento nasce da memória. Só quando deixa de existir o passado, pode tornar-se existente "o novo".

"Mas a mente tem possibilidade de romper a cortina do passado?"

Mais uma uma vez, por que fazeis esta pergunta?

"Como disse, a gente tem curiosidade de saber; e há também o desejo de ficarmos livres de certas lembranças desagradáveis e dolorosas."

A mera curiosidade não leva muito longe. E o apegar-se ao agradável e ao mesmo tempo procurar livrar-se do desagradável, só pode tornar a mente embotada, superficial; isso não traz liberdade. A mente deve estar livre de ambas as coisas, e não apenas do desagradável. O estar escravizado às lembranças agradáveis não é evidentemente liberdade. O desejo de conservar o agradável gera conflito na vida; esse conflito condiciona mais a mente, e essa mente nunca pode ser livre. Enquanto a mente estiver imersa na corrente da memória agradável ou desagradável; enquanto aprisionada na cadeia de causa-efeito; enquanto se estiver servindo do presente como passagem do passado para o futuro, nunca será livre. A liberdade é então mera idéia, não uma realidade. A verdade disto deve ser percebida, pois então vossa pergunta terá significado inteiramente diferente.

"Se eu perceber a verdade a esse respeito, haverá liberdade?"

A especulação é sempre vã. A verdade deve ser percebida, *experimentado* deve ser o fato real de que, enquanto a mente for prisioneira do passado, não haverá liberdade.

"Um homem que fica livre nesse sentido final permanece em alguma relação com a corrente da causalidade e do tempo? Se não, qual a vantagem dessa liberdade? Que valor ou significação tem esse homem neste mundo de alegria e de dor?"

É estranha esta nossa tendência para pensarmos sempre utilitariamente. Não estais fazendo esta pergunta de bordo de um barco que flutua ao sabor da corrente do tempo? E, de lá, desejais conhecer a significação que um homem livre pode ter para os outros que viajam no mesmo barco. Provavelmente não tem nenhuma. A maioria não está interessada na liberdade; e quando se encontra com um homem libertado, trata de endeusá-lo e colocá-lo num santuário, ou de perpetuá-lo em pedra ou em palavras — quer dizer, destruí-lo. Mas, por certo, o que vos interessa não é esse homem e, sim, o libertar a mente do passado — a mente que sois vós.

"Uma vez libertada a mente, qual será sua obrigação?"

A palavra "obrigação" não é aplicável a essa mente. Sua própria existência tem ação explosiva, no tempo, no passado. Essa ação explosiva é que é da mais alta significação. O homem que permanece no barco a pedir socorro, deseja-o no padrão do passado, na esfera do reconhecimento, e para esse homem a mente livre não tem resposta; mas aquela liberdade "explosiva" atua sobre o cativeiro do tempo.

"Não sei o que diga a tudo isso. Com efeito, vim com minha mulher por curiosidade e agora vejo que me estou tornando profundamente *sério*. Em alguma parte profunda de mim mesmo, sou *sério* e só agora, pela primeira vez, descubro isto. Muitos dos meus contemporâneos voltaram as costas às religiões reconhecidas, mas muito fundo, em cada um de nós, reside o sentimento religioso, a que se dá muito pouca oportunidade de manifestar-se. Temos de aproveitar agora esta oportunidade."

SOFRIMENTO RESULTANTE DA "COMPAIXÃO DE SI MESMO"

NAQUELA ÉPOCA do ano, em nosso clima quente, era primavera. O sol estava excepcionalmente brando, devido ao vento ligeiro que soprava do norte, do frescor das montanhas nevadas. Ao lado da estrada, uma árvore, nua poucas semanas antes, achava-se agora coberta de folhagem verde, que refulgia ao sol. As folhas novas eram tão tenras, tão delicadas, tão pequeninas, nos imensos espaços da mente, da terra e do céu azul; entretanto, muito rapidamente pareceram encher todo o espaço do pensamento Mais além, beirando a estrada, encontrava-se uma árvore, ainda desfolhada, porém florida. O vento espalhara pelo chão as pétalas, e várias crianças permaneciam sentadas no meio delas. Eram filhos de motoristas e outros empregados domésticos. Nunca freqüentariam a escola e constituiriam sempre "os pobres da terra"; mas, cercadas de pétalas caídas, ali à beira da estrada betuminada, aquelas crianças faziam parte da terra. Assustadas, ao verem um estranho sentar-se perto delas, calaram-se repentinamente, largaram as pétalas com que brincavam, permanecendo imóveis como estátuas durante alguns segundos. Mas os olhos delas revelavam viva curiosidade, disposições amigáveis, e apreensão.

Num pequeno jardim, abaixo do nível da estrada, havia grande quantidade de flores de vivas cores. Entre a folhagem de uma árvore daquele jardim, um corvo abrigava-se do sol meridiano. Todo o corpo dele descansava sobre o ramo, e as penas lhe cobriam as garras. Estava chamando ou respondendo a outros corvos e, num período de dez minutos, emitiu cinco ou seis notas diferentes. Provavelmente podia emitir muitas outras notas, mas por ora lhe bastavam aquelas poucas. Ele era muito preto, de pescoço pardo; tinha olhos extraordinários, nunca quietos, e o bico duro e afiado. Estava em repouso completo, porém cheio de vida. Era estranho como a mente estava toda unificada com aquele corvo. Não estava observando o corvo, embora lhe notasse todas as minúcias; não era a própria ave, porquanto não havia identificação com ela. *Estava unificada* com a ave, com seus olhos e seu bico afiado, como o mar está unificado com seus peixes; estava unificada com ela, mas, ao mesmo tempo atravessava-a e passava além. A mente penetrante, agressiva e assustada do corvo era parte da mente que se estendia pelos mares e o tempo. A mente era vasta, ilimitada, imensurável, mas ao mesmo tempo estava cônscia do mais ligeiro movimento dos olhos daquele corvo negro entre as folhas novas, cintilantes. Estava cônscia das pétalas que caíam, mas não tinha nenhum foco de atenção, nenhum ponto de partida da atenção. Ao contrário do espaço, que sempre contém alguma coisa — uma partícula de pó, a Terra, ou o firmamento — ela estava inteiramente vazia e, porque estava vazia, podia prestar atenção, sem causa. Sua atenção não tinha raiz nem ramo. Toda a energia se concentrava naquela vazia tranqüilidade. Não era a energia que se forma com um intento e logo se dissipa, ao ser retirada a pressão. Era a energia de todo o começar; era a vida que não tinha tempo e findar.

Várias pessoas se tinham reunido, e cada vez que uma delas procurava expor um certo problema, as outras começavam a explicá-lo e a compará-lo com suas próprias tribulações. Mas o sofrimento não deve ser comparado. Comparação gera "compaixão de si mesmo" e, conseqüentemente, desdita. A adversidade deve ser enfrentada diretamente, e não com a idéia de que *a nossa* é maior do que a de outrem.

Calaram-se todos e, pouco depois, um deles começou a falar.

"Minha mãe morreu há alguns anos. Recentemente perdi também meu pai, e sinto-me cheio de remorsos. Ele era bom pai, e a muitos respeitos eu devia ter sido diferente do que fui. Nossas idéias se chocavam; nossos respectivos métodos de vida nos separavam. Ele era homem religioso, mas meu sentimento religioso não é tão manifesto. As relações entre nós dois muitas vezes se tornaram tensas, mas, pelo menos, havia um estado de relação e, agora, que ele se foi, vejo-me alanceado pelo pesar. Meu pesar não vem apenas do remorso, mas também do sentimento de me ver repentinamente sozinho. Nunca tivera esta espécie de pesar, que é um agudo sofrimento. Que devo fazer? Como irei curar-me dele?"

Se permitis perguntar, sofreis por causa de vosso pai, ou esse sofrimento é causado pela falta daquele estado de relação a que vos tínheis habituado?

"Não entendo bem o que quereis dizer", respondeu.

Sofreis por que vosso pai morreu ou por que vos sentis só?

"O que sei é que sofro, e desejo livrar-me disso. Não compreendo realmente o que quereis dizer. Tereis a bondade de explicá-lo?"

É bastante simples, não? Ou sofreis por causa de vosso pai, isto é, porque ele amava a vida e desejava viver, e agora é morto; ou sofreis devido à quebra de um estado de relação que por tanto tempo vos foi significativo, e subitamente vos vedes cônscio da solidão. Pois bem, qual é o caso? Vós sofreis, sem dúvida, não por causa de vosso pai, mas porque vos vedes só, e vosso sofrer é aquele que resulta de "terdes pena de vós mesmo.

"Que é solidão, em seu sentido exato?"

Já alguma vez vos sentistes só?

"Sim, já muitas vezes dei passeios solitários. Costumo fazer longas excursões a pé, sozinho, principalmente nas férias."

Não há certa diferença entre o sentimento de solidão, e o "estar a sós" num passeio solitário?

"Se há, então não sei o que significa solidão."

"Acho que não sabemos o significado do que quer que seja, a não ser verbalmente", acrescentou alguém.

Nunca experimentastes por vós mesmo o sentimento da solidão, assim como se sente uma dor de dentes? Ao falarmos de solidão, estamos experimentando a dor psicológica por ela causada, ou apenas empregando uma palavra para denotar algo que nunca experimentamos diretamente? Sofremos realmente ou apenas pensamos que sofremos?

"Desejo saber o que é a solidão", respondeu.

Quer dizer que desejais uma descrição dela. Ela é a experiência de um estado de completo isolamento; um estado em que nos sentimos completamente desamparados, excluídos de toda vida de relação. O "eu", o "ego", por sua própria natureza, está constantemente construindo uma muralha ao redor de si mesmo; todas as suas atividades conduzem ao isolamento. Ao tornar-se cônscio de seu isolamento, começa ele a identificar-se com a virtude, com Deus, com suas posses, com uma pessoa, nação ou ideologia; mas essa identificação faz parte do processo de isolamento. Por outras palavras, fugimos por todos os meios possíveis à dor da solidão, ao sentimento de isolamento, e, por conseguinte, nunca o experimentamos diretamente. Isso é como ter medo de algo que se encontra na volta da esquina, e não querermos enfrentá-lo nem descobrir o que seja, mas tratarmos sempre de fugir, refugiar-nos em alguém, em alguma coisa, e isso só pode gerar mais medo. Nunca vos sentistes sozinho, no sentido de estar separado de tudo, completamente isolado?

"Não tenho a menor idéia do que estais dizendo."

Neste caso, se me permitis perguntar, sabeis realmente o que é sofrimento? Estais experimentando o sofrimento tão intensamente, com tanta veemência como sentis uma dor de dentes? Quando sentis dor de dentes, agis, procurais o dentista. Mas quando se apresenta o sofrimento, fugis dele, apelando para a explicação, a crença, a bebida, etc. Atuais, mas vossa ação não é a ação que liberta a mente do sofrimento, é?

"Eu não sei o que faça, e por isso é que estou aqui."

Antes de poderdes saber o que deveis fazer, não deveis descobrir o que é realmente o sofrimento? Não formastes meramente uma idéia, um juízo do que seja o sofrimento? Naturalmente, a fuga, a avaliação, o medo vos impede de experimentá-lo diretamente. Quando sofreis de uma dor de dentes, não formais idéias e opiniões a respeito dela; vós a tendes, simplesmente, e agis. Mas, no caso presente, não há ação, imediata nem remota, porque na realidade não estais sofrendo. Para sofrer e compreender o sofrimento, cumpre olhá-lo de frente, e não fugir dele.

"Meu pai se foi, irremediavelmente, e por isso sofro. Que devo fazer, para pôr-me fora do alcance do sofrimento?"

Nós sofremos porque não percebemos a verdade relativa ao sofrimento. O fato e as idéias que formamos a respeito do fato são duas coisas inteiramente distintas, que levam em duas direções diferentes. Se permitis perguntar, estais verdadeiramente interessado no fato, na realidade, ou apenas na idéia do sofrimento?

"Não estais respondendo à minha pergunta, senhor", insistiu ele. "Que devo fazer?"

Desejais fugir do sofrimento ou ficar livre dele? Se apenas desejais fugir, nesse caso uma pílula, uma crença, uma explicação, uma diversão poderá "produzir efeito", com as inevitáveis conseqüências, ou sejam a dependência, o medo,etc. Mas se desejais ser livre de sofrimento, deveis cessar de fugir e vos tornardes cônscio dele, sem julgamento, sem escolha; deveis observá-lo, aprender tudo a seu respeito, conhecer suas mais profundas complicações. Então, já não o temereis e já não haverá o veneno da "piedade de si mesmo". Com a compreensão do sofrimento vem a libertação dele. Para se compreender o sofrimento é necessário o real experimentar dele, e não a "ficção" verbal do sofrimento.

"Permitis-me só mais uma pergunta?", interrompeu um dos outros. "De que maneira devemos viver nossa vida de cada dia?"

Como se só tivéssemos aquele único dia para viver, aquela única hora.

"Como?"

Se só tivésseis uma hora para viver, que faríeis?

"Deveras, não sei", respondeu ansiosamente.

Não tomaríeis as necessárias providências, exteriormente, relativas a vossos negócios, vosso testamento, etc.? Não reuniríeis vossa família, vossos amigos, para pedir-lhes perdão pelo mal que porventura lhes tivésseis causado, e perdoar-lhes pelo mal que porventura vos tivessem feito? Não morreríeis completamente para as coisas da mente, para os desejos, e para o mundo? E se isso pode ser feito por uma hora, poderá também ser feito pelos nossos restantes dias e anos.

"É realmente possível uma coisa dessas, senhor?"

Experimentai-o, e vereis.

INSENSIBILIDADE E RESISTÊNCIA AO BARULHO

ESTAVA CALMO o mar, e o horizonte claro. Faltava uma ou duas horas para o sol levantar-se de trás dos morros, e a lua minguante fazia as ondas dançarem; era tanta a claridade que os corvos das vizinhanças estavam acordados e a crocitar, despertando os galos. Pouco depois, corvos e galos silenciaram de novo; era cedo demais, mesmo para eles. Reinava estranho silêncio. Não era o silêncio que sucede ao barulho, ou a calma soturna que precede a tempestade. Não era um silêncio com "antes e depois". Nada se movia, nada se agitava entre as moitas. Ali estava a totalidade do silêncio com sua penetrante intensidade. Não era a orla do silêncio, porém a própria essência dele, que apagava todo pensamento, toda ação. A mente sentia esse imensurável silêncio e ela própria se tornava silêncio — ou, antes, ela imergia no silêncio, sem a resistência de sua própria atividade.

O pensamento não estava avaliando, aceitando o silêncio; ele próprio era silêncio. A meditação sucedia sem esforço. Não havia meditador, não havia pensamento demandando um fim; portanto, o silêncio era meditação. Esse silêncio tinha seu movimento próprio, penetrando as profundezas, todos os recessos da mente. O silêncio *era* a mente; ela não se tinha tornado silenciosa. O silêncio plantara seu germe bem no centro da mente, e embora os corvos e os galos estivessem agora anunciando o dia nascente, esse silêncio nunca teria fim. O sol subia agora além dos morros; longas sombras cruzavam o chão, e o coração as acompanharia o dia todo.

A mulher da casa vizinha era muito moça e tinha três filhos. O marido voltava do trabalho ao entardecer e, depois de seus folguedos, todos eles sorriam para nós por sobre o muro. Um dia ela veio com um dos filhos, por simples curiosidade. Não tinha muito o que dizer, nem havia muito o que dizer. Falou sobre vários assuntos — vestidos, automóveis, educação e bebidas, festas e a vida nos clubes. Mas algo sussurrava, no meio de suas palavras, algo que desaparecia antes de podermos pegá-lo. Algo pairava, além das palavras, porém ela não tinha tempo para *escutar*. A criança se tornou inquieta e impaciente.

"Não sei como podeis perder tempo com tais pessoas", disse ele, ao entrar. "Conheço-a — uma mariposa social, boa para reuniões de coquetel, regularmente dotada de bom gosto e de dinheiro. Estou admirado de ela ter vindo visitar-vos. Foi pura perda de tempo, para vós, mas talvez ela tire algum proveito. Deveis conhecer bem essa classe de mulher: vestidos e jóias, e interessada principalmente na própria pessoa. Naturalmente, vim para conversar sobre outro assunto, mas, ao vê-la aqui, fiquei algo desconcertado. Desculpai-me as referências feitas a ela."

Era homem relativamente moço, de boas maneiras e voz cultivada, correto, metódico e algo pomposo. O pai era bem conhecido no setor político. Casado, com dois filhos, ganhava o suficiente para suprir as próprias necessidades. Podia ganhar mais dinheiro com facilidade, mas não valia a pena; faria os filhos cursar a faculdade e, depois, eles que cuidassem de si próprios. Falou a respeito da esposa, dos caprichos da sorte, dos altos e baixos da existência.

"A vida de cidade se tornou para mim um tormento", prosseguiu. "O barulho de uma grande cidade incomoda-me inconcebivelmente. A bulha das crianças, dentro de casa, ainda é tolerável, mas a atroada que há na cidade, com seus ônibus, automóveis, bondes, o incessante martelar nos prédios em construção, os vizinhos com os rádios a berrar — toda essa horrorosa cacofonia é em extremo destrutiva, arrasadora. Não pareço capaz de adaptar-me a ela. Tortura-me, mental e fisicamente. À noite arrolho os ouvidos, mas, mesmo então, sei que o barulho continua. Ainda não me tornei propriamente um "caso patológico", mas assim acabarei, se não fizer alguma coisa."

Por que pensais que o barulho está produzindo tal efeito em vós? Barulho e silêncio não estão relacionados entre si? Haveria barulho se não houvesse silêncio?

"O que sei é só que o barulho, em geral, me está pondo quase doido."

Suponhamos que ouçais o ladrar contínuo de um cão à noite. Que sucede? Pondes a funcionar o mecanismo da resistência, não é verdade? Ficais lutando com o barulho produzido pelo cachorro. A resistência denota sensibilidade?

"Travo muitas dessas lutas, não apenas com o barulho dos cachorros, mas também o barulho dos rádios, o barulho das crianças em casa, etc. Vivemos de resistência, não achais?"

Ouvis realmente o barulho, ou apenas tendes consciência da perturbação que ele vos causa e à qual resistis?

"Não vos entendo bem. O barulho perturba-me, e qualquer um naturalmente resiste à causa de uma perturbação. Esta resistência não é natural? Resistimos a quase tudo que incomoda ou entristece."

E ao mesmo tempo tratamos de cultivar o que é agradável, o que é belo; a isso não resistimos e queremos sempre mais. Só às coisas desagradáveis, incomodativas, só a essas resistimos.

"Mas, como disse, isso não é muito natural? Todos o fazemos instintivamente."

Não estou dizendo que seja anormal; a coisa é assim, um fato corriqueiro. Mas, quando resistimos ao desagradável, feio, incomodativo, e aceitamos unicamente o que é agradável, não produzimos um conflito constante? E o conflito não produz embotamento, insensibilidade? Esse processo dual de aceitação e oposição torna a mente egocêntrica em seus sentimentos e atividades, não é exato?

"Mas que se pode fazer?"

Tratemos de compreender o problema e talvez essa compreensão produza sua ação própria, na qual não existe resistência nem conflito. O conflito, interior e exterior, não torna a mente egocêntrica e, por conseguinte, insensível?

"Acho que compreendo o que entendeis por egocentrismo; mas, que entendeis por sensibilidade?"

Vós sois sensível ao belo, não?

"Este é um dos tormentos de minha vida. É-me quase doloroso ver uma coisa bela, contemplar o pôr-do-sol sobre o mar, ou o sorriso de uma criança, ou uma bela obra de arte. Isso me traz lágrimas aos olhos. Por outro lado, tenho horror à sordidez, ao barulho, à desordem. Ocasiões há em que me é quase insuportável sair à rua. Os contrastes me dilaceram interiormente, e, crede-me, não estou exagerando."

Mas, existe sensibilidade quando a mente encontra deleite no belo e tem horror ao feio? Não estamos no momento considerando o que seja o belo e o que seja o feio. Havendo esse conflito de contrastes, apreciação exaltada de uma coisa e resistência a outra, existe alguma sensibilidade? Certo, onde há conflito, atrito, há distorção. Não há distorção quando vos inclinais para o belo e recuais diante do feio? Resistindo ao barulho, não estais cultivando a insensibilidade?

"Mas, como acomodar-nos com o feio, o horrível? Não se pode tolerar um mau cheiro, pode-se?"

Existe a sordidez e a esqualidez de uma rua urbana, e a beleza de um jardim. Ambas as coisas são fatos, realidades. Se resistimos a uma delas, não nos tornamos insensíveis à outra?

"Percebo o que quereis dizer; mas, o que se segue daí?"

Tornai-vos sensível a ambos os fatos. Já procurastes *escutar* o barulho — ouvi-lo com se ouve música? Mas parece que nunca *escutamos* coisa alguma. Não podemos *escutar* o que ouvimos, se lhe resistimos. Escutar requer atenção, e onde há resistência, não há atenção.

"Como poderei escutar com isso que chamais "atenção"?"

De que maneira olhais para uma árvore, um belo jardim, o sol sobre as águas, ou uma folha piruetando ao vento?

"Não sei, gosto simplesmente de olhar para essas coisas."

Tendes consciência de vosso "eu" ao contemplardes algo por essa maneira?

"Não."

Mas a tendes, quando resistis ao que vedes.

"Estais a pedir-me que *escute* o barulho como algo de que gosto, não é assim? Ora, *eu não gosto* dele, e não creio que possa em tempo algum amá-lo. Não se pode amar um caráter feio, brutal."

É possível, sim, e já se tem feito isso. Não vos estou sugerindo amar o barulho; mas não é possível libertar a mente de toda resistência, todo conflito? Toda forma de resistência intensifica o conflito, e o conflito produz insensibilidade; e quando a mente é insensível, a beleza se torna um meio de fuga ao feio. Se a beleza é meramente um oposto, não é beleza. O amor não é o oposto do ódio. Ódio, resistência, conflito, não geram o amor. O amor não é atividade autoconsciente. É algo existente fora da esfera da mente. O escutar é um ato de atenção, como o é o observar. Se não condenardes o barulho, vereis que ele cessará de perturbar a mente.

"Começo a compreender o que quereis dizer. Vou tentá-lo, depois de sair daqui."

A QUALIDADE CHAMADA SIMPLICIDADE

Os MONTES, regados pela chuva, reluziam ao sol matutino e o céu, atrás deles, estava muito azul. O vale, com suas numerosas árvores e regatos, situava-se entre os montes, a grande altitude; ali não morava muita gente, e o lugar tinha a pureza da solidão. Havia um certo número de casas brancas, cobertas de palha, e muitas cabras e gado; era um local retirado e, de ordinário, ninguém iria ter lá, a menos que soubesse ou lhe tivessem falado de sua existência. À entrada do vale, passava uma estrada sem pó e, em regra, ninguém lá entrava, a não ser com algum fim especial. Era um vale ainda não estragado pelo homem, isolado, remoto, e naquela manhã parecia mais puro ainda, em sua solidão, e as chuvas tinham lavado a poeira de muitos dias. Nos morros, as rochas ainda estavam molhadas, e os próprios montes pareciam vigilantes, expectantes. Estendiam-se esses montes de este para oeste, e o sol subia e descia no meio deles. Um deles erguia-se para o céu azul, qual um templo esculturado na rocha viva, quadrado e esplêndido. Sinuoso caminho percorria o vale de ponta a ponta, e dum certo ponto desse caminho se descortinava aquele monte esculpido. Mais recuado dos outros montes, ele era mais escuro, mais maciço, revestido de prodigiosa fôrça. À margem do caminho, um regato murmurava mansamente, correndo para leste, na direção do sol, e os amplos poços estavam cheios dágua, oferecendo esperanças para o verão e mais além. Sapos inumeráveis faziam grande barulho ao longo daquela corrente mansa, e uma enorme serpente cruzou o caminho. Ia sem pressa, movendo-se preguiçosamente, deixando seu rasto na terra mole e úmida. Ao notar a presença humana, deteve-se, movendo com rapidez a língua negra e bifurcada, para fora e para dentro da bôca pontuda. Pouco depois, retomou seu caminho em busca de alimento, desaparecendo entre as moitas e o alto e ondulante capim. Era uma encantadora manhã e muito aprazível a sombra de uma grande mangueira, ao lado de um poço aberto. A fragrância de suas folhas e o cheiro das mangas espalhavam-se no ar. O sol não atravessava a densa folhagem e ali pudemos ficar sentado, por muito tempo, sobre uma laje ainda úmida.

O vale, tal como a árvore, estava mergulhado na solidão. Essas montanhas eram das mais velhas da Terra e, portanto, também sabiam o que significava estar só e distante. É triste a solidão quando nela se insinua o desejo de relação, não-isolamento; mas, ali, aquele sentimento de solitude estava em relação com todas as coisas, participava de tudo. Não tínhamos o sentimento de estar só, porque lá estavam as árvores, as pedras, as águas murmurantes. *Sente-se* o isolamento, mas não a solitude. E, quando *sentimos* a solitude, é porque nos tornamos isolados. Os montes, os regatos, o homem que passava, tudo fazia parte dequela solitude, cuja pureza continha em seu seio todas as impurezas, sem com elas se manchar. Mas a impureza não poderia partilhar daquela solidão. A impureza é que conhece o isolamento, que arca com as tristezas e dores da existência. Sentado ali, sob a árvore, com grandes formigas a passar-nos sobre as pernas, naquela solitude infinita, sentia-se o movimento da Eternidade. Não o movimento que transpõe espaços, porém um movimento contido em si próprio, chama contida na chama, luz contida no vazio da luz. Era movimento que nunca cessaria, porque não tivera começo e, portanto, não tinha causa para findar. Movimento sem direção e, por conseguinte, envolvia todo o espaço. Lá, sob aquela árvore, o tempo estava parado, como os montes, e aquele movimento o envolvia e transcendia; o tempo, pois, nunca poderia ultrapassá-lo. A mente nunca poderia tocar-lhe a orla; mas a mente *era* esse movimento. O observador não poderia acompanhá-lo, porquanto só era capaz de acompanhar a própria sombra e as palavras que a vestiam. Mas, debaixo da árvore, naquela solitude, o observador e sua sombra não existiam.

Cheios estavam ainda os poços, os montes permaneciam vigilantes e expectantes, e continuavam os pássaros a esvoaçar por entre as folhas.

Na sala banhada de sol, estavam sentados um homem com a esposa e mais um amigo. Não havia cadeiras, mas só uma esteira de palha no chão, em torno da qual todos nos sentamos. Das duas janelas, uma dava para um muro descolorido, maltratado pelas intempéries, e pela outra viam-se alguns arbustos necessitados de irrigação. Um deles estava florido, mas sem emitir perfume. O marido e a esposa eram pessoas abastadas, com filhos já crescidos e vivendo por conta própria. Ele era aposentado e os dois possuíam uma pequena propriedade no campo. Raramente vinham à cidade, disse ele, mas tinham vindo especialmente para ouvir as palestras e discussões. Durante as três semanas das reuniões, o problema pessoal deles não fora aventado, e por isso estavam aqui. O amigo, um senhor idoso, de cabeça grisalha já a encalvecer, morava na cidade. Era conhecido advogado, com excelente clientela.

"Sei que não aprovais a nossa profissão, e, às vezes, me parece que tendes razão", disse o advogado. "Nossa profissão não é o que devia ser; mas que profissão o é? As três profissões de advogado, militar e policial, dizeis, são prejudiciais ao homem e uma vergonha para a Humanidade — e eu incluiria também o político. Como nela estou há tanto tempo, já não posso sair, embora sobre isso muito tenha refletido. Mas não vim para falar disso, conquanto deseje sobremodo uma oportunidade de fazê-lo. Vim com meus amigos porque o problema deles também me interessa."

"O assunto de que desejamos tratar é um tanto complexo, pelo menos até onde alcança o meu entendimento", disse o marido. "Meu amigo advogado e eu andamos há muitos anos interessados em assuntos religiosos — não no mero ritualismo e nas crenças convencionais, mas em algo muito mais importante do que o usual aparato das religiões. De minha parte, posso dizer que meditei por vários anos sobre questões diversas, concernentes à vida interior, e descubro sempre que estou andando em círculos. Por ora não desejo conversar acerca das coisas que a meditação implica, porém examinar a questão da simplicidade. Sei que um homem deve ser simples, mas não sei ao certo o que seja simplicidade. Como a maioria das pessoas, sou um ente muito complexo; e é possível tornar-me simples?"

Tornar-se simples é continuar complexo. Não é possível uma pessoa tornar-se simples, mas é possível considerar a complexidade com simplicidade.

"Mas como pode a mente, complexa como é, considerar qualquer problema com simplicidade?"

"Ser simples" e "tornar-se simples" são dois processos completamente distintos, cada um dos quais leva em direção diferente. Só quando finda o desejo de "vir a ser", se manifesta a ação do *ser*.

Mas, antes de examinarmos isso tudo, posso perguntar-vos porque achais que deveis possuir essa qualidade chamada simplicidade? Qual o motivo que está atrás desse anseio?

"Não sei, realmente. Mas a vida se está tornando cada vez mais complicada; há mais luta, crescente indiferença e superficialidade cada vez maior. A maioria das pessoas está vivendo à superfície e a fazer muito barulho em torno desse viver — e minha própria existência não é muito profunda. Por essa razão, sinto que devo tornar-me simples."

Simples nas coisas exteriores, ou interiormente simples?.

"Em ambos os sentidos."

A manifestação exterior da austeridade — poucas roupas, uma só refeição por dia, privação dos confortos comuns, etc. — indica simplicidade?

"A austeridade exterior é necessária, não achais?"

Descobriremos a verdade ou a falsidade disso mais adiante. Credes que seja simplicidade o ter uma mente repleta de crenças, de desejos e suas contradições, de inveja e ânsia de poder? Existe simplicidade quando a mente está ocupada com seu próprio progredir na virtude? A mente ocupada é simples?

"Assim expresso, torna-se evidente que essa mente não é simples. Mas, como pode a nossa mente purgar-se de suas acumulações?"

Ainda não chegamos aí, não é? Vemos que a simplicidade nada tem que ver com a expressão exterior e que enquanto a mente está repleta de conhecimentos, esperanças, lembranças, não é verdadeiramente simples. Que é então simplicidade?

"Não me sinto capaz de dar uma definição correta. Estas coisas são muito difíceis de formular verbalmente."

Não estamos em busca de uma definição, estamos? Encontraremos as palavras adequadas quando tivermos o sentimento da simplicidade. Vede, uma das dificuldades que criamos é a de querermos encontrar uma expressão verbal adequada, sem sentirmos a qualidade, a "intimidade" da coisa. Já sentimos alguma coisa diretamente? Ou sentimos todas as coisas através de palavras, através de conceitos e definições? Alguma vez olhamos uma árvore, o mar, o céu, sem formarmos palavras, sem emitirmos opiniões?

"Mas como se pode sentir a natureza ou a qualidade da simplicidade?"

Não vos estais impedindo de sentir sua natureza com esse pedido de um método de conseguir tal coisa? Quando sentis fome e há comida à vossa frente, não perguntais: "Como deverei comer?" Tratais de comer. O "como" constitui sempre uma digressão do fato. O sentimento da simplicidade nada tem que ver com vossas opiniões, palavras e conclusões a respeito desse sentimento.

"Mas a mente, com suas complexidades, está sempre a interpor o que ela julga saber sôbre simplicidade."

E isso a impede de "ficar com o sentimento". Já tentastes alguma vez "ficar com o sentimento"?

"Que quereis dizer com "ficar com o sentimento"?"

Vós "ficais" com um sentimento de prazer, não é verdade? Depois de prová-lo, procurais retê-lo, procurais meios de continuar com ele, etc. Ora, podemos permanecer com o sentimento representado pela palavra "simplicidade"?

"Acho que não sei o que é esse sentimento e, portanto, não posso "ficar com ele"."

Existe o sentimento, separadamente das reações provocadas pela palavra "simplicidade"? Existe o sentimento separado da palavra, do termo, ou são eles inseparáveis? O sentimento, propriamente dito, e o "dar-lhe um nome" ocorrem quase simultaneamente, não é verdade? A palavra é coisa formada, construída, mas o sentimento não o é; e é dificílimo separar o sentimento da palavra.

"Tal coisa é realmente possível?"

Não é possível sentirmos intensamente, puramente, sem contaminação? Sentir intensamente *a respeito* de uma coisa — da família, da pátria, de uma causa — é relativamente fácil. Intenso sentimento ou entusiasmo pode resultar de nossa identificação com uma crença ou ideologia, por exemplo. Disso sabemos. Podemos ver um bando de aves no céu azul e quase desmaiar em virtude do intenso sentimento de tanta beleza, ou podemos encolher-nos de horror ante a crueldade do homem. Todos os sentimentos dessa ordem são provocados por uma palavra, uma cena, um ato, um objeto. Mas não existe intensidade de sentimento desprovida de objeto? E esse sentimento não é incomparavelmente grande? É então um sentimento, ou coisa inteiramente diferente?

"Não sei se entendo o que estais dizendo. Espero não vos desgotar com dizê-lo."

Absolutamente. Existe algum estado sem causa? Se existe, podemos senti-lo inteiramente, não verbal ou teoricamente, porém ter o percebimento real desse estado? Para estarmos tão intensamente cônscios, é necessário desaparecer inteiramente qualquer espécie de verbalização e qualquer identificação com palavra, lembrança. Existe estado sem causa? O amor não é um estado assim?

"Mas o amor é sensual e, além desses limites, divino."

Eis-nos de novo na mesma confusão, não é verdade? Dividir o amor, como sendo *isso* e *aquilo* é de ordem mundana; dessa divisão resulta vantagem. Amar, sem estar rodeado da limitação verbal-moral, esse é o estado de compaixão, o qual não é despertado por objeto algum. O amor é ação, e tudo o mais é reação. Todo ato nascido de reação só pode gerar conflito e sofrimento.

"Se assim posso expressar-me, senhor, tudo isso está fora de meu alcance. Que eu seja simples, pois então, talvez, venha a compreender o que é profundo."

KRISHNAMURTI

Jiddu Krishnamurti nasceu na Índia do Sul em 1895 e foi educado na Inglaterra. Embora não tenha ligações com nenhuma organização filosófico-religiosa nem se apresente com títulos universitários, vem fazendo conferências para grupos de líderes intelectuais nas maiores cidades do mundo, há já várias dezenas de anos.

Além dos volumes editados pela Cultrix, grande número de publicações, de palestras e conferências suas foram lançadas em português, com êxito igual ao obtido quando publicadas em espanhol, francês, alemão, holandês, finlandês e vários outros idiomas, além do original inglês.

OBRAS DE KRISHNAMURTI PUBLICADAS PELA CULTRIX

O Começo do Aprendizado
Comentários Sobre o Viver
A Cultura e o Problema Humano
O Descobrimento do Amor
Diálogos Sobre a Vida
Diário de Krishnamurti
A Educação e o Significado da Vida
Fora da Violência
O Homem e seus Desejos em Conflito
O Homem Livre
A Importância da Transformação
Liberte-se do Passado
A Mente sem Medo
O Mistério da Compreensão
A Mutação Interior
Uma Nova Maneira de Agir
Novos Roteiros em Educação
Palestras com Estudantes Americanos
O Passo Decisivo
Perguntas e Respostas
A Primeira e Última Liberdade
Que Estamos Buscando?
A Rede do Pensamento
Reflexões Sobre a Vida
A Suprema Realização

OBRAS DE KRISHNAMURTI PUBLICADAS PELA INSTITUIÇÃO CULTURAL KRISHNAMURTI:

A Essência da Maturidade
Onde Está a Bem-Aventurança
O Novo Ente Humano
A Questão do Impossível
A Outra Margem do Caminho
A Luz que não se Apaga
Como Viver Neste Mundo
A Libertação dos Condicionamentos
Encontro com o Eterno
O Despertar da Sensibilidade
O Vôo da Águia